Informatik – Fachberichte

Band 116: Recent Trends in Data Type Specification. Edited by H.-J. Kreowski. VII, 253 pages. 1985.

Band 117: J. Röhrich, Parallele Systeme. XI, 152 Seiten. 1986.

Band 118: GWAI-85. 9th German Workshop on Artificial Intelligence. Dassel/Solling, September 1985. Edited by H. Stoyan. X, 471 pages. 1986.

Band 119: Graphik in Dokumenten. GI-Fachgespräch, Bremen, März 1986. Herausgegeben von F. Nake. X, 154 Seiten. 1986.

Band 120: Kognitive Aspekte der Mensch-Computer-Interaktion. Herausgegeben von G. Dirlich, C. Freksa, U. Schwatlo und K. Wimmer. VIII, 190 Seiten. 1986.

Band 121: K. Echtle, Fehlermaskierung durch verteilte Systeme. X, 232 Seiten. 1986.

Band 122: Ch. Habel, Prinzipien der Referentialität. Untersuchungen zur propositionalen Repräsentation von Wissen. X, 308 Seiten. 1986.

Band 123: Arbeit und Informationstechnik. GI-Fachtagung. Proceedings, 1986. Herausgegeben von K. T. Schröder. IX, 435 Seiten. 1986.

Band 124: GWAI-86 und 2. Österreichische Artificial-Intelligence-Tagung. Ottenstein/Niederösterreich, September 1986. Herausgegeben von C.-R. Rollinger und W. Horn. X, 360 Seiten. 1986.

Band 125: Mustererkennung 1986. 8. DAGM-Symposium, Paderborn, September/Oktober 1986. Herausgegeben von G. Hartmann. XII, 294 Seiten, 1986.

Band 126: GI-16. Jahrestagung. Informatik-Anwendungen – Trends und Perspektiven. Berlin, Oktober 1986. Herausgegeben von G. Hommel und S. Schindler. XVII, 703 Seiten. 1986.

Band 127: GI-17. Jahrestagung. Informatik-Anwendungen – Trends und Perspektiven. Berlin, Oktober 1986. Herausgegeben von G. Hommel und S. Schindler. XVII, 685 Seiten. 1986.

Band 128: W. Benn, Dynamische nicht-normalisierte Relationen und symbolische Bildbeschreibung. XIV, 153 Seiten. 1986.

Band 129: Informatik-Grundbildung in Schule und Beruf. GI-Fachtagung, Kaiserslautern, September/Oktober 1986. Herausgegeben von E. v. Puttkamer. XII, 486 Seiten. 1986.

Band 130: Kommunikation in Verteilten Systemen. GI/NTG-Fachtagung, Aachen, Februar 1987. Herausgegeben von N. Gerner und O. Spaniol. XII, 812 Seiten. 1987.

Band 131: W. Scherl, Bildanalyse allgemeiner Dokumente. XI, 205 Seiten. 1987.

Band 132: R. Studer, Konzepte für eine verteilte wissensbasierte Softwareproduktionsumgebung. XI, 272 Seiten. 1987.

Band 133: B. Freisleben, Mechanismen zur Synchronisation paralleler Prozesse. VIII, 357 Seiten. 1987.

Band 134: Organisation und Betrieb der verteilten Datenverarbeitung. 7. GI-Fachgespräch, München, März 1987. Herausgegeben von F. Peischl. VIII, 219 Seiten. 1987.

Band 135: A. Meier, Erweiterung relationaler Datenbanksysteme für technische Anwendungen. IV, 141 Seiten. 1987.

Band 136: Datenbanksysteme in Büro, Technik und Wissenschaft. GI-Fachtagung, Darmstadt, April 1987. Proceedings. Herausgegeben von H.-J. Schek und G. Schlageter. XII, 491 Seiten. 1987.

Band 137: D. Lienert, Die Konfigurierung modular aufgebauter Datenbanksysteme. IX, 214 Seiten. 1987.

Band 138: R. Männer, Entwurf und Realisierung eines Multiprozessors. Das System „Heidelberger POLYP". XI, 217 Seiten. 1987.

Band 139: M. Marhöfer, Fehlerdiagnose für Schaltnetze aus Modulen mit partiell injektiven Pfadfunktionen. XIII, 172 Seiten. 1987.

Band 140: H.-J. Wunderlich, Probabilistische Verfahren für den Test hochintegrierter Schaltungen. XII, 133 Seiten. 1987.

Band 141: E. G. Schukat-Talamazzini, Generierung von Worthypothesen in kontinuierlicher Sprache. XI, 142 Seiten. 1987.

Band 142: H.-J. Novak, Textgenerierung aus visuellen Daten: Beschreibungen von Straßenszenen. XII, 143 Seiten. 1987.

Band 143: R. R. Wagner, R. Traunmüller, H. C. Mayr (Hrsg.), Informationsbedarfsermittlung und -analyse für den Entwurf von Informationssystemen. Fachtagung EMISA, Linz, Juli 1987. VIII, 257 Seiten. 1987.

Band 144: H. Oberquelle, Sprachkonzepte für benutzergerechte Systeme. XI, 315 Seiten. 1987.

Band 145: K. Rothermel, Kommunikationskonzepte für verteilte transaktionsorientierte Systeme. XI, 224 Seiten. 1987.

Band 146: W. Damm, Entwurf und Verifikation mikroprogrammierter Rechnerarchitekturen. VIII, 327 Seiten. 1987.

Band 147: F. Belli, W. Görke (Hrsg.), Fehlertolerierende Rechensysteme / Fault-Tolerant Computing Systems. 3. Internationale GI/ITG/GMA-Fachtagung, Bremerhaven, September 1987. Proceedings. XI, 389 Seiten. 1987.

Band 148: F. Puppe, Diagnostisches Problemlösen mit Expertensystemen. IX, 257 Seiten. 1987.

Band 149: E. Paulus (Hrsg.), Mustererkennung 1987. 9. DAGM-Symposium, Braunschweig, Sept./Okt. 1987. Proceedings. XVII, 324 Seiten. 1987.

Band 150: J. Halin (Hrsg.), Simulationstechnik. 4. Symposium, Zürich, September 1987. Proceedings. XIV, 690 Seiten. 1987.

Band 151: E. Buchberger, J. Retti (Hrsg.), 3. Österreichische Artificial-Intelligence-Tagung. Wien, September 1987. Proceedings. VIII, 181 Seiten. 1987.

Band 152: K. Morik (Ed.), GWAI-87. 11th German Workshop on Artificial Intelligence. Geseke, Sept./Okt. 1987. Proceedings. XI, 405 Seiten. 1987.

Band 153: D. Meyer-Ebrecht (Hrsg.), ASST'87. 6. Aachener Symposium für Signaltheorie. Aachen, September 1987. Proceedings. XII, 390 Seiten. 1987.

Band 154: U. Herzog, M. Paterok (Hrsg.), Messung, Modellierung und Bewertung von Rechensystemen. 4. GI/ITG-Fachtagung, Erlangen, Sept./Okt. 1987. Proceedings. XI, 388 Seiten. 1987.

Band 155: W. Brauer, W. Wahlster (Hrsg.), Wissensbasierte Systeme. 2. Internationaler GI-Kongreß, München, Oktober 1987. XIV, 432 Seiten. 1987.

Band 156: M. Paul (Hrsg.), GI – 17. Jahrestagung. Computerintegrierter Arbeitsplatz im Büro. München, Oktober 1987. Proceedings. XIII, 934 Seiten. 1987.

Band 157: U. Mahn, Attributierte Grammatiken und Attributierungsalgorithmen. IX, 272 Seiten. 1988.

Band 158: G. Cyranek, A. Kachru, H. Kaiser (Hrsg.), Informatik und „Dritte Welt". X, 302 Seiten. 1988.

Band 159: Th. Christaller, H.-W. Hein, M. M. Richter (Hrsg.), Künstliche Intelligenz. Frühjahrsschulen, Dassel, 1985 und 1986. VII, 342 Seiten. 1988.

Band 160: H. Mäncher, Fehlertolerante dezentrale Prozeßautomatisierung. XVI, 243 Seiten. 1987.

Band 161: P. Peinl, Synchronisation in zentralisierten Datenbanksystemen. XII, 227 Seiten. 1987.

">

Informatik-Fachberichte 207

Herausgeber: W. Brauer
im Auftrag der Gesellschaft für Informatik (GI)

J. Knop (Hrsg.)

Organisation der Datenverarbeitung an der Schwelle der 90er Jahre

8. GI-Fachgespräch über Rechenzentren
Düsseldorf, 2. - 3. März 1989

Proceedings

Springer-Verlag Berlin Heidelberg GmbH

Herausgeber

Jan Knop
Rechenzentrum der Heinrich-Heine-Universität Düsseldorf
Universitätsstraße 1, D–4000 Düsseldorf

Programmausschuß

W. Dirlewanger   Universität-Gesamthochschule Kassel
A. Gerold   Technische Universität München
M. A. Graef   Württembergische Gebäude-Brandversicherung
W. Haverkamp   Heinrich-Heine-Universität Düsseldorf
P. Hohn   Deutsche Angestellten-Krankenkasse
J. Knop   Heinrich-Heine-Universität Düsseldorf
E. Königs   Nixdorf Computer AG
F. Peischl   Bayerische Akademie der Wissenschaften
O. Schem   Siemens AG
K. Wendler   DATEV eG
L. Wiese   Siemens AG

CR Subject Classification (1987): K.6, C.0, D.0

CIP-Titelaufnahme der Deutschen Bibliothek.
Organisation der Datenverarbeitung an der Schwelle der 90er Jahre: proceedings /
8. GI-Fachgespräch über Rechenzentren, Düsseldorf, März 1989. J. Knop (Hrsg.). –
Berlin; Heidelberg; New York; London; Paris; Tokyo: Springer, 1989
   (Informatik-Fachberichte; 207)

   ISBN 978-3-540-51030-7   ISBN 978-3-642-74678-9 (eBook)
   DOI 10.1007/978-3-642-74678-9

NE: Knop, Jan [Hrsg.]; Fachgespräch über Rechenzentren «08, 1989, Düsseldorf»;
Gesellschaft für Informatik; GT

© Springer-Verlag Berlin Heidelberg 1989
Ursprünglich erschienen bei Springer-Verlag Berlin Heidelberg New York 1989
2145/3140 – 543210 – Gedruckt auf säurefreiem Papier

Inhaltsverzeichnis

Juristische Aspekte der Datenverarbeitung

RZ-Automatisierung

Sicherheitsaspekte in der Datenverarbeitung

Kooperation Wirtschaft/Hochschule

Kapazitätsplanung/-management

Netze

<u>Risikoanalyse verteilter und vernetzter Systeme</u>

Dr. Klaus Brunnstein
Professor für Anwendungen der Informatik
Dipl.Inform. Simone Fischer-Hübner
Universität Hamburg
Schlüterstr.70, D2000 Hamburg 13

<u>Abstract</u>: Neben Problemen einzelner Rechensysteme (etwa
"Computer-Viren") nehmen die Risiken ungeplanter Nutzungs-
formen mit der schnell wachsenden Vernetzung einzeln unsi-
cherer Systeme drastisch zu: unbefugte "Hacker" gelangen
bereits mit geringen Kentnissen an sensitive Programme und
Daten, und "Cracker" benutzen Netze zu Diebstahl, Spionage
und Sabotage. Darüber hinaus führen unerkannte Denkfehler zu
erheblichen Wirkungen, so beim Netz-induzierten "Börsen-
Crash 1987". Heute verbreitetes Benutzer-Verhalten gefährdet
die Validität von Programmen und Daten auch im Hochschul-
und Forschungsbereich.

Bei der Gestaltung von Informationsverarbeitung und elektronischer Kommunikation liegen erste Ansätze zur Gewährleistung eines sicheren Betriebes vor. Diese müssen vor
allem bei Planung, Organisation und Betrieb von Netz-
anwendungen berücksichtigt werden. Allerdings erfordert die
Bewältigung der Probleme betrieblicher Sicherheit besondere
Anstrengungen der Informatik. Anstelle der einfachen Imple-
mentierbarkeit muß dabei vor allem die Beherrschbarkeit
technischer Systeme beachtet werden. Die Diskussion über
ethische und moralische Aspekte, etwa über verantwortliches
Handeln von Gestaltern und Benutzern, macht eine Erweiterung
informatischer Horizonte erforderlich.

1. Zur Entwicklung verteilter und vernetzter Systeme:

Als 1942 auf einer Konferenz amerikanischer Mathematiker erstmals
Programme eines entfernt aufgestellten Computers – eines Modells
des "Complex Number Computers" – über eine (direkt geschaltete)
Telefonleitung und ein lokales Terminal vorgeführt wurden,
ahnten die Beteiligten bei aller wissenschaftlichen Phantasie
wohl kaum, welch rapide Entwicklung die erstmals demonstrierte
"Dezentralisierung" 30 Jahre später einmal nehmen würde. Mangels
planmäßig analysierendem Vorausdenken wurden damals auch die
Risiken verschiedener Dezentralisierungsphilosophien nicht erkannt, welche seit einiger Zeit gleichermaßen Wissenschaft,
Wirtschaft und Öffentlichkeit beunruhigen. Das wirtschaftliche
(und gesellschaftliche) Gefährdungspotential der zumeist nicht
kriminell intendierten Vorfälle – Hackereinbrüche in Wissen-
schafts- und Entwicklungsnetze, der UNIX-Wurm in ARPA/INTERNET,
aber auch die Verbreitung von "Computer-Viren" über elektronische
Bretter – wird erst ansatzweise hinter netz-bedingten "Unfällen",
etwa dem Diebstahl von MegaBit-Chip-Mustern sowie beim netz-
induzierten Börsen-Krach am 19. Oktober 1987 deutlich.

Ansätze zur Verteilung von DV-Dienstleistungen sind bereits zu Beginn der 60'er Jahren in wissenschaftlichen und militärischen Anwendungen sichtbar. Bereits damals vernetzten physikalische Großforschungs-Labors (vor allem in Bereichen der Kern- und Hochenergie-Physik) ihre (schnell und unüberschaubar wachsenden) verschiedenen Rechner – von damaligen "Großrechnern" wie IBM 7090 und /360 bis zu ersten Minirechnern wie DEC's PDP-8 –, um die "online" Prozeß-erfaßten Datenmengen auf den Trommeln/Platten zur Vorauswertung und späteren Verarbeitung abzulegen. In diesen Anwendungen war man zwar an "Betriebs-Sicherheit" der Rechensysteme interessiert; da aber nur Fachleute diese Datenverarbeitung betreiben konnten, ver(sch)wendete man weder Zeit noch Intelligenz an den Schutz von Geräten, Programmen und Daten. Diese damals entstandene Denkweise prägt diese Labors noch heute, und so kann es nicht überraschen, daß manche von ihnen (z.B. CERN in Genf) als "Hackerzentralen" geradezu Einfalltore für heutige Netzeinbrüche sind.

Frühzeitiges Sicherheitsbewußtsein sollte man in militärischen und wirtschaftlichen Anwendungen vermuten. Tatsächlich wurden militärische Systeme, bereits in den 50'er Jahren regional weit-verteilt und vernetzt wie die US-Radar-Überwachungssysteme und mit leistungsfähigen Spezialrechnern wie WHIRLWIND ausgestattet, organisatorisch und räumlich besonders abgesichert. Während bis heute Rechenzentren der "strategischen Informationsverarbeitung" baulich besonders geschützt, mit speziellen Leitungen ausgestat-tet und übertragene Daten (hinreichend) abhörsicher verschlüsselt werden, kann der Versuch, "oliv-grüne Betriebssysteme" zur Ver-meidung des Einsatzes riskanter Normal-Betriebssysteme entwickeln zu lassen, inzwischen als gescheitert betrachtet werden.

So positiv die Unterstützung des US-Verteidigungsministeriums zur Entwicklung von Wissenschaftsnetzen – ARPANET – einzuschätzen ist, so zeigen doch die erfolgreichen Hacker-Einbrüche über dessen militärisches Duplikat MILNET in US-Militärrechner [Stoll 88], daß selbst im militärischen Bereich die Sicherheit nicht überall den von der US-Sicherheitsbehörde [Orange Book 85] gewünschten Stand hat. Inzwischen werden – wie in Wirtschaft und Wissenschaft – auch bei militärischen Anwendungen allenthalben Tausende PC's und Workstations, untereinander vernetzt (LAN) und verbunden mit zahlreichen Großrechnern für logistische Zwecke (etwa: öffentliche Ausschreibungen von LKW-Chassis und Unterho-sen, Materialwirtschaft von Truppen, Abwicklung militärischer Entwicklungen), eingesetzt. Mit der mangelhaften "Vertrauens-würdigkeit" der einzelnen Arbeitsplatzrechner und insbesondere der Netzkonzepte mußten zwangsläufig Sicherheitsdefizite entste-hen, deren schwerwiegende Folgen erst langsam sichtbar werden.

Über lange Zeit haben wichtige Wirtschaftszweige, insbesondere Banken und Versicherungen, Handel und Industrie sich bemüht, ihnen anvertraute "sensitive Daten" – Zahlungen und Kontostände, Personendaten, sowie Rezepturen, Entwürfe und Fertigungsunterla-gen komplexer Produkte in Chemie und Pharmazie, Automobil- und Maschinenbau u.a.m. – gegen unbefugten Zugriff, Entwendung und Verfälschung besonders zu sichern. Lange Zeit boten die Rechen-zentren mit geschultem Personal und Ansätzen effizienter Betriebs- und Sicherheitsorganisation hinreichende Handhaben.

In dem Maße jedoch, in dem die Rechenzentren die wachsenden
Anforderungen an Dienstleistungen nicht schnell genug (wenn
überhaupt) erfüllten, machten sich die Benutzer mit dem Aufkommen
der PC-Welle selbständig, wobei in der Begeisterung darüber, was
man alles endlich selbst machen könne, die notwendige Analyse
betrieblicher Sicherheitsanforderungen unterblieb: PC-Benutzer
sind schließlich selten kompetent, die Versprechungen von Hard-
ware- und Programm-Herstellern zu beurteilen; immerhin führen
Erscheinungen wie "Computer-Viren" den "naiven" PC-Benutzern nun
die etablierten Defizite drastisch vor Augen. Die nunmehr rol-
lende LAN-Welle dürfte die Sicherheits-Misere allerdings noch
verschärfen: manche LAN-Hersteller führen ihre Kunden zumindest
fahrlässig hinter's Licht, wenn sie wie Novell beim neuesten
NETWARE-Release, behaupten: "Paßwortknacker werden durch die
nicht reversible Paßwortverschlüsselung entmutigt." [NETWARE 88];
dabei war lange vor dem UNIX/INTERNET-Wurm bekannt, wie derartige Einweg-Verschlüsselung überwunden werden kann.

Die weitere Ausbreitung von Netzen in wirtschaftlichen und
staatlichen Anwendungen führt über das heutige Maß hinaus zu
einer weiteren Zunahme wirtschaftlicher und gesellschaftlicher
Verletzlichkeit. Nur die Etablierung einer wissenschaftlich fun-
dierten "Risiko-Analyse komplexer (vernetzter, verteilter)
Systeme" (vor allem in Informatik und Wirtschaftswissenschaften)
kann künftig schlimme Vorfälle früh-erkennen und bekämpfen sowie
später einmal durch vorbeugenden System-Entwurf vermeiden helfen.

2. Risiko-Analyse ausgewählter Fallbeispiele:

Als Grundlage der vorsorglichen Vermeidung bzw. der Bewältigung
eines eingetretenen Risikos muß eine wissenschaftliche Risiko-
Analyse versuchen, hinter dem Vordergrund (geeignet) ausgewählter
Fallbeispiele die tieferen Ursachen darzustellen. Dazu gehört
vornehmlich die Klärung folgender Fragen [Katzke 85]:

        Wie "verletzlich" ist die computer-gestützte Anwendung?
        Welche Arten von Bedrohungen treten wie häufig auf?
        Auf welche Ziele richten sich Angriffe, und welche
            Mittel werden dazu eingesetzt?
        Wie häufig treten solche Angriffe auf?
        Was sind die (direkten) Folgen und (indirekten) Wirkungen
            solcher Angriffe?
        Welche Maßnahmen ("safeguards") stehen zur Vermeidung
            bzw. Erkennung und Bekämpfung solcher Angriffe zur
            Verfügung?
        Welche Kosten bereiten die Sicherungsverfahren, und
            welche Kosten entstehen bei Eintreten des Risikos?
          (Kosten/Nutzen-Analyse)

Derartige Risiko-Analysen (RA) sind vielfach für wirtschaftliche
Großrechenzentren durchgeführt worden (etwa zur Vorbereitung
eines Notfall-Ausweich-Rechenzentrums), und daraus sind detaillierte Handlungsanweisungen für den Risikofall abgeleitet worden
(Risk Management, RM), deren Einhaltung bisweilen auch geübt
wird. Die starke Verbreitung isolierter sowie zunehmend vernetzter Arbeitsplatzrechner blieb bisher von diesen Analysen allerdings weitgehend unbeachtet.

Angesichts der Trends zu Dezentralisierung und Vernetzung ergeben sich neuartige Risiken, deren Behandlung neuartige Ansätze erfordert. Oft lagen den zuvor implementierten Teilsystemen bestimmte Annahmen (etwa über Zugriffsmöglichkeiten, Korrektheit von Programmen und Daten) zugrunde, deren fortgesetzte Gültigkeit bei vernetzten Systemen fraglich sein kann. Während Organisationsfehler (etwa: mangelhafte Kenntnis und Nutzung vorhandener Sicherheitsansätze) und Programmierfehler (in Betriebssystemen und Anwendungsprogrammen) sowie insbesondere "kriminelle Energie" fachkundiger Mitarbeiter oft als Erklärungsmuster für unvermutet aufgetretene DV-Unfälle herangezogen werden, muß eine <u>"netzorientierte Risiko-Analyse"</u> vor allem die den verschiedenen vernetzten Einzellösungen zugrunde-gelegten Denkweisen, Annahmen sowie Interessenlagen herausarbeiten. Die folgenden Fallbeispiele sind ausgewählt, um exemplarisch Ansätze zur Risiko-Analyse komplex vernetzter Systeme zu erörtern und einige Folgerungen zu begründen.

2.1 Zum Beispiel: Netzaspekte des "Börsen-Crash 1987"

Ein (auch in seinen Kosten) augenfälliges Beispiel für einen unvorhergesehenen Netz-Unfall liefert die (leider erst nachträglich angestellte) Risiko-Analyse des bekannten Zusammenbruches der Börsenkurse vom 19. Oktober 1987. So sorgfältig die Risiken der weltweiten Vernetzung kreditwirtschaftlicher Institute zum Austausch von Geld-Information (alias "Überweisungen") auch analysiert wurden (siehe SWIFT, wobei auch hier erhebliche Lernprozesse nötig waren), so wenig wurden spezifische Sicherungsmechanismen für die **Vernetzung der Börsenkurs-Informationen** vorbedacht. Auch blieben Warnsignale unbeachtet, so als im Frühjahr 1987 eine gezielte Fehleingabe kurzfristig zur Manipulation des Aktienkurses einer britischen Gesellschaft führte.

Bei der Vernetzung der Börsencomputer wird davon ausgegangen, daß die über die Leitungen versandte Information stets <u>aktuell</u>, <u>integer</u> und <u>valide</u> (also zeitlich, strukturell und inhaltlich korrekt) sei. Auf dieser Annahme bauen die **Börsenhandels-Programme** auf: weil nämlich zu jedem Zeitpunkt an irgendeinem Börsenplatz der Welt ein Börsen-Handel (vorwiegend von Menschen mit Kauf- und Verkauf-Orders) getrieben wird, müssen Computer an anderen Plätzen (wo gerade Nacht, Feiertag etc. ist) die aktuelle Kursentwicklung "überwachen" (monitoring), um bei großen Aktienpaketen die "Verluste zu minimieren" oder "Gewinne mitzunehmen". In den Börsenprogrammen sind dazu (instituts-spezifische) Schwellwerte eingebaut (überdies selten interaktiv veränderbar), bei deren Unterschreitung ein entsprechendes Wertpapierpaket elektronisch zum Verkauf gebracht wird ("stop loss mechanism").

Die so zugrundegelegte Denkweise reproduziert die bekannten Mechanismen des Börsenhandels (Abbildung 1). Auch auf dem elektronisch organisierten Börsenmarkt herrschen die "Gesetze von Angebot und Nachfrage": als (nach unbeachteten Anzeichen am 16. 10. 1987) am Montagmorgen (19.10.1987) an der Tokioter Börse die Kurse einiger bedeutender Aktienpakete sanken (übrigens mitbeeinflußt durch irrationale Einwirkungen von Politikerreden in USA und Deutschland), mag zunächst nur der Schwellwert <u>eines</u> Börsenprogrammes unterschritten worden sein;dessen elektronisches

Aktienverkaufsangebot mußte bei schwachem Markt und mangelndem
Interesse eine Verkaufslawine (durch Unterschreiten der Schwellen
anderer Börsenprogramme und Auswirkungen auf andere Pakete)
auslösen, da stabilisierende Elemente (wie etwa das Eingreifen
einer "elektronischen Börsenaufsicht") in dem System nicht vorgesehen waren (und weil verantwortliche Aufseher nacht-bedingt
schliefen).

Der Einfluß der Computernetze auf den Börsen-Crash wird deutlich,
wenn man die Geschwindigkeit des Wertverfalls 1929 (in der bis
1987 schlimmsten Aktien-Baisse) mit 1987 vergleicht: während
1929 in einer weltwirtschaftlich miserablen Lage die Aktienkurse
am ersten Baisse-Tag "nur" um ca. 6% fielen, betrug 1987 der
Wertverfall über 22%, und das in einer vergleichsweise unproble-
matischen weltwirtschaftlichen Lage; die "gute" Wirtschaftslage
trug 1987 immerhin zur schnellen Stabilisierung (vermutlich
durch ähnliche Interventionen wie 1929) bei: nicht auszudenken,
welche Entwicklungen sich bei schlechterer Konjunktur ergeben
hätten!

Der wirtschaftliche Schaden, obwohl hinter denkbaren schlimmsten
Wirkungen weit zurückbleibend, der "eingebauten Denkweisen" war
schockierend: weltweit wurden Aktienwerte in der Größenordnung
von Billionen Dollar binnen weniger Tage verloren. Trotz mühsamer
(menschlicher) Eingriffe lagen die Börsenkurse ein Jahr später
noch um ein Viertel unter den Werten vor dem Crash. Neuere
Entwicklungen (auch bei organisatorischen Veränderungen an
deutschen Börsen) lassen allerdings eine tiefgehende Risiko-
Analyse vermissen: die weltweiten elektronischen Märkten angemessene **elektronische Börsenaufsicht**, welche in Krisensituationen
den Börsenhandel weltweit aussetzen kann, dürfte es hinreichend
schnell nicht geben. Soweit vernetzte Börsensysteme also Verhal-
tensweisen "menschlicher Börsianer" emulieren, bleibt die Gefahr
der Fortpflanzung von "Computer-Baisses" und "-Hausses" über
Börsennetze ungemindert.

2.2 Zum Beispiel: Der "UNIX-Wurm" im ARPA/INTER-NET (1988)

Das Risiko der Ausbreitung verdeckter Programme in Computer-
netzen, sog. **Würmer**", ist bereits 1982 (in Realisierung eines
Gedankens aus John Brunner's Science Fiction-Geschichte "Der
Schockwellenreiter") von Shoch und Hupp dargelegt worden
[Shoch/Hupp 82]. Obwohl bis heute das wahre Gefahrenpotential von
Wurmprogrammen, so als potentielle Überträger von "Computer-
Viren", noch nicht erkannt wurde (wohl mangels entsprechender
Vorfälle), hat bereits der (vermutlich experimentelle) **INTERNET-
Wurm**, von einem (mittelmäßigen) Informatikstudenten der Cornell-
Universität für UNIX-Systeme (Version BSD 4.2/4.3) konzipiert, zu
heller Aufregung in wissenschaftlichen, wirtschaftlichen und
militärischen Anwendungen geführt. Durch eine mustergültige Risikoanalyse ([Spafford 88]; RISK-DIGEST; VAXINFO; post-analysiert
in [Brunnstein 88b]) wurden Ausbreitung, Bedingungen sowie Be-
kämpfung ("Condom", "Cure") des UNIX-spezifischen Wurmes binnen
12 Stunden erkannt und weitgehend beseitigt. Allerdings dürften
die Folgen noch lange spürbar sein, zumal die öffentliche
Berichterstattung viele Mißverständnisse erzeugte (etwa die
falsche Bezeichnung als "Virus") [Brunnstein 88a].

Der Vorgang (soweit bisher bekannt):   Nach mehrwöchiger Vorbereitung (bei dem Programmstücke von vermutlich mehreren
Autor/inn/en erstellt bzw. eingebunden wurden) entließ
(wahrscheinlich) der 23-jährige Informatik-Student Robert T.
Morris (Sohn des gleichnamigen UNIX-Mitentwicklers und Direktors
des US-Computer-Sicherheits-Zentrums) ein (angeblich) zu experi-
mentellen Zwecken installiertes Wurm-Programm in verbundene Netze
wie ARPANET, MILNET und INTERNET.

Das Wurm-Programm benutzte das in UNIX BSD-Systemen (bis Version
4.3 von Berkeley Software Distribution standardmäßig) enthaltene
SENDMAIL-Programm, welches bei eingeschaltetem "**Debug**-Mode" auch
die Möglichkeit des übertragens, entfernten übersetzens sowie
entfernten Startens eines Programms unterstützt (nützlich etwa
zur automatischen Installation neuer System- und Programmversio-
nen). Die Ausbreitung, in Abbildung 2 dargestellt, verläuft in
Phasen:

> **Phase 1:** Auf einem "infizierten" UNIX-System werden Benut-
> zer-Kennungen und Paßworte nach Verfahren des "password
> guessing" gesucht, wobei eine kleine Liste vorgegebener
> (vermutlich aus dem Cornell-Rechner gesammelter) Paßworte
> (von "aaa" bis "zimmerman") den Einstieg erleichterte; neben
> Systemdetails kennen und nutzen der/die Autor/en   auch
> UNIX-Systemfehler, so etwa in dem FINGER-Daemon, welcher
> zuletzt vermittelte Kontakte zu anderen Rechnern speichert
> (wobei die darin verwendete Systemprozedur "get" die Länge
> eines übergebenen Strings nicht prüfte).
>
> **Phase 2:** Mithilfe der in Phase 1 gewonnenen Information
> werden Verbindungen zu anderen UNIX-Systemen hergestellt,
> wobei zunächst der Editor (SED) auf dem gerufenen System
> aktiviert wird, an den sodann ein Helfer-Programm (Spafford:
> "Vector Program") übertragen wird, welches nach übersetzung,
> Montage und Start die eigentlichen Wurm-Segmente herüber-
> kopiert. Drei Wurm-Versionen waren (als Objekt-Files) vorge-
> sehen: 2 SUN-Versionen sowie eine VAX/UNIX-BSD-Version, von
> denen das jeweils zutreffende als Daemon eingebaut wird.
>
> **Phase 3:** Bevor die erneute Suche (Phase 1) beginnt,
> erschwert der Wurm seine Entdeckung und Bekämpfung: als
> erstes werden Maßnahmen zur Camouflage ergriffen, etwa indem
> sofort ein neuer Prozeß erzeugt, der Ur-Prozeß beendet sowie
> die beim File-Transfer erzeugten Dateien in den
> Hauptspeicher kopiert und auf dem Hintergrundspeicher
> gelöscht werden. übrigens wurden alle Text-Informationen
> (u.a. die vorgegebene Paßwort-Liste) mit einem einfachen
> Verfahren (XOR) "verschlüsselt".

Das Wurm-Programm hatte außer der Fortpflanzung und der dabei
erzeugten "Verstopfung" der betroffenen Rechner keinerlei schäd-
liche Wirkung; als eventuell instruktiven Teil enthielt es ein
Audit-Verfahren, bei welchem bestimmte Wurmgenerationen an einen
Rechner namens ERNIE in Berkeley zu berichten hatten. Da allerdings das Programm (außer guten Kenntnissen über einige UNIX-
Fehler, Paßwort-Ver/Entschlüsselung sowie Password Guessing)
z.T. erhebliche Inkonsistenzen aufwies ("toter Code" als Relikt
früherer Versionen oder künftigen Codes?, primitive Vorwärts-
verkettung, u.a.m.) auch erhebliche Schwächen aufweist [Spafford

Abbildung 1: Der "Börsen-Crash" am 19. Oktober 1987:

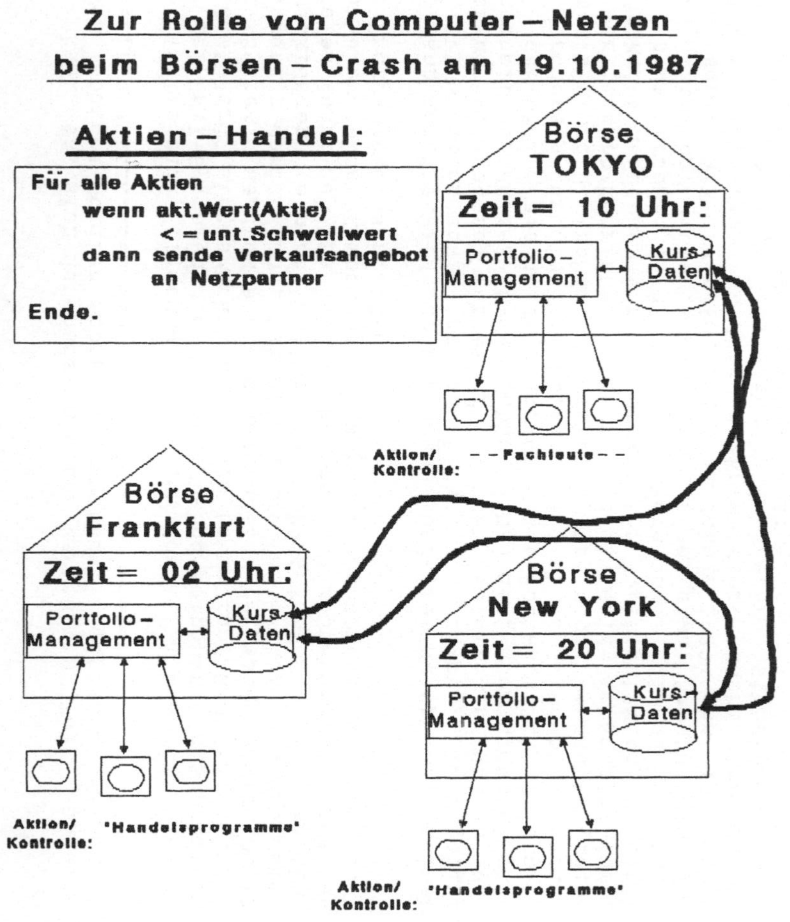

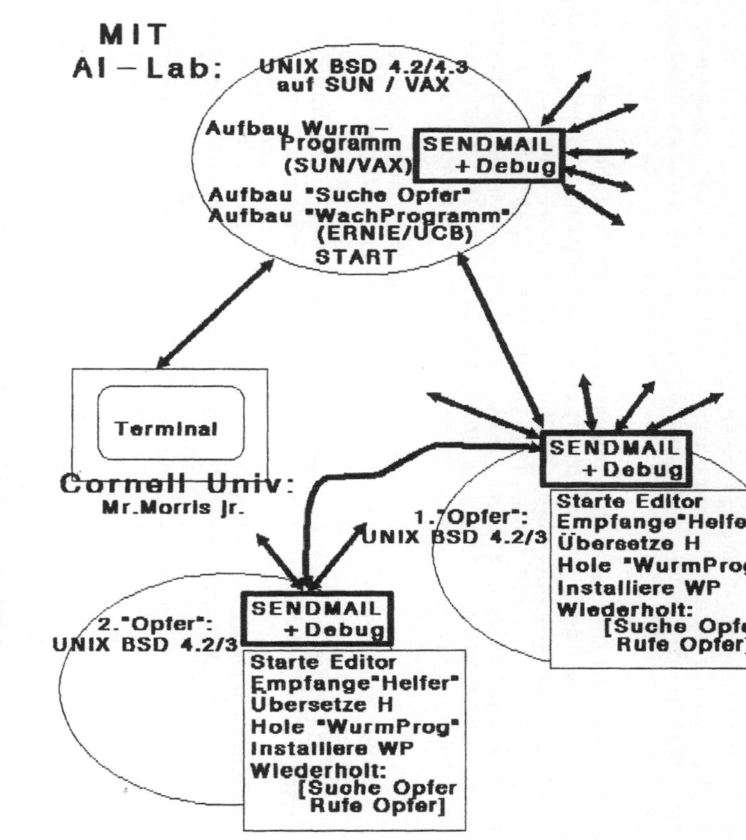
Zur Rolle von Computer—Netzen
beim Börsen—Crash am 19.10.1987

Aktien—Handel:

Für alle Aktien
wenn akt.Wert(Aktie)
< = unt.Schwellwert
dann sende Verkaufsangebot
an Netzpartner

Ende.

Börse
TOKYO
Zeit = 10 Uhr:
Portfolio—
Management
Kurs-
Daten

Aktion/
Kontrolle: — —Fachleute— —

Börse
Frankfurt
Zeit = 02 Uhr:
Portfolio—
Management
Kurs-
Daten

Aktion/
Kontrolle: 'Handelsprogramme'

Börse
New York
Zeit = 20 Uhr:
Portfolio—
Management
Kurs-
Daten

Aktion/
Kontrolle: 'Handelsprogramme'

Abbildung 2: Fortpflanzung des UNIX-INTERNET-Wurmes:

MIT
AI—Lab: UNIX BSD 4.2/4.3
auf SUN / VAX

Aufbau Wurm—
Programm
(SUN/VAX)
Aufbau "Suche Opfer"
Aufbau "WachProgramm"
(ERNIE/UCB)
START

SENDMAIL
+Debug

Terminal

Cornell Univ:
Mr.Morris Jr.

1."Opfer":
UNIX BSD 4.2/3

SENDMAIL
+Debug
Starte Editor
Empfange"Helfer"
Übersetze H
Hole "WurmProg"
Installiere WP
Wiederholt:
[Suche Opfer
Rufe Opfer]

2."Opfer":
UNIX BSD 4.2/3

SENDMAIL
+Debug
Starte Editor
Empfange"Helfer"
Übersetze H
Hole "WurmProg"
Installiere WP
Wiederholt:
[Suche Opfer
Rufe Opfer]

88], kann es sich durchaus um einen verfrühten Test handeln, dessen spätere Stadien ebenso wie eventuell geplante Wirkungen schwerlich aufzuklären sind.

Eine naheliegende Folgerung aus diesem Vorfall müßte darin bestehen, bei UNIX-Systemen die SENDMAIL/Debug-Komponente als primären "Epidemieherd" einzuschränken. Dieses (etwa in TARGON 35) enthaltene System, welches einfach auch UNIX V-Derivaten sowie POSIX hinzugefügt werden kann, ist allerdings für System- und Programm-Entwicklungen (einschließlich der DEBUG-Komponente) nützlich. Überdies führt der Trend zu verteiltem und kooperativen Arbeiten genau über solche Komponenten, deren Risikopotential stets auch Wurm-Programme einschließen.

Zwar kann man die Wiederholung _dieses_ Unfalles durch Ausschalten der DEBUG-Option sowie (seitens Berkeley Software Distribution umgehend vollzogene) Korrektur diverser Systemfehler und so die Sicherheit der UNIX-Systeme erhöhen. Man darf aber nicht vergessen, daß UNIX – als gutes Instrument der Software-Entwicklung – von vornherein für die Verarbeitung sensitiver Daten beim Staat, in Medizin und Wirtschaft weder konzipiert noch überhaupt geeignet war [Grampp/Morris 84]. Zwar kann die UNIX-Sicherheit durch restriktive Maßnahmen von Konzeption bis Implementation um einiges erhöht werden; so gibt es UNIX-Versionen, die nach "Orange Book" unter der Stufe C2 eingestuft sind, etwa "Secure UNIX" von Gould sowie "AIX" (Version 2.2.1 ab Januar 1989) von IBM. UNIX verliert aber seine von Software-Entwicklern geschätzten Eigenschaften, wenn die Forderungen höherer Sicherheitsstufen (B1,B2,B3,A) erfüllt werden müssen [Geiger 88].

Die tiefere Ursache für die Sicherheitsprobleme, die ja – wenn auch weniger offensichtlich – auch bei anderen verbreiteten Betriebssystemen auftreten können, liegt in der **Annahme, man könne sowohl für die Entwicklung wie für den Einsatz (="Produktion") dasselbe Betriebssystem verwenden**; denn es sei erforderlich, zur Fehlererkennung oder Systemerweiterung auch in der speziellen Produktionsumgebung zu testen. Viele Unfälle in einzelnen Systemen (z.B. "Computer-Viren") sowie vernetzten Systemen ("Computer-Wurm", "Trojanische Pferde" u.a.m.) können in einem Betriebssystem **nicht auftreten**, wenn **dessen Fähigkeiten auf die Erfordernisse des Produktionsbetriebes abgestellt** sind. (Warum z.B. muß ein Betriebssystem helfen, daß ein beliebiges Programm ein anderes lesen und modifiziert speichern kann, mit dem Nebeneffekt der "Viren"-Propagation?).

Die heute übliche Beschränkung der Systemfähigkeiten durch Kontrollmechanismen bietet (nicht bloß bei dem längst als unzureichend erkannten Paßwort-"Schutz") zwangsläufig Hintertüren, z.B. für kompetente Insider; solche Hintertüren sind in einem Produktionssystem weder erforderlich noch gerechtfertigt. Auch die Forderung nach Hardware-unabhängigen, Programm-Übertragung erleichternden Betriebssystemen erhöht zwangsläufig die Sicherheitsprobleme; selbst jugendliche Hacker beherrschen die Technik, software-gestützte Einlaßkontrollen ("LOGINOUT") durch Falsifikate ("Trojanisches Pferd") zu ersetzen. Auch normierte Hardware/Software-Schlüsselsysteme, wie bisher vorwiegend bei der Ver/Entschlüsselung übertragener Datenströme eingesetzt, können die Sicherheit erbrachter Dienstleistungen erhöhen helfen.

2.3 Zum Beispiel: Hackereinbrüche in Rechner

Die Gefährdung vernetzter und verteilter Systeme wird besonders deutlich durch zahlreiche Hacker-Einbrüche (weniger bekannt dabei solche in wirtschaftliche Rechensysteme). Vor allem die Einbrüche in SPANET (über die bei der NASA betriebenen Eingangs-VAXen CASTOR und POLLUX sowie zahlreiche Rechner beteiligter Hochschulen und Forschungseinrichtungen) sowie die längerdauernden Einbrüche Norddeutscher Hacker (unter unerkannter Nutzung der Hochschulrechenzentren in Bremen und Karsruhe) [Stoll 88] haben die Bedrohung auch der Forschung deutlich gemacht. Von solchen Einbrüchen sind auch forschungsnahe wirtschaftliche und militärische Rechenzentren betroffen gewesen: in dem französischen Labor eines Chipherstellers sollen Computer-Kriminelle sogar Entwurfszeichnungen und -daten des MegaBitChip entwendet haben; für den/die deutschen "Wily Hacker" waren in den US-Militär-Entwicklungsrechnern offenbar nur militärische Aspekte unter Namen wie "SDI" und "AEGIS" interessant [Stoll 88]. Am Tage des Vortrages verhaftete das Bundeskriminalamt mehrere Personen wegen Spionage für den sowjetischen Geheimdienst KGB. Der Kreis der Beteiligten aus Hannover, von wo aus die Einbrüche erfolgten, und Berlin, wo (angeblich) Disketten mit Passwörtern, Programmen sowie Sitzungsprotokollen mit Demonstration von Einbruchsmethoden übergeben wurden, umfaßte neben vorwiegend jüngeren Hackern auch eine Person, die als Troubleshooter für BS-2000 von Siemens sowie eines Großkunden (Versicherungssparte/Berlin) gegen 20.000 DM Monatshohorar eingesetzt worden sein soll; angeblich sollen auch Versicherten-Daten verkauft worden sein (die für einen Geheimdienst für die "Gewinnung" neuer "Mitarbeiter" interessant sein könnten); als Motiv werden Drogen-, Alkohol- sowie akuten Geldprobleme vermutet. Neben diesem spektakulären "KGB-Fall" erlangten Computer-Einbrecher in weniger bekannten Fällen auch Zugriff auf Bank- und Industriesysteme erlangt.

Selbst wenn man die netz-unterstützte Zusammenarbeit von Hochschulen und Forschung mit (oft geheimhaltungs-bedürftiger) wirtschaftlicher und militärischer Entwicklung außer Betracht läßt (und die militärischen Netze abkoppelt, wie dies bei MILNET nach dem UNIX-INTERNET-Unfall und einem weiteren Hacker-Einbruch im November 1988 geschah), so bietet die **Beherrschbarkeit der Hochschulnetze** noch genügend Probleme. Wie kann eigentlich irgendein/e Autor/in davon ausgehen, daß sein/ihr Text/Programm, nach gängiger Praxis ungeschützt in Netzen zugänglich, nicht von Dritten gelesen, modifiziert oder für eigene Zwecke übertragen wurde? Viel schlimmer: selbst wenn Betroffene eine Manipulation an ihren Texten feststellen, so könnten sie bei heutiger Praxis **weder die Einbrüche** - mangels verfügbarer Spuren alias "Audit Trails" - **aufklären noch die Schäden** (mangels hinreichender Backup-Organisation) **beseitigen**. Die Vielzahl netz-gestützter "Vorfälle" läßt es fraglich erscheinen, inwieweit die von Benutzern erwarteten Dienstleistungen der ungestörten Speicherung, Verarbeitung und übermittlung im Hochschul- und Forschungsbereich überhaupt gewährleistet werden können.

3. Anforderungen an Gestaltung und Verwaltung vernetzter Systeme:

Heute bestehende internationale und überregionale (Wide Area N.), regional verteilte (Metropolitan Area N.) wie insbesondere die sich rapide ausbreitenden lokalen (Local Area N.) Netze bauen auf einzeln unzureichend sicheren Bausteinen auf und bringen (selbst wenn sie einzeln sicher wären) zwangsläufig vermehrte Risiken mit sich. Solange Konzepte "vertrauenswürdiger Arbeitsplatzrechner" sowie "Vertrauenswürdige Netzwerk-Schnittstellen" zur Kontrolle des Zugriffs auf vertrauenswürdige Netzkomponenten erst ansatzweise vorhanden sind, kann nur eine **sorgfältig geplante und kontrollierte Sicherheits-Organisation** das Auftreten schwerwiegender "Vorfälle" vermeiden und **die Integrität der Arbeitsergebnisse und Arbeitsprozesse der Benutzer gewährleisten**.

Ein sicherer Netzbetrieb setzt bei den Baustein-Systemen an. Grundsätzlich sollten Basissysteme (Personal Computer, Arbeitsplatzrechner, mittlere und größere Allzweckrechner) nach einer **minimalen Sicherheitsstufe C2/B1 des Orange Book** eingestuft sein. (Die "Zentralstelle für das Chiffrierwesen", demnächst als "Zentralstelle für Sicherheit der Informationsverarbeitung" zuständige Bundes-Rechnersicherheits-Behörde, veröffentlicht 1989 erinen nationalen Katalog von "IT-Sicherheitskriterien", in dem Sicherheitskonzepte nach Funktionsklassen F1-F9 sowie Qualitätsstufen Q1-Q7 eingeteilt werden). Zur Analyse aufklärungsbedürftiger Ereignisse müssen Benutzungs-"Spuren" (Audit Trails) aufgezeichnet und regelmäßig ausgewertet werden. Da nach gesichertem Erfahrungsstand die **erreichte Sicherheit zumeist erheblich unter dem** (nach jeweiliger Sicherheitsstufe) **erreichbaren Standard** bleibt, muß auf die **Schulung sicherheitsbewußten Benutzerverhaltens** erheblicher Wert gelegt werden: man analysiere einmal die gebräuchlichen Paßworte! (vergleiche Morris' Paßwortliste, vermutlich aus Cornellrechnern gewonnen). Hierzu gehört auch die Versorgung der Benutzer mit **qualitativ ausreichenden Anwenderprogrammen sowie die Vorsorge gegen deren Verlust, Zerstörung oder "Verseuchung"**. (Im historischen Vergleich erscheint heutiges PC-Arbeiten wie eine medizinische Operation in vor-hygienischer Zeit; so wie der Erfolg einer Operation erst durch hygienische Maßnahmen von schädigenden "Nebenwirkungen" befreit werden konnte, minimiert "Computer-Hygiene" unerkannte Einwirkungen und sichert die Qualität der Ergebnisse).

Wo **sensitive Forschungs- und Hochschuldaten** verarbeitet werden (etwa in Medizin und Hochschulverwaltung), müssen **eigenständige Rechner höherer Sicherheitsstufen (B2/B3)** eingesetzt und bei Vernetzung zusätzliche Vorkehrungen (etwa verschlüsselte Übertragung) vorgesehen werden; das Verhalten der (auf das Datenschutzgeheimnis verpflichteten) Mitarbeiter/innen muß hier besonders kontrolliert werden. Bei derartigen Kontrollen müssen auch Hochschulen und Forschungsinstitute erhöhte organisatorische Anforderungen wie "Vier-Augen-Prinzip" und Zwei-Schlüssel-Systeme, Funktionstrennung u.a.m. erfüllen, schon um die (ohnehin minimalen) gesetzlichen Forderungen (etwa der Datenschutzgesetze) erfüllen zu können.

Beim **Aufbau lokaler Netze sowie deren Verknüpfung zu regionalen und übergreifenden Netzen** muß die Gewährleistung sicheren Arbeitens ebenfalls sorgfältig geplant werden. Bisher spielten

Sicherheitsanforderungen weder bei der System-Architektur (z.B.
ISO-OSI-Modell) noch bei der Gestaltung vor allem von LAN-
Technologien eine (angemessene) Rolle; dagegen stehen Ansätze zur
Klassifikation der Netzwerk-Sicherheit im "Red Book" betreffend
"Trusted Network Interface" [Red Book 87] (sowie des aus
Orange/Red Book weiter-entwickelten, 1989 veröffentlichten
deutschen "Nationalen Kriterienkataloges") für die Netzauswahl
durchaus zur Verfügung.

4. Anforderungen an Informatische Entwicklungen:

Die dargestellten Risiken sind zum erheblichen Teil auf
Defizite in Entwicklung und Bewußtsein der betroffenen Wissen-
schafts-Disziplinen, **insbesondere der Informatik** zurück zu führen. Trotz frühzeitiger Hinweise auf die zunehmenden Probleme
haben Hochschulen und Forschungseinrichtungen, Hardware- und
Software-Häuser, staatliche Förderinstitute wie leider auch maß-
gebende wissenschaftliche Gesellschaften schwergewichtig lieber
Gebiete wie "Künstliche Intelligenz", "Benutzer-freundliche
Systeme" sowie "Technische Vernetzung" gelegt, ohne dabei angemessen (wenn überhaupt) die Aspekte der Risiko-Vermeidung zu
berücksichtigen. Immerhin bemühen sich wichtige Organisationen
seit einiger Zeit, so etwa die Gesellschaft für Informatik (GI),
die Association for Computing Machinery (ACM), die British
Computer Society (die ihre Mitglieder sogar auf einen "Ethischen
Codex" verpflichtet) sowie die International Federation for
Information Processing (IFIP) um Themen wie Verantwortung der
Informatik sowie Risiko- und Technologie-Folgen-Abschätzung.

Wie sehr diese Probleme bisher verdrängt wurden, beweisen Informatiker (und Datenschützer), wenn sie - offenbar ohne hinreichende Kenntnis über Verbindungen zwischen Hacker-, Cracker
und Crasher-Szenen -Verständnis für Hacker zeigen, die "als
bessere Datenschützer endlich Sicherheitsdefizite" aufzeigten.
Manch besorgte Fachleute, die ebenso frühzeitig wie vergeblich
auf die Folgen solch un-überlegten Vorgehens hingewiesen haben,
betrachten jeden Fall kriminellen DV-Mißbrauchs wie auch die
Hackereinbrüche bis in Wirtschafts-Rechenzentren hinein (zynisch)
als "notwendigen Lerneffekt". Nachdem die DV-Realität durchweg
von un-sicheren Systemen (vor allem einige Millionen PC's und
UNIX-Workstationen, immer mehr durch LANs verbunden) geprägt ist,
erscheint es manchen durchaus zweifelhaft, ob eine schnelle
Neubesinnung ausreicht, um ein befürchtetes "Chernobyl der Informatik" noch zu vermeiden [Brunnstein 88a].

Trotz verbreiteter Skepsis soll hier dennoch für eine **Neu-
Orientierung** der Informatik-Forschung und Lehre plädiert werden.
Über die informatik-zentrierte Sicht hinaus muß in einer übergreifenden Reflexion, an der Geistes-, Sozial- und Wirtschaftswissenschaften mitarbeiten müssen, die Fragen nach der **Verantwortung von Informatikern und Anwendern** und allgemein nach der
Beherrschbarkeit dieser Techniken (als Gestaltungsprinzip, nicht
zu deren Verhinderung) gestellt.

In der **deutschen Informatik-Forschung** sollten endlich Schwerpunkte zur systematischen **Erforschung sicherer Netz- und System-
Architekturen** gesetzt werden. Anstatt generell "sichere Allzweck-

Betriebssysteme" anzustreben - wo es in US-Instituten reichlich Vorschläge gibt, von "Sicheren Kern-Betriebssystemen" (KSOS) bis zu Capability-gestützten "Beweisbar Sichere Operations-Systeme" (PSOS) - könnte hierzulande als Nahziel ein "sicheres Produktions-Betriebssystem" (etwa mit UNIX-Oberfläche) angestrebt werden, auf dem eine "sichere Netzverwaltung" aufgesetzt werden könnte. Ein solches System unterstützte lediglich den Einsatz festgelegter Programme (etwa: Textverarbeitung, Datenbank, Graphikdarstellung, Mail-Dienste); Anforderungen aus Entwicklungs-Systemen (etwa daß ein Programm ein anderes lesen und verändern kann) würden nicht zugelassen: damit könnten klassische Cohen'sche "Link-Viren" von vornherein ausgeschlossen werden.

Grundsätzlich müssen Betriebssysteme die Benutzer (z.B. durch "biometrische Authentifikation", also eindeutiges Erkennen von Stimm-, Finger- oder Augenmustern) auch hinsichtlich ihrer gesicherten Benutzererlaubnisse (etwa in Chipkarten), zuverlässig identifizieren sowie (unabschaltbar) Verlaufsdaten zur späteren Vorfall-Analyse (als Audit Trails) speichern können. Verifikation - Voraussetzung für die Sicherheitsklassen A1 (Orange Book) bzw. Q7 des deutschen Kriterienkataloges - sichert allenfalls die syntaktisch-semantische Korrektheit eines Modells zu, womit die pragmatische Komponente von "Sicherheit" nicht modelliert werden kann.

Dieser pragmatische Aspekt von Sicherheit kann durch eine heuristische Komponente überprüft werden, wo (vermittels (Expertensystemen zur Einbruch-Erkennung, etwa das System IDES [Denning 86], [Lunt/Jagannathan 88]) Versuche unbefugter Benutzung sowohl während des Zugangs wie auch im Dialog-Verlauf beobachtet und (als erweiterte Audit Trails) aufgezeichnet werden. Durch Erkennung statistisch abweichenden Verhaltens können auch zuvor nicht bekannte (und folglich mit vorgegebenen Sicherungsmethoden nicht abfangbare) Ereignisse erkannt werden. Nach einer empirischen Phase könnten die Monitorprogramme um eine dann **"IDA"-Komponente** (Intrusion Detection and Avoidance) erweitert werden, welche auch zuvor nicht bekannte Einbruchsmethoden erkennt und wirksam verhindert [Brunnstein/Fischer-Hübner 89]. Derartige "Einbruch-Sicherungen" müßten überdies den Zugang zu Daten- wie auch Wissensbanken (bei denen Sicherheit bisher überhaupt keine Rolle zu spielen scheint!) kontrollieren. Für die sichere Übertragung sensitiver Information müssen verbesserte hardware-gestützte Verfahren der Ver/Entschlüsselung (angemessener Effizienz) erarbeitet werden.

In der **Informatik-Lehre** gibt es zurzeit nur erste Ansätze zur Vermittlung von **Kenntnissen der Rechner- und Netz-Sicherheit**. Seit einiger Zeit wird an der Fachhochschule Ulm eine 4-semestriger Kurs über "Datenschutz und Rechnersicherheit" angeboten. An der Universität Hamburg läuft ebenfalls eine vierteilige Einführung in Gebiete wie: "Datenschutz und Rechnersicherheit", "Risikoanalyse computer-gestützter Systeme", "Konzepte sicherer Systemtechniken" sowie "Sicherheit von Netzwerken"; daneben werden Projekte zu aktuellen Themen durchgeführt, so systematische Erfassung von Viren und Entwicklung von Gegenmaßnahmen ("Virus Epidemie Centrum", dessen Ergebnisse inzwischen über elektronische Bretter der GI-Fachgruppe "Personal Computing" abgerufen werden können). Um zu gewährleisten, daß zumindest die praktisch tätigen Informatiker/innen in Grundlagen der Rechnersicherheit ausgebildet werden, scheinen - angesichts des Defizits an Sicherheits-Fachleuten – ungewöhnliche Maßnahmen – etwa Sommerschulen der Deutschen Informatik-Akademie für die Grundausbildung von Dozenten – dringend geboten.

Geht man der Frage nach, warum Sicherheitsdefizite solange übersehen wurden, so gelangt man – vielleicht auf dem Umweg über die Lernprozesse der Kernphysiker – zu der Erkenntnis, daß die **informatik-typische Dominanz des "Problem-Lösens" den Blick** für **ethische und moralische Fragestellungen** (die sich mit Verfahren des Software Engineering schwerlich behandeln lassen) **verstellt** haben. Zwar werden kritische Ansätze (etwa Weizenbaums "Computer Power and Human Reason") in Seminaren behandelt, und an einigen Instituten gibt es auch bereits Ansätze einer "Wirkungsforschung". Solange jedoch Teile eines auch geistes- und sozial-wissenschaftlich orientierenden "Studium Generale" fehlen, reichen diese Ansätze wegen fehlender Grundlagen über bemühtes Engagement kaum hinaus.

Informatiker/innen sind wohl gut ausgebildet, die Chancen ihrer Methoden zu erkennen und zu gestalten. Mit ihrem Grundwissen sind sie aber schwerlich in der Lage, **Risiken und Grenzen ihres Tuns** zu erkennen. Hier liegt die allzu lange vernachlässigte Chance der Geisteswissenschaften, insbesondere Philosophie, Theologie und Sozialwissenschaften: der Weg zur beherrschten (über eine beherrschbare) Informations- und Kommunikationstechnik führt sowohl über informatische wie über typisch interdisziplinäre Fragestellungen: kann man Informatiker/innen für fahrlässig herbei geführte Risiken (etwa infolge Einsatzes eines unsicheren Betriebssystems in einer sensitiven Anwendung) zur Rechenschaft ziehen?

Die auf den ersten Blick technologisch erscheinende Frage nach "sicherem Rechner- und Netzbetrieb" erweitert sich insoweit zu der **Frage, inwieweit die Anwender diese Techniken beherrschen lernen, und inwieweit neuartige Systementwürfe diese Systeme beherrschbarer** machen. Leider gibt es zu viele Beispiele, daß solche Fragen – die ähnlich in Bereichen wie Kerntechnik und Gentechnik auftreten – auch von Wissenschaftlern erst dann untersucht werden, wenn schwerwiegende Unfälle eingetreten sind. Nach den ersten Informatik-Unfällen (die ersten KI-Opfer beim Airbus-Abschuß durch das AEGIS-System, die vielfachen Milliardenverluste des Börsen-Crash u.a.m.) ist es auch für die Hochschulen höchste Zeit, vorbeugend Maßnahmen zur Gewährleistung sauberer DV-Arbeit zu ergreifen. Andernfalls **drohen wirklich gravierende Vorfälle**, die – in Analogie zu den Versäumnissen der industriellen Entwickler – sich als **Informations-ökologische Katastrophen** erweisen können.

5. Literaturverzeichnis:

[Brunnstein 87]   Klaus Brunnstein: "Über Viren, Würmer und anderes seltsame Getier in Computersystemen: ein kleines Informatik-Bestiarium", Angewandte Informatik, Oktober 1987

[Brunnstein 88a]   Klaus Brunnstein: "Das UNIX—Menetekel: Der
                       UNIX—Wurm im ARPANET", Computerzeitung,
                       Nr.26/Dezember 1988

[Brunnstein 88b]   Klaus Brunnstein: "The UNIX—Worm in ARPANET:
                       Analysis and Documentation of a misguided
                       experiment", Internal Report, Hamburg 1988

[Brunnstein/Fischer—Hübner 89] K. Brunnstein, S. Fischer—Hübner:
                       "Risk Analysis of Trusted Computer Systems",
                       Hamburg, März 1989 (zur Veröffentlichung)

[Denning 86]   Dorothy Denning: "An Intrusion—Detection
                       Model", Proceedings, IEEE Symposium on
                       Security and Privacy, Oakland CA, April 1986

[Geiger 88]   Erwin Geiger: "UNIX und das Orange Book",
                       Tagungsband, German UNIX User Group (GUUG)—
                       Jahrestagung (27.—29.9.1988), Hannover

[Grampp/Morris 84]   F.T.Grampp, R.H.Morris: "UNIX Operating
                       System Security", AT&T Bell Technical
                       Journal, Vol.63, No.8, October 1984

[Katzke 85]   Stuart W.Katzke: "NBS Perspectives on Risk
                       Analysis: Past, Present, and Future",
                       Minutes of the Federal Information Systems
                       Risk Analysis Workshop, 1985; reprinted in:
                       M.D.Abrams&H.J.Podell(Editors): "Computer
                       and Network Security", IEEE Computer
                       Society Order Nr.756, 1987

[Lunt/Jagannathan 88] Teresa Lunt, R. Jagannathan: "A Prototype
                       Real—Time Intrusion—Detection Expert System",
                       Proceedings, IEEE Symposium on Security
                       and Privacy, Oakland CA, April 1988

[Netware 88]   Novell: SFT NetWare Version 2.1, Nov.1987,
                       NetWare Referenzhandbuch,(420—010264—001—D)

[Orange Book 85]   "DoD Trusted Computer Security Evaluation
                       Criteria", National Computer Security Center
                       December 1985

[Red Book 87]   "Trusted Network Interpretation (of the
                       Trusted Computer System Evaluation Criteria)"
                       National Computer Security Center, July 1987

[Shoch/Hupp 82]   John F.Shoch,Jon A.Hupp: "The Worm Programs:
                       Early Experience with a Distributed
                       Computation", Comm.of the ACM, Vol.25,No.3,
                       S.172—180, März 1982

[Spafford 88]   Eugene Spafford: "The INTERNET Worm Program:
                       An Analysis", Purdue University, Purdue
                       Technical Report CSD—TR—823, Nov.28, 1988

[Stoll 88]   Clifford Stoll: "Stalking the Wily Hacker",
                       Comm. of the ACM, May 1988, p.484—497

<u>Beherrschbarkeit und Grenzen der dezentralen DV</u>

Bert Bruch
Leitung Organisation und Datenverarbeitung
Nixdorf Computer AG, 4790 Paderborn

1. Entwicklungen und Tendenzen

Die kommerzielle Datenverarbeitung war in den 60er und 70er Jahren auf zentralisier-
te Rechenzentren zugeschnitten. Durch den wachsenden Bedarf an Rechnerleistung an
dezentralen Standorten wurden zunehmend Systeme der mittleren Datentechnik eingesetzt. Die Entwicklung von System- und Anwendungssoftware für solche Systeme verlief
unabhängig von entsprechender Host-Software. Selbst beim kommerziellen Einsatz der
PC-Technologie beschritt man zunächst eigene Wege.
Die 3 entstandenen - im wesentlichen inkompatiblen - Rechnerebenen verursachten die
Entwicklung inkompatibler Anwendungssoftware. Ein Wildwuchs verschiedener Software-
produktionsumgebungen (SPU) war die Folge.
Aus dieser Situation heraus resultiert die Forderung der Anwender, die 3-Rechner-
Welten zu integrieren und die Inkompatibilitäten zu überwinden. Steigende Software-
kosten und der immense Anwendungsstau verbieten parallele Entwicklungen auf inkompatiblen Systemen. Computerhersteller werden von ihren Kunden diesbezüglich immer
stärker in die Pflicht genommen.
Die IBM beispielsweise versucht, durch ihr SAA-Konzept das Auseinanderdriften ihrer
Produktpalette zurückzunehmen und eine einheitliche Programmieroberfläche für PC,
mittlere Datentechnik und Host-Systeme zu definieren. Der Zeitplan für die Realisierung des SAA-Konzeptes reicht weit in die 90er Jahre und zeigt die Komplexität
dieser Aufgabe.
Neben der Portabilität fordern Anwender eine hohe Netzwerkfähigkeit der Computersysteme. Der Bedarf an offenen Standards wächst stetig. Im Zuge dieser Herausforderung gründeten im Mai 1988 sieben große Hersteller (Siemens, Bull, Nixdorf, IBM,
DEC, HP und Apollo) gemeinschaftlich die Open Software Foundation (OSF). Ihr zentrales Ziel ist die Bereitstellung portabler herstellerunabhängiger Systemsoftware-
Produkte gemäß internationalen Standards (insbesondere X/Open-Definitionen) für
eine offene Anwendungsumgebung.

Überlagert werden die genannten Tendenzen von einer noch immer wachsenden DV-Durchdringung in alle kommerziellen und technischen Bereiche. Der Anwendungsstau wächst insbesondere in Bereichen, in denen zumindest heute keine Standardsoftware einsetzbar ist.

2. Ziele

Die zentrale Aufgabe von Herstellern und Anwendern in den 80er und 90er Jahren wird es sein, die Daten, die Software und die Rechnerleistung dorthin zu verlagern, wo sie gebraucht werden, um höhere Verfügbarkeit, schnellere Zugriffszeiten und problemorientierte Lösungen zu erzielen. Die Sofortverarbeitung, die jeden betrieblichen Vorfall begleitet, stellt hohe Anforderungen an die entsprechenden DV-Lösungen. Eine hochgradige Informationslogistik, die alle Bereiche betrieblichen Handelns erreicht, ist zentrales strategisches Ziel. Die Qualität der Informationsversorgung wird in den 90er Jahren für Unternehmen aller Branchen der entscheidende Erfolgsfaktor sein.

Eine solche Aufgabe läßt sich nur dadurch lösen, daß Anwender und Hersteller die sich international durchsetzenden Standards (UNIX, X/OPEN, SQL) konsequent einhalten. Die Computerindustrie muß nach Jahren des Wildwuchses genau dieselben Wege beschreiten, die andere technische Branchen bereits hinter sich haben. Der Einsatz von PC, mittlerer Datentechnik und Host-Systemen darf nicht durch technische Randbedingungen eingeschränkt werden, sondern darf sich nur noch den zu lösenden Aufgaben unterordnen.

Der wachsende Anwendungsstau und die rasant steigenden Softwarekosten können nur abgebaut werden durch eine effizientere Softwareentwicklung. Das Softwareengineering muß - wie jede andere ingenieursmäßige Tätigkeit auch - in einem viel stärkeren Maße technisch unterstützt werden. Hersteller und Anwender werden gefordert sein, portable und integrierte Softwareproduktionsumgebungen (SPU) zu entwickeln und konsequent einzusetzen.

3. Konsequenzen

Die Grundvoraussetzung für die Beherrschbarkeit der dezentralen DV ist der konsequente Einsatz einer einheitlichen, hoch integrierten Softwareproduktionsumgebung, die aus komfortablen Design-Werkzeugen und Standard-Laufzeitkomponenten besteht. Folgende Anforderungen muß eine SPU für professionelles Software-Engineering erfüllen:

1. Der SPU müssen einheitliche Konzepte und Methoden zugrundeliegen.
2. Das hinterlegte Vorgehensmodell muß alle Phasen der Softwareentwicklung integriert abdecken (von der Systemanalyse bis zur Maintenance).
3. Sie muß ein einheitliches Erscheinungsbild der Anwendung (Dialogaufbau, Layouts) garantieren.
4. Die SPU muß in sich portabel sein und portable Anwendung erzeugen.
5. Sie muß hochgradig netzwerkfähig sein.
6. Sie muß Mehrsprachigkeit, Dokumentation, Fehlerbehandlung, Helpsystem etc. standardmäßig unterstützen.
7. Sie muß ein integriertes Dictionary beinhalten, das die Konsistenz der Entwicklung in jeder Phase garantiert.

Sowohl dem Anwender als auch dem SW-Entwickler sollte die eigentliche Systemumgebung, auf der er arbeitet, möglichst verborgen bleiben.

Eine weitere Konsequenz ist der verstärkte Einsatz relationaler (und verteilter) Datenbanksysteme. Dies macht einerseits eine unternehmensweit integrierte Datenmodellierung und andererseits eine konsequente Trennung von physischer und logischer Datensicht (View-Konzept) unbedingt erforderlich. Die Administration des Datenmodells muß durch ein integriertes Data Dictionary unterstützt werden.

Zur Entlastung der SW-Entwicklung kann durch Einsatz relationaler Hochsprachen das Reporting in die Fachbereiche verlagert werden. Ein Information-Center unterstützt dabei die Fachbereiche, indem es das Datenmodell transparent macht und den Umgang mit Report-Werkzeugen schult.

Schließlich muß die Rechnerleistung und -intelligenz sukzessive an den Arbeitsplatz verlagert werden, d. h. sukzessiver Ersatz von Terminals durch intelligente Workstations.

Ziel wird es sein, Host-Systeme nur noch für die Steuerung von Netzen und für die Integration und Koordination der verteilten Anwendungen zu nutzen.

Aus der Verteilung der Rechnerleistung auf dezentrale Standorte resultieren - Funktionen, die für die Beherrschbarkeit unbedingt an zentraler Stelle angesiedelt werden müssen:

Richtlinien (Methoden, Standards, Konventionen, Tools); Information-Center, Support für DB, DC, BS; Netze (Planung, Betrieb, Tuning); technische DV-Strategie.

Die oben genannten Funktionen umfassen nur die Minimalausstattung einer zentralen Organisation für die Beherrschbarkeit dezentraler DV. Daneben gibt es Funktionen, die sowohl den dezentralen Standorten als auch der zentralen Organisation zugeordnet werden können:

Anwendungsentwicklung; Fachkompetenz-Center; Projektcontrolling; Hotline; Schulung; Administration DB, DC, BS.

Die Verteilung dieser Funktionen ist ein planerisches Problem, das nicht generalisiert werden kann. Es beinhaltet im wesentlichen, den Grad der Selbständigkeit der dezentralen Standorte festzulegen, der für das Unternehmen optimal ist. Ein hoher

Grad der Selbständigkeit erhöht die Flexibilität, birgt aber die Gefahr des Wildwuchses.

4. Probleme und Grenzen

Die dezentrale Datenverarbeitung ermöglicht erhebliche Chancen für eine optimale
Informationslogistik, verursacht aber auch nicht zu unterschätzende Probleme und
Risiken, die durch organisatorische und technische Maßnahmen nur in Grenzen be-
herrschbar sind.

1. Verteilungsprobleme
Das Hauptproblem ist es, die optimale Verteilung von Hardware, Software, Daten
und Know How auf die dezentralen Einheiten zu planen. Zum einen muß eine Informationslogistik für die dezentralen Einheiten gewährleistet werden, zum andern
muß eine integrierte Konzernsicht an zentraler Stelle darstellbar sein. Das optimale Verhältnis zwischen der dezentralen Selbständigkeit und Flexibilität auf der
einen Seite und der übergreifenden Vereinheitlichung auf der anderen ist schwer zu
ermitteln und durchzuhalten.

2. Integrationsprobleme
Ein weiteres Problem ist das Zusammenführen der dezentralen und zentralen HW/SW-
Konstellationen zu einer in sich logischen und integrativen Einheit. Es wird zunehmend schwieriger, eine Integrität und Konsistenz sämtlicher Daten unternehmensweit sicherzustellen und Redundanzen in Software und Daten auf ein Minimum zu reduzieren.
Eine Inflation von fachlichen und DV-technischen Konzepten und ein Wildwuchs in
der SW-Entwicklung und im Einsatz von SW ist nur durch einen erheblichen organisatorischen Overhead in Grenzen zu halten.
Da Redundanzen nie vollständig verhindert werden können, muß der Grad der Redundanzen, den ein Unternehmen akzeptieren kann, definiert und geplant werden, d. h.
der organisatorische Aufwand muß der Redundanzminimierung gegenübergestellt werden.

3. Kommunikationsprobleme
Die dezentrale Datenverarbeitung verursacht sowohl technische als auch organisatorische Kommunikationsprobleme. Die technischen Probleme resultieren aus dem Engpaß, der durch den Masterrechner im Netz verursacht wird. Bei steigender Komplexität des eingesetzten Netzes wird der Master zum Flaschenhals. Der internationale
Einsatz wird darüber hinaus eingeschränkt durch die sehr unterschiedliche Qualität
der vorhandenen Netzdienste in den verschiedenen Ländern.

Die organisatorischen Probleme ergeben sich aus der aufwendigen Koordination der Aktivitäten in den dezentralen Standorten. Die Durchsetzung der zentralen Funktionen ist nur begrenzt erreichbar und wird durch das Know-How-Gefälle zwischen zentraler und dezentraler Organisation verstärkt. Die optimale Versorgung mit Fachkompetenz an allen Standorten ist vor allem bei internationalen Organisationen nicht ausreichend umsetzbar. Die zentrale Versorgung und Unterstützung wird dadurch zum Engpaß.

4. Migrationsprobleme

Schließlich werden neue DV-Strategien erheblich durch bestehende Altlasten gebremst. Ein Redesign bestehender DV-Lösungen, um sie der neuen DV-Strategie unterzuordnen, ist aus wirtschaftlichen Gründen häufig nicht vertretbar. Eine konsequente Verteilung von Anwendungen aus fachlicher Sicht ist daher nur begrenzt erreichbar.

5. Fazit

Die strategischen Ziele sind im wesentlichen unumstritten. Die verteilte Datenverarbeitung gewinnt immer mehr an Bedeutung. Eine Innovationslogistik mit ausschließlich Host-orientierten Systemen wird in den 90er Jahren kaum noch wettbewerbsfähig sein.
Bei der konsequenten Umsetzung der verteilten Datenverarbeitung entstehen erhebliche Probleme und Risiken. Die Grenzen in der Beherrschbarkeit müssen bewußt gemacht und in den Planungen berücksichtigt werden. Die zentrale Organisation der Unternehmen müssen ihre dezentralen Standorte sukzessive durch Versorgung mit Hardware, Software und Know How auf ihre Selbständigkeit vorbereiten.

Ist die Datenverarbeitung im Hochschulbereich noch koordinierbar?

Günter Schwichtenberg
Universität Dortmund
Hochschulrechenzentrum
August-Schmidt-Str. 12
46Ø0 Dortmund 5Ø

1. Vorbemerkungen

Die Koordinierung der Datenverarbeitung ist mehr als zuvor umstritten: Der Aufwand dazu ist groß, die Durchführung immer problematischer und ein Erfolg schwer nachzuweisen. Obendrein ist diese Aufgabe bei "Koordinierern" und "Koordinierten" emotional schwer belastet. In meinem Beitrag zu dieser Tagung möchte ich den Gründen für diese Situation nachgehen, den Sinn der Koordinierung hinterfragen und die weitere Entwicklung einschätzen.

Gemäß Titel dieser Tagung geht es um eine "Schwellen"-Thematik: wir schauen nach vorn in die 9Øer Jahre; der Titel dieser Sitzungsgruppe macht deutlich, daß es um die Schwelle von einer rein zentralen zu einer fortschreitend dezentralisierten Datenverarbeitung geht. In meinem Beitrag möchte ich Entwicklungstendenzen in der Betreuung aufzeigen; dabei kann ich keine fertigen Antworten geben, geschweige denn Patentrezepte anbieten. Es geht mir mehr um die Möglichkeiten und den Sinn einer Koordinierung als um den bürokratischen Anspruch oder um die Erfüllung einer gesetzlichen Auflage. Bei meinem Thema unterstelle ich aber auch, daß Koordinierung bisher möglich war.

Schließlich spielt bei der Behandlung dieses Themas mein Erfahrungshintergrund eine Rolle: Ich bin an der Universität Dortmund für die zentrale Datenverarbeitung zuständig. Diese Universität ist eine Hochschule mittlerer Größenordnung mit einem technisch-naturwissenschaftlichen Kern, insbesondere aber mit einem relativ großen Informatik-Fachbereich. Ich glaube, daß die Dortmunder Situation durchaus interessant ist zur Beurteilung der generellen Entwicklung an den Hochschulen in den nächsten Jahren.

Nicht zuletzt fußt mein Beitrag auf der Interpretation der Ergebnisse einer ALWR-Umfrage zum Einsatz von Mikrocomputern aus dem Jahre 1986[*].

Dem Thema kommt eine gewisse Brisanz zu: Unterstellt sei zunächst, daß für eine Koordinierung das Rechenzentrum zuständig ist. Dann müssen wir berücksichtigen, daß wir uns an der qualitativen und quantitativen Leistungsgrenze dieser Dienstleistungseinrichtung bewegen. Die Koordinierung steht dabei nicht gerade im Mittelpunkt. Angesichts immer weiterer Anforderungen auf anderen Gebieten sowie stagnierender Personalausstattungen ist ein - wie ich zeigen werde - umstrittener Dienst der erste, auf den man verzichten möchte.

2. Was ist Koordinierung?

Zunächst müssen wir abklären, was denn unter "Koordinierung" zu verstehen ist. Als Definition verwende ich: Das Zusammenbringen von individuellen Aktivitäten zum Zwecke eines gemeinsamen "harmonischen" und "reibungslosen" Handelns.
Dies bedeutet:
- Der Koordinierende befindet sich mehr in der Rolle des Reagierenden: die Anstöße erfolgen durch die Einzelnen.
- Koordinieren ist weniger als Gestalten und mehr als Beraten.
- Koordinierung beinhaltet einen gewissen Grad an Autorität.
- Dabei muß der Koordinierende eigene Interessen zurückstellen, darf aber auch nicht passiv sein.
- Die eigentliche Aufgabe der Koordination liegt in der Überwindung der divergierenden Interessen der Einzelnen.

Im Lande Nordrhein-Westfalen gibt es ein gesetzlich verankertes Koordinierungsgebot: früher in einer umfassenderen Ausformulierung durch das ADV-Gesetz, jetzt nur noch in einer allgemeinen Formulierung im Paragraph 34 des WissHG als Aufgabe für die Rechenzentren in Punkt 1(3):
    "Koordinierung der Beschaffung von DV-Anlagen".
Aus dieser Änderung der Gesetzeslage ist bereits zu erkennen, daß die umfassendere Form des ADV-Gesetzes nicht zu halten war: sie ging von einer Homogenität des Rechnereinsatzes aus, die in den Hochschulen nicht zutrifft. Die heute bestehende (obige) Formulierung ist sehr interpretierungsbedürftig:
- Zum einen bleibt unklar, was der Gesetzgeber unter "Koordinierung" versteht;
- zum zweiten muß der Begriff "DV-Anlage" mit Leben erfüllt werden;

---

[*]   Arbeitskreis der Leiter wissenschaftlicher Rechenzentren: Umfrage zum Einsatz von Mikrorechnern in Lehre und Forschung - Ergebnisbericht vom 25.09.1987; Universität Dortmund, Hochschulrechenzentrum.

- schließlich bezieht sich die Formulierung nur auf die "Beschaffung" und übersieht dabei, daß die "Beschaffung" ein akzidenteller und obendrein sehr störempfindlicher Teil des umfassenderen Managementzyklus ist: Koordinierung muß sich aber auch oder gerade auf die Vorbereitung der Beschaffung (also die Planung und Konzipierung eines DV-Systems) beziehen sowie auf den späteren Betrieb, wenn sie Sinn haben soll. Der ADV-Gesamtplan der Hochschulen des Landes NRW (ADVGP HS) führt daher konsequenterweise auch den Begriff "Koordinierung" nur in Verbindung mit "Planung und Beschaffung" auf.

Im Kommentar zum WissHG (von Bender) finden sich zu diesem Punkt folgende Bemerkungen:

- das Koordinierungsgebot ist gerechtfertigt durch das hohe erforderliche Finanzaufkommen für die Datenverarbeitung;
- es soll "Verbundgerechtigkeit" hergestellt werden;
- die Rechenzentren haben das Recht (und die Pflicht) zur Abgabe einer Stellungnahme;
- mehr noch: es gibt eine Verpflichtung zur Gesamtplanung für die ADV-Ausstattung der Hochschule;
- die RZ haben hierbei keine Entscheidungsbefugnisse: diese obliegen den Gremien und Funktionsträgern.

3. Chancen der Koordinierung

Zunächst sollen erst noch einmal die Erwartungen etwas konkreter zusammengefasst werden, die man an eine Koordinierung knüpft.

3.1 Rechtliche Aspekte

Die Erwartungen beginnen bei der haushaltsrechtlichen Seite; sie werden formuliert durch die beiden Forderungen an die Haushaltsführung: Sparsamkeit und Wirtschaftlichkeit.

Hinzu kommt die Sicherstellung der Ordnungsmäßigkeit.

3.2 Verfahrensvorteile

Im Beschaffungsverfahren werden Vorteile erwartet durch:
- eine Vereinfachung des Planungs- und Beschaffungsverfahrens,
- die Erlangung von Preisvorteilen durch Rahmenverträge und Sammelbestellungen,
- die Ausnutzung von aktuellen Preisnachlässen,
- eine Verbesserung der Verhandlungsführung gegenüber den Lieferanten.

3.3 Gestaltung der DV-Infrastruktur

Die Rechenzentren sehen in der Koordinierung die Chancen:

- durch Ausfüllung des Gestaltungsgebot (z.B. in einer ADV-Gesamtplanung) eine wohlgefügte Gesamtlösung anzustreben, in der alle DV-Komponenten miteinander zusammenwirken;
- die Abdeckung zukünftigen DV-Bedarfs durch laufende Marktbeobachtung und Berücksichtigung kommender DV-Anwendungen vor- und fürsorglich sicherzustellen;
- auf eine Steigerung der Produktqualität hinzuwirken durch Formulierung von Anforderungen, die den Herstellern vorzuhalten sind, sowie durch sorgfältige Produkttests.

3.4 Arbeitsentlastung des DV-Anwenders

Für den Anwender, der sich einer koordinierenden Stelle zuwendet, steht die technische Hilfestellung (von der Konzipierung bis zum laufenden Betrieb) sowie die Arbeitsentlastung beim Beschaffungsvorgang im Vordergrund.

3.5 Verbundintegration

Schließlich sollte die Integrierbarkeit der Rechner sichergestellt werden durch:

- den Datenträgeraustausch (im einfachsten Fall),
- die Ermöglichung der (zunächst zweiseitigen) Datenkommunikation,
- die Einbindung der Rechner in einen komfortablen technischen und organisatorischen Verbund mit Funktionsverteilung und gegenseitiger Ressourcenmitnutzung.

3.6 Austausch des DV-Wissens

Der Austausch von DV-Wissen im engeren Sinne zwischen den DV-Anwendern ist eine weitere (m.E. die wichtigste) Koordinierungschance. Es muß (wieder) gelingen, über Fachgrenzen hinaus DV-Lösungen (und darin enthalten: Fachwissen) weiterzugeben.

3.7 Koordinierungsmaßnahmen

Um den Begriff der Koordinierung inhaltlich aufzufüllen, ist im Anhang eine Liste der Betreuungsmaßnahmen für Mikrorechner insgesamt beigefügt. Diese belegt die enge Verknüpfung der Koordinierung (im engeren Sinne) mit den übrigen Aufgaben eines Rechenzentrums und rechtfertigt dadurch auch die Zuordnung dieser Aufgabe zum Rechenzentrum.

4. Problemfelder

Im folgenden will ich jetzt auf einige Gründe eingehen, die eine Koordinierung weniger sinnvoll erscheinen lassen oder zumindest (zunehmend) erschweren.

4.1 Preisentwicklung der DV-Komponenten

Das erste Phänomen, das in diesem Zusammenhang zu nennen ist, ist der Preisverfall der DV-Geräte. Dieser hat zum einen zur Folge, daß immer bessere Geräte als Arbeitsplatzrechner eingesetzt werden können; zum anderen aber auch eine Neubewertung des DV-Systems:

- Die Hardwarekosten treten immer mehr zurück gegenüber den Softwarekosten – mit der Folge, daß sich der Charakter der DV-Ausstattung vom Investitionsgut zum Verbrauchsgut verändert.

- Ein erkennbarer Entwicklungstrend ist die verstärkte Betonung des immateriellen Charakters der Computersysteme: dies wird fast symbolhaft deutlich durch die Weitergabe des geistigen Guts "Software" über die Netze direkt von Rechner zu Rechner, d.h. ohne den Austausch von Datenträger.

- Da die Wahl der geeigneten Anwendungssoftware bei einer Rechnerentscheidung dominierend gegenüber der Hardware sein sollte, Software jedoch heute (und in absehbarer Zeit) immer noch weitestgehend hardwaregebunden ist, ergibt sich als Konsequenz, daß sich die Rechnerpalette in den Hochschulen nicht gravierend einschränken läßt.

4.2 Kompetenzkonflikte

Dieser Aspekt geht Hand in Hand mit einem anderen Problem: der fachlichen bzw. methodischen bzw. technischen Kompetenz der Entscheidungsträger. Es wird immer schwerer, diese Kompetenzbereiche so gegeneinander abzugrenzen, daß die Gefahr gebannt wäre, einen technisch/methodischen Rat eines Koordinierers als fachlich/ methodische Einrede mißzuverstehen. Dieser Konflikt wird übrigens unter Umständen gravierender, wenn sich das Rechenzentrum mehr engagiert, z.B. wenn es fachlich gut qualifizierte Mitarbeiter einsetzt: welch seltsame Konstellation!
Über die letzten 2Ø Jahre war es ein wesentliches Anliegen für die Arbeit der Rechenzentren, den Endanwender DV-mündig zu machen. Jetzt ist er es zunehmend: Was wundert es, wenn er sich dann auch nicht mehr reinreden lassen will, wenn er sich – bei der Komplexität der Entscheidungsprozesse in den Fachbereichen und selbst in den Lehrstühlen – nicht reinreden lassen kann?

4.3 Normalisierung der Datenverarbeitung/Informationstechnik

DV-Technik findet Einzug in unseren Alltag; damit wird die Informationstechnik bzw. die Datenverarbeitung etwas Normales (nicht einmal notwendig wissenschaftlich Ambitioniertes). Dazu gehört auch, daß DV als Geschäft, als auf Gewinnstreben ausgerichteter Betätigungsbereich nicht nur in die Hochschulen hineinwirkt, sondern vor allem aus ihm heraus: Viele Wissenschaftler haben heute Bekannte und Verwandte, die mit einem eigenen kleinen Unternehmen oder als Mitarbeiter in einem größeren Unternehmen in der DV-Branche tätig sind. Diese wirken in Verfolgung eigener Interessen als "Experten" auf die Wissenschaftler ein. Für ein Koordinierungsgespräch sind hier Meinungsverschiedenheiten vorprogrammiert. Aber bedenken wir: so etwas ist "normal".

4.4 Vergrößerung des Anwendungsspektrums

Das Spektrum der DV-Anwendungen wird immer breiter; die Personalausstattung der Rechenzentren stagniert. Es wird immer schwieriger, mit der Weiterentwicklung mitzuhalten. Auch innerhalb eines Faches wird das Benutzerspektrum immer größer: sie unterscheiden sich in ihrem DV-Erfahrungsgrad. Bei der Koordination sind diese unterschiedlichen Vorbedingungen auch unterschiedlich zu berücksichtigen: die Koordinierungsmöglichkeiten bei den Belangen eines DV-Forschers sind außerordentlich mager; beim reinen Benutzer hingegen vielfältig und ergiebig. Diese Unterscheidungen (mit ihren vielen Zwischenstufen) setzen sehr viel Fingerspitzengefühl voraus; eine Eigenschaft, für die Datenverarbeiter nicht gerade gerühmt werden können.

4.5 Das "Geld und Zeit"-Problem

Eine Erfahrung bei dem Bemühen um Koordinierung war das in einigen Fällen nicht zu überwindende Hindernis, selbst Koordinierungswillige zeitlich aufeinander abzustimmen: Selten stehen Haushalts- und/oder Fremdmittel für gleichartige Beschaffungswünsche auch gleichzeitig zur Verfügung.

Bei der Ungeduld derjenigen, die über Haushaltsmittel verfügen, einerseits und der schnellen Entwicklung der DV-Technik andererseits gerät die Koordinierung leicht in eine Situation, die das Vorhaben schlicht aushebelt. Dies soll kurz anhand einer Terminalbeschaffung skizziert werden (wobei das Problem ausgeklammert sein soll, überhaupt einen breit einsetzbaren Terminaltyp zu finden):

- Beschafft man eiligst viele (und daher auch preisgünstige) Terminals, bleibt man später u.U. aufgrund rasch fallender Preise auf Restbeständen sitzen (was kein Problem wäre, wenn man die Geräte innerhalb der Hochschule mit einer gewissen Handelsspanne weitergeben könnte);
- will man warten, bis eine genügend große Anzahl von Interessierten zusammen sind, springen die ersten bereits ab, weil ihnen die Wartezeit unzumutbar lang zu sein scheint.

Das Haushaltsrecht setzt den Koordinierungsbemühungen hier auch sehr enge Grenzen (z.B. die Haushaltsjahre). Die Haushaltsmittel der Rechenzentren sind zu knapp, um hier eine Pufferfunktion zwischen Planung, Beschaffung und Mittelbereitstellung herzugeben.

Unplanbare Mittelsperren oder -freigaben bei den Forschungsmitteln, überraschende Schwerpunktfinanzierungen sowie erhebliche Drittmittelfinanzierungen, bei denen die Entscheidungsprozesse an den Rechenzentren schlicht vorbeilaufen, pervertieren gelegentlich die Koordination vollkommen. Da wird im Laufe des Jahres bei vielen kleineren

Vorhaben beraten, diskutiert, geplant und gefeilscht; drei Monate vor Jahresende wird plötzlich alle Mühe dadurch abgewertet, daß entweder die verplanten Mittel doch nicht mehr zur Verfügung stehen oder DV-Geräte völlig anderer Größenordnung beschafft werden, ohne daß es einer Koordinierung bedarf.

4.6 Anwenderverhalten angesichts technischer Mängel

Schwierig (und konfliktträchtig) ist auch das Verhalten vieler DV-Anwender, wenn ein Auseinanderklaffen von Produktversprechen und tatsächlichen Produkteigenschaften festgestellt wird – was fast als der Regelfall bezeichnet werden kann. Der Anwender ist natürlich bei seiner Arbeit auf Erfolg im wissenschaftlichen Bereich ausgerichtet. Daher entwickelt er ein Abwehrverhalten gegenüber allen Tätigkeiten, die ihn in seiner eigentlichen Arbeit behindern könnten. Den Herstellern muß man aber mit Energie entgegentreten, will man Mängel beseitigt haben; dazu müssen Mängel dokumentiert, Mängelrügen geschrieben und durchgesetzt und die Mängelbeseitigung kontrolliert werden. Wie ich öfter beobachtet habe, ist der DV-Anwender und -Benutzer zu leicht bereit, sich mit dem Produkt so abzufinden, wie es ist. Dazu gehört z.B. die Vernachlässigung der Forderung, daß Normen und Standards erfüllt werden. Auch bei Leistungsforderungen verzichten die Anwender zu leicht darauf, Kriterien zu formulieren und Maßstäbe zu setzen. Das Beharren des Koordinierers wird häufig als Pedanterie aufgefasst.

4.7 Das Fehlen von Maßstäben

Es ist immer gut, wenn der Erfolg eines Handelns auch bewertet werden kann; dafür benötigt man Maßstäbe. Zwar lassen sich DV-Komponenten wirtschaftlich bewerten; leider aber nicht die Qualität ihres Einsatzes. Wie wäre z.B. der Umstand zu bewerten, daß eine Anwendungssoftware für einen anderen Rechner umzuschreiben ist: dies kann ebensogut ein heilsamer Prozess wie auch die Vergeudung wertvoller Arbeitszeit darstellen. Schließlich findet bei einem weiteren Preisverfall die Koordinierung ihre Grenze im Begriff der "Verhältnismäßigkeit": Koordinierungsaufwand und erreichbarer Koordinierungserfolg müssen in einem angemessenen Verhältnis stehen. Jedoch fehlen für diese Überlegungen eben die geeigneten Maßstäbe, wie generell für die Bewertung des gesamten Forschungsapparats.

5. Entwicklungsperspektiven

Die zuvor geschilderten Probleme wären nicht weiter erwähnenswert, wenn man davon ausgehen dürfte, daß sie temporären Charakters sind. Wie sieht hier die weitere Entwicklung aus? Werden sich die Probleme vertiefen oder entschärfen?

Zunächst ist einmal festzustellen, daß die Datenverarbeitung nach einer 4Ø-jährigen Geschichte noch an ihrem Anfang steht. Grundlegende Aspekte zukünftiger Rechner sind noch weitestgehend ungelöst:
- Bewältigung von Multiprozessingstrukturen durch Parallelisierungslogik,
- Realisierung verteilter Anwendungen,
- die Dislokation virtueller Ressourcen,
- die konsequente Integration aller Komponenten,
- die Bereistellung zuverlässiger Massenspeicher,
- die Konzipierung vernünftiger Benutzerschnittstellen,
um nur einige Beispiele zu nennen. Weder die heute bekannten Betriebssysteme noch die Programmiersprachen werden dauerhaft überleben.

Die zur Betreuung zur Verfügung stehenden Personalstellen werden weiterhin in ihrer Anzahl stark begrenzt sein; auch die für die 9Ø-er Jahre zu erwartende Entlastung der Hochschulen (so sie überhaupt eintritt) wird daran nichts Wesentliches ändern.

Bei zunehmender Dezentralisierung werden die technischen Möglichkeiten den menschlichen Fähigkeiten vorauseilen, z.B. mit der Konsequenz, daß eines Tages die Kommunikationstechnik zwischen den Maschinen hervorragend funktioniert, die Kommunikationsprobleme zwischen den Menschen aber immer größer werden: so kommt es immer öfter vor, daß die Mitarbeiter eines Rechenzentrums ihre Benutzer nur noch dann kennenlernen, wenn es Probleme gibt.

Wir werden eine weitere Explosion der Anwendungsfelder der Datenverarbeitung erleben; die Dominanz der Software wird gravierender.

Der Kampf der großen Hersteller um Marktanteile und -einflüsse wird härter; diese Härte wird auch in die Hochschulen hineinwirken und sie, wenn sie es nicht schaffen, dem Fremdeinfluß mit eigenen Konzeptionen entgegenzuwirken, in eine Unzahl von DV-Inseln zerschlagen.

Auch allgemeingesellschaftliche Einflüsse, die durch die folgenden Stichworte nur angedeutet werden können, wirken auf die Hochschulen:
- die Umorientierung der Lebensqualität: vom "Besitzdenken" zur "Erlebnismentalität";
- als Opfer der Alltagshektik: Vernachlässigung einer DV-Kultur und Bevorzugung opportunistischen Verhaltens;

- in den Hochschulen zur Zeit besonders zu beklagen ist: die Überbewertung der Quantität gegenüber der Qualität;
- das Versagen von "alten" Steuerungsmechanismen und die Umorientierung des Managementstils vom "Machen" zum "Überzeugen";
- die zunehmende Fremdorientierung für unsere Wertemaßstäbe: von der Introvertierung zur Medienausrichtung.

Alles dies sieht nach einer weiteren Verschärfung und nicht nach einer Glättung aus. Mag sein, daß die Erfahrungen der Benutzer (z.B. mit den vielfältigen Inkompatibilitäten heutiger Arbeitsplatzrechner) eine Änderung eintreten läßt: zu erwarten ist sie nicht.

6. Konsequenzen für die Rechenzentren

Ob die Rechenzentren auch in Zukunft eine Koordinierungsfunktion wahrnehmen können, hängt davon ab, wie weitgehend diese Koordinierung verstanden wird. Bei einer umfassenden Interpretation, wie sie durch den Betreuungskatalog im Anhang wiedergegeben ist, entsteht ein Personalbedarf in der Größenordnung der Personalausstattung der Hochschulbibliotheken, d.h. beim 3-fachen der heutigen Ausstattung; z.B. gehe ich bei einer laufenden Betreuung der Mikrorechner (d.h. ohne Zentralrechner- und Netzbetreuung) von 1 Mitarbeiter pro 5Ø Rechner aus. An dieser Stelle ist zu bedauern, daß Wissenschaftsrat und DFG zur Frage der Personalausstattung der Rechenzentren in ihren Memoranden dezent geschwiegen haben; lediglich im Netzmemorandum der DFG wird für die Vernetzung ein Bedarf von 1 Mitarbeiter pro 1ØØØ Anschlüssen (mit einer Grundausstattung von 2 Mitarbeitern) genannt.

Da mit der Bereitstellung eines solchen Stellenkontingents nicht zu rechnen ist und da auch nicht damit zu rechnen ist, daß die Fachbereiche aus ihrem Personalbestand einen nennenswerten Beitrag dazu leisten, muß der Aufgabenkatalog für die Koordinierung gravierend eingeschränkt werden. Dazu möchte ich einige Leitgedanken nennen:

6.1 Konzentration statt Erweiterung

Die Mitarbeiter werden nur in zeitlich eng begrenzten Maßnahmen eingesetzt; alle permanenten Betreuungsarbeiten müssen entfallen. Das bedeutet auch, daß die Mitarbeiter sich permanent mit neuen Aufgaben auseinandersetzen müssen, wobei dieses mit der Gefahr verbunden ist, daß die Betreuungskontinuität verloren geht. Die Benutzer- bzw. Anwenderunterstützung muß immer mehr Hilfe zur Selbsthilfe werden.

6.2 Wandel der Mentalität

Während die Datenverarbeitung in den 6Øer Jahren eine Angelegenheit für Pioniere war, in den 7Øer Jahren für Missionare und in den 8Øer Jahren für Assistenten, wird die DV-Betreuung in den 9Øer Jahren immer stärker eine Sache für Verwalter sein. Ob das alles mit demselben Personal zu bewältigen ist, darf mit Fug und Recht bezweifelt werden. Dies bedeutet z.B. stärkere Ausrichtung auf organisatorische statt inhaltliche Fragen (Stichworte: Rahmen setzen, Schnittstellen festlegen, Verkehrsregeln formulieren, Organisation des Erfahrungsaustauschs).

6.3 Rückzug auf Modell-Lösungen

Um den Anwendern einen Anhalt in dem sich rasch wandelnden DV-Markt zu geben, sollten sich die Rechenzentren darauf konzentrieren, Modell-Lösungen für Arbeitsplatzrechner anzubieten, ohne jedoch die Marktoffenheit aufs Spiel zu setzen. Dadurch kann es einer Vorbereiterrolle gerecht werden, ohne sich in der Alltagsbetreuung (z.B. in einer vordergründigen Beschaffungskoordinierung, die von der Hochschulverwaltung ohnehin sicherzustellen ist) zu verzetteln.

6.4 Aufbau einer offenen Infrastruktur

Daneben haben die Rechenzentren auch weiterhin die Aufgabe, "Einrichtungen für alle" zu betreiben: die auch weiterhin notwendigen Zentralsysteme in ihrer Rolle als Rechen-, File-, Kommunikations-, Ausgabe-, Datenbank- und Informations-Server sowie ein flexibles, offenes und leistungsfähiges Netz.

Bei diesem eingeschränkten Verständnis von Koordinierung und dem daraus resultierenden Mangel an Individualbetreuung bleibt der Zweifel, wie übergreifende DV-Anliegen besorgt sein werden: z.B. die Förderung eines kulturbewußten Umgangs mit einem Werkzeug, das den Rahmen aller bisher bekannten Werkzeuge sprengt; z.B. die Reintegration der bereits entstandenen DV-Inseln und der hinter ihnen stehenden "Dissidenten"; z.B. den Bewußtseinswandel der Benutzer, der unbedingt eintreten muß, damit Hacker, Kopierer und Virenzüchter geringere Chancen haben; z.B. die notwendige laufende Aus- und Weiterbildung angesichts des raschen Technikwandels und der geringen dafür zur Verfügung stehenden Haushaltsmittel.

Anhang: Spektrum der Betreuungsmaßnahmen

Der nachfolgende Katalog von Betreuungsmaßnahmen wurde sinngemäß einer "Umfrage zum Einsatz von Mikrorechnern in Lehre und Forschung" des Arbeitskreises der Leiter wissenschaftlicher Rechenzentren (ALWR) entnommen:

Unterstützung bei der Planung

    Erstellung einer DV-Gesamtplanung

    Herausgabe von Leitlinien zum Rechnereinsatz

    Beratungsgespräche im Vorfeld der Beschaffung

    Beratungsgespräche bei der Antragstellung

    Begutachtung von Beschaffungsanträgen

Marktanalyse

    Bereitstellung von Literatur

    Sammlung von Herstellerunterlagen

    Erstellung von Produktübersichten

    Herausgabe von Produktempfehlungen

Koordinierung der Beschaffung

    Verbesserte Konditionen bei der Hardware (z.B. Rahmenverträge)

    Verbesserte Konditionen bei der Software (z.B. Campuslizenzen)

    Unterstützung bei den Vertragsverhandlungen

    Organisation von Sammelbestellungen

Installation und Abnahme

    Hilfestellung bei der Inbetriebnahme

    Individuelle Einstiegsunterstützung

    Tests von einzelnen Rechnern

    Prüfung der Funktionalität von Prototypen

    Prüfung der Normgerechtigkeit

Hardwareentwicklungsarbeiten

    Herstellung von Platinen

    Zusammenbau von Rechnern

    Anschluß spezieller Peripherie

    Realisierung von DFÜ-Komponenten

    Unterhaltung eines Mikrorechnerlabors

Softwareentwicklungsarbeiten

    Arbeiten am Betriebssystem

    Entwicklung von Dienstsoftware

    Betreuung der Anwendungssoftware

Beratung und Schulung

    Bereitstellung von Dokumentation-Unterlagen

    Durchführung von Kursen

    Individuelle Beratung

    Organisation eines Erfahrungsaustauschs

Verwaltungsaspekte

    Bereitstellung von Mikrorechnerpools

    Bereitstellung von Leihgeräten

    Übernahme der Wartungskosten

    Übernahme der Softwarekosten

    Konzeption von DV-Lösungen

    Realisierung bzw. Beschaffung

Betriebsunterstützung

    Bearbeitung von Störfällen

    Eigenwartung

    Analyse der Zuverlässigkeit

    Bereitstellung von DV-Materialien

    Analyse der Auslastung

    Organisation eines Zulassungsverfahrens

    Regelung von Betriebszeiten

Angebot von Modell-Lösungen

    mit Komplettbereitstellung

    mit Netzanbindung

    mit betrieblicher Unterstützung

    mit Beratung und Ausbildung

Bewältigung besonderer Problemkreise

    Hardwaresicherung

    Softwareschutz

    Datenschutz

    Migration

    Verbundeinbindung

Benutzer-Datenverarbeitung: ohne Konzept?

D. Hieke

PLENUM Management Consulting
Sonnenberger Straße 64
6200 Wiesbaden

Inhalt

1.   Einleitung

Der PC-Boom der 80er Jahre hat dem Begriff "Benutzer-Datenverarbeitung (BDV)" zunehmend Bedeutung verschafft.

Zwar wurde schon seit Beginn der 70er Jahre versucht, dezentral Informationen aus zentralen Datenbeständen zu ziehen, aber erst die eigenständige "Intelligenz" von DV-Arbeitsplatzeinrichtungen bot die Voraussetzung, Abläufe auszulagern, die nur auf dem Zentralrechner abgearbeitet werden konnten, und darüberhinaus neue Potentiale durch Grafik, Dokumentenaufbereitung, dezentrale Datenhaltung usw. zu erschließen.

Massive Werbung der PC-Industrie (Hard- und Software) malte allen DV-Unzufriedenen ihren persönlichen Silberstreifen an den Horizont einer Informationswelt ohne Probleme:

- Der gestreßte DV-Leiter sollte durch Verlagerung von Entwicklungen in die Fachabteilungen endlich den Anwendungsstau abbauen können.

- Dem Manager sollte es endlich möglich sein, alle Informationen für seine Entscheidungsfindung auf Knopfdruck am Arbeitsplatz zu erhalten.

- Dem Sachbearbeiter sollte neben dem Zugriff auf zentrale Datenbestände ermöglicht werden, seine individuellen Informationsanforderungen selbst erfüllen, papierlos seine Termine planen und problemlos mit allen Stellen im Unternehmen kommunizieren zu können.

- Und schließlich sollte der Analytiker und Programmierer ohne Wartezeiten und mit mächtigen Tools auch Mainframe-Programme an seinem PC entwickeln können.

Sicherlich bietet das Zusammenspiel von Zentralrechnern mit vernetzten dezentralen Arbeitsstationen die Möglichkeit, viele dringende Probleme der Informationsversorgung zu lösen, insbesondere durch den Einsatz neuerer Software mit benutzerfreundlicher Bedienungsoberfläche und individuell anpaßbaren, mächtigen Werkzeugen.

Aber: Es besteht die Gefahr, daß die Informationsflüsse im Unternehmen auseinanderlaufen. Die jahrelangen Bemühungen um eine Integration des DV-Geschehens dürfen nicht konterkariert werden.

Nur ein strategisches Gesamtkonzept der Informationsverarbeitung, das an den Unternehmenszielen ausgerichtet ist, bietet Gewähr, Wildwuchs zu vermeiden und Chaos zu verhindern.

Dabei sollte immer bedacht werden, daß die Verarbeitung und Bereitstellung von Daten und Informationen dazu dient, die Kommunikation zwischen Menschen zu unterstützen. Denn Entscheidungen über die Unternehmenspolitik werden durch Personen gefällt, und alle Tabellen, Charts, Statistiken dienen nur als Diskussionsbasis. Und

Vertragsabschlüsse werden mit Kunden getätigt; Angebote, Berechnungen, Werbemaßnahmen sind nur Voraussetzung.

Diese ganzheitliche Betrachtungsweise führt dazu, auch die Organisationsstrukturen eines Unternehmens im Blickfeld zu haben. Nur sinnvoll geordnete Arbeitsabläufe können sinnvoll durch Technik unterstützt werden.

Historisch begann die DV in den Unternehmen mit der Abwicklung operativer Aufgaben, d.h. der automatisierten Abwicklung regelmäßiger Geschäftsvorfälle.

Mit der Zahl der erfaßten operativen Daten stieg das Bedürfnis, Übersichten und statistische Informationen zu erhalten. So entstanden Auswert- und Statistikprogramme, die in regelmäßigen Zeitabständen die Schreibtische der Verantwortlichen mit vollbedrucktem Papier überschwemmten. Aus dieser Zeit stammen sicherlich einige der Animositäten, die viele Manager gegen die EDV hegen.

Diese Abneigung wurde noch verstärkt, wenn bei ungeplanten und unvorhergesehenen Fragen keine Antwort gegeben werden konnte, da Basisdaten fehlten oder erst aufwendige Selektionsprogramme erstellt werden mußten.

Die Lösung des Problems, dispositive Aufgaben befriedigend zu lösen, d.h. mit vertretbarem zeitlichen und finanziellen Aufwand, ist wesentlich für eine DV-Gesamtkonzeption. Sie beinhaltet eine Reduzierung des Anwendungsstaus, der zum großen Teil durch die dispositiven Anforderungen der Informationsnutzer verursacht wird, und die sinnvolle Integration der BDV, die an Management- und Sachbearbeiter-Arbeitsplätzen insbesondere auch dispositive Aufgaben erfüllen soll.

Es besteht somit die Notwendigkeit, neben den operativen Daten Informationsdaten zu halten, die zum Teil mit den operativen Daten übereinstimmen, zum Teil aus ihnen erzeugt werden können, aber auch evtl. aus den Verarbeitungsprogrammen abgezweigt werden müssen. Dies kann der Fall sein, wenn im operativen Bestand nur eine verdichtete Information gefordert ist (z.B. Artikelumsatz pro Jahr), aber eine

Statistik verlangt wird, die auf den Ausgangsdaten fußt (z.B. Verteilung des Artikelumsatzes über das Jahr und bestimmte Regionen).

Ob diese Anforderungen dazu führen, zwei Datenbanken zu definieren, da die Informationsdaten ein Vielfaches des Volumens der operativen Daten annehmen können, muß unter DV-technischen Gesichtspunkten entschieden werden (Performance, Platz, ...).

In jedem Fall muß sichergestellt sein, daß ein einheitliches unternehmensweites Datenmodell existiert und mit _einem_ Data Dictionary (DD) verwaltet wird.

Ein zweiter historischer Strang betrifft die Softwareentwicklung.

Bis Ende der 70er Jahre überwog in vielen Unternehmen die Anwendungsentwicklung mit klassischen Sprachen, wie COBOL und PL/1, und mit entsprechenden Projektmethoden. Steigende Anforderungen (Dialoganwendungen, BDV) führten dazu, die Produktivität der DV-Abteilung durch Einsatz von Werkzeugen, Standardsoftware und dann auch durch Verlagerung der Anwendungsentwicklung in die Fachabteilungen zu steigern.

Damit war der Streit zwischen Zentralisten und Individualisten geboren. Die einen versuchten, den Anwender durch Integrationskonzepte an die Zentrale zu binden (was dieser als Einschränkung seiner Kreativität empfand), die anderen versuchten ihre Eigenständikeit zu betonen (was die Zentrale ein Chaos von redundanten, inkonsistenten Daten und Entwicklungen erwarten ließ).

Hiermit wird die Bandbreite der im Zusammenhang mit BDV zu lösenden Problemen deutlich. Insbesondere muß neben der organisatorisch-technischen Seite ein besonderer Stellenwert der Kommunikation zwischen den Betroffenen eingeräumt werden.

2.   Infrastrukturkonzept für die BDV

Aus dem oben Genannten leitet sich ein zunehmender Reorganisations-
bedarf ab.
Ich möchte im folgenden ein Konzept für die Infrastrukturplanung der
Benutzer-Datenverarbeitung vorstellen.

Dieses Konzept umfaßt sowohl die Problematik der eigentlichen
Individuellen Datenverarbeitung (IDV), als auch den Problemkreis der
Entwicklung von Anwendungssystemen durch den Endbenutzer, die oder
deren Ergebnisse auch von anderen genutzt werden.

Damit keine "individuellen Inseln" entstehen, ist es notwendig, BDV im
Rahmen der Gesamt-Informationsversorgung eines Unternehmens zu sehen,
um

- o   Konsistenz
- o   Transparenz und
- o   Qualität

aller Informationen zu sichern.

Hierzu werden fünf Aufgabenbereiche unterschieden:

1. Die individuelle Datenverarbeitung:
   - der "autonome" Endbenutzer,
   - Produktion und Entwicklung am Arbeitsplatz (mit PC,
     Workstation oder Terminal) zur Unterstützung
     individueller Tätigkeiten.

2. Die Fachbereichs-Anwendungsentwicklung (FAE):
   - Produktion und Entwicklung dv-gestützter Systeme am
     Arbeitsplatz, deren Ergebnisse auch außerhalb des
     eigenen Verantwortungsbreichs weitergegeben werden.

3. BDV-Dienste
   - Hard- und Software aussuchen/verwalten
   - BDV-Aufträge durchführen

4. Schnittstellen zum DV-Gesamt-System:
   - Daten-Management,

- Copy/Extract-Management,
- Erstellen von Fertiglösungen.

5. Ein Koordinierungsbereich:
   - Brücke zwischen Endbenutzern und Betreuern,
   - Verbindung zum Management,
   - Verbindung zu anderen Betriebstechnikbereichen
   - Weiterentwicklung des BDV-Konzepts.

Da hier davon ausgegangen wird, daß allgemein nutzbare Anwendungssysteme auch durch den Endbenutzer entwickelt werden dürfen, wird eine möglichst eindeutige und praktikable Abgrenzung zum Bereich der zentralen professionellen Anwendungsentwicklung (PAE) zwingend notwendig.

Definitionen

1. IDV (Individuelle Datenverarbeitung)
Unter IDV wird verstanden: der Einsatz von DV-Werkzeugen durch den Endbenutzer an seinem Arbeitsplatz, um Aufgaben <u>seines Verantwortungsbereiches</u> mit den Elementen
- Daten
- Texte
- Bild und Sprache
selbständig zu lösen (<u>Unterstützung individueller Tätigkeiten</u>). Dies schließt eine Qualitätssicherung durch den Fach- / BDV-Bereich nicht aus.

2. FAE (Fachbereichs-Anwendungsentwicklung)
Unter FAE wird verstanden: Die Entwicklung und der Betrieb dv-gestützter Systeme am Arbeitsplatz, deren Ergebnisse auch außerhalb des eigenen Verantwortungsbereichs weitergegeben werden.

3. BDV_AE (BDV-Anwendungsentwicklung)
Unter BDV_AE wird verstanden: Entwicklung dv-gestützter Systeme durch professionelle BDV-Mitarbeiter.

4. BDV
Unter BDV wird verstanden: Die Summe der Definitionen IDV, FAE und BDV_AE.

5. PAE (Professionelle Anwendungsentwicklung)
PAE meint die Entwicklung von DV-Systemen durch Mitarbeiter der Systementwicklung.

Eine für die geregelte Anwendungsentwicklung in einem Unternehmen wesentliche Entscheidung ist, ob ein Anwendungssystem im Rahmen der Benutzer-Datenverarbeitung (vom Endbenutzer, vom Endbenutzer mit Hilfe des Benutzer-Services oder von Mitarbeitern des Benutzer-Services) oder von der professionellen Anwendungsentwicklung zu erstellen ist.

Im folgenden wird der Entscheidungsprozeß beschrieben, der eine Anwendung BDV oder PAE zuordnet.

<u>Ausgangslage:</u>   Endbenutzer plant Anwendungsentwicklung

I. Endbenutzer prüft

Der Endbenutzer prüft, ob die Entwicklung in "seinen" Bereich (IDV) fällt, oder ob die Grenzen von IDV überschritten werden.

<u>Kriterien:</u>
Eine "Grenzüberschreitung" liegt vor, wenn
  o auf Daten verändernd zugegriffen werden soll, die nicht
     eigene sind, oder
  o ein Programm entwickelt werden soll, das auch von
     anderen benutzt werden soll, oder
  o Ergebnisse erzeugt werden sollen, die Ausgangsbasis für
     Arbeiten anderer sind.

Fällt die Entwicklung in seinen eigenen Bereich, so sollte die Entwicklung der Koordination zur Kenntnis gegeben werden. Ist er unsicher oder stellt er eine "Überschreitung" fest, hat er die Verpflichtung, bei der Koordinierungsstelle sein Entwicklungsvorhaben anzumelden.

II. Koordinierungsstelle prüft

Die Koordinierungsstelle hat die Aufgabe, die Anforderung zu prüfen und zu entscheiden, ob eine Weiterbearbeitung im Rahmen der BDV sinnvoll ist oder an PAE zu verweisen ist.

Hierbei gibt es folgende Möglichkeiten:
- a)   IDV-Entwicklung (Zurückverweisen an Endbenutzer)
- b)   FAE-Entwicklung   -einfach-

        BDV_AE-Entwicklung   -einfach-

        FAE-Entwicklung   -nach professionellen
                                 Regeln-

        BDV_AE-Entwicklung   -nach professionellen
                                 Regeln-
- c)   PAE-Entwicklung (Verweisen an Systementwicklung)

1.
Aufnahme und Zuordnung des betrieblichen Vorgangs, der mit DV-Mitteln unterstützt oder automatisiert werden soll.

2.
Prüfen, ob eine ähnliche Anwendung bei BDV oder PAE existiert.

3.
Entscheiden, ob BDV oder PAE.

2.1   Die Funktion: "BDV - BETREIBEN"

Tätigkeiten, die in Bezug auf die Benutzer-Datenverarbeitung von Bedeutung sind, werden in Funktionen strukturiert und hier -in einer Übersicht- beschrieben.

Die Funktion "BDV betreiben" hat folgende Teilfunktionen/Schnittstellen:

0. DV-Koordination betreiben

Hiermit wird eine Schnittstelle zu einer übergeordneten Funktions-Einheit, die den gesamten DV-Ablauf eines Unternehmens koordiniert, beschrieben.

Abgrenzungs-Regeln entwickeln und pflegen.
Abgrenzungs-Analyse durchführen.
Entwicklungsauftrag (an BDV oder PAE) zuweisen.
Verbindung zur Unternehmensplanung sicherstellen.

<u>Ergebnis:</u>
Unternehmensweit geregelte Anwendungsentwicklung.
Vermeidung von unproduktivem Kompetenzgerangel und redundanten Entwicklungen.

1. BDV-Koordination betreiben

Koordinierung aller BDV-Maßnahmen.
Schulung und Beratung.
Informieren und motivieren.

<u>Ergebnis:</u>
Funktionierende Clearing-Stelle für alle BDV betreffende Probleme.

2. BDV-Dienste betreiben

- Hard-/Software aussuchen/verwalten
- BDV-Aufträge durchführen

<u>Ergebnis:</u>
Standardisierte Vorgehensweise in Bezug auf die Erfüllung der administrativen Aufgaben.

3. BDV-Datenmanagement betreiben

Identifizieren und dokumentieren der für die geforderte BDV-Anwendung relevanten Daten nach Regeln einer anerkannten Datenanalyse-Methode.

Ergebnis:
Entscheidender Beitrag zum Aufbau eines unternehmensweiten Informations-Datenmodells.

4. BDV-Copy/Extract (C/E) - Management betreiben

Alle im Rahmen des zu entwickelnden Verfahrens für das C/E-Management notwendigen Vorkehrungen treffen, z.B. Daten für den Endbenutzer bereitstellen, Befugnisse regeln, C/E-Maßnahmen dokumentieren.

Ergebnis:
Konsistente und transparente Datenschnittstellen, geregelter Daten-Transfer.

5. BDV-Anwendungen professionell entwickeln

Vorgehensweise und Team festlegen.
Analysieren, entwickeln, testen, einführen und betreuen unter begleitender Dokumentationserstellung und Qualitätssicherung.

Ergebnis:
Getestetes BDV-Anwendungsprogramm.

6. BDV als Endbenutzer betreiben

Selbständig im eigenen Verantwortungsbereich mit Hilfe eines Arbeitsplatzrechners IDV betreiben und Bürotätigkeiten ausführen. Produktion und Entwicklung dv-gestützter Systeme am Arbeitsplatz, deren Ergebnisse außerhalb des eigenen Verantwortungsbereichs weitergegeben werden.
Informationsaustausch sicherstellen.

<u>**Ergebnis:**</u>
Eigenverantwortliche DV und Bürokommunikation, die die Systementwicklung entlastet und die Produktivität erhöht.

2.2   BDV-Regelkreis

Die Teilfunktionen von "BDV betreiben" lassen sich einem Endbenutzer-orientierten (F_6), einem professionellen (F_2 - F_5) und einem vermittelnden, koordinierenden Bereich (F_1, F_0) zuordnen.

Ein Regelkreismodell verdeutlicht das Zusammenspiel dieser Bereiche.

Der Schwerpunkt liegt im Bereich "BDV als Endbenutzer betreiben".
Falls eine geplante Anwendung eine Aufgabe lösen soll, die evtl. PAE ist, oder die professionellen Regeln unterliegt, oder eine Qualitätsprüfung erwünscht wird, wird der innere Kreis in Richtung BDV-Koordination verlassen.

Die BDV-Koordination hat drei Möglichkeiten:
1. Weiterleiten der Anforderung an die DV-Koordination
   (Verlassen des BDV-Regelkreises; in einem
   unternehmensweiten DV-Konzept wäre hier ein äußerer DV-
   Regelkreis angeordnet).
   Die DV-Koordination entscheidet, ob eine Anwendungsentwicklung PAE oder BDV (zurück) zugewiesen wird.
2. Ansteuern des "professionellen" Kreisabschnittes.
3. Zurückverweisen an den Endbenutzer.

BDV-REGELKREIS

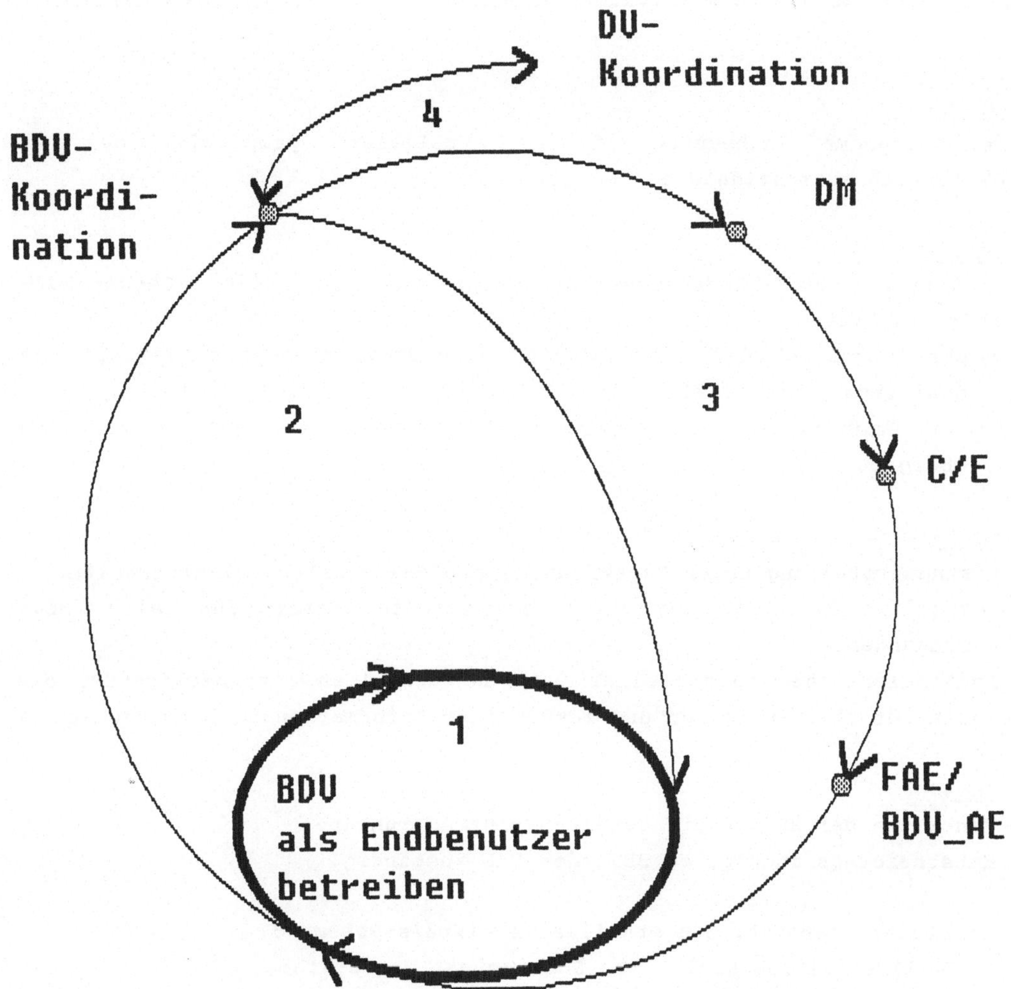

Die Regelkreise beschreiben kontinuierlich ablaufende Prozesse auf verschiedenen Stufen mit folgenden Zielen:

ad 1:
Der "autonome" Endbenutzer (flexibel, motiviert, produktiv), der den DV-Bereich entscheidend entlastet.

ad 2:
Einbetten der Endbenutzer-DV-Tätigkeiten in die Gesamt-BDV-Infrastruktur.
a) Der "autonome" Endbenutzer, der seine Entwicklungen publiziert und qualitäts-prüfen läßt.
b) Der Endbenutzer, der seine Anforderungen der BDV-Koordination übergibt.

ad 3:
Lösungserstellung unter Federführung professioneller BDV-Mitarbeiter.
Geregelte Daten-Lizenzvergabe; konsistente Basis für alle BDV-Anwendungen.
Kontinuierlicher Ausbau einer unternehmensweiten Informations-DB, die Basis für alle aktuellen und zukünftigen Informationsbedürfnisse ist.

ad 4:
Einbetten der BDV in die Gesamt-DV-Infrastruktur.
Entscheidungsfindung, ob BDV oder PAE zuständig.

Hauptziel hier ist: ein stabiles Regelkreissystem, d.h.
- Teilkreis 1 beschreibt den Schwerpunkt des Systems,
- Teilkreis 1 wird in Richtung "BDV-Koordination" verlassen, falls folgende Steuerparameter regeln:
  - Bedeutung für andere Unternehmensbereiche
  - Qualitätsanspruch
  - Kosten,
- die "BDV-Koordination" regelt, wie verzweigt wird, um schließlich -falls BDV zuständig ist- wieder Teilkreis 1 zu erreichen.

3.   Ausblick

Das Infarstrukturkonzept für die BDV konnte hier nur in groben Zügen vorgestellt werden. Wir -und hier spreche im Namen der Fa. PLENUM- sind der Überzeugung, daß dieses Konzept einen wichtigen Beitrag zur Reorganisationsproblematik im Bereich DV/ORG liefert.

Natürlich bildet jedes Konzept zuerst nur eine theoretische Basis, die an unternehmens-spezifischen Belangen ausgerichtet werden muß. Daß diese Basis trägt, zeigen unsere Erfahrungen bei der Umsetzung des Konzeptes.

ECFILE — Datenhaltung in einem verteilten Rechensystem

Geerd-R. Hoffmann
Leiter des Rechenzentrums
Europäisches Zentrum für mittelfristige Wettervorhersage

Shinfield Park
Reading, Berks. RG2 9AX
England

Kurzfassung

Zur Bewältigung der Aufgaben des EZMW wurde seit 1983 ein verteiltes
Rechensystem eingeführt, in welchem ein IBM Rechner für die gesamte
langfristige Datenhaltung zuständig ist. Basierend auf dem Common
File System CFS aus dem Los Alamos National Laboratory wurde eine
gemeinsame Benutzerschnittstelle ECFILE auf den verschiedenen
Arbeitsrechnern des EZMW - CRAY X-MP/48, CDC Cyber 855 und DEC VAX
8350 - definiert und graduell zur Benutzung freigegeben. Die Probleme der Netzwerkanpassung mit verschiedenen Transportprotokollen
und der rechnerunspezifischen Dateibeschreibung werden beschrieben
und Lösungen vorgeführt. Im Hinblick auf die Zukunft wird die Frage
der Integration des Network File System (NFS) in das EZMW Konzept
besprochen.

1. Das EZMW und seine Aufgaben

Das europäische Zentrum für mittelfristige Wettervorhersage (EZMW) wurde im Jahr 1975 von 17 europäischen Nationen gegründet, um gemäß des Übereinkommens zur Errichtung des EZMW (Übereinkommen (1973)) folgende Ziele zu erreichen:

* Entwicklung dynamischer Modelle der Atmosphäre zur Erarbeitung mittelfristiger Wettervorhersagen mit Hilfe numerischer Methoden;
* regelmäßige Erstellung der für die Erarbeitung mittelfristiger Wettervorhersagen notwendigen Daten;
* Ausführung wissenschaftlicher und technischer Forschungsarbeiten zur Verbesserung der Qualität dieser Vorhersagen;
* Sammlung und Speicherung zweckdienlicher meteorologischer Daten;
* Bereitstellung eines Prozentsatzes seiner Rechenkapazität für Forschungsarbeiten der meteorologischen Zentren der Mitgliedsstaaten, vor allem auf dem Gebiet der numerischen Wettervorhersagen.

2. Rechnerkonfiguration im EZMW

Zur Erfüllung seiner Aufgaben erwarb das EZMW im Jahr 1978 als erste Installation in Europa einen Supercomputer, damals eine CRAY-1A. Auf Grund des beschränkten Leistungsumfangs des CRAY Betriebssystems mußte ein Vorrechner angeschafft werden, eine Control Data Cyber 175, welcher insbesondere für die langfristige Datenhaltung zuständig war. Gemäß den in Hoffmann (1983) aufgeführten Überlegungen wurde diese erste Anlagenkonfiguration ab 1982 schrittweise durch einen funktional verteilten Rechnerkomplex ersetzt. Seinen derzeitigen Abschluß fand dieser Prozeß in der in Abb. 1 wiedergegebenen Konfiguration.

Als funktionale Bestandteile des Gesamtrechnersystems sind hierbei die Arbeitsrechner, einschließlich des Supercomputers für numerisch intensive Anwendungen, derzeit einer CRAY X-MP/48, der Datenverwaltungsrechner und die alle Komponenten verbindenden Netzwerke zu betrachten.

2.1. Arbeitsrechner

Die Aufgaben, die von den im EZMW derzeit betriebenen Arbeitsrechnern wahrgenommen werden, umfassen unter anderem folgende Gebiete:

* Durchführung numerisch intensiver Wettermodellrechnungen;

* Unterstützung der interaktiven Programmentwicklung, insbesondere
  Bereitstellung einer Programmierumgebung für FORTRAN;
* Betrieb des Fernmeldenetzes, welches das EZMW mit den Wetterdiensten und
  sonstigen meteorologischen Forschungseinrichtungen seiner Mitgliedsländer
  verbindet und RJE und interaktiven Zugriff gestattet;
* Unterstützung der graphischen Anwendungen des EZMW, welche auf GKS Basis neu
  entwickelt wurden;
* Kontrolle der betrieblichen Aufgaben des EZMW, insbesondere die Erstellung
  und Verteilung der täglichen 10-Tage Vorhersage.

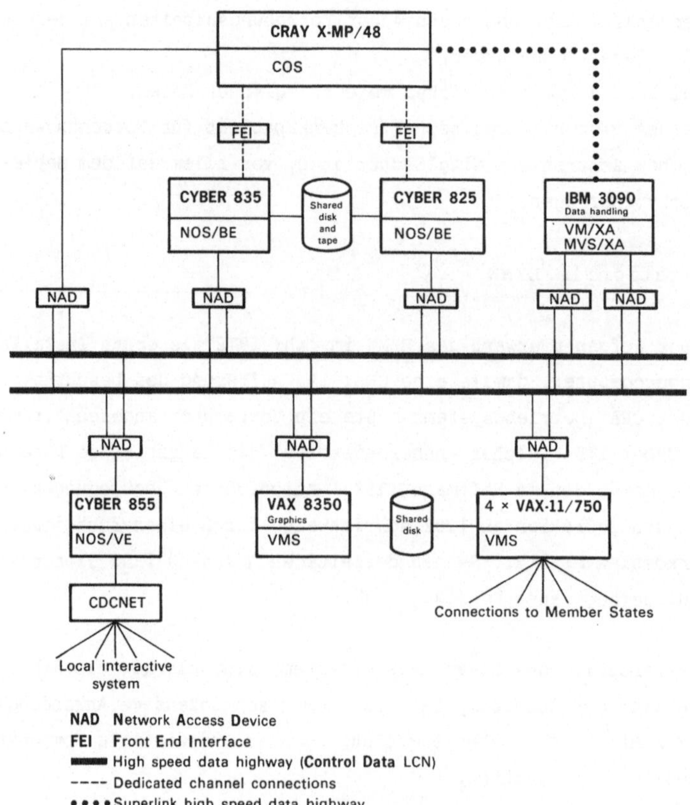

Abb. 1 Gegenwärtige Rechnerkonfiguration im EZMW

Für die oben aufgeführten Zwecke betreibt das EZMW neben einer CRAY X-MP/48
eine Control Data Cyber 855 und eine Anzahl von Digital Equipment VAX Rechnern.

Außerdem wird derzeit noch eine Cyber 835 und 825 mit dem veralteten Betriebssystem NOS/BE verwendet, um einen reibungslosen Übergang von der alten, zentralen Rechnerkonfiguration zur neuen, verteilten zu gestatten.

2.2. Datenverwaltungsrechner

Alle langfristigen Daten des EZMW werden in einem zentralen Datenverwaltungs-
rechner DHS (Data Handling System) gehalten. Zur Bewältigung dieser
Datenhaltungsaufgabe betreibt das EZMW seit Juli 1987 eine IBM 3090-150E mit
Vector Facility, nachdem ab 1983 eine IBM 4341-M12 zur Entwicklung der notwen-
digen Programmpakete diente, insbesondere von CFS (Common File System) als
Basis der gesamten Datenhaltung und MARS (Meteorological Archival and Retrieval
System) zur Haltung meteorologischer Daten (siehe MARS (1988)).

CFS (siehe Collins et al. (1981)) wurde 1982 vom EZMW als Datenhaltungspaket
für den DHS ausgewählt, da es sowohl eine Hierarchie von Datenmedien wie Magnetplatte, IBM 3850 Mass Storage Device und Magnetbänder benutzungsabhängig
verwaltet, als auch eine Netzwerkschnittstelle für seine Dienste bereitstellt.

2.3. Netzwerke

Der DHS und die verschiedenen Arbeitsrechner sind durch ein
Hochgeschwindigkeitsnetzwerk der Firma Control Data, dem Loosely Coupled
Network (LCN), miteinander verbunden. LCN benützt einen 50 Megabit pro Sekunde
(Mb/s) Bus, an welchen die betreffenden Rechnerkanäle mittels Network Adapter
Devices (NAD) angekoppelt sind. In den jeweiligen Rechnern steht ein
Programmpaket RHF (Remote Host Facility) zur Verfügung, welches neben einigen
Dateidiensten wie RJE auch eine Benutzerschnittstelle FIP zur Progammierung von
verteilten Anwendungen bereitstellt. FIP ermöglicht es, eine Verbindung von
zwei in verschiedenen Rechnern laufenden Anwendungsprogrammen herzustellen und
Datenblöcke über diese Verbindung auszutauschen.

Da die mit LCN maximal erreichten Datenübertragungsraten von etwa 6 Mb/s nicht
ausreichen, die CRAY X-MP/48 mit den notwendigen Daten zu versorgen, wurde 1987
das Superlink Produkt der Firma Cray angeschafft. Es besteht hardwareseitig aus
einer Kanalkopplung der IBM 3090 mit der CRAY X-MP/48 und softwareseitig aus
einem Programmpaket, welches gemäß dem OSI Schichtenmodell neben einer
Anwendungsschnittstelle, die funktional den RHF Diensten gleichwertig ist, auch
direkten Zugriff zu IBM Dateien ermöglicht. Die mit diesem Produkt erreichten
Datenübertragungsraten betragen etwa 16 Mb/s.

3. Leistungen von CFS

CFS wurde am Los Alamos National Laboratory (LANL) ab 1978 entwickelt, um für dessen Rechnerkonfiguration eine zentrale Datenhaltung zu ermöglichen. Da LANL bereits frühzeitig eine Vielzahl von Rechnern wie Cyber 7600, CRAY-1 etc. zu betreiben hatte, wurde CFS von Anfang an mit einer Netzwerkschnittstelle für das LANL Rechnernetz ausgestattet. Außerdem wurde CFS so konzipiert, daß es Benutzerdateien gemäß Dateigröße und Benutzungsfrequenz auf das passende Medium verlagerte, ohne daß der Benutzer davon in Mitleidenschaft gezogen wurde. CFS wurde ferner dahin ausgelegt, eine große Anzahl von Dateien, mehr als eine Million, zu verwalten und einen schnellen Zugriff auf häufig benutzte Daten zu gestatten. CFS ist in PL/I geschrieben und enthält zur Zeit etwa 90 000 Programmzeilen. Es benötigt das Betriebssystem MVS/XA der Firma IBM.

3.1. Dateidefinition

Alle Dateien in CFS werden als Folge von Bits verstanden, d.h. CFS kennt keine strukturierten Dateien. Datenzugriff zu einer Datei resultiert daher immer in einer Netzwerkkopie der Datei. Es ist Aufgabe der an CFS angeschlossenen Arbeitsrechner, eine eventuelle Dateistruktur zu erhalten. CFS unterstützt eine Baumstruktur zur Dateibeschreibung, in der von einer für jeden registrierten Benutzer von CFS eindeutigen Wurzel ausgehend ein Zugriffspfad zur zu bearbeitenden Datei gebildet wird. Zugriffsberechtigungen sind pro Baumknoten zu definieren und gelten für alle Dateien, deren Zugriffspfad diesen Knoten enthält. Es ist möglich, in einem Knoten neben der Systeminformation noch Benutzerinformation zu speichern.

3.2. Netzwerkschnittstelle

CFS wurde ursprünglich für das in LANL installierte Rechnernetz konzipiert, welches ein Datagram Protokoll verwendet (siehe Dixon (1987)). Zugriffe zu CFS werden von einem Arbeitsrechner angestoßen und führen zu einer Antwort in Form eines Datenblocks von CFS. Die Zuordnung der Antwort zu dem ursprünglichen Auftrag geschieht mittels einer vom Arbeitsrechner spezifizierten Verbindungskennung. Da das CFS Protokoll verbindungsfrei abläuft, werden die Datenübertragungen mittels Rückantworten und Zeitschranken überwacht.

Die im EZMW eingesetzten Rechnernetze unterstützen jedoch nur eine Datenübertragungsart, bei denen Daten über eine von Programmen aufzubauende Verbindung ausgetauscht werden können. Diese Verbindung muß für die Dauer der

Übertragung bestehen bleiben. Im Zuge der Anpassung von CFS an das EZMW
Rechnernetz wurde deshalb ein Übersetzungsmodul im DHS bereitgestellt, welches
einerseits mittels der IBM Cross Memory Services unter Benutzung der LANL
Protokolle Datenblöcke mit CFS austauscht und andererseits diese Blöcke mittels
der im EZMW Rechnernetz verfügbaren Benutzerschnittstelle an die betreffenden
Programme der Arbeitsrechner vermittelt.

3.3. Benutzerschnittstelle

Zur Verwendung von CFS entwickelte LANL eine einfache Benutzerschnittstelle
MASS, welche auf den eigenen Arbeitsrechnern, die das von LANL entwickelte
Betriebssystem CTSS verwenden, implementiert wurde und mit Kommandos wie GET,
SAVE, LIST etc. aufgerufen wird. Sie erlaubt neben Dateiverwaltungsdiensten das
Empfangen und Senden von lokalen Dateien des jeweiligen Arbeitsrechners.

Da die Arbeitsrechner im EZMW nicht unter dem Betriebssystem CTSS laufen, wäre
es nötig gewesen, MASS für diese Rechner jeweils neu zu entwickeln, um eine CFS
Benutzerschnittstelle zu ermöglichen. Nach den Erfahrungen jedoch, die EZMW mit
der eigenen MASS Implementation für die unter NOS/BE betriebenen Control Data
Cyber gewonnen hatte, wurde dieser Weg nicht weiter beschritten. Denn es
stellte sich heraus, daß MASS zu sehr auf die Bedürfnisse von LANL zugeschnitten war, indem es nicht auf die spezifischen Benutzerschnittstellen der
jeweiligen Betriebssysteme Rücksicht nahm. Fernerhin unterstützt MASS nicht das
Konzept eines lokalen Cache für häufig benutzte Dateien. Dies ist jedoch für
das im EZMW beobachtete Benutzerverhalten zur Verringerung der Netzwerkbe-
lastung von größter Bedeutung. Aus diesen Gründen wurde das ECFILE Konzept
entwickelt (siehe Lea et al. (1988)).

4. Leistungen von ECFILE

4.1. Benutzerschnittstelle

Unter ECFILE wird die im EZMW auf den verschiedenen Arbeitsrechnern implemen-
tierte Benutzerschnittstelle zu CFS verstanden. Sie ist dem jeweiligen
Betriebssystem in ihrer Syntax angeglichen und unterstützt das Konzept eines
lokalen Cache für häufig benutzte Dateien, d.h. es wird nur dann eine CFS Datei
vom DHS angefordert, wenn es der Benutzer ausdrücklich verlangt oder wenn es
keine lokale Datei mit gleichem Namen gibt. Lokale Dateien, die auf den Massen-
speichern der Arbeitsrechner gehalten werden, werden nach gewissen Kriterien

wie Größe, Dauer der Nichtbenutzung etc. regelmäßig gelöscht. Es ist Aufgabe
der Benutzer dafür zu sorgen, daß eine CFS Kopie einer lokalen Datei geschaffen
wird, wenn die Daten längere Zeit zur Verfügung stehen sollen.

Innerhalb des DHS wurde für jeden möglichen Benutzer von ECFILE eine CFS Wurzel
für eine Baumstruktur geschaffen, die anfangs nur die drei zusätzlichen Knoten
COS, NOS_VE und VMS enthält. Damit ist es möglich, von den jeweiligen Arbeitsrechnern aus vorgegebene Dateizugriffspfade zu verwenden.

4.1.1. ECFILE für COS

Für das Betriebssystem COS der CRAY X-MP/48 wurde ECFILE als Kontrollkarten-
aufruf und als FORTRAN Unterprogramm bereitgestellt (siehe Storer (1988)).
Dies entspricht der hauptsächlichen Benutzung des Systems im EZMW zur
Stapelverarbeitung. Die Syntax folgt den Regeln der COS Kommandosprache,
d.h. daß dem Namen des Kommandos - in diesem Fall ECFILE - innerhalb von
Klammern durch Kommata getrennte Paare von Zuweisungen zu Parametern folgen,
z.B. ECFILE(FN=SAVE, DN=MODPL) zur Speicherung der lokalen Datei MODPL. Bei
Festsetzung der Anfangswerte der Parameter wurde darauf Wert gelegt, häufig
vorkommende Aufrufe von ECFILE möglichst einfach zu gestalten. Damit wurde
es möglich, ECFILE in seiner Einfachheit den üblichen CRAY Kommandos zur
Benutzung von externen Dateien, wie ACQUIRE, FETCH und DISPOSE, anzuglei-
chen. Die COS Implementation für ECFILE steht auch auf den anderen Arbeitsrechnern zur Verfügung, um eine systemunabhängige Benutzerschnittstelle zu
erlauben.

4.1.2. ECFILE für NOS/VE

ECFILE unter NOS/VE ist der Kommandosyntax SCL des Betriebssystems NOS/VE
nachgebildet, wobei der CFS Dateizugriffspfad als "file server path" zu
interpretieren ist. Die in NOS/VE üblichen interaktiven Hilfen für SCL sind
ebenfalls realisiert (siehe Roger (1988)).

4.1.3. ECFILE für VMS

Analog zu der NOS/VE Version von ECFILE wird der Zugriff von VMS realisiert.
Die Kommandosyntax entspricht der DCL Vorgabe. Voreinstellungen von Para-
metern sind so gewählt, daß die häufigsten Kommandos nur wenige notwendige
Spezifikationen benötigen.

4.2. Rechnerspezifische Dateitypen

Da CFS nur binäre Dateien kennt, ist jede CFS Kopie a priori rechnerspezifisch,
d.h. Dateien können üblicherweise mittels CFS nicht zwischen Rechnern ausgetauscht werden. Die jeweiligen ECFILE Realisierungen verwenden deshalb Informa-
tionsblöcke am Anfang der gespeicherten Datei, um die Dateistruktur der
ursprünglichen Datei zu erhalten.

4.3. Rechnerunspezifische Dateitypen

Für den täglichen Betrieb des EZMW ist es jedoch zwingend notwendig, daß
Dateien, die auf einem Arbeitsrechner erstellt wurden, von einem anderen
Arbeitsrechner aus zu lesen sind. Insbesondere trifft dieses für Dateien zu,
die meteorologische Daten oder Programmquellen enthalten. Um solche
rechnerunspezifische Dateien zu erlauben, wurde von einem für Systemdienste
reservierten Feld von 24 Byte Länge in der CFS Dateibeschreibung Gebrauch
gemacht. Damit ist es möglich, beim Lesen oder Schreiben solcher Dateien einen
Übersetzungsschritt einzuschalten, der die Daten in die Dateiform überführt,
welche für den Arbeitsrechner und den Datentyp angemessen ist. Es ist Aufgabe
des Benutzers, beim Speichern der Datei ihren Typ anzugeben.

5. Methoden der Implementierung

ECFILE würde auf dem DHS und den Arbeitsrechnern in Schichten realisiert. Abb. 2
zeigt den schematischen Aufbau der ECFILE Implementierung. Dabei übernimmt
SUPERLINK bzw. RHF die Rolle des Transportprotokolles, ECNAM stellt eine
verallgemeinerte Zugriffsmethode dar, und MIRE mit CFSI übersetzen die CFS
Protokolle für das EZMW Rechnernetz. Die Module ECFILE und CFS sind die miteinander kommunizierenden Anwendungen. Als Programmiersprachen wurden PL/I und PASCAL
auf dem DHS, FORTRAN auf der CRAY X-MP/48, CYBIL und FORTRAN auf dem NOS/VE System
und PASCAL und FORTRAN für VMS verwendet.

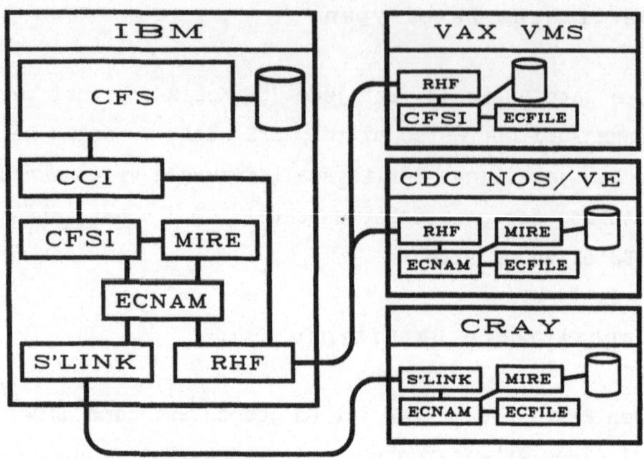

Abb. 2 Schematischer Aufbau von ECFILE

6. Erfahrungen mit ECFILE

ECFILE wurde zuerst auf der CRAY X-MP/48 realisiert und Anfang Juli 1988 zur
Benutzung freigegeben. Die NOS/VE Version wird im Dezember 1988 zur Verfügung
stehen, während die VMS Lösung erst im ersten Quartal 1989 folgen wird. Abb. 3
zeigt den Verlauf der ECFILE Benutzung am 17. November 1988. Es ist zu beachten,
daß an diesem Tag insgesamt 5,8 Gigabyte bei etwa 1350 Aufrufen zwischen der CRAY
X-MP/48 und dem DHS ausgetauscht wurden. Die durchschnittliche Wartezeit für einen
Aufruf betrug 55 Sekunden. Während des Tages kam es zu einer Störung gegen 17.00
Uhr, die etwa 5 Minuten andauerte.

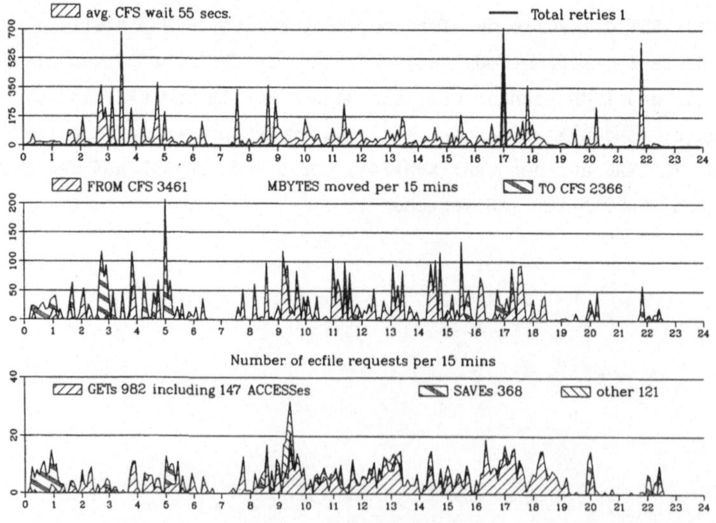

Abb. 3 ECFILE Benutzung am 17 November 1988

7. Ausblick

Neben den oben aufgeführten Netzwerken zur Verbindung der Arbeitsrechner mit dem DHS besitzt das EZMW noch ein auf Ethernet basierendes lokales Netz zur Verbindung der im Gebäude verteilten etwa 100 Arbeitsplatzrechner. Dieses Netz wird mit den Protokollen der TCP/IP Familie betrieben. Es ist geplant, im Jahr 1989 ECFILE auch für diese Rechner bereitzustellen, indem für ECNAM ein zusätzliches Transportprotokoll realisiert wird und die unterstützenden Programme in UNIX[1] neu implementiert werden.

Da ECFILE auf CFS basiert, welches bei Datenzugriff immer eine ganze Datei kopiert, ist eine Erweiterung auf das Network File System (NFS[2]) der Firma SUN mit seinem Datenblockzugriff nicht ohne weiteres möglich. Es wird jedoch zu prüfen sein, ob eine lokale Kopie einer CFS Datei im DHS für NFS zugänglich gemacht werden kann, wobei sichergestellt werden muß, daß nach Beendigung der Datenzugriffe eine Sicherstellung der eventuell geänderten Datei innerhalb von CFS automatisch erfolgt. Ferner ist das Problem einer rechnerunabhängigen Datenstruktur für NFS Dateien zu lösen.

8. Literatur

W. Collins, M. Devaney, E. Willbanks: A Network File Storage System. Los Alamos National Laboratory, Los Alamos, NM. LA-UR-81-3558. 1981.

R. Dixon: Los Alamos File Transport Protocol. ECMWF Internal Report. March 1987.

G.-R. Hoffmann: Die Entwicklung der Rechnerkonfiguration im EZMW. in: Betrieb von DV-Systemen in der Zukunft. 5. GI-Fachgespräch über Rechenzentren. Tübingen, März 1983. M.A. Graef (Hrsg.). Berlin Heidelberg 1983. S. 176-186.

A. Lea, N. Storer: ECFILE concepts. ECMWF Computer Bulletin. Data Storage & I/O media: Data handling system. B8.3/1. 27th September 1988.

MARS USER GUIDE. ECMWF Manual. Revision 7. 19 May 1988.

S. Roger: Access to CFS from the NOS/VE system. ECMWF Internal Memo. 19 May 1988.

N. Storer: ECFILE access from the Cray. ECMWF Computer Bulletin. Data Storage & I/O media: Data handling system. B8.3/2. 23rd September 1988.

Übereinkommen zur Errichtung des Europäischen Zentrums für mittelfristige Wettervorhersage. Brüssel. 11. Oktober 1973.

---

1 UNIX ist registriertes Warenzeichen von AT&T

2 NFS ist registriertes Warenzeichen von Sun Microsystems, Inc.

Vom Rechenzentrum zum Kommunikations- und Informationszentrum

(Betrieb von Informationssystemen in den 90er Jahren)

Simon Kastenmüller
Siemens AG
ZBO 21

1 Zusammenfassung

Der heute erreichte Stand bei Hard- und Software und die in naher Zukunft zu erwartenden Entwicklungen eröffnen neue Möglichkeiten zur Gestaltung der Informationsverarbeitung und der Kommunikation und erfordern z.T. auch Veränderungen der bisherigen Konzeptionen und Arbeitsweisen.

Es ist bereits heute erkennbar, daß die dezentrale Verarbeitung überproportional zunehmen und die flächendeckende Vernetzung unterschiedlichster Systeme voranschreiten wird. Dies schafft die Voraussetzung für neue Anwendungen.

Die neuen Anwendungsgebiete müssen jedoch häufig integriert betrachtet werden, weil die Aufgaben je nachdem zentral, dezentral oder verteilt abgewickelt werden können. Voraussetzung dafür ist, daß Informationsverarbeitung und Kommunikation stärker zusammenwachsen.

Da immer mehr Informationen elektronisch gespeichert werden, entstehen vermehrt elektronische Archive. Die Durchführung von Aufgaben verschiedenster Art hängt in immer stärkerem Maße von der Funktionsfähigkeit solcher elektronischer Archive ab.

Die gestiegenen Anforderungen an Informationssicherheit und Datenintegrität, die zunehmende Dezentralisierung der Verarbeitungsleistung sowie die Unterstützung von verteilten Abwicklungsformen im gesamten Informationsverarbeitungsprozeß erfordern einen qualitativen Ausbau von Funktionen des Rechnerbetriebes (z.B. Applicationmanagement, Securitymanagement, Netzmanagement) und den Neuaufbau entsprechender Unterstützungsfunktionen z.B. in Form eines Endbenutzerservice.

Parallel hierzu ist eine weitergehende Automatisierung des RZ-Betriebes erforderlich. Schwerpunkte für Automatisierungsmaßnahmen sind die Peripheriebedienung, Arbeitsvorbereitung, Systemverwaltung und Systembetreuung. Die Automatisierung ist auch für den effizienten Betrieb dezentraler Systeme von großer Bedeutung.

2 Einleitung

Das Informationsvolumen wächst ständig weiter an; Ursache dafür ist u.a. der Informationsanteil im Entwicklungs- und Herstellungsprozeß in den Produkten (z.B. Software). Die Beherrschung dieses Informationsvolumens durch zweckentsprechenden Einsatz der Informationstechnik wird in Zukunft den Erfolg eines Unternehmens wesentlich mitbestimmen.
Die Nutzung der Informations- und Kommunikationstechnik (I- und K-Technik) muß neben ihrer Ausrichtung auf strategisch wichtige Unternehmensziele und deren Umsetzung auch an die Möglichkeiten einer laufend weiterentwickelnden I- und K-Technik angepaßt werden.

Nachfolgend sind stichpunktartig die wesentlichen Veränderungen aufgezeigt:

Übergang von der Daten- zur Informationsverarbeitung (Text, Graphik),

Ergänzung der zentralen Systeme durch dezentrale Systeme (Abteilungs- / Arbeitsplatzrechner),

Ausbau zu einem flächendeckenden Kommunikationsnetz für alle Informationsarten (Sprache, Text, Bild und Daten),

Integration verteilter Verarbeitung in die zugehörigen Gesamtprozesse,

Zusammenwachsen von Informationsverarbeitung und Kommunikation.

Diese Veränderungen haben auch Auswirkungen auf die Systemlandschaft. Betrachtet man die Verteilung des Investments der letzten Jahre bei den Universalrechnern (inkl. Peripherie), bei den Arbeitsplatzsystemen und bei den CAD-Systemen, so muß man feststellen, daß das Investment der Universalrechner nur noch langsam ansteigt, das Investmment der Arbeitsplatzsysteme und CAD-Systeme aber überproportional zunimmt (bis zu 20 % p.a.).

Eine Leistungsbetrachtung ergibt, daß im Universalrechnerbereich (in der Regel stehen die Systeme im Rechenzentrum) nur noch ein Drittel der Verarbeitungsleistung [*] installiert ist. Die übrigen zwei Drittel verteilen sich gleichmäßig auf die Abteilungsrechner / Arbeitsplatzsysteme (APS) und CAD-Systeme, die i.d.R. dezentral installiert sind.

Es kommt künftig darauf an, bei allen Systemen (inkl. dezentraler Einheiten) einen sicheren und effizienten Betrieb zu gewährleisten.

Da der Schwerpunkt in den Rechenzentren heute noch auf dem Betrieb großer Universalrechner und Datennetze liegt, soll aufgezeigt werden, welche Veränderungen bei der Hardware, Software, Organisation und den Anwendungen zu erwarten sind und welche neuen Funktionen und Aufgaben sich daraus ableiten lassen, um den zukünftigen Anforderungen gerecht zu werden und welche Möglichkeiten zu einer weitgehenden Automatisierung bestehen.

---

[*] Betrachtet wird die Verarbeitungsleistung im engeren Sinne, also nicht: Ein- / Ausgabeleistung, Speicherkapazität, Endgeräteanschlußmöglichkeiten, etc..

3 Entwicklungstendenzen bei der Hardware

3.1 Univeralrechner

Die Innovationszyklen im Hardwarebereich werden immer kürzer.
In allen Bereichen (Prozessorleistung, Speicherkapazitäten, Ein- /Ausgabeleistung) kann
eine jährliche Steigerung der maximalen Systemleistungen beobachtet werden, die zum
Teil 30% und mehr betragen. Rechnerkonfigurationen mit 1.000 Mips (Millionen
Instruktionen pro Sekunde) sind innerhalb der nächsten 10 Jahre zu erwarten. Neben
dem reinen Leistungsgewinn, wird die Produktpalette vielfältiger. Beispiele hierfür sind
die unterschiedlichen Externspeicher an den Universalrechnern:

Erweiterter Hauptspeicher (Expanded Storage),
Magnetplatten auf Halbleiterbasis (Solid State Disk),
durchsatzorientierte Magnetplatten,
kapazitätsorientierte Magnetplatten,
Magnetbandkassetten und
optische Platten als Archivspeicher.

3.2 Auswirkungen

Aufgrund der zur Verfügung stehenden Leistungen wird es möglich sein, auch für An-
wendungen mit hohen Anforderungen an Performance, Verfügbarkeit, etc. adäquate
Konfigurationen zu konzipieren.
Auf der anderen Seite wird es möglich sein, Verarbeitungsleistung, die heute auf mehrere
Rechner mit mittlerer Leistung verteilt ist, auf wenige Hochleistungsrechner zu
konzentrieren. Damit kann der Aufwand für den Betrieb und für die Administration (z.B.
Pflege von System- und systemnaher Software) reduziert werden.

Allgemein ist erkennbar, daß zukünftige Systeme die volle Leistung nur dann erbringen
werden, wenn schnelle Speicher (z.B. Hauptspeicher) in ausreichender Kapazität vorhanden sind (Verlagerung von Tabellen in den Hauptspeicher, zusätzliches Programm-
coding aufgrund neuer Funktionen). Gleichzeitig muß die Peripherie in einem
ausgewogenen Verhältnis zur Prozessorleistung stehen.

Die Systemvielfalt und Leistungsbreite der einzelnen Komponenten erfordert eine exakte
Planung der Gesamtkonfiguration (evtl. mit Modellrechnungen), um für die jeweilige
Anwendung die wirtschaftlichste Konfiguration zu erhalten.

3.3 Abteilungsrechner

Abteilungsrechner sind Mehrplatzsysteme, die Rechenleistung und Speicherkapazitäten
für minimal 2, maximal für einige 100 Anwender vor Ort zur Verfügung stellen. Die
installierbaren externen Speicherkapazitäten der Abteilungsrechner können heute
bereits zwischen 1 und 100 Gigabyte liegen. Die Abteilungsrechner können in der
normalen Büroumgebung betrieben werden. Der Anschluß der Terminals ist auf die
Entfernung von einigen Kilometern begrenzt. An diesen Terminals ist grundsätzlich eine
zeichenorientierte Verarbeitung möglich (z.B. bei Büroanwendungen erforderlich). Die
Graphikfähigkeit der Systeme wird zügig ausgebaut.

3.4 Arbeitsplatzsysteme (APS)

Arbeitsplatzsysteme sind Einplatzsysteme, wie z.B. PC oder Workstations. Die Leistung der
APS ist mit der Leistung heutiger Universalrechnersysteme vergleichbar (z.B. WS 30-560

ca. 4 Mips). Für rechenintensive Anwendungen (z.B. Tabellenkalkulation) oder für eine performante Unterstützung des Multitasking sind 32-Bit Rechnerarchitekturen notwendig (z.B. auf Basis Intel 80386). Sie weisen im Gegensatz zu Rechner mit 16-bit Prozessoren (z.B. auf Basis Intel 80286) eine bis zu 10 fache Leistung auf. Insbesondere für CAD-Anwendungen kann die maximale Rechenleistung pro APS die 10 Mips-Grenze überschreiten.
Die Arbeitsplatzsysteme können in einem Verbund arbeiten und können gemeinsame Ressourcen nutzen (z.B. Serverleistungen).

3.5 Auswirkungen (Abteilungsrechner / APS)

Abteilungsrechner / APS bieten genauso wie Universalsysteme ein breites Spektrum von Konfigurationsmöglichkeiten. Die Systemarchitekturen sehen sogar einfache Hardware-erweiterungsmöglichkeiten durch den Benutzer vor (i.d.R. sind leere Steckplätze in den Systemeinheiten vorhanden).
Durch eine freizügige Gestaltungsmöglichkeit entsteht aber die Gefahr, daß eine Vielzahl von Hardwarelösungen zum Einsatz kommt, die bei der Integration in das Kommuni-kationsnetz (unterschiedliche Datenübertragungsprotolle) erhebliche Probleme bereiten kann. Probleme können auch im Softwarebereich entstehen, wenn z.B. durch nicht standardisierte Bildschirmauflösungen oder durch unterschiedliche Prozessortakt-frequenzen Standardsoftware nicht ablauffähig ist.
Diese Probleme können nur gelöst werden, wenn auch im dezentralen Bereich über-wiegend standardisierte Konfigurationen zum Einsatz kommen. Z.B. kann nur auf Basis von Standardkonfigurationen ein effizientes Schulungs- und Wartungskonzept aufgebaut werden.

3.6 Kommunikationshardware

Technisch ist die Übertragung von Sprache, Bild, Text und Daten durch unterschiedliche digitale Einrichtungen (z.B. Multiplexer) auf einer Leitung bereits heute möglich. Durch die Installation von ISDN-Kommunikationsanlagen (z.B. HICOM®) kann das vorhandene Fernsprechnetz wesentlich besser genutzt werden. Diese Möglichkeiten sind die Voraus-setzungen für die Erschließung neuer Anwendungen direkt am Arbeitsplatz. Die Kom-munikationsanlagen können neben diesen Funktionen auch spezialisierte Verarbeitungs-leistungen für gelegentliche Nutzer mit geringer Nutzungshäufigkeit via Server erbringen bzw. sie können Endgeräte direkt an Verarbeitungsrechner (Host) durch-schalten.

Neben diesem "ISDN-Netz" können LANs mit unterschiedlichen Verfahren und Leistungen installiert werden. Zukünftige LANs z.B. auf Glasfaserbasis werden höhere Geschwindigkeiten und größere Reichweiten aufweisen. So gestatten moderne Glasfaser-LANs heute schon Übertragungsraten von 100 Megabit pro Sekunde (zum Vergleich Ethernet-LANs 10 Megabit pro Sekunde) und Reichweiten im Bereich von 100 km. Eine Steigerung der Übertragungskapazität in den Bereich von einigen Gigabit pro Sekunde ist als wahrscheinlich anzunehmen. Auch ein größerer Standort kann somit flächen-deckend mit LANs versorgt werden.

Auch in Zukunft werden Kommunikationsfunktionen für den Informationsaustausch auf Basis unterschiedlicher Kommunikationstechniken erbracht werden (z.B. LAN, digitale Nebenstellenanlagen, TRANSDATA®- bzw. SNA-Netze). Maßgebend für die breite Nutzung einer Kommunikationstechnik (u.U. gemeinsame Nutzung mehrerer unter-schiedlicher Techniken) ist die Wirtschaftlichkeit, die sich aus der Gegenüberstellung der Anforderungen, der Leistung eines Systems, der vorhandenen Infrastruktur und der Kosten ergeben.

Ein Wide-Area-Network (WAN) ist weiterhin dort nötig, wo

- mehrere lokale Netzwerke (im Sinne der Topologie) miteinander verbunden werden müssen,
- Kommunikation über größere räumliche Entfernungen notwendig ist,
- Kommunikation zwischen unterschiedlichen Organisationseinheiten erforderlich ist.

Der Informationsaustausch zwischen den Systemen wird verstärkt auf Basis internationaler Protokolle, wie z.B. OSI, X.400, X.500 abgewickelt werden.

3.7 Auswirkungen

Neue Kommunikationsanlagen (z.B. HICOM) integrieren VOICE- und NON-VOICE-Leistungsmerkmale. An einer Anlage können die Dienste Telex / Teletex, Telefax, Btx und Fernsprechen genutzt werden. Kommunikation ist z.B. mit Datenverarbeitungssystemen, Bürosystemen, Arbeitsplatzsystemen oder mit multifunktionalen Endgeräten möglich. Durch die zweikanalige Anschaltung von Endgeräten ist die gleichzeitige Nutzung von zwei Kommunikationswegen mit einem oder zwei verschiedenen Partner(n) möglich (Misch- und Mehrfachkommunikation).
Multifunktionale Terminals fassen die unterschiedlichen Kommunikationsarten unter einer einheitlichen Oberfläche zusammen. Mit Hilfe von Servern können weitere Leistungsmerkmale realisiert werden (z.B. Mailboxfunktionen, Umwandlung Teletex in Telefax, Dokumentenablage).

Die Nutzung von Leistungsmerkmale und bestimmten Kommunikationsmöglichkeiten bedürfen einer exakten Planung, die mit den bereits vorhandenen und geplanten Kommunikationsnetzen (LAN, TRANSDATA, SINEC®-Netzen) abgestimmt sein muß.

4 Entwicklungstendenzen bei der Software

4.1 Systemsoftware für Universalsysteme

Um Rechnersysteme mit höchster Leistung sinnvoll betreiben zu können, wird die Funktionalität des BS2000 und der systemnahen Software stark erweitert werden. Beispiele für derartige Funktionen sind:

4.1.1 Virtuelle Maschine

Unter der Kontrolle eines Hypervisors können mehrere virtuelle Maschinen auf einem physikalischen Rechner ablaufen.
Der Nutzen der virtuellen Maschine liegt in folgenden Anwendungen:

Erleichterter Umstieg bei neuen Betriebssystemversionen,

Für das Abwickeln von exklusiven Anwendungen muß nicht mehr die gesamte Maschine freigehalten werden (z.B. Anfertigen eines Dumps, Durchführen einer Systeminstallation),

Einzelne Anwendungen können vollständig von einander abgeschottet werden (Trennung Test- von Produktivanwendungen),

Im Backupfall kann die gesamte eigene Systemumgebung in einem Ausweichrechenzentrum installiert werden, ohne Konventionen der dort laufenden Anwendungen beachten zu müssen (z.B. Kennungsnamen mit allgemein nutzbarer Software),

Während der Fehlerdiagnose sind auch die normalerweise nicht unterbrechbaren Teile des Betriebssystems zugänglich.

4.1.2 Performance Controller System

Das Performance Controller System legt aufgrund globaler Systemvorgaben automatisch
den optimalen Betriebspunkt eines Rechners fest und stellt den notwendigen Jobmix aus
den Benutzerklassen / Jobklassen zusammen.
In den globalen Systemvorgaben muß z.B. die Last in hochpriore, weniger priore und
verdrängbare Last eingeteilt werden. Zusätzlich ist festzulegen, ob die einzelnen Klassen
antwortzeitorientiert oder durchsatzorientiert betrieben werden sollen.
Aufgrund exakter Festlegungen können dann für ausgewählte Anwendungen
Antwortzeitgarantien gegeben werden.

4.1.3 Ressourcen- und Privilegien-Management

Das Ressourcen- und Privilegien-Management überwacht die Nutzung aller Datenobjekte. In Zugriffs- und Befähigungslisten wird festgelegt, wer welches Objekt in
welcher Weise benutzen darf.
Ein Datenobjekt kann eine Datei, eine Jobvariable oder gemeinsamer Hauptspeicher-
bereich (Common Memory) sein.
Für eine Datei kann der Eigentümer in einer Zugriffsliste z.B. festlegen, daß Benutzer "A"
und Benutzer "B" die Datei lesen und verändern dürfen, ein Benutzer "C" die Datei
jedoch nur lesen darf. Alle anderen Benutzer haben keinen Zugriff auf die Datei.

4.1.4 Dual-Recording-by-Volume

Mit der Funktion Dual-Recording-by-Volume können während des laufenden Betriebes
Spiegelbilder von Volumes erzeugt werden. Alle ändernden Ausgabeoperationen werden
gleichzeitig auf zwei Magnetplatten durchgeführt. Tritt ein Fehler in einem Volume auf,
kann ohne Unterbrechung auf die zweite Magnetplatte umgeschaltet werden. Dies ist
eine wichtige Funktion zur Realisierung von fehlertoleranten Systemen im kommerziellen
Bereich.

4.1.5 Hierarchisches Speichermanagement System

Das Hierarchische Speichermanagement System (HSMS) verwaltet Datenobjekte auf verschiedenen Speicherhierarchien (Magnetplatten, Magnetbandkassetten, Optischen
Platten). Die Speicherhierarchien werden wie folgt definiert:

> Verarbeitungsebene,
> on-line-verfügbare Hintergrundebene,
> Archivebene.

Das Hierarchische Speichermanagement System führt automatisch Verdrängungen und
Reaktivierungen durch.

4.2 Auswirkungen

Eine effiziente Nutzung von Rechnersystemen mit höchster Leistung erfordert den
Einsatz von wirkungsvollen, aufeinander abgestimmten Funktionen für die
Ressourcenverwaltung, -zuteilung und -planung in allen Ebenen.
Beispiele hierfür sind:
> Antwort- und / oder performanceorientiertes Tasksheduling von
> mehreren 1.000 Tasks,

Laststeuerung im Stunden- bzw. Tagesbereich über mehrere
Rechner mit Hilfe von Klassenkonzepten,

Automatische Verlagerung von hoch frequentierten Daten auf zugriffsorientierte
Datenträger (z.B. externe Schnellspeicher, SSD, Cache-Platten) sowie Verlagerung
von inaktiven Daten auf kapazitätsorientierte Datenträger auch bei einer großen
Anzahl von Dateien (>100.000),

Systemintegrierte Überwachung der Zugriffsrechte unterschiedlicher Datenobjekte
mit Hilfe von Zugriffslisten.

Zur Bewältigung dieser Aufgaben wird in Zukunft immer stärker Standardsoftware
eingesetzt werden müssen, da der Aufwand für die Entwicklung von komplexen
Algorithmen nur bei entsprechender Mehrfachnutzung gerechtfertigt ist. Gleichzeitig ist
mit Standardsoftware gewährleistet, daß Änderungen (z.B. im Betriebssystem) rechtzeitig angepaßt werden und daß die Funktionalität der Systeme aufeinander abgestimmt
ist. Notwendige organisatorische Anpassungen und Ergänzungen sollten auf das absolut
erforderliche Maß beschränkt bleiben und nur an garantierten Schnittstellen angebracht
werden. Bei der Konzeption von Ergänzungen sind nach Möglichkeit erkennbare Weiterentwicklungen in der Standardsoftware zu berücksichtigen, damit sich im späteren
Betrieb keine Zielkonflikte in der Funktionalität von eigener zu Standardsoftware
ergeben.

Da die Subsysteme i.d.R. eine breite Funktionspalette anbieten werden, wird es
erforderlich sein, sie auf den jeweiligen Bedarf zu konfigurieren.
Die Funktion Dual-Recording-by-Volume, die Archiv- und Sicherungsfunktionen des HSMS
sowie die Funktionen des Ressourcen- und Privilegien-Management müssen in einem
Gesamtsicherheitskonzept aufeinander abgestimmt sein. Da in einem Gesamtsicherheitskonzept auch alle dezentralen Systeme sowie die Sicherheit der Kommunikationsysteme
einzubeziehen sind, sollten die Aufgaben ganzheitlich in einem Securitymanagement
gelöst werden.

Auf der anderen Seite muß der RZ-Betrieb auf die Funktionen der Systeme ausgerichtet
werden. Darunter ist z.B. zu verstehen, daß sich die Laststruktur eines Rechenzentrums in
ein klares Klassen- und Prioritätenkonzept einteilen läßt. Das Performance Controller
System kann nur dann steuernd eingreifen, wenn niederpriore Teile der Last in Klassen
mit geringerer Serviceratenzuteilung verdrängt werden können.

Es ist bereits heute erkennbar, daß aufgrund der besseren Steuerungsmöglichkeiten
umfangreiche Planungsarbeiten für den Einsatz von Subsystemen erforderlich werden.
Das heißt, die Festlegung der Systemkonzepte muß möglichst frühzeitig erfolgen und für
längere Zeit festgeschrieben werden, da eine Änderung eines Systemkonzepts, wegen
der umfangreichen Datenbestände bzw. großen Zahl von Benutzern, nur mit großen
Aufwand durchführbar ist.

Mit Hilfe dieser Systeme ist der Übergang von einer manuellen zu einer weitgehend
automatisierten Steuerung des RZ-Betriebes möglich.

4.3 Systemsoftware für Abteilungsrechner / APS

Für den Betrieb von Abteilungsrechnern (Mehrplatzsystemen) wird vorwiegend UNIX /
SINIX® zum Einsatz kommen.

Bei Arbeitsplatzsystemen kommt sowohl UNIX / SINIX als auch MS-DOS bzw. OS 2 zum
Einsatz.

*) =   SINIX ist das UNIX® von Siemens
         UNIX ist ein eingetragenes Warenzeichen von AT & T

Die Möglichkeit, unterschiedliche Betriebssysteme auf demselben Gerät zu betreiben, wird zunehmen. Entweder wird dies über spezielle Hardwarezusätze realisiert oder die unterschiedlichen Betriebssysteme laufen als Gastsysteme unter virtuellen Maschinen.

In vielen Fällen werden in den Anwendungen weitere Funktionen zur Unterstützung der Window-Technik bzw. zur Unterstützung von Graphikanwendungen benötigt. Die zusätzlichen Komponenten sind entweder integraler Bestandteil des Systems oder sie müssen als zusätzliche Komponenten zum Betriebssystem installiert werden.

Betriebssystem	Window-Manager
MS-DOS*	MS-WINDOW, GEM
SINIX	COLLAGE®
WS 30	Display-Manager in AEGIS
LISP	Funktionen, wie CREATEW, OPENW, CLOSEW

Falls Serverfunktionen (Hard- oder Software) für mehrere APS erbracht werden sollen, müssen die Systeme untereinander vernetzt sein (z.B. PCI-RING bei WS-30) und eine Steuerungssoftware muß die Zuteilung der Ressourcen regeln. Z.B. kann mit Hilfe von PCC-Remote der PC-Coprozessor innerhalb eines WS-30 Ringes von jeder Workstation angesprochen werden. Die Software stellt u.a. sicher, daß nur soviele PC-Fenster geöffnet sind, wie PC-Coprozessoren innerhalb eines Ringes vorhanden sind.

Spezielle Betriebssysteme wird es weiterhin für den Prozeßrechnerbereich bzw. für CAD-Anwendungen geben, die jedoch hier nicht betrachtet werden sollen.

4.4 Auswirkungen

Die Heterogenität der Systemlandschaft (Bild 4.5) wird zunehmen. Hinzukommen werden zumindest die Betriebssysteme MS-DOS / OS 2 und UNIX / SINIX, da die überwiegende Anzahl der dezentralen Systeme nur unter diesen Betriebssystemen betrieben werden kann.

Eine problemlose Integration der dezentralen Systeme in den Gesamtinformations-verarbeitungsprozeß wird nur dann gelingen, wenn die Vielfalt der Systeme auf ein beherrschbares Maß reduziert wird. Dazu müssen auf strategischer Ebene Empfehlungen zur Nutzung dezentraler Systeme erarbeitet werden (z.B. Anwendungsgebiete, Liste von empfohlener Hard- und Software, Einhaltung von internationalen Standards).

Normalerweise werden Abteilungsrechner / Arbeitsplatzsysteme in der Verantwortung der Endbenutzer laufen.
Unterstützungsfunktionen sind jedoch dort notwendig, wo ein gesicherter Betrieb garantiert werden muß (z.B. hohe Betriebsbereitschaft, Durchführung der Daten-sicherung) oder wenn zur Durchführung nicht alltäglicher Funktionen ein unverhältnis-mäßig hoher Lernaufwand erforderlich ist (z.B. Installation von neuer Software / Softwareversionen).

Grundsätzlich sollte auf Bereichsebene der Umfang der Unterstützungsfunktionen festgelegt werden. Regelungen sind zumindest für den Betrieb von Servern (5.2) notwendig. In diese Überlegungen müssen auch die Kommunikationsanlagen einbezogen werden, da die neuen Anlagen durchweg softwaregesteuert sein werden. Daraus werden sich ähnliche Problemstellungen ergeben, wie beim Betrieb von DV-Systemen.

Falls das Rechenzentrum Unterstützungsfunktionen anbieten soll, muß frühzeitig die Qualifikation der Mitarbeiter an die neuen Anforderungen angepaßt werden.

*) = MS-DOS ist ein eingetragenes Warenzeichen der Microsoft Corp.

4.5 Heterogene Systemlandschaft

Das folgende Bild stellt nur einen Ausschnitt aus der heterogenen Systemlandschaft dar. Nicht enthalten sind Fremdsysteme. Im dezentralen Bereich müssen noch die TRANSDATA-Systeme mit dem Betriebssystem PDN, SINEC-Systeme, HICOM-Anlagen mit der Vermittlungssoftware, Prozeßrechner mit dem Betriebssystem AMBOSS und die CAD-Systeme berücksichtigt werden.

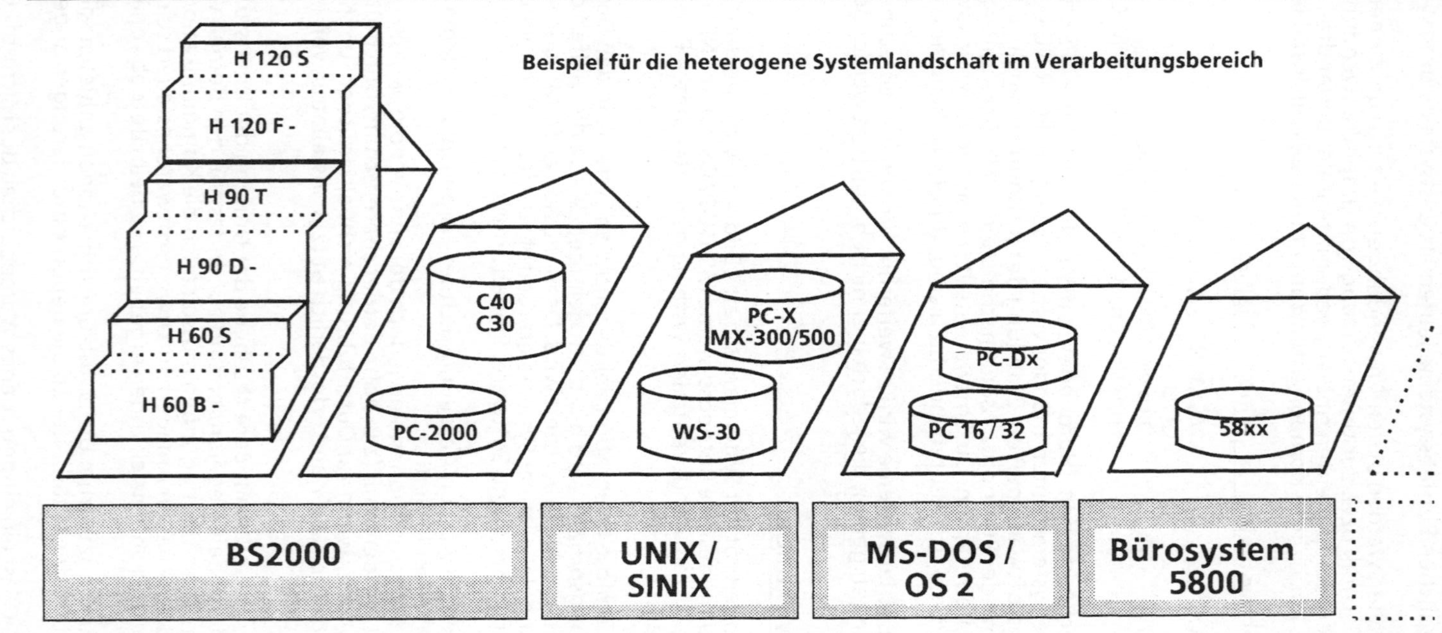

5 Dienste

5.1 Server

Die Hardware der Server unterscheidet sich prinzipiell nicht von den Abteilungsrechnern oder Arbeitsplatzsystemen. Als Server kann auch ein Universalrechnersystem fungieren. Entscheidend ist die Funktionalität eines Systems sowie die Einbindung in einen Systemverbund.

Für eine Reihe von Standardfunktionen werden Dienste auf Servern angeboten werden. Beispiele für Server sind:

    Archivserver
            Dokumente
            Software
            Datensicherung

    Kommunikationsserver
            Electronic Mail
            Bildschirmtext
            Text / Fax

    Ausgabeserver
            Druck
            Plotter

    Informationsserver
            Wissensbanken
            Datenbanken

Außerdem sind spezialisierte Verarbeitungsserver denkbar (z.B. Protokollserver). Der Benutzer erreicht die Server über die angebotenen Kommunikationsdienste.

5.2 Auswirkungen

Neben der technischen Betreuung sind für die unterschiedlichen Serverarten zusätzliche Funktionen erforderlich. Beispiele hierfür sind:

In Archivservern muß ein Spacemanagement installiert und gepflegt werden. Damit kann sichergestellt werden, daß einzelne Abteilungen / Benutzer nur innerhalb festgelegter Grenzen Dokumente ablegen können. Überalterte Dokumente sind vom Server auf Langzeitspeicher zu verdrängen.

In Servern für Electronic Mail muß "nicht zustellbare Post" zurückgesendet oder gelöscht werden.

Wissensbanken oder Datenbanken in Informationsservern müssen mit aktuellen Daten versorgt werden.

Falls auf Servern lizenzpflichtige Software angeboten wird, muß sichergestellt werden, daß nur Zugriffsberechtigte Zugang zu den Servern haben. U.U. muß die Nutzung lizenzpflichtiger Software erfaßt und verrechnet werden.

Das Rechenzentrum muß Funktionen für einen weitgehend automatisierten und gesicherten Betrieb der Server sicherstellen. Dies gilt auch, wenn die Server nicht im Rechenzentrum sondern vor Ort beim Anwender aufgestellt sind. Sicherungsmaßnahmen müssen so konzipiert werden, daß der laufende Betrieb nach Möglichkeit nicht beeinträchtigt wird. Engpässe sind zu erkennen und Kapazitätserweiterungen rechtzeitig vorzunehmen.

5.3 Kommunikationsdienste

Für den Anwender ist es wichtig, daß er in Zukunft Kommunikationsleistungen über Systemgrenzen hinweg in Anspruch nehmen kann. Unabhängig von der Kommunikationsart sollte für den physikalischen Anschluß an das Kommunikationsnetz nur ein "ISDN"- und / oder LAN-Anschluß notwendig sein. In der Realisierung werden die Kommunikationsdienste teilweise auf Leistungen Dritter aufbauen müssen (z.B. Dienste der Post oder von Netzbetreibergesellschaften. Im nachfolgendem wird jedoch dieser Bereich nicht näher betrachtet.

Bei der Adressierung muß von der heutigen physikalischen Adressierung (z.B. Rechner und Region) zu einer logischen Adressierung (Anwendung, postalische Adresse bei Electronic Mail, etc.) übergegangen werden. Hierfür ist die Realisierung eines einheitlichen, elektronisch abfragbaren Adress Directory notwendig. Die bestehenden, in Anwendungen eingebundenen Adressverzeichnisse müssen in ein "Firmen Private Directory" übergeführt werden. Betroffen sind z.B. die Mail-Systeme AKOM2000, BS5800, MAIL-X, HICOM.
Das "Firmen Private Directory" muß mit Private Directories anderer Unternehmen über das öffentliche Directory zusammenarbeiten können.

Für die intern zu erbringende Kommunikationsleistung wird sich eine klare funktionale Trennung zwischen Rechnerkopplungen, Kommunikationsnetz und privaten PC-Vernetzungen herausbilden.

5.4 Auswirkungen

Für das Kommunikationsnetz müssen in Zukunft z.B. die Funktionen

> Planung,
> In- und Außerbetriebnahme,
> Überwachen,
> Steuern,
> Aktualisierung der Software zum Betrieb der Kommunikationseinheiten,
> Fehlerdiagnose,
> Fehlerbeseitigung,
> Ermittlung von Abrechnungs- und Statistikdaten

wahrgenommen werden.

Die bereichsübergreifende Vergabe von physikalischen und logischen Adressen, die Verwaltung von Leitungs- und Endgerätecharakteristika als Teilaspekt einer Konfigurationsverwaltung, die Zuteilung von Rechten und Privilegien sowie die Zusammenführung von Abrechnungs- und Statistikinformationen erfordern ein koordiniertes Zusammenwirken in einem Netzmanagement.

Das Netzmanagement legt diese Daten in einer koordinierten Informationsbasis ab. Die Informationsbasis kann entweder zentral oder verteilt organisiert sein. Aus dieser Informationsbasis werden weitere berechtigte Gruppen versorgt (z.B. on-line-Anwendungen zum Aufbau von Gerätetabellen).
Gleichzeitig hat der Benutzer im Netzmanagement eine einzige Ansprechadresse, wenn Neuaufnahmen oder Änderungen durchzuführen sind oder wenn Fehler lokalisiert und beseitigt werden müssen.

Die Zugangsberechtigungen zum Kommunikationsnetz müssen in einem einheitlichen Sicherheitskonzept geregelt werden.

SIEMENS

Netzstruktur

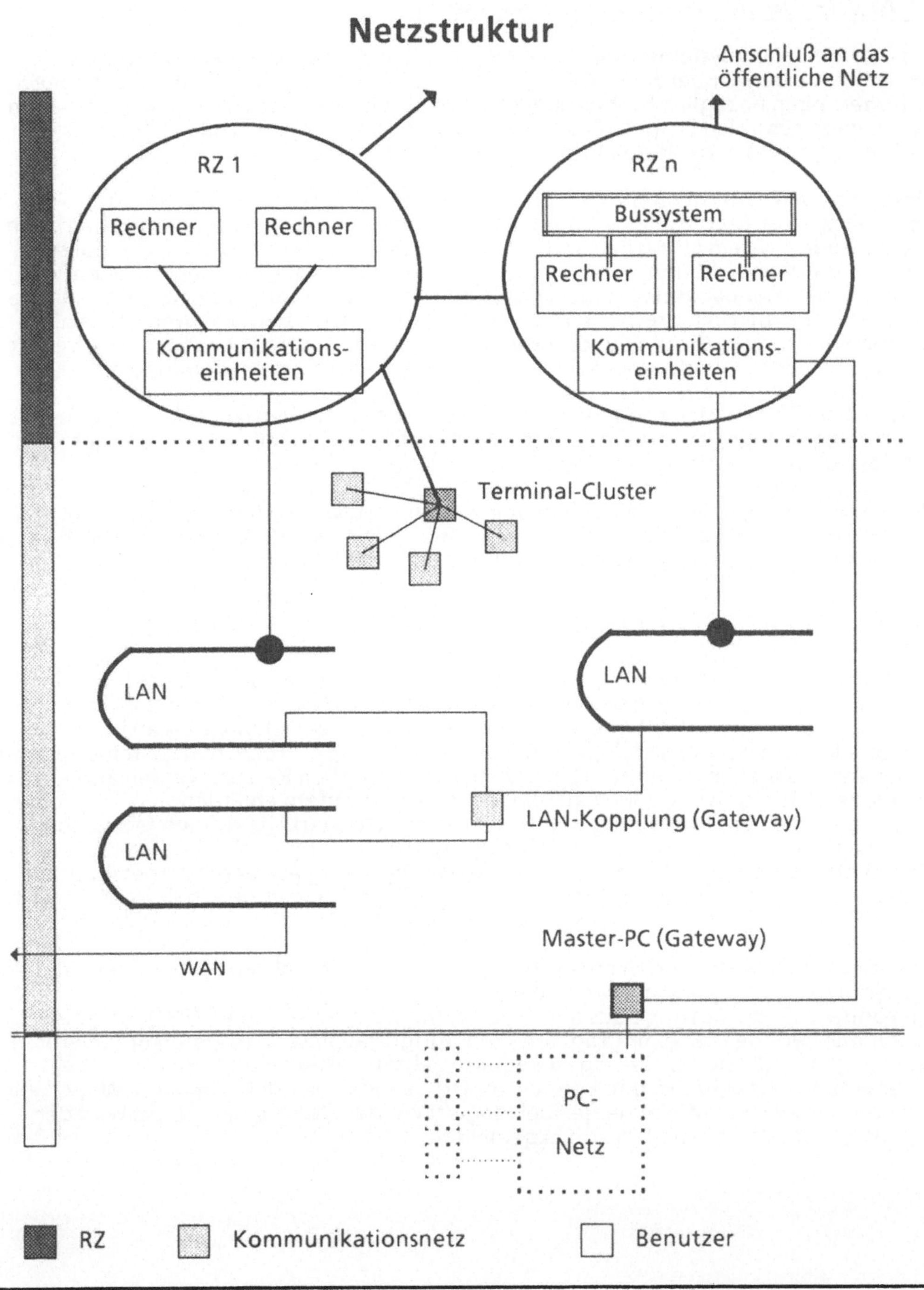

6 Anwendungsschwerpunkte

6.1 Anwendungen auf Universalrechnern

Auf den Mainframesystemen werden vorwiegend große Datenbankanwendungen betrieben werden. Außerdem laufen große Batchaufgaben und Aufgaben, die hohe Anforderungen bezüglich Rechenintensität, Speicherplatz oder Ein- / Ausgaben haben. Durch einen zentralen Betrieb dieser Anwendungen kann ohne große Aufwendungen die Konsistenz der verwalteten Informationen gewährleistet werden.

Abteilungsnahe DV-Anwendungen und Büroaufgaben werden zunehmend auf Abteilungs- bzw. Arbeitsplatzrechnern abgewickelt. Diese Anwendungen nutzen dann das Mainframesystem als Archiv- bzw. Datenbankserver. Wesentliche Informationssicherungsaufgaben können über die Universalrechner ausgeführt werden. In der Funktion als Datenbankserver liefert das System Daten (im Dialog oder als Datei) an die Abteilungs- / Arbeitsplatzrechner, in denen sie dann mit Endbenutzerwerkzeugen, z.B. Tabellenkalkulation, Graphik und Texteditoren weiter aufbereitet werden. Die weitere Integration der Anwendungen führt auch dazu, daß von einer Anwendung auf verschiedene Datenbanken (auch standortüberschreitend) zugegriffen werden muß. Dazu müssen in den Anwendungen Schnittstellen definiert werden, über die im Rahmen der jeweiligen Zugriffsrechte beliebige Datenselektionen erstellt werden können. Der Dialogbetrieb darf durch Datenselektionen nicht gestört werden.

Neue Anwendungen werden überwiegend verteilte Lösungen sein. Dies bedeutet, daß der Betrieb aller Teilkomponenten - einschließlich der Kommunikation - gesichert werden muß, wenn derartige Anwendungen funktionsfähig sein sollen.

6.2 Anwendungen auf Abteilungsrechnern

Für die integrierte Verarbeitung von Daten, Text und Graphik (und im zunehmenden Maße Sprache und Bild), wie sie bei der Dokumentenbearbeitung vorkommt, sind Universalrechner i.d.R. nicht geeignet. Ist ein gemeinsames Dokumentenarchiv für mehrere Mitarbeiter notwendig, dann scheiden i.d.R. auch Arbeitsplatzsysteme aus und Abteilungsrechner kommen zum Einsatz. Im kommerziellen Bereich werden also vorwiegend Büroanwendungen auf den Abteilungsrechnern ablaufen.
Neben allgemeinen Überlegungen (z.B. Softwareverfügbarkeit) können technische / finanzielle Gründe zum Einsatz von Abteilungsrechnern führen. Da die Systeme nur bis zu bestimmten Grenzen ausbaubar sind und in der Regel ein geringerer Vernetzungsaufwand erforderlich ist, ergibt sich z.T. ein besseres Preis- / Leistungsverhältnis pro Arbeitsplatz.

Im Fertigungsbereich werden entsprechende Rechner mit real-time-Leistungen für die Steuerung von Fertigungsprozessen eingesetzt.
Sie können z.B. die Aufträge aus den Produktionsplanungssystemen (PPS) für eine bestimmte Periode (z.B. einen Tag) erhalten. Aufgrund dieser Basisdaten optimieren diese Rechner z.B. die Auslastung / Belegung mehrerer Maschinen / Einheiten. Die Parameter für die Optimierung können vor Ort geändert werden. Auf diese Weise kann auf den Ausfall einer Maschine flexibel reagiert werden. Nach einer Schicht wird der Stand der Arbeiten an das PPS zurückgemeldet.

6.3 Anwendungen auf Arbeitsplatzsystemen

Die Arbeitsplatzsysteme werden mit folgenden Schwerpunkten eingesetzt:

Unterstützung von Arbeitsplatztätigkeiten

Text Be- und Verarbeitung, Tabellenkalkulation, Graphikanwendungen und Nutzung spezieller Datenbanken. Der RZ-Betrieb ist dort betroffen, wo z.B. Programmbibliotheken (zentral oder auf Servern) für Arbeitsplatzsysteme in der Verantwortung des Rechenzentrums gepflegt werden.

Kleine Anwendungen

Auf einigen Arbeitsplatzsystemen laufen Anwendungslösungen wie z.B. Lagerverwaltung, Projektverfolgung. Sie werden überwiegend in kleinen abgegrenzten Org-Einheiten eingesetzt. In der Regel wird Standardsoftware eingesetzt werden.

Funktionen innerhalb verteilter Anwendungen

Innerhalb größerer Anwendungen können diese Rechner Teilfunktionen der Verarbeitung übernehmen (siehe auch 6.4). Einfache Funktionen wie Vor- bzw. Nacharbeiten (z.B. dezentrale Maskenhaltung, Plausibilitätskontrollen) sind bereits heute üblich. Umfangreiche Nacharbeiten (z.B. Statistiken) können ebenfalls auf leistungsstarke Arbeitsplatzsysteme verlagert werden. Auf die Arbeitsplatzsysteme werden Auszüge / Kopien aus der Datenbasis übertragen. Die Anwender können diese Daten mit Endbenutzerwerkzeugen weiter aufbereiten.
Die notwendigen Filetransfers laufen i.d.R. nach Dialogschluß oder nach Verarbeitungsschluß automatisch an.

Softwareentwicklung

Teile der Softwareentwicklung können auf leistungsstarke Arbeitsplatzsysteme verlagert werden. Dafür können CASE-Werkzeuge (Computer Aided Software Engineering) mit graphischen Darstellungsmöglichkeiten (Systemdesignpläne, etc.) eingesetzt werden. Die Verwaltung der Sourcen, Module, Dokumentationen, etc. kann während der Entwicklung ebenfalls zum großen Teil auf Arbeitsplatzsystemen (Servern) erfolgen. Erst nach der Übergabe der Verfahren erfolgt in diesen Fällen die Versionsverwaltung im zentralen System.
Durch diese Verlagerung kann der Rechenzentrumsbetrieb von vielen Arbeiten entlastet werden (z.B. Überwachung und Steuerung des Anwenderverhaltens).

CAD-Anwendungen

Überwiegend werden CAD-Anwendungen auf leistungsstarken Arbeitsplatzsystemen laufen. Die Datenhaltung findet auf Servern oder den zentralen Systemen statt. Das Rechenzentrum kann dabei Dienstleistungen, wie Datensicherung oder Aktualisierung von allgemein zugänglichen Bibliotheken / Software übernehmen. Funktionen wie Versionsverwaltung, Langzeitarchivierung können zum großen Teil automatisiert werden. Ein Teil der Daten wird im Rahmen durchgängiger CIM-Konzepte in den zentralen Systemen weiterverarbeitet.

6.4 Verteilte Anwendungen

In Zukunft werden in wachsendem Maße Teilfunktionen der Verarbeitung, die heute noch zentral abgewickelt werden, auf dezentrale Systeme (z.B. APS) verlagert werden. Die Datenhaltung sowie die Koordination der einzelnen Verarbeitungsschritte kann dabei nach unterschiedlichen Modellen organisiert werden. Nachfolgend können nur wenige Beispiele aufgezeigt werden, die keinen Anspruch auf Vollständigkeit erheben und keine Wertung auf Einsatzschwerpunkte zulassen.

Eine verteilte Verarbeitung auf Transaktionsebene ist mit Standard-Transaktions-Monitoren bzw. Standard-Datenbanken bereits heute möglich. Eine Anwendung kann auf mehrere Datenbanken zugreifen, die auf verschiedenen Rechnern laufen. Die verteilte Verarbeitung wird überwiegend in großen Dialogverfahren eingesetzt werden, wo die Datenhaltung strukturiert (z.B. lokal verteilt) werden kann.
Eine mögliche Form der Rechnerkonfiguration kann aus einem Universalrechner mit mehreren dezentralen Rechnern bestehen. Der Universalrechner überwacht den ordnungsgemäßen Betrieb der dezentralen Rechner. Diese laufen i.d.R. unbedient. Die daraus entstehenden Abhängigkeiten müssen in der Verfahrensabwicklung berücksichtigt werden.

Eine Verteilung der Verarbeitung ist auch auf Vorgangsebene möglich. In dieser Form werden komplette Vorgänge von Arbeitsstation zu Arbeitsstation weitergegeben. Arbeitsstationen können auch zentrale Systeme oder Abteilungsrechner sein. Die zu durchlaufenden Stationen werden entweder durch eine Vorgänger- / Nachfolgerrelation beschrieben oder ein ausgezeichnetes System überwacht den gesamten Abarbeitungsprozeß der einzelnen Vorgänge.

Im Down-Loadingverfahren werden aus zentralen Informationsbeständen Auszüge (Selektionen) auf dezentralen Einheiten übertragen und dort weiter verarbeitet (z.B. zu Statistiken, Graphiken, etc.). Eine Rückkopplung zum zentralen System ist normalerweise nicht erforderlich.
Eine spezielle Art des Down-Loading ist der Zugriff auf zentrale Programmbibliotheken. Die Programmbibliotheken können entweder in den zentralen Systemen oder auf Servern (Programmservern) geführt werden.

Auf dezentralen Rechnern erstellte Daten werden im Up-Loading Verfahren auf zentrale Systeme übertragen. Beispiel: Meßwert- oder Datenerfassung im Arbeitsplatzsystem und Weiterverarbeitung im zentralen System.

Wo eine Inkonsistenz von zentralen zu dezentralen Daten für eine bestimmte Zeit akzeptiert wird, können Teildatenbestände auf abgesetzte Systeme ausgelagert und dort bearbeitet werden. Z.B. wenn ein System einen kompletten Vorgang bearbeitet oder Aufträge für einen Tag erhält.

Eine wesentliche Aufgabe ist die Integration der Büroanwendungen in die Abwicklungsprozesse. Basis hierfür ist eine genormte Schnittstelle für den Dokumentenaustausch (z.B. SBA, X.400). Aufgrund der Standardisierungsbemühungen wird der Dokumentenaustausch zwischen den unterschiedlichsten Systemen möglich sein.

Durch die OD*-Planung wird festgelegt, wie die Verarbeitungsleistung (zentral, dezentral oder verteilt) erbracht wird. Damit das Rechenzentrum eine ordnungsgemäße Abwicklung durchführen kann, muß eine Beschreibung des Gesamtprozesses mit allen Aktionen und deren Abhängigkeiten (z.B. mögliche Parallelitäten, Synchronisationspunkte) vorliegen.

*) = Organisation und Datenverarbeitung

6.5 Systemlandschaft

Das nachfolgende Bild zeigt ansatzweise die zukünftige Systemlandschaft. Der Zukunftsaspekt zur Berherrschung der Informationsverarbeitung liegt in der Integration aller Verarbeitungs- und Kommunikationsformen.

SIEMENS

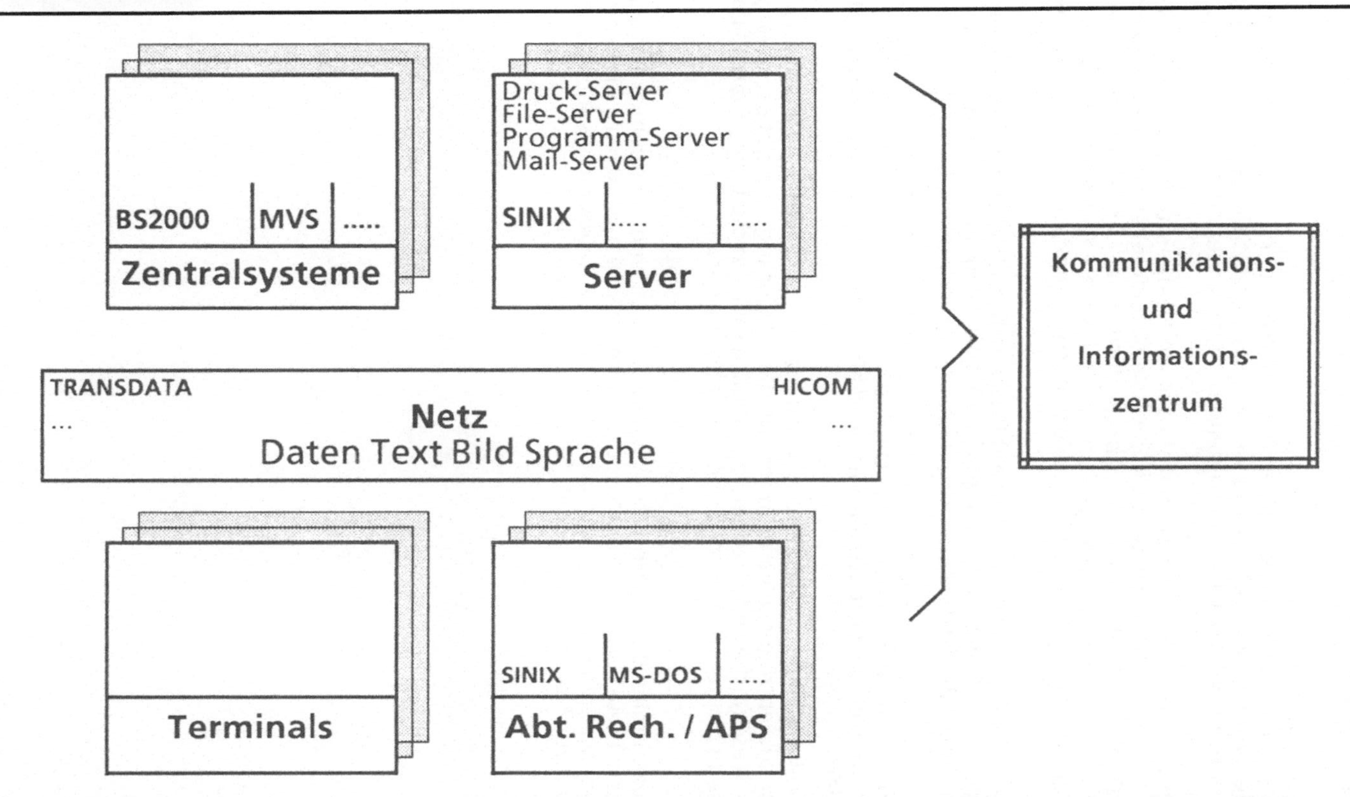

6.6 Auswirkungen

Aufgrund der Anwendungen und der hard- und softwaretechnischen Möglichkeiten steigen die Anforderungen an das Rechenzentrum. Z.T. müssen die Anforderungen auch bei dezentralen Systemen erfüllt werden, wenn z.B. Services auf Abteilungsrechnern bereitgestellt werden. Im nachfolgenden sind die wichtigsten Anforderungen skizziert.

Aufgrund der zunehmenden Verfahrens- und Datenintegration müssen Rechner / Rechenzentrums übergreifende komplexe Abhängigkeiten in der Abwicklung von DV-Verfahren beachtet werden. Die Abteilungsrechner / Arbeitsplatzsysteme müssen in den Abwicklungsprozeß einbezogen und es muß für die Fachabteilung bzw. den Anwender eine einfache Schnittstelle für Abwicklungsvorgänge zur Verfügung stehen.

Die Arbeitsplatzsysteme müssen mit Daten (z.B. aus Datenbanken) versorgt werden. Die notwendigen Filetransfers sind nach Möglichkeit in tarifgünstigen Zeiten oder in Zeiten mit geringer Rechner- / Leitungsbelastung abzuwickeln.

Für die verwalteten Daten ist die Datensicherheit und Datenintegrität zu gewährleisten. Dabei müssen die dezentralen Systeme (APS, Server) in die Schutzkonzepte einbezogen werden.

Nicht aktuell benötigte Daten sind automatisch auf billigere, hierarchisch abgestufte Massendatenträger zu verdrängen. Die Reaktivierung muß auf Benutzeranforderung ohne wesentliche Zeitverzögerung möglich sein. Für die Langzeitarchivierung von Daten müssen entsprechende Funktionen angeboten werden.

Im dezentralen Bereich sind die Anwender durch einen Endbenutzerservice zu unterstützen. Diese Funktion beinhaltet z.B. einen Installationsservice für Arbeitsplatzsysteme, die Verwaltung von Programmbibliotheken für Arbeitsplatzsysteme oder die Durchführen von Sicherungsaufgaben für dezentrale Systeme.

7 Veränderung in den Tätigkeitsfeldern

In den nächsten Jahren werden sich die Tätigkeitsfelder in den Rechenzentren (entsprechend den Anforderungen) stark verändern. Einige Tätigkeitsfelder werden durch Automatisierungsmöglichkeiten stark an Bedeutung verlieren. Auf der anderen Seite gibt es Tätigkeitsfelder, die aufgrund der neuen Anforderungen stark ausgebaut werden müssen. Zu beachten ist, daß auch in den wachsenden Tätigkeitsfeldern alle Automatisierungsmöglichkeiten genutzt werden müssen, um den zukünftigen Anforderungen gewachsen zu sein.

Das nachfolgende Bild kann nur eine allgemeine Tendenz aufzeigen.

SIEMENS

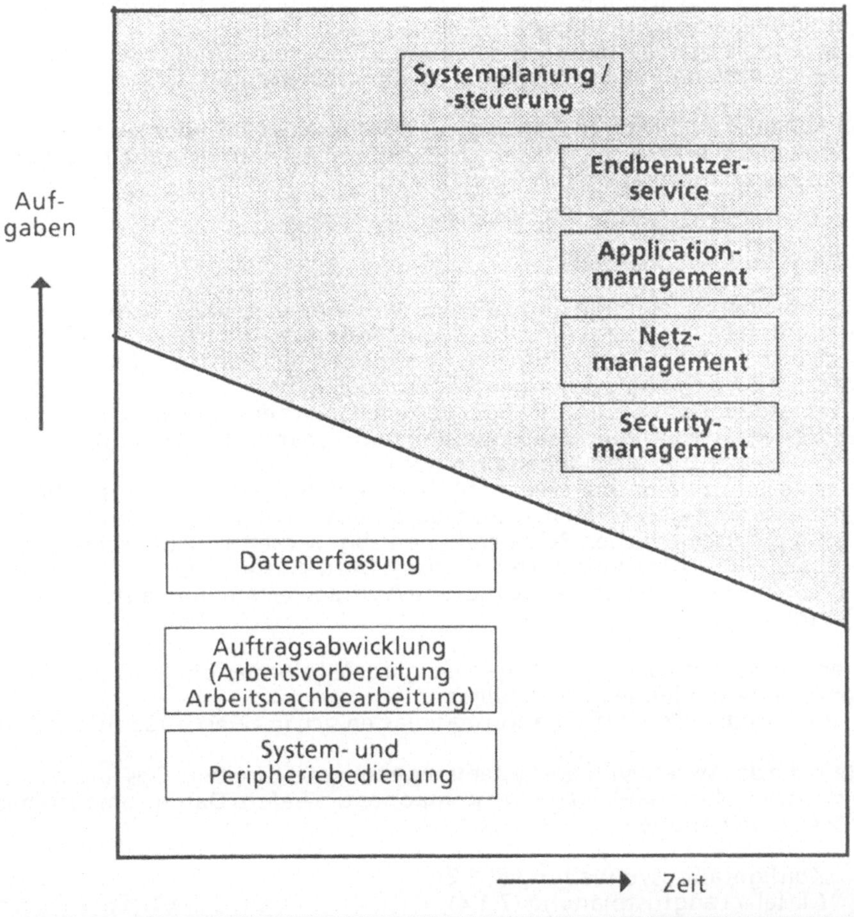

ZBO 21 Mch W/Ms Dat. 11/88

7.1 Systemplanung / -steuerung

In der Systemplanung / -steuerung werden die Vorgaben für das gesamte System festgelegt. Die globalen Aktionen werden hier geplant und es wird deren korrekte Durchführung überwacht. Dazu müssen alle Einzelaktionen koordiniert werden (z.B. Zusammenspiel zwischen Hard- und Software).
Für die Systemsteuerung müssen in Zukunft verstärkt automatisierte Verfahren eingesetzt werden. Beispiele hierfür sind das Hierarchische Speichermanagement System oder das Perfomance Controller System.

Der Planungs- und Steuerungsaspekt gewinnt aufgrund folgender Punkte zunehmend mehr an Bedeutung:

1. Die Leistungsfähigkeit der Systeme steigt kontinuierlich an. Pro Rechenzentrum wird die Verarbeitungsleistung auf wenige Rechner konzentriert werden. Die durchschnittliche Systemgröße wird erheblich ansteigen. (siehe Hardware-Entwicklungen).
2. Die Komponentenvielfalt der Hardware nimmt weiter zu
3. Die Anzahl der Subsysteme mit einer breiten Funktionspalette wird erweitert (siehe Software-Entwicklungen).
4. Die dezentrale bzw. verteilte Verarbeitung schafft neue Möglichkeiten aber auch neue Abhängigkeiten (siehe Anwendungsschwerpunkte).

Zur Wahrnehmung der zukünftigen Planungs- und Steuerungsaufgaben sind entsprechende Tools und Werkzeuge erforderlich. Basis für die Systemplanung / - steuerung wird eine koordinierte Informationsbasis sein (7.1.1).

7.1.1 Koordinierte Informationsbasis

Erhebliche Rationalisierungserfolge sind zu erwarten, wenn es gelingt, Verwaltungs-informationen (z.B. Terminalcharakteristika, Benutzereinträge, Benutzerrechte) nur ein einziges Mal abzuspeichern. Gleichzeitig muß beschrieben sein, wo die Informationen genutzt werden und welche Auswirkungen Änderungen haben. Durch eine koordinierte Verwaltung der Informationen (zentrale oder verteilte Speicherung) können die durchzuführenden Prozesse (z.B. Konfigurationsänderung und Generierung) wesentlich sicherer gestaltet werden (Beachtung aller Abhängigkeiten).
Daneben sollte die Informationsbasis jederzeit den Stand des gesamten Informationsver-arbeitungsprozesses anzeigen können. Dies ist besonders wichtig, wenn die Informations-verarbeitung auf unterschiedlichen Rechnerebenen abgewickelt wird (Beispiel: Host - Abteilungsrechner - APS - Abteilungsrechner - Host). Dazu müssen Informationen über geplante, freigebene, laufende und abgewickelte Aufträge erfaßt und laufend aktualisiert werden.

Die beteiligten Prozesse müssen in der Lage sein, globale Informationen nur aus dieser Datenbasis anzufordern oder sie dort abzulegen.
Die Daten in der koordinierten Informationsbasis lassen sich in zwei Gruppen einteilen:

o   Daten, die das System und die Systemumgebung beschreiben. Das heißt, Daten die statischer Natur sind. Folgende Komponenten liefern Daten zum System oder zur Systemumgebung:

Konfigurationsverwaltung (7.1.2),
Mittel- / Langfristplanung (7.1.4),
Applicationmanagement (7.3),
Netzmanagement (7.4),
Securitymanagement

o	Daten, die Auskunft über das aktuelle Betriebsgeschehen liefern. Folgende Komponenten sind daran beteiligt:

	Auftragsabwicklung (7.7),
	Fehlerbehandlung (7.1.5)

7.1.2 Konfigurationsverwaltung

Ein Anstoß zu einer Konfigurationsänderung entsteht durch:

	Einsatz neuer Hardware oder neuer Betriebssystemsoftware,
	Umbau oder Veränderung der installierten Komponenten im Betreuungsbereich.

Die Verwaltung von Hard- und Softwareeinheiten umfaßt die Bereiche:

	Bestellung von Hard- und Softwareeinheiten,
	Überwachung der Lieferung aller Teilkomponenten,
	Qualitätsabnahme,
	Einbringen in eine Testkonfiguration als Integrationstest,
	Überführung in die Produktionsumgebung,
	Beachtung der Vertragsbedingungen (Lizenzgebühren für APS-Software),
	Funktionen für das Rechnungswesen (Verwaltung Inventar).

7.1.3 Generierung

Aus der oben beschriebenen Informationsbasis, die von der Konfigurationsverwaltung gepflegt wird, können z.B. die Parameter für die Generierung von Betriebssystemen oder Zugriffsberechtigungslisten automatisch extrahiert werden. Für die Umsetzung in Generierungsparameter sind entsprechende Softwarebausteine erforderlich.

Über die Konfigurationsverwaltung können, soweit sinnvoll, Übersichten in Listenform bzw. in graphischer Darstellung erzeugt werden.

7.1.4 Mittel- / Langfristplanung

In der koordinierten Informationsbasis sind Betriebsinformationen zur Mittel- bzw. Langfristplanung abzulegen. Die Systeme müssen z.B. Auslastungswerte, Betriebsdauer an die koordinierte Informationsbasis liefern.
Auf Basis dieser Werte können über Reportsysteme entweder Trendkurven erstellt oder modellhafte Kapazitätsrechnungen durchgeführt werden. Daraus lassen sich Hinweise für die Investitionsplanung ableiten.
Voraussetzung für die modellhafte Kapazitätsrechnung ist, daß in der koordinierten Informationsbasis ein Projektkatalog existiert. In diesem Projektkatalog sollte für jedes existierende und geplante Verfahren ein Softwarepaß geführt werden. In diesem Softwarepaß sollten die wichtigsten Kenngrößen (Transaktionsraten, Verbrauch pro Transaktion, Nutzungshäufigkeiten, etc.) festgehalten sein.

7.1.5 Accounting / Berichtswesen

Leistungen im Bereich der Universalrechner werden bereits heute sehr detailliert verrechnet. Darunter fällt auch die Nutzung von spezieller Hardware, die direkt im Rechenzentrum betrieben wird (z.B. Plotter).

Durch das Zusammenwachsen der Kommunikationsarten Sprache, Text, Bild und Daten wird es erforderlich sein, ein einheitliches Abrechnungsmodell für alle Leistungsarten des zentralen und dezentralen Bereiches zu konzipieren und einzuführen.

Neben der nutzungsabhängigen Verrechnung von Netzleistungen, kann es sinnvoll sein, die Leistungen von großen Servern bzw. Abteilungsrechnern verursachungsgerecht zu erfassen und den jeweiligen Nutzern in Rechnung zu stellen.

Eine neue Problematik entsteht durch die rechtliche Bindung von Software an einzelne Arbeitsplatzsysteme. Das gleiche gilt, wenn Software z.B. auf Servern bereitgestellt wird und alle Arbeitsplatzsysteme auf diese Software Zugriff haben. Aus diesem Grund sollte die Verwaltung der einzelnen Softwarelizenzen über eine Stelle erfolgen.

7.2 Endbenutzerservice

Je nach Aufgabenstellung kann der Endbenutzerservice einen Installationsservice einen technischen Service und einen Anwendungsservice enthalten.

Der Installationsservice beschränkt sich auf die Beschaffung und Installation der Hard- und Softwareeinheiten sowie die technische Anbindung an das Kommunikationsnetz. Der Installationsservice sollte auch in Anspruch genommen werden, wenn z.B. Hard- und Software von Arbeitsplatzsystemen hochgerüstet werden sollen.
Der technische Service bietet darüberhinaus Administrationsfunktionen, wie z.B. Starten und Beenden von Abteilungsrechnern sowie Datenbereitstellungs- und Datensicherungs- funktionen an.

Der Anwendungsservice umfaßt neben den oben genannten Funktionen auch Beratungsleistungen. Die Beratung bezieht sich schwerpunktmäßig auf Empfehlungen zur Produktauswahl (z.B. Standardkonfigurationen für Hard- und Software), zur Nutzung von Anwendungen oder spezieller Software. Zusätzlich sollten Funktionen vorhanden sein, um den Anwender bei der Fehlererkennung und Fehlerbeseitigung (Weitergabe der Unterlagen an die zuständige Kundendienstabteilung, Überwachung der Fehlerbe- handlung, "Einfahren" der Korrekturlieferungen) unterstützen zu können.

Der Endbenutzerservice wird sich auf die Hauptproduktlinie(n) eines Bereiches kozentrieren (z.B. SINIX, MS-DOS).

Der genaue Umfang ist in den Servicevereinbarungen festzulegen.

7.3 Applicationmanagement

Die Anzahl der Anwendungen in den DV-Systemen, Abteilungsrechnern, Arbeitsplatz- systemen wird weiter anwachsen. An Großrechnern übersteigt z.T. die Zahl der täglich bereitzustellenden Dialoganwendungen heute bereits die Zahl 100. Gleichzeitig ent- stehen immer neue Abhängigkeiten durch die Integration der Anwendungen.

Aufgabe eines Applicationmanagement ist es, den geordneten Betrieb der Anwendungen im produktiven Betrieb sicherzustellen.

Als erste wesentliche Aktion des Applicationmanagement ist die Funktion Abnahme zu betrachten. Die Funktion Abnahme ist immer dann zu durchlaufen, wenn neue Anwendungen oder neue Versionen bestehender Anwendungen in den produktiven Abwicklungsprozeß übernommen werden sollen. In der Abnahme ist zu prüfen, ob alle

Normen und Konventionen eingehalten sind und ob die Anwendungen in die Abwicklungsstruktur passen (z.B. unbedienter Betrieb).

Nach erfolgter Abnahme müssen die Komponenten in eine Testkonfiguration übernommen werden. In der Testkonfiguration ist u.a. zu prüfen, ob die allgemein bereitgestellte Software mit der Anwendung verträglich ist. Diese Prüfungen können zum großen Teil automatisiert werden, wenn für jede übergebene Komponente die Abhängigkeiten und Softwarevoraussetzungen (Versionsstände) beschrieben sind und wenn rechnerspezifische Listen über die eingesetzte Software geführt werden. Die rechnerspezifischen Listen sind in der koordinierten Informationsbasis zu führen (7.1.1). Diese Überlegungen gelten auch für dezentrale Rechner.
Im nächsten Schritt muß die Anwendung an die produktive Abwicklungsumgebung angepaßt werden. Beispiele für Anpassungen sind:

Austausch aller Datenadressen der Testumgebung in Datenadressen der Produktivumgebung (z.B. Kennungsnamen, Common-Memory-Namen),

Einbau von RZ-spezifischen Restart- bzw. Recoverymaßnahmen,

Beschreibung der verfahrensübergreifenden Abhängigkeiten und deren Umsetzung in die jeweiligen Synchronisationsmechanismen,

Anbindung an ein Steuer- und Abwicklungssystem.

Nach Durchführung dieser Arbeiten erfolgt die Freigabe für den Produktionsbetrieb. Vor der eigentlichen Übernahme in den Produktionsbereich muß die noch laufende Version sichergestellt werden, sodaß bei evtl. auftretenden Fehlern die vorhergehende Version wieder aktiviert werden kann. Dazu muß eine Versionsverwaltung geführt werden, mit deren Hilfe automatisch alle Einzelschritte wieder rückgängig gemacht werden können.

Automatisierte Funktionen sind auch für die Softwareverteilung bzw. Softwareaktualisierung zu realisieren. Diese Funktionen müssen ebenfalls auf den rechnerspezifischen Listen aufsetzen. Aus diesen Listen kann ermittelt werden, auf welchen Rechnern (inkl. aller dezentralen Rechner) welche Software / Softwareversion im Einsatz ist. Die notwendigen Filetransfers und Aktualisierungsmaßnahmen können somit automatisch angestoßen werden.

Im Applicationmanagement sind ebenfalls die Vorgaben für die Abwicklung festzulegen (z.B. Lauftermine, Schnittstellen zur Versorgung mit Aktualparametern). Für die eigentliche Abwicklung sind nach Möglichkeit die Leistungen eines Steuer- und Abwicklungssystems in Anspruch zu nehmen.

Administrative Funktionen können erforderlich sein, wenn das Rechenzentrum den Betrieb von Abteilungsrechnern, Servern oder große (Dialog-)Anwendungen übernimmt. In Absprache mit dem Auftraggeber ist der Umfang der administrativen Funktionen festzulegen und im Applicationmanagement zu planen. Beispiele für administrative Funktionen sind:

Einleiten und Beenden von Anwendungen

Verfügbarkeitsüberwachung der Gesamtanwendung (z.B. erforderlich bei verteilter Verarbeitung),

Performanceüberwachung (Zuschalten von zusätzlichen Verarbeitungsprozessen (UDS, UTM),

Zulassen, Sperren von Benutzern,

Vergabe von Benutzerrechten,

Überwachung allgemein zugänglicher Datenpools (z.B. Auslagern von "nicht zustellbarer Post" bei Mail-Systemen),

Durchführen von Reorganisationen

7.4 Netzmanagement

Die zukünftigen Anforderungen zur Übertragung von Daten, Text, Bildern und Sprache erfordern neue Netzstrukturen. Eine weitere Komplexität entsteht durch die unternehmensweite Rechnervernetzung und durch den Anschluß von Rechnern, die für den Datenaustausch andere Netzarchitekturen verwenden (z.B. SINEC, SNA / FNA) sowie durch die Anforderungen an hohe Betriebsbereitschaft (z.B. Dialogbereitschaft).

Generell kann die Funktionalität eines Gesamtnetzes nur dann sichergestellt werden, wenn alle Teilkomponenten aufeinander abgestimmt sind. Die Planung, der Betrieb, die Überwachung und die Steuerung sollten daher in einem einheitlichen Netzmanagement zusammengefaßt werden. Das Netzmanagement legt fest:

Netzstruktur,
Protokolle innerhalb einzelner Netzabschnitte,
Maßnahmen zur Sicherstellung der Verfügbarkeit und Betriebsbereitschaft (z.B. Ausweichleitungen, doppelte Kommunikationseinheiten),
Schnittstellen an Netzübergängen,
Zugangsschutzmaßnahmen,
Administrationsstruktur (zentral, verteilt) inkl. Berechtigungen,
Dienste.

Aus der Sicht des Endgerätebenutzers ist es wichtig, daß das Netzmanagement die einzige Ansprechadresse ist, wenn es sich um Netzprobleme handelt. Der Verantwortungsbereich des Netzmanagements darf daher nicht an Bereichsgrenzen enden.

Als Teilaspekt kann der Betrieb der Netzkomponenten betrachtet werden. Die Aufgaben können in Netzadministrationszentren zusammengefaßt werden. Falls mehrere Administrationszentren betrieben werden, müssen diese koordiniert zusammenarbeiten (im Sinne einer verteilten Verarbeitung). Typische Aufgaben für ein Netzadministrationszentrum sind:

Festlegen der Terminal- und Leitungscharakteristika,
Generierung und Verteilung der Netzsoftware,
Koordinierter Einsatz der Netzsoftware,
Aktivieren / Deaktivieren von Netzkomponenten (z.B. Verbindungen),
Überwachung der Netze / Leitungen,
Umschalten auf Ersatzverbindungen,
Fehleranalysen,
Fehlerkorrekturen,
Auslastungsmessungen, etc.

Die im Administrationszentrum entstehenden Daten (z.B. Terminalcharakteristika) müssen an die koordinierte Informationsbasis (7.1.1) weitergegeben werden, da sie z.T. in andere Anwendungen einfließen. Z.B. werden die Terminalcharakteristika als Parameter in on-line-Anwendungen, (KDCDEF bei UTM) oder im Securitymanagement (7.5) benötigt (wohin dürfen logische Verbindungen aufgebaut werden).

Netzmanagementaufgaben zur Beherrschung von Sprachkommunikationsfunktionen werden nicht betrachtet.

7.5 Securitymanagement

Da fast alle Unternehmensdaten maschinell verwaltet werden und eine starke Vernetzung den Zugang zu vielen Systemen ermöglicht, sind Schutz und Sicherungsfunktionen für einen störungsfreien Betrieb unerläßlich. In die Überlegungen müssen auch Maßnahmen im Zusammenhang mit Systemausfällen (z.B. Schutz gegen Zerstörung von Hardware, Ausfall der Klimaversorgung oder Zerstörung von Kommunikationseinrichtungen) mit einfließen. Dieser Bereich wird jedoch hier nicht betrachtet.

Zur Wahrung der Datensicherheit und Datenintegrität des gesamten Produktionsprozesses müssen die Aufgaben in einem Securitymanagement zusammengefaßt werden. In die Betrachtung müssen alle dezentralen Einheiten sowie alle Netzkomponenten mit einbezogen werden. In einem Securitymanagement sind neben den Zugangskontrollen zu den Rechnern auch die Zugangskontrollen zu den Anwendungen (Verfahren) sowie die Zugriffskontrollen auf Dateien, Datenbereiche bzw. Datenfelder zu konzipieren und einzuführen.

Über die koordinierte Informationsbasis müssen die einzelnen Kontrolltabellen koordiniert aktualisiert werden. Unter Umständen müssen die Zugangs- und Zugriffskontrollen mit anderen Servicefunktionen abgestimmt werden.

Das Logging aller sicherheitsrelevanten Vorgänge bildet die Basis für eine wirksame Sicherheitsüberwachung. Die Sicherheitsüberwachung ist schwerpunktmäßig durch automatisierte Verfahren zu unterstützen. Neben den automatisierten Verfahren sind aber auch sporadische, manuelle Kontrollen durchzuführen.

7.6 System und Peripheriebedienung

7.6.1 Unbedienter Betrieb

Technisch ist die Realisierung eines bedienerlosen Betriebes bereits heute möglich. Mit Hilfe von Zusatzkomponenten (automatischen Operatoren) können aufgrund von Zeittabellen die Stromversorgung eingeschaltet, der Urladevorgang durchgeführt und Anwendungen gestartet werden. In umgekehrter Reihenfolge kann die Beendigung des Systembetriebes eingeleitet werden.

Prinzipiell ist es auch möglich, die Rechner von jedem beliebigen Ort aus über eine Fernadministrationsschnittstelle zu administrieren.

Ebenso kann im unbedienten Betrieb eine automatische Überwachung der RZ-Infrastruktur (Strom, Klima) erfolgen. Falls Probleme auftreten, wird entweder die Information an ein Fernadministrationszentrum weitergeleitet oder der Bereitschaftsdienst wird z.B. über Eurosignal oder Telefon verständigt.

Grenzen für den unbedienten Betrieb sind überall dort, wo manuelle Tätigkeiten (z.B. Bandmontage, Druckerbedienung) erforderlich sind oder wenn auf Anwendungs- / Benutzeraktionen keine Standardreaktionen / -aktionen möglich sind.

7.6.2 Bedienzentren

In einem Bedienzentrum werden gleichartige Aktivitäten, die an unterschiedlichen
Rechnern anfallen, zusammengefaßt. Im Vordergrund steht die Reduzierung der
Bedieneinheiten (Terminals) sowie die Konzentration aller Aktivitäten auf einen
möglichst eng abgegrenzten Raum. Dadurch können z.B. Wegezeiten eingespart werden.
Je nach Volumen können Bedienzentren für die Band- und Druckbedienung sinnvoll sein.
Ebenso können die Aktivitäten zur Steuerung und Überwachung mehrerer Rechner in
einem "Leitstand" zusammengefaßt werden.
Spezielle Formen von Bedienzentren sind Druckzentren (7.6.3) oder Netzadministrations-
zentren (7.4).

7.6.3 Druckzentrum

Durch die Realisierung neuer Dialogverfahren wird der Anteil der zentral zu druckenden
Listen stark zurückgehen.
Die verstärkte Ausrüstung der Abteilungen mit Terminaldruckern oder Abteilungs-
druckern (zum großen Teil als Laserdrucker) wird dazu führen, daß Listen bis zu einer
Größe von 200 Seiten direkt beim Anwender ausgedruckt werden. Diese Drucker arbeiten
überwiegend mit Einzelblattzuführung, sodaß nur noch geringe Nachbearbeitungen, wie
Heften oder Lochen notwendig sind.

Größere Listen oder Massendrucke (z.B. bedarfsgesteuertes Erzeugen von Manualen)
werden auch weiterhin auf zentralen Hochleistungslaserdruckern erzeugt.

Diese Entwicklungen bewirken, daß die Auslastung der einzelnen Geräte zeitlich starken
Schwankungen unterworfen ist. Um diese Schwankungen auszugleichen, wird es sinnvoll
sein, die leistungsstarken Geräte gleichzeitig an mehrere Rechner / Rechenzentren
anzuschließen und sie in separaten Bedienzentren zu betreiben. Die Zuschaltung der
Geräte erfolgt durch eine automatische Steuerung.
Der zu bewältigende Durchsatz erfordert eine kontinuierliche Beschickung der Drucker
z.B. über Papierrollen mit einer Kapazität bis zu 50.000 Blatt und automatische Trenn-
bzw. Einsortiervorrichtungen für den erzeugten Output.
Wegen der hohen Anschaffungskosten von vollautomatischen Beschickungs- und
Trenneinrichtungen, ist deren Einsatz i.d.R. nur an Hochleistungsgeräten wirtschaftlich
sinnvoll.

Das gleiche gilt für on-line-Plotter und on-line COM-Anlagen.

7.7 Auftragsabwicklung

Wie in den vorherigen Kapiteln gezeigt, werden die Verarbeitungsleistungen und damit
das zu bewältigende Volumen im Rechenzentrum weiter kontinuierlich ansteigen.

Der Anteil der Dialogverfahren wird weiter zunehmen. Viele Dialogverfahren werden
weiterhin noch einen Batchanteil haben. In den Batchteilen werden die Filetransfers zu
den anderen Verfahren, Ausgabe von Massenbelegen durchgeführt bzw. es werden
umfangreiche Statistiken erstellt. Das heißt, die Summe der Batchaufträge wächst,
absolut betrachtet, weiter an.

Neben diesem mengenmäßigen Wachstum nehmen die Abhängigkeiten der Verfahren
untereinander weiter zu (Anwendungsintegration).

Komplexe Abhängigkeiten werden auch durch die Einbindung der Abteilungsrechner /
Arbeitsplatzrechner in den Abwicklungsprozeß entstehen.

Diese Anforderungen können nur mit einem Steuerungs- und Abwicklungssystem gelöst werden. Folgende Funktionen können von diesem System übernommen werden:

Planung der Abläufe aus einem Terminkalender,

Bildung von Varianten nach dem Stücklistenprinzip,

Bereitstellung von Aktualparametern (Vorbereitung),

Kontrolle auf Mehrfachablauf,

maschinelle Auflösung aller Abhängigkeiten,

vollständige Beherrschung des Restartfalles,

Alternativabläufe für Ausnahmefälle (z.B. Daten können nicht angeliefert werden),

Auskunftsfunktion für berechtigte Anwender über den aktuellen Stand der Abwicklung,

Protokollierung aller Ereignisse für Revisionszwecke,

on-line verfügbare Dokumentation für den Abwickler,

Beschreibung aller Abhängigkeiten,

Verwendungsnachweis über die Datenobjekte (z.B. Dateien).

Das System wird einen letzten Fertigstellungstermin garantieren können, wenn Planwerte (z.B. durchschnittliche Laufzeiten der letzten Abläufe, zu verarbeitendes Datenvolumen) für die einzelnen Verfahren vorhanden sind und wenn während des Ablaufes alternative Pfade durchlaufen werden können.

8 Schlußbemerkungen

Mit Hilfe von leistungsstarken Arbeitsplatzsystemen bzw. Abteilungsrechner sind
Anwender oder Anwendergruppen heute prinzipiell in der Lage, Informations-
verarbeitungsprozesse in eigener Verantwortung abzuwickeln. Eine Übernahme von
Aufgaben durch die Fachabteilung bzw. durch den Anwender sollte dann durchgeführt
werden, wenn die Aufgaben in angemessener Qualität

wirtschaftlicher durchgeführt werden können.

Das Rechenzentrum sollte sich auf Aufgaben konzentrieren, bei denen

hohe Sicherheitsanforderungen erfüllt werden müssen,
z.B. aufwendige Maßnahmen gegen Ausfall von Systemkomponenten,
Durchführung von Datensicherungsmaßnahmen,
Sicherstellung von Ausweichkapazitäten

die Verwaltung abteilungsübergreifender Datenbestände und die
Sicherstellung der Integrität und Aktualität erforderlich ist,

Infrastruktureinrichtungen zu betreiben sind, für die übergeordnete
Koordinierungsfunktionen notwendig sind,
z.B. Betrieb von gemeinsamen Einrichtungen, wie
Kommunikationseinrichtungen, Server

permanente Betriebsbereitschaft verlangt wird,
z.B. Betrieb von Mail-Systemen oder Btx-Anwendungen

eine rationelle Abwicklung von Massenaufgaben durchgeführt
werden muß
z.B. Betrieb von Druckzentren,
Abwicklung großer Stapelanwendungen

"Know-How" vorgehalten werden muß
z.B. Hard- oder Softwareplanung, Beratung

Aufgrund der sich ändernden Tätigkeitsschwerpunkte muß in vielen Rechenzentren ein
Strukturwandel bewältigt werden. Klassische Tatigkeitsfelder werden stark an
Bedeutung verlieren, neue Funktionen müssen auf- bzw. ausgebaut werden.
Diese Entwicklung muß in der Aufbau- und Ablauforganisation der Rechenzentren
berücksichtig werden. Gleichzeitig muß möglichst frühzeitig die Qualifikation des
Rechenzentrumspersonals durch entsprechende Maßnahmen (z.B. Ausbildung,
Weiterbildung, etc.) an die neuen Anforderungen angepaßt werden.

Da die informationstechnische Durchdringung der Funktionen und Prozesse weiter
zunimmt, ist die Beherrschung und der wirtschaftliche Betrieb der Informations- und
Kommunikationssysteme sicherzustellen.

9 Quellen

Prognosen und Entwicklungen der DV-Branche 1988 /89 William F. Zachmann	EDP Deutschland Report Ausgabe 9/88
RZ-Automation Diverse Artikel	online 2/88 Seiten 40 - 54
Abteilungsrechner Diverse Artikel	Computerwoche 26. Feb. 88 Seiten 25 - 37
Neuere Entwicklungen in der Standardi- sierung im Management für Rechenzentren K. Garbe	PIK 11 (1988) 2 Seiten 111 - 118
Development Concepts and Hardware Architecture of FACOM M-780 Model Group Tone, Shinohara, Miyazawa	Fujitsu Scientific & Technical Journal Winter 1987 Vol 23 No 4 Seiten 201 - 214
Datenverarbeitung zentral, dezentral oder am Arbeitsplatz Hans Rehmann	output, 9403 Goldbach Nr. 11/87 Seite 29 - 32
Fünf vor zwölf für die Rechenzentren Hans-Georg Dittler	online 8/87 Seiten 32 - 33
Strategiepapier "Die DV-Produktion" Germann	erstellt von D VMP in Zusammenarbeit mit SAVE (1987)
Workstations and mainframe computers working together Kravitz, Lieber, Robbins, Palermo	IBM Systems Journal Vol 25 No 1 1986 Seiten 116 - 128
Optische Informationssysteme Diverse Artikel	Computer Magazin 4/86 Seiten 24 - 29
Der automatisierte DV-Betrieb Projekt: Gerling Konzern Nettersheim, Kachel, Dr. Gürtler	data praxis 1986 Bestell-Nr. U2863-J-Z53-1
Neue Aufgaben im RZ Berthold Wesseler	online 6/86 Seite 51
Vom DV-Manager zum Konfliktmanager	Diebold Management Report Nr. 12 1985
Automatisierter RZ-Betrieb Proceedings	CW / CSE 1985
An approach to high availability in high- transaction-rate systems R.C. Brooks	IBM Systems Journal Vol 24 NOS 3/4 1985 Seite 279 - 293
Produktschriften, Freigabemitteilungen und Handbücher zu Siemens Hard- und Softwareprodukten	

<u>Durchführung von Wirtschaftlichkeitsbeurteilungen bei neuen
Informations- und Kommunikationstechniken</u>

R. Holthaus
SCS Informationstechnik GmbH
München

Gliederung:

1.   Problemstellung

2.   Elemente einer Wirtschaftlichkeitsbeurteilung

3.   Kosten

4.   Quantitativer Nutzen

5.   Zwischenbilanz

6.   Qualitativer Nutzen

7.   Zusammenfassung

1.   Problemstellung

Der Charakter von Investitionen im Bereich neuer Informations- und Kommunikationstechniken (IuK-Techniken) hat sich in den letzten Jahren grundlegend geändert.

Investitionen lassen sich nicht mehr isoliert betrachten, sei es, daß man hier ein neues DV-Systeme aufsetzt, dort bestehende konsolidiert oder in anderen Bereichen PC's stand-alone einführt. Investitionen in neue IuK-Techniken betreffen heute häufig die gesamte Infrastruktur eines Unternehmens, legen faktisch System-Architekturen fest und beeinflussen dadurch zukünftige Investitionen nachhaltig. Um konkrete Lösungen zu erarbeiten, ist deshalb heute eine umfassende Aktivierung und Organisation von innerhalb und außerhalb des Unternehmens vorhandenem technischen Know-how erforderlich. Hierauf konzentrieren sich die Kräfte.

Der Wirtschaftlichkeitsnachweis für diese mit großem Aufwand erarbeiteten technisch-organisatorischen Lösungen wird dagegen eher als lästiges Beiwerk angesehen. Man macht es sich hier entsprechend einfach, wohl nicht zuletzt deshalb, weil in der Vergangenheit die Wirtschaftlichkeit einer Maßnahme häufig nicht von der technischen, sondern den Fachabteilungen nachgewiesen werden mußte.

Dabei stellt die gleiche technische Entwicklung, die schon größte Anstrengungen im technisch-organisatorischen Bereich erfordert, auch erhöhte Anforderungen an die Wirtschaftlichkeitsbeurteilung. Wie soll man beispielsweise Maßnahmen im Infrastrukturbereich, die nur einen sehr vermittelten Bezug zum Anwendungsbereich haben, "rechnen" ? Wie soll man innovative Leistungen, die mit Hilfe der neuen Technik erbracht werden, bewerten ? Wie wirken sich unternehmensweit zur Verfügung gestellte "tools" der Bürokommunikation in ihrer Gesamtheit auf die Wirtschaftlichkeit aus ?

In der Praxis ist bei der Wirtschaftlichkeitsbeurteilung häufig eine Art "Vogel-Strauß-Politik" zu beobachten: Man steckt lange Zeit den Kopf in den Sand, schreckt kurz vor Projektende auf, schustert sich schnell etwas zusammen und wundert sich dann, daß man weder Führungskräfte noch Controlling vom unternehmerischen Nutzen des erarbeiteten Vorhabens überzeugen kann. Noch so gute Arbeit aus technisch-organisatorischer Sicht ist vergeblich, wenn nicht auch der unternehmerische Nutzen nachgewiesen wird. Hierzu ist es erforderlich, sich von Anfang an dem Problem zu stellen und es systematisch zu bearbeiten.

Wie dies im Einzelfall zu geschehen hat, ist von den jeweiligen unternehmensspezifischen Bedingungen abhängig und deshalb von Fall zu Fall verschieden. Es kann infolgedessen kein Kochrezept geben, welches den Erfolg garantiert.

Nützlich kann dagegen eine Orientierungshilfe sein, die unter Bezugnahme auf praktische Beispiele

a)   thematisiert, was bei einer Wirtschaftlichkeitsbeurteilung zu beachten ist, und

b)   aufzeigt, wie die auftretenden Probleme in Einzelfällen gelöst werden.

Der folgende Beitrag will eine solche Orientierungshilfe sein.

2.   Elemente einer Wirtschaftlichkeitsbeurteilung

Wie immer auch die Instrumente zur Beurteilung der Wirtschaftlichkeit im einzelnen aussehen mögen (Dynamische Investitionsrechnung, Nutzwertanalyse, Zero-Base-Budgeting u.ä.,) letztendlich gründen diese/Instrumente auf der Definition der Wirtschaftlichkeit als Verhältnis der (bewerteten) Leistung zu den Kosten.

$$\text{Wirtschaftlichkeit} = \frac{\text{Leistung}}{\text{Kosten}}$$

Der Nutzen einer Investition ist dann gegeben, wenn sich hierdurch das Verhältnis verbessert. Dies kann sowohl durch einen kleineren "Nenner" (= Kosteneinsparungen) als auch einen größeren "Zähler" (= Leistungsverbesserungen) geschehen.

Nutzen = Kosteneinsparungen und/oder Leistungsverbesserungen

Während Kosteneinsparungen quasi definitive monetäre Größen sind, unterscheidet man bei den Leistungsverbesserungen zwischen monetär bewerteten und monetär nicht bewerteten. Hierbei hat sich im alltäglichen Sprachgebrauch die Bezeichnung "quantitativ" für die monetär bewerteten, die Bezeichnung "qualitativ" für die monetär nicht bewerteten Leistungsverbesserungen durchgesetzt. Diese Bezeichnung ist m.E. nicht ganz korrekt, da Aussagen über monetär bewertete Faktoren nicht unbedingt quantitative Ausprägungen aufweisen müssen. Umgekehrt können Aussagen zum qualitativen Nutzen exakte "quantitative" Aussagen beinhalten (z.B. Verbesserung der Durchlaufzeit um 3 Tage). Um aber nicht durch neue Termini zu verwirren, wird im folgenden der Ausdruck "quantitativ" für alle monetär bewerteten und den Ausdruck "qualitativ" für alle nicht monetär bewerteten Wirtschaftlichkeitsauswirkungen neuer IuK-Techniken verwendet.

Infolgedessen gilt:

quantitativer Nutzen =   Kosteneinsparungen und/oder Mehreinnahmen (wobei Mehreinnahmen als monetär bewertete Leistungsverbesserung gelten)

qualitativer Nutzen = nicht monetär bewertete Leistungsverbesserungen

Für eine Wirtschaftlichkeitsbeurteilung müssen

1) die Kosten- und Nutzeneffekte einzeln ermittelt werden ("Messen", "Erheben") und dann

2) in Beziehung zueinander gesetzt werden ("Rechnen", "Bewerten").

Reine Verfahrensfragen, d.h. welches Instrument man im Einzelnen für das "Rechnen" oder die Gesamtbetrachtung des qualitativen Nutzens verwenden soll, bereiten in der Praxis kaum Probleme. Daher konzentriert sich die folgende Darstellung auf Probleme der Ermittlung

1) der Kosten (Ziffer 3)

2) des quantitativen (Ziffer 4) sowie

3)   des qualitativen Nutzens (Ziffer 5,6),

um dann im Form einer kurzen Zusammenfassung (Ziffer 7) aufzuzeigen, wie eine Wirtschaftlichkeitsbeurteilung insgesamt angegangen werden kann.

Vorab sei bemerkt, daß das Gewicht von Kosten, quantitativen und qualitativen Nutzen situationsabhängig ist. So wird z.B. ein Unternehmen, dem es finanziell gut geht, einer "qualitativen" Argumentation aufgeschlossener gegenüberstehen, als ein Unternehmen in einer finanziellen Krise. Bei einer notwendigen Ersatzinvestition liegt das Hauptgewicht eher auf der Ermittlung der Kosten der neuen Anlage, während Nutzenfragen geringere Bedeutung haben.

3.   Kosten

Die Kosten einer Investition setzen sich zusammen aus Kosten für Personal, Sachmittel, (Externe) Dienstleistungen sowie Kapital, wobei die Einzelkosten zu unterschiedlichen Zeitpunkten des Investitionsvorhabens anfallen. Während die Kosten für Sachmittel (Hardware, Software) und auch für externe Dienstleistungen (Wartung, Netzgebühren) meist explizit berücksichtigt werden, "vergißt" man häufig die mit der Investition entstehenden Personalkosten. Zusätzliche Personalkosten entstehen beispielsweise bei den Betriebsabteilungen (Wer soll dort die "neue" Technik pflegen ?), in den Fachabteilungen (auch PCs im stand-alone-Betrieb wollen betreut sein) oder einmalig als Ausfallzeiten bei Einführung des neuen Systems. Die faktische Bedeutung dieser rechnerisch wirksamen Kosten ist allerdings unterschiedlich. So werden beispielsweise Ausfallzeiten (verstanden als Ausfall von Arbeitszeit für die Fachaufgabe durch Einführungszeit in das neue System) faktisch dadurch aufgefangen, daß die anfallende Arbeit kurzfristig in kürzerer Zeit abgewickelt wird. Umgekehrt wird vor allem das erforderliche Zusatzpersonal in den Betriebsabteilungen kostenwirksam.

Daß Personalkosten dennoch häufig "vergessen" werden, kann mehrere Ursachen haben. So kann z.B. dieses Personal bereits <u>vor</u> der Hardware-/Software-Investition eingestellt worden sein, mit der Absicht, gerade diese Investition sachgerecht zu planen. Auch Zeit- und Kapazitätsmängel bei der Konzeptentwicklung (Konzentration auf die Technik) können der Grund für dieses "Vergessen" sein. Häufig ist sicher auch ein wenig "Salami-Taktik" für dieses Vorgehen verantwortlich: "Erstes Ziel ist die Beschaffung der Technik, dann sehen wir schon weiter." Durch Ausweisung von Zusatzkosten im Personalbereich könnte dieses erste Ziel gefährdet werden.

Aber auch die Kosten für Sachmittel (Hard-/Software) sind oft nur schwer zu schätzen. Dies gilt z.B. dann, wenn ein Host noch zusätzlich für ein einfaches Mail-Box-System genutzt werden soll, aber man nicht genau weiß, ob diese zusätzliche Belastung zusammen mit ebenfalls anstehenden zusätzlichen DV-Verfahren verkraftet werden kann. In einem solchen Fall würde die Anschaffung eines neuen Hosts erforderlich. Verrechnungstechnisch stellt sich das Problem der Zuordnung der Mehrkosten zu den verschiedenen neuen, aber auch alten Anwendungen: Was kostet z.B. das Mail-Box-System ? Um kostenmäßig sicher zu sein, wird man in einem solchen Fall wohl mit einem neuen Host und entsprechender Neuverteilung der Kosten rechnen müssen.

Eine realistische Schätzung der Kosten insgesamt ist nicht möglich, wenn die Lösung für das Unternehmen noch nicht ganz klar ist. So kann man Archivierungsprobleme einerseits über optoelektronische Speichermedien mit Breitbandverkabelung lösen, andereseits aber gegebenenfalls - bei Zurückschrauben der Anforderungen - auch mit Hilfe von ISDN-/64Kb. Um hier nicht vorab viel Zeit/Kapazität auf die Berechnung beider Alternativen zu verwenden, können zunächst Pilotversuche aufgesetzt werden, um Eignung und Kosten der Alternativen zu ermitteln.

Schwierigkeiten entstehen häufig auch auf dem Gebiet der Gebührenermittlung: Diese Schwierigkeiten sind sowohl analytischer als auch politischer Natur. So ist die Gebührenstruktur sowohl bei der Post als auch bei Private Carriern nicht direkt durchschaubar, vor allen Dingen aber nicht identisch und vergleichbar. Dieses analytische Problem läßt sich jedoch mit einer Kombination aus entsprechendem Know-how, Zeit und Kapazität lösen. Eine längerfristige Prognose der Kostenentwicklung wird jedoch berücksichtigen müssen, daß es sich in beiden Fällen um politische Preise handelt. Dies ist bei Postgebühren unmittelbar einsichtig, jedoch hat auch ein Private Carrier eine große Marktmacht gegenüber einem Unternehmen, wenn dieses voll auf die entsprechenden Dienstleistungen umgestellt hat.

Für die Ermittlung der Kostenseite insgesamt gilt jedoch, daß hierbei zwar auch politische oder analytische Probleme existieren, es sich primär aber um Zeit- und Kapazitätsfragen handelt. Deshalb sollte immer auch gefragt werden, welcher Umfang bzw. welche Tiefe bei einer Kostenschätzung erforderlich ist.

4. Quantitativer Nutzen

Der quantitative Nutzen einer Investition besteht aus Kosteneinsparungen und/oder Mehreinnahmen (vgl. Ziffer 2).

4.1 Kosteneinsparungen

"Einsparungen" werden im täglichen Sprachgebrauch häufig gleichgesetzt mit Personal-Einsparungen. Zweifelsohne handelt es sich hierbei um einen zentralen Faktor, die Aufmerksamkeit aber allein hierauf zu konzentrieren, ist ebenso fehl am Platze wie seine Tabuisierung aus politischen Gründen. Einsparungen sind prinzipiell auch bei Sachmitteln und Dienstleistungen möglich. Falls die entsprechenden Voraussetzungen bestehen, kann z.B. eine Telex-Nebenstellen-Anlage eingespart werden (Substitution durch ein eigene Leitungen nutzendes Mail-Box-System). Ähnliches gilt für die zugehörigen Endgeräte.

Bei Dienstleistungen ist z.B. an Einsparungen für die externe Erstellung von Berichten und dergleichen bei der Einführung von Desk-Top-Publishing zu denken. Relevante Einsparungen sind ebenfalls - bei entsprechenden Voraussetzungen - im Gebührensektor möglich. So können z.B. für die Textkommunikation, die bisher mit Hilfe des Telex-Dienstes abgewickelt wurde, vorhandene Mietleitungen genutzt werden, mit denen bisher nur Daten übertragen wurden.

Quelle		Führungskräfte		Fachkräfte		Assistenzkräfte
		obere	mittlere	Fachspezialist	Sachbearbeiter	(Sekretärin)
Booz, Allen & Hamilton	1980	15		15	–	–
Lufthansa	1983	–		8	–	20
Siemens	1983	5		15	20	25
KWU	1986	8,5	12,5	14,5	19	16
BMW	1987			10 (in 5 Jahren)		

Abb. 1: Produktivitätssteigerungen in verschiedenen Unternehmen durch Einsatz neuer IuK–Techniken (in % der Arbeitszeit)

Personaleinsparungen sind häufig ein wichtiges Ziel bei Investitionen in der Bürokommunikation. Zahlreiche Untersuchungen beschäftigten sich mit diesem Thema, so daß inzwischen viele Kennziffern sowohl für einzelne Tätigkeiten (z.B. Text- oder Graphikerstellung, Textkommunikation, Kalkulation u.ä.) als auch für Arbeitsplatztypen existieren (vgl. Abb. 1). Es ist jedoch davor zu warnen, diese Kennziffern zu übernehmen, solange ihre Grundlage nicht bekannt ist. So gehen Kennziffern evtl. von einem Übergang von "mechanischen" Systemen (z.B. Schreibmaschine) auf "elektronische" Systeme aus. Aktuell für ein Unternehmen kann aber der Übergang von Textsystem auf PC sein, verbunden mit der Einführung von Autorenkorrekturen und der Selbsterstellung kurzer Texte.

Auch bei Verwendung geeigneter Kennziffern für einen prozentualen Produktivitätszuwachs bei Einzeltätigkeiten - die absolute Größe der Personaleinsparung ergibt sich erst, wenn die Größe des Tätigkeitsanteils bekannt ist, in dem Produktivitätszuwachs erwartet wird. So sind exakte Aussagen über Personaleinsparungen im Sachbearbeiterbereich bei Einführung von Kalkulationsprogrammen erst dann möglich, wenn man weiß, wie hoch der Zeitanteil für Kalkulationen ist, wieviel verschiedene Programme hierbei verwendet werden, wie häufig sie benutzt werden, wie viele Daten sich hierbei ändern und wie oft die Verfahren selbst sich ändern.

Hier stellt sich natürlich wieder die Frage nach der für die Ermittlung dieser Werte erforderlichen Zeit und Kapazität und damit nach der Notwendigkeit einer detaillierten Aussage. Dies gilt vor allem vor dem Hintergrund, daß rechnerisch ermittelte Personaleinsparungen und realisierte Personaleinsparungen in der Regel ganz unterschiedliche Dinge sind.

Und so überraschend es klingen mag: Es gibt auch Unternehmen, die das Thema "Personaleinsparungen" explizit nicht behandeln, um die Entwicklung einer technisch-organisatorisch optimalen Infrastruktur zu gefährden.

Unter politischen und Zeit-/Kapazitäts-Aspekten empfiehlt sich deshalb ein situationsbezogenes pragmatisches Vorgehen: Hierbei werden sowohl quantifizierte Positionen ausgewiesen als auch solche, bei denen zwar quantitative Auswirkungen zu erwarten sind, deren Höhe aber nicht ermittelt wurde. Falls für die Investitionsentscheidung erforderlich, muß die Höhe der Einsparungen dieser Positionen mit der hierfür erforderlichen Zeit und Kapazität nacherhoben werden.

A. Kosten

	TDM	
o Hardware (295 Endgeräte)	4140	einmalig
o Software	760	einmalig
o Belastung Zentralrechner	500	p.a.
o Wartung	40	p.a.

Nicht greifbar:

o Planung und Einführung

o Anteil NK an Gesamt-Netz

B. Einsparungen

o Miete/Wartung Telex-Anlagen	695	p.a.
o Gebühren Telex und Telefax	565	p.a.
o Personal (ca. 11 Personen, relativ sicher zu schätzen)	660	p.a.

Nicht greifbar:

o Verringerung Telefonkosten

o Personalkosten Sachbearbeiter

Abb. 2: Kosten und Einsparungen einer BK-Strategie (Quelle: SCS-Untersuchung bei einem führenden Transportunternehmen)

Ein Beispiel aus der Praxis für eine pragmatische Darstellung der Kosten- und Einsparungseffekte zeigt Abb. 2. Es erwies sich (in Zusammenhang mit einer qualitativen Begründung) als ausreichend für die Entscheidungsfindung.

4.2   Mehreinnahmen

Die Möglichkeiten, die Einnahmewirksamkeit von Investitionen im IuK-Bereich nachzuweisen, sind sicherlich begrenzt und sehr stark von der Art des Vorhabens abhängig. So ist der Nachweis der Einnahmewirksamkeit einer Investition z.B. eines PCs in einem Personalbereich, dessen "Kunden" die Geschäftsabteilungen sind, (nahezu) unmöglich. Umgekehrt gelang es dem Autor aber ohne großen Aufwand, die Einnahmewirksamkeit eines PCs in einer Vertriebsabteilung nachzuweisen. Hier wurde durch die PC-Einführung die Durchlaufzeit für die Erstellung von Markt-Analysen von 6 auf 3 Monate verkürzt, wobei gleichzeitig detailliertere Analysen durchgeführt werden konnten. Auf Basis dieser Analyse konnten 3 Monate früher als bisher adäquate verkaufsfördernde Maßnahmen ergriffen werden. Die Wirkung dieser Maßnahmen vorausgesetzt, war also mit Erhöhung der Einnahmen zu rechnen.

Der Nachweis der Einnahmewirksamkeit gelang somit durch die Bildung von Wirkungsketten. Hierbei müssen diese "Wirkungsketten" jedoch mit großer Wahrscheinlichkeit auftreten. Wirkungsketten, bei denen der erwünschte Einnahmeeffekt nur möglich, aber nicht wahrscheinlich ist, sind zwar als eine die Untersuchung leitende Hypothese sinvoll, aber nicht zum Nachweis des Einnahmeeffekts.

Der Nachweis solcher "Wirkungsketten" ist desto schwieriger, je weiter das Investitionsvorhaben von den Geschäftsabteilungen entfernt ist und je globaler es angelegt ist. Dennoch sollte man durchaus versuchen, solche "Ketten" aufzustellen.

Merkwürdigerweise wird bei Investitionen immer nur <u>ihre</u> Einnahmewirksamkeit untersucht, aber nicht die Entwicklung der Einnahmen <u>bei Unterlassung</u> dieser Investitionen. Merkwürdig deshalb , weil man davon ausgehen kann, daß man im Wettbewerb Marktanteile <u>verliert</u>, wenn man nicht die Produkt<u>qualität steigert</u>. Dies gilt z.B. für Beratungsunternehmen. Hier hat sich

der Anspruch der Kunden an die formale Qualität von Präsentationen und
Dokumentationen stark erhöht. Wird diese Qualität von einem bestimmten
Unternehmen nicht erbracht, sind Auftragsrückgänge durchaus wahrschein-
lich.

Der Einnahmerückgagng bei Unterlassung von Investitionen kann ebenso wie
positive Einnahmeeffekte durch Bildung von "Wirkungsketten" unter den
genannten Bedingungen nachgewiesen werden. Es sei jedoch noch einmal
darauf hingewiesen, daß die Möglichkeiten zum Nachweis von Einnahmeeffek-
ten insgesamt sehr begrenzt sind.

5.   Zwischenbilanz

Eine Wirtschafltichkeitsbeurteilung neuer Investitionen im IuK-Bereich,
die allein quantitativ erfolgen soll, steht also vor erheblichen metho-
disch-analytischen und Zeit-/Kapazitätsproblemen. Das Problem liegt aber
sicher nicht nur im methodischen Bereich. Neue IuK-Technik _ist_ teuer, die
Einsparungsmöglichkeiten können _tatsächlich_ gering sein, Einnahmeeffekte
treten nur unter zahlreichen Zusatzbedingungen auf.

Es gibt nur wenige Unternehmen, in denen die Betriebsabteilungen angesichts dieser Situation nichts unternehmen nach dem Motto: "Rechnerisch
kann ich die Investition sowieso nicht rechtfertigen, bei qualitativen
Argumenten werde ich nur dumm angeguckt, und wenn ich nichts mache, kann
ich mich wenigstens auch nicht blamieren."

Die meisten Betriebsabteilungen sind dagegen sehr zielstrebig und versuchen, die von ihnen getragenen Investitionensvorhaben durchzusetzen. Bei
den Durchsetzungsstrategien ist man äußerst kreativ und läßt nichts
unversucht. In der Praxis lassen sich mehr oder minder erfolgreiche
Strategien beobachten. Einige hiervon sind:

- Forderung nach einem neuen Verfahren zum Wirtschaftlichkeitsnachweis

  Dies ist meist aussichtslos, da kaum ein Unternehmen bewährte Verfahren
  der Wirtschaftlichkeitsbeurteilung nur deshalb aufgeben wird, weil sie
  sich für IuK-Investitionen nur wenig eignen. Die Forderung hat

eventuell auf institutioneller Ebene den Effekt, daß man ein eigenes
EDV-Controlling schafft.

- "Rechentricks"

Die Zahlen werden so manipuliert, bis sie "stimmen". Einsparungseffekte
nur auf dem Papier. Hierbei beliebt: Verrechnen gegenüber Plangrößen
(z.B. geplanten, aber noch nicht bewilligten Zusatzpersonal aufgrund
von Aufgabenzuwachs). Relativ erfolgreich, vor allem, wenn sich Fach-
und Betriebsabteilung gegenüber dem Controlling einig sind ("Controller: die meist belogenen Personen im Unternehmen").

- "Fakten schaffen, Druck machen"

Z.B.: Für wenige Anwender mit dringendem Bedarf kleines, einfaches
Mail-Box-System schaffen. Auf die technische Möglichkeit, mehr
Funktionalität zu schaffen, hinweisen. Weiteren potentiellen Anwendern
die Vorzüge durch die bereits angeschlossenen Anwender darstellen
lassen. Sehr erfolgreiche "Strategie": Die Anwender selbst werden
Controlling und Führungskräften schon genügend Druck machen.
Flankierende Maßnahme der DV-Abteilung: Die der Fachabteilungen zur
Verfügung gestellten Mail-Box-Leistungen niedriger als Telex-Kosten
anbieten.

- "Aufschrecken"

Führungskräften ein Papier vorlegen, daß die Aktivitäten der Konkurrenz
im IuK-Bereich belegt (vor allem auf Feldern, wo man selbst nicht tätig
ist). Erfolgreich dann, wenn die Konkurrenz - aus welchen Gründen auch
immer - sowieso schon einen Wettbewerbsvorteil hat.

- Berufen auf "qualitative" Effekte

Sehr unterschiedliche Varianten: Wenn technisch-organisatorische
Argumente ("Lösung entspricht den OSI-Standards") mit
betriebswirtschaftlichen verwechselt werden, wenig erfolgreich. Wenig

Erfolg auch, wenn Entscheidungsträger buchhalterisch orientierte Controller sind (unabhängig von der Qualität der Argumente). Garantiert kein Erfolg, wenn man die Investitionen einfach nur zum "strategischen" Problem erklärt, aber nicht darstellt, worin dieses denn besteht. Am erfolgreichsten noch dort, wo die Entscheidungsträger aus fachlich orientierten Führungskräften bestehen und die Argumentation auf ihre Bewertungskriterien abgestellt ist.

Von einem externen Standpunkt aus lassen sich die Durchsetzungsstrategien der Betriebsabteilungen - zugegebenermaßen etwas überspitzt - wie folgt charakterisieren:

- Wenn die Durchsetzungsstrategien keinen Erfolg haben, kann dies bedeuten, daß unternehmerisch eigentlich sinnvolle Investitionen unterbleiben

- Wenn die Betriebsabteilungen geschickt sind und günstige Rahmenbedingungen bestehen, kann das Management die Investition sowieso nicht verhindern

- In beiden Fällen aber verliert das Management die Steuerungsfähgkeit bei Investitionen im IuK-Bereich.

Diese Steuerungsfähigkeit gewinnt das Management nur zurück, wenn es "qualitative" Argumente als notwendiges und wesentliches Element einer Wirtschaftlichkeitsbetrachtung akzeptiert.

6.   Qualitativer Nutzen

Das zentrale Problem bei einer qualitativen Argumentation ist aber nicht, <u>ob</u> qualitative Argumente überhaupt Berücksichtigung finden. Faktisch ist dies in den meisten Unternehmen der Fall, wobei häufig auch formale Verfahrensweisen - z.B. die Nutzwertanalyse - etabliert worden sind. Entscheidend ist vielmehr das "<u>Wie</u>" der Argumentation.

Der qualitative Nutzen von Investitionen im IuK-Bereich wird häufig mit formalen Kriterien beschrieben, so z.B. als

- Verkürzung von Durchlaufzeiten
- Bessere Analysen (Qualität)
- Mehr Analysen (Quantität)
- Aktuellere Informationen
- Bessere Flexibilität
- Verbesserung der formalen Qualität von Dokumenten etc.

Diese formalen Kriterien allein stellen aber nicht schon einen Nutzen für das Unternehmen dar. Entscheidungsträger kommentieren diese Effekte eher mit einem "Na und?". Eventuell wird man auch diskret darauf hingewiesen, daß sich die Verkürzung von Durchlaufzeiten ggf. negativ auf das Unternehmen auswirken könnte. So entstehen beispielsweise bedeutende Zinsverluste, wenn im Rahmen des Electronic-Banking Zahlungsanweisungen schneller beim Kunden eintreffen.

Die Entscheidungsträger haben offensichtlich andere Bewertungskriterien, mit denen sie den qualitativen Nutzen der vorgesehenen Investitionen beurteilen. Diese sind aber meist nicht so beschaffen, daß sie eine unmittelbare Bewertung des qualitativen Nutzens einer IuK-Investition erlauben.

Entscheidend ist offensichtlich, daß ein Bezug hergestellt werden muß zwischen den formalen qualitativen Bewertungskriterien (die meist organisatorischer Natur sind) und den meist betriebswirtschaftlich orientierten ("geschäftlichen") Bewertungskriterien, mit denen die Entscheidungsträger den Erfolg oder Mißerfolg der Organisationseinheit ermitteln, auf welche die Investition zielt.

Hierbei muß es sich nicht immer um "Critical Success Factors" im engeren Sinne handeln. Es kann durchaus ausreichend sein, den Bezug des formalen Nutzens zur allgemeinen Unternehmenssituation darzustellen. Ein Beispiel hierfür zeigt Abb. 3.

Die Herstellung dieses Bezuges ist Aufgabe des Projektteams. Ausgangspunkt hierfür bilden einerseits die formalen Kriterien wie Durchlaufzeitverkürzung, Verbesserung der Qualität u.a., andererseits die Bewertungskriterien der Entscheidungsträger, d.h. der Personen, die über die Investitionen zu entscheiden haben.

Die formalen Kriterien, mit deren Hilfe der qualitative Nutzen bestimmt werden kann, sind bereits an zahlreichen Stellen publiziert worden. Problematisch ist dagegen die Ermittlung der Bewertungskriterien der Entscheidungsträger. Der entsprechende Personenkreis ist nicht unbedingt identisch mit den Führungskräften der Organisationseinheiten, auf welche die Investition zielt und steht evtl. bei Projektbeginn noch gar nicht fest.

Vor diesem Hintergrund ist nicht unbedingt klar, an wen man sich halten soll. Dementsprechend vielfältig sind auch die Methoden zur Ermittlung der Bewertungskriterien. Die direkte Befragung der Entscheidungsträger kann ebenso geeignet sein wie Sekundäranalysen von einschlägigen Äußerungen und Dokumenten oder die Ermittlung von Stärken und Schwächen, wie sie die Führungskräfte der einbezogenen Organisationseinheiten sehen.

Umfang der Erhebung und die Form der Darstellung des qualitativen Nutzens sollten zweckbezogen vorgenommen werden, d.h. sie sollten sich an dem Informationsbedürfnis der Entscheidungsträger orientieren. Dies bedeutet, daß der qualitative Nutzen situationsabhängig mal eher kurz auf wenige Aspekte beschränkt, ein anderes Mal ausführlich und umfassend dargestellt werden muß.

Kurz und bündig kann z.B. die Darstellung ausfallen, wenn die Investitionen den Charakter einer notwendigen Ersatzinvestition aufweist und/oder die finanzielle Situation des Unternehmens sehr gut ist. Ausführlichkeit ist erforderlich, wenn z.B. bei relativ kritischer Finanzsituation keine Zahlen beigebracht werden können, wohl aber bestimmte marktstrategische Effekte zu erwarten sind.

Es kann infolgedessen keine allgemeine Empfehlung geben, wie der qualitative Nutzen darzustellen ist. Selbst die im Unternehmen formal anerkannten Methoden wie z.B. die Nutzwertanalyse bieten keine Gewähr für die richtige Darstellungsform. So hat sich in der Praxis gezeigt, daß z.B. die Nutzwertanalyse mit ihren über- und untergeordneten Zielen selbst für die Bewertung von Möbelprogrammen ungeeignet sein kann: Die Führungskräfte waren aus Zeitgründen nicht willens, sich auf die Komplexität des Verfahrens einzulassen, obwohl es im Unternehmen formal anerkannt war. Die gleichen Ziele, lediglich aufgereiht, wurden jedoch akzeptiert.

Formale qualitative Bewertungskriterien ↔	"Geschäftlicher" Bezug
Durchlaufzeit und Sicherheit von Nachrichten	Transportunternehmen weltweit (Zeitverschiebung!), Wettbewerbssituation → Steuerung des Ablaufs im operativen Bereich
Qualität und Quantität von Analysen	zahlreiche, sich rasch verändernde Teilmärkte, Wettbewerbssituation
Offenheit des Systems	aufgrund sich rasch verändernder Marktsituation Flexibilität erforderlich (z.B. neue Großkunden, andere Geschäftsstrategie)
Bedienerfreundlichkeit	verschiedene Systeme mit uneinheitlicher Bedieneroberfläche, aufwendige Bedienung
Kommunikationskosten niedrig halten, nach Möglichkeit senken (u.a.: Verwendung bestehender Systeme)	äußerst hohes Kommunikationsaufkommen (über eine von mehreren Anlagen: 4000 Telex / Tag, 200TDM Geb. / Monat)

Abb. 3: Qualitativer Nutzen: Formale Kriterien und ihr Bezug zur Unternehmenssituation (Quelle: SCS-Untersuchung bei einem führenden Transportunternehmen)

7.   Zusammenfassung

Eine Wirtschaftlichkeitsbeurteilung bei Investitionen im IuK-Bereich ist
unumgänglich. Aufgrund der sich hierbei stellenden Probleme muß sie von
Projektbeginn an systematisch durchgeführt werden. Die hierfür zur
Verfügung stehende Zeit und Kapazität ist meist äußerst knapp bemessen.
Aus diesem Grunde muß sich Ermittlung und Darstellung pragmatisch auf die
Informationen beschränken, welche die Entscheidungsträger bei ihrer
Entscheidung berücksichtigen.

In der begründeten Annahme, daß

- in den meisten Unternehmen auch der qualitative Nutzen einer
  Investition für die Entscheidungsfindung berücksichtigt wird und

- bei der Wirtschaftlichkeitsbeurteilung die Einführung neuer Methoden
  nicht zur Debatte steht,

kann bei der Darstellung der Wirtschaftlichkeit einer Investition wie
folgt vorgegangen werden kann (vgl. Abb. 4).:

Die durch die Investition ausgelösten Kosten- und Nutzen-Effekte werden in
quantitative und qualitative unterteilt, die quantitativen (monetäre) noch
einmal in quantifizierte und nicht quantifizierte. Quantifizierte: Die
Höhe des monetären Effekts wird angegeben. Nicht quantifizierte: zunächst
keine Schätzung der Höhe sinnvoll.

Bei den qualitativen Effekten ist darauf zu achten, daß sie sich auf die
Bewertungskriterien der Entscheidungsträger beziehen lassen. Die zunächst
nicht quantifizierten Effekte müssen daraufhin überprüft werden, ob aus
Sicht der Entscheidungsträger nicht doch noch eine Quantifizierung erforderlich ist. Diese ist dann ggf. mit der erforderlichen Zeit/Kapazität
nachzuholen.

Die quantifizierten Effekte können dann mit der im Unternehmen gebräuchlichen Methode einer Gesamtrechnung unterzogen werden. Die Beschreibung
des qualitativen Nutzens kann zwar ebenfalls mit einer im Unternehmen

verwendeten Methode durchgeführt werden, es ist jedoch darauf zu achten, daß die Form der Darstellung von den Entscheidungsträgern akzeptiert wird.

Das Ergebnis der Gesamtrechnung, die nicht quantifizierten Effekte sowie der qualitative Nutzen werden abschließend zu einer Gesamtbeurteilung zusammengeführt.

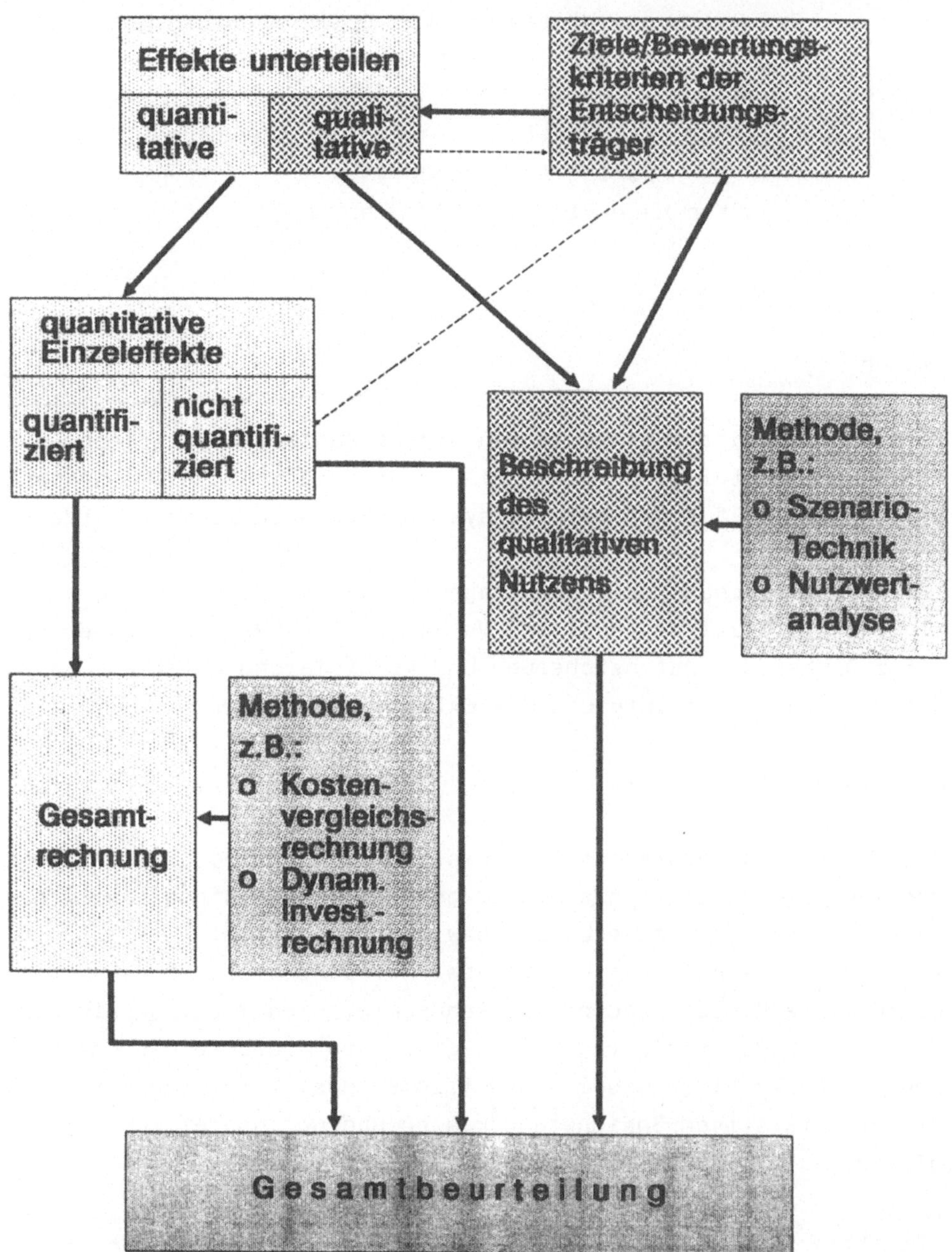

Abb. 4: Vorgehen bei der Wirtschaftlichkeitsbeurteilung

Die Rolle des hierarchischen Speicher-Management
bei modernen Betriebssystemen

J. Herlet
Siemens AG München
Otto-Hahn-Ring 6, 8000 München 83

1) Einführung

In diesem Kurzvortrag möchte ich einige Konzepte vorstellen,
die bei der Entwicklung eines hierarchischen Speicher-Management-
Systems (HSMS) für das Betriebssystem BS2000 realisiert werden.

Ein hierarchisches Speicher-Management unterstützt den Rechen-
zentrums-Administrator bei der Verwaltung großer Datenmengen, wie
sie z.B. bei der Datensicherung und Archivierung anfallen, und
bei der Nutzungsoptimierung für Externspeicher.

2) Externspeicherspektrum

Bei den heutigen Externspeichermedien gibt es eine hinsichtlich
Preis-Leistungsverhältnis deutliche Hierarchiestufung, nämlich
Magnetplatten und Magnetbänder bzw. Bandkassetten.
Aber auch innerhalb des Plattenspeicherspektrums gibt es einen
Performance/Kosten-Tradeoff zwischen kleineren Plattenspeichern
mit hoher Zugriffsdichte (Ein/Ausgaben pro Gigabyte und Sekunde)
und hochkapazitiven double- und triple-density Platten mit geringeren relativen Speicherungskosten und geringerer Zugriffsdichte.

Das Preis-Leistungsspektrum bei Externspeichern mit direktem
Zugriff wird sich nach oben durch moderne Halbleiterspeicher
(Solid-State-Disk, Expanded-Storage) mit Batterieabsicherung und
nach unten durch optische Platten verbreitern.

3) Probleme bei der Verwaltung großer Datenmengen

Auf Grund der wachsenden Datenmengen sieht sich ein Rechenzen-
trums-Verwalter heute oft mit folgenden Problemen konfrontiert:

- Steigender Bedarf an DASD-Speicher
  Große Rechenzentren haben heute schon Größenordnungen von 100
  Plattenlaufwerken im Einsatz. Die prognostizierten jährlichen
  Steigerungsraten für den Bedarf an Direktzugriffsspeicher-
  kapazität liegen bei etwa 50% (/AA86/).
  Dies führt zu stark steigenden Kosten für die Speicherperiphe-
  rie und zur Verschärfung der schon heute akuten Stellplatz-
  engpässe in vielen Rechenzentren.

- Geringer Nutzungsgrad bei Platten
  Der Nutzungsgrad für Magnetplattenspeicher liegt heute oft
  nur bei 50% (/ML85/). Zum einen muß der Füllgrad bei einer
  Platte niedrig genug gehalten werden, um einer Sättigungsgefahr
  (nur noch eingeschränkter RZ-Betrieb möglich) vorzubeugen, zum
  anderen wird gerade bei kleinen Dateien oft nur ein geringer
  Anteil des allokierten Speicherplatzes tatsächlich genutzt.

- Fehlende Ablageoptimierung der Daten
  Die Nutzbarkeit der in einem Rechenzentrum vorhandenen Platten-
  speicherkapazität für aktive Anwendungen wird häufig eingeschränkt durch inaktive (d.h. nicht mehr oder nur selten zu-
  gegriffene) Daten, die Plattenspeicherplatz belegen. Der
  Anteil der in einem Betrachtungszeitraum von 30 Tagen nicht
  genutzten Daten kann nach Umfragen in BS2000-Rechenzentren
  bei 20-30% liegen.

- Steigende Kosten für Bänder und Bandhandling
  Im Rahmen der Systemsicherung und durch Anwenderarchivierung
  werden täglich umfangreiche Datenbestände auf Bänder gesichert.
  Die Archivierungsbänder sind oft nur zu einem geringen Grad
  genutzt (z.B. auch wegen unterschiedlicher Anforderungen hinsichtlich Sperrfristen).
  Der Personalaufwand für Bandhandling ist enorm. Die Bandhandlingszeiten sind in der Regel nicht planbar.

4) Konzept einer hierarchischen Externspeicherverwaltung

Ein hierarchisches Speicher-Management realisiert eine Hierarchie von Externspeicher-Ebenen mit unterschiedlichen Leistungsmerkmalen hinsichtlich Speicherungskosten und Zugriffszeit-Ver-
halten und ermöglicht die Verwaltung der Daten auf der für ihre
Nutzung optimalen Hierarchiestufe.

Die Speicherhierachie wird durch das Preis/Leistungsgefälle bei
Externspeichern und durch SW-gestützte Maßnahmen der Datenverdichtung auf unteren Hierarchiestufen realisiert.

EXTERNSPEICHER HIERARCHIE: NUTZUNGSKLASSEN VON DATEN:

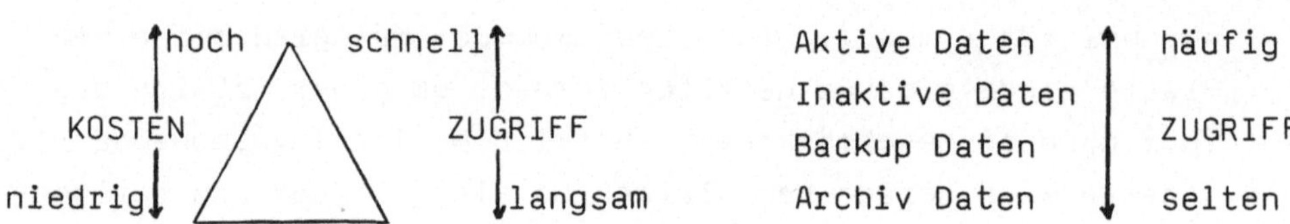

Die von einem HSMS realisierte Externspeicherhierarchie läßt
sich im allgemeinen für folgende Aufgaben nutzen:

1) Nutzungsoptimierung für Externspeicher
   Dazu gehört die Verdrängung (Migration) inaktiver Daten auf
   eine kostengünstigere Hierarchiestufe und das automatische
   Zurückholen (Recall) der Daten für die Verarbeitung.

2) Datensicherung
   Die Datensicherung (Backup) ist ein Systemdienst, der das
   Mitführen von Backup-Kopien zur Wiederherstellung (Recovery)
   der Daten bei Datenverlust (z.B. Plattenfehler) ermöglicht.

3) Langzeit-Archivierung
   Die Langzeit-Archivierung unterstützt als Anwenderfunktion
   die langfristige Aufbewahrung normalerweise nicht mehr benö-
   tigter Daten.

Folgende prinzipielle Speicherhierarchie-Ebenen lassen sich
unterscheiden:

1. Die Benutzer-Ebene SO enthält die für Anwendungen über die
   DMS-Zugriffsmethoden direkt zugreifbaren Daten.

2. Die Hintergrund-Ebene S1 enthält Daten, die online (auf
   Direktzugriffsspeicher DASD) verfügbar sind, jedoch von HSMS
   verwaltet werden.
   Auf S1 lassen sich inaktive Daten bei gegenüber SO reduzier-
   ten Speicherungskosten online verwalten. Ferner ermöglicht
   S1 die Auslagerung von Backup- oder Archiv-Daten zu von System oder Anwendung bestimmten Zeiten ohne daß Bandhandling
   erforderlich ist.

3. Die Archiv-Ebene S2 enthält Daten, die (in der Regel) nicht
   online verfügbar sind und von HSMS verwaltet werden.

SO:Benutzer-Ebene	S2:Hintegrund-Ebene	S2:Archiv-Ebene
Aktive Daten	Inaktive Daten	Inaktive Daten
Online DASD	Online DASD	Offline Datenträger
Verwaltung: DMS	Verwaltung: HSMS	Verwaltung: HSMS

ARCHIVE: Die Verwaltungseinheiten für Dateien unter HSMS-Kon-
trolle (d.h. auf den Speicherhierarchie-Ebenen S1 und S2) be-
zeichnen wir als Archive. Zu einem Archiv gehört ein eigenes Ver-
zeichnis, in dem die Objekte des Archivs (z.B. Dateien, Datenträger, Sicherungsversionen) verwaltet werden. Der Datenträgertyp
und die Datenträger für die Speicherebenen S1 bzw. S2 lassen sich
global und archivspezifisch zuordnen.
Ferner können Zugriffsrechte und Verarbeitungsvorschriften (z.B.
Komprimierung) archivspezifisch voreingestellt werden.

5) Ablageoptimierung auf der Benutzerebene

Insbesondere im Hinblick auf moderne, performante Halbleiterspeicher kann eine Strukturierung der Benutzerebene in "Speicher-
klassen" mit unterschiedlichen Leistungsmerkmalen sinnvoll sein.

Anhand der festgelegten Dateimerkmale und/oder anhand eines
festgestellten Nutzungsprofils kann eine "passende" Speicherklasse für die Datei ausgewählt werden. Eine Verlagerung einer
Datei in eine andere Speicherklasse auf Grund geänderter Dateiattribute oder eines veränderten Nutzungsprofils erfolgt dabei
transparent für den Benutzer.

6) Verdrängung inaktiver Daten

Diese Funktion ermöglicht eine für den Benutzer transparente
Verdrängung (Migration) von Benutzerdaten nach S1 oder S2.
Dadurch läßt sich die Benutzerebene SO entlasten (z.B. um globaler oder benutzerspezifischer Speichersättigung vorzubeugen),
ohne daß für den Benutzer Nachteile entstehen.
Bei Migration einer Datei bleibt der Katalogeintrag der Datei
auf SO erhalten, nur die Daten werden verdrängt (und in einem
Archiv verwaltet). Die Datei bleibt also für den Benutzer sichtbar, das Zurückholen der Daten wird beim Eröffnen oder Reservie-
ren der Datei für einen Job automatisch durchgeführt.
Bei Katalogzugriffen (Veränderung der Dateiattribute) und für
das Löschen der Datei ist kein Recall erforderlich.

Die Spezifikation der zu verdrängenden Dateien kann entweder
explizit oder durch Selektionskriterien erfolgen. Sinnvolle
Kriterien sind

- Migrationskennzeichen: eine solche Kennzeichnung kann z.B.
  durch den Eigentümer der Datei im Dateikatalog vermerkt sein.

- nach letztem Zugriffstag: verdrängt werden alle Dateien, die
  seit einer vorgebbaren Anzahl von Tagen ("inactive age") nicht
  mehr geöffnet wurden. Der letzte Zugriffstag ist im Katalogeintrag der Datei vermerkt.

- nach Auslastung: verdrängt werden Dateien nach absteigendem
  "inactive age" solange, bis eine vorgebbare Zielauslastung auf
  SO erreicht oder eine vorgebbare Grenzauslastung von S1 überschritten wird.

- nach Dateigröße: verdrängt werden nur Dateien, die eine vorgebbare Mindestgröße überschreiten.

Ferner muß das Setzen von Migrationssperren sowohl auf Datei- als auch auf Benutzer-Ebene unterstützt werden. Das Setzen von Migrationssperren kann an ein Privileg gebunden sein.

Für den Anstoß einer Verdrängung sind folgende Mechanismen sinnvoll:

- per Anweisung;

- zeitgesteuert (z.B. periodisch);

- event-gesteuert (z.B. bei Überschreiten einer Freispeichermindestreserve).

7) Datenverdichtung

Durch folgende Maßnahmen der Datenverdichtung lassen sich die Speicherungskosten auf S1/S2 senken:

- Freigabe von allokierten, nicht genutzten Allokierungseinheiten (z.B. Plattenspur) am Ende einer Datei.

- Verdichtung auf Dateiebene durch das Packen von Dateien in eine Bibliotheksdatei. Dies ist nur für kleine Dateien sinnvoll, die oft nur einen Teil einer Allokierungseinheit nutzen.

- Verdichtung auf Inhaltsebene durch Komprimierung der Daten. Für die Auswahl eines geeigneten Komprimierverfahrens sind zu berücksichtigen (/HE83/):

o Komprimierung im Verarbeitungsrechner oder durch das E/A-Gerät.

o Methode des Verfahrens (Satz- oder Block-orientiert).

o Leistungsmerkmale des Verfahrens (in erster Linie Komprimierungsfaktor und Komprimierungsaufwand)

8) Wirtschaftlichkeitsbetrachtung

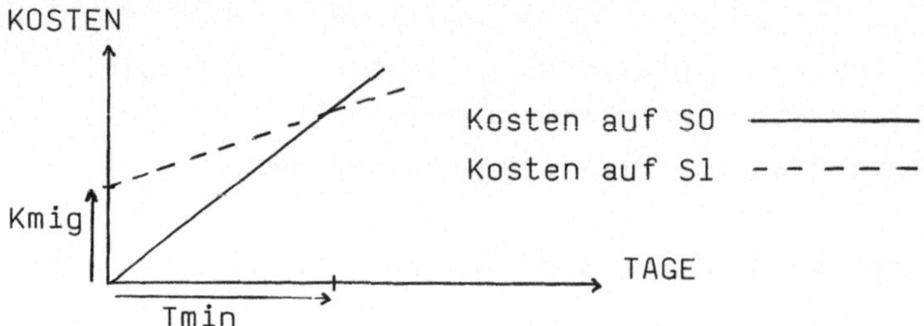

Wie obige Graphik verdeutlicht, sind die Mehrkosten Kmig einer
Verdrängung nach Sx erst nach einer Zeit Tmin kompensiert, ab
der dann eine tägliche Kostenersparnis Ksav wirksam wird. Dabei
sind im Kmig die Kosten für das Zurückholen der Daten nach S0
und eine eventuelle SW-mäßige Komprimierung/Dekomprimierung
zu berücksichtigen.

In eine Formel für Ksav gehen die Kostensätze Kspx (in DM pro
Megabyte und Tag) für die Speicherebenen Sx, x=0-2 sowie das
Datenvolumen Dvol und der Komprimierungsfaktor k (Datenvolumen
nach Komprimierung/Dvol) ein.

$$(1): \text{Ksav} = \text{Dvol} \ast (\text{Ksp0} - k \ast \text{Kspx})$$

Für eine Kalkulation der (buchungsmäßigen) Kosten einer Verdrängung nach S1 sollen weiter folgende Kostenfaktoren und Kenngrößen
berücksichtigt werden:

Kcpu = CPU-Kosten (DM) für 1 Million Operationen (MOP)

KEA   = Kosten (DM) für 1000 Ein/Ausgabe-Operationen.

Bsize = Blockgröße der E/A (in MByte)

a   = Aufwandfaktor der Komprimierung/Dekomprimierung.
        Dieser wird üblicherweise in Mega-Operationen (MOP)
        pro MByte der zu komprimierenden Datenmenge angegeben.

w   = Wahrscheinlichkeitsfaktor für ein Zurückholen der
        Daten.

Damit erhält man:

(2): Kmig = (1+w)*Dvol*$[$(k*Kea)/(Bsize*1000) + a*Kcpu$]$

Durch Gleichsetzen der Kosten aus (1) und (2) nach T-min Tagen,
ergibt sich die gewünschte Mindestverweildauer im S1-Bereich
wie folgt:

(3): Tmin = (1+w)*$[$(k*Kea)/Bsize*1000) +a*Kcpu)$]$/(Ksp0-k*Kspl)

Die Formeln zeigen, daß die erforderliche Mindestverweildauer
auf S1 unabhängig vom Datenvolumen ist und in erster Linie durch
den Komprimieraufwand a bestimmt wird.

9) Reduzierung der Kosten für Bänder und Bandhandling

   Folgende Maßnahmen sind möglich:

- Fortschreiben von Bändern
  Die Bänder eines Archivs werden über mehrere Aufträge hin fortgeschrieben. Die Fortsetzungsperiode kann z.B. archivspezifisch definiert werden. Das Speicher-Management muß dann
  logische Sperrfristen für die Dateien eines Auftrages unterstützen, die unabhängig von der physikalischen Sperrfrist für
  die Bänder gewählt sein können.
  Dieses Verfahren ist insbesondere dann vorteilhaft, wenn der
  RZ-Verwalter ein Systemarchiv einrichtet, in das alle Anwender
  (standardmäßig) archivieren.

- Planbare Bandhandlingszeiten
  Die Bandhandlingszeiten werden vom Rechenzentrumsverwalter global oder auch archivspezifisch und nach Zugriffsart (Lesen,
  Schreiben) festgelegt. Dabei kann der Anstoß per Anweisung erfolgen oder auch automatisch (z.B. periodisch oder durch Vorgabe einer Mindestmenge zu schreibender Seiten).
  Archivzugriffe werden in eine Auftrags-Warteschlange einge-
  reiht, bis Bandhandling zugelassen ist und dann gesammelt ausgeführt. Bei gleichzeitigem Fortschreiben von Bändern (siehe
  oben) entfällt auch das Zurückspulen und Repositionieren von
  Bändern zwischen unabhängigen Aufträgen.

Für zum Auftragszeitpunkt zu sichernde Daten können "Express"-
Aufträge (gebunden an ein Privileg) unterstützt oder eine Zwi-
schenspeicherung der Daten auf der S1-Ebene angeboten werden.

10) Literatur

/AA86/ Alan Arper, The DASD Time Bomb, Datamation 3/86

/ML86/ Miriam Lacob, Containing DASD Growth,
       Computer Decisions 4/86

/HE83/ Held G., Data Compression, J. Wiley & Sons 1983

<u>ASAP - Ein neues Verfahren zur Ausführung parallelisierbarer
Programme in durchsatzorientierten Umgebungen</u>

F. Baetke*

Mit der Vorstellung der zweiten Rechnergeneration C200 der CONVEX Computer Corp., einem
Mehrprozessorsystem mit maximal vier auf einen globalen Hauptspeicher zugreifenden CPU's
wurde unter der Bezeichnung ASAP (<u>A</u>utomatic <u>S</u>elf <u>A</u>llocating <u>P</u>rocessors) ein neues Konzept zur
weitgehend automatischen Parallelisierung von Programmen eingeführt. Die wesentlichen
Architektur-Merkmale der C200-Serie werden vorgestellt und die Grundlagen des ASAP-
Verfahrens erläutert. Darüberhinaus wird auf die Unterstützung dieses Konzeptes durch den
FORTRAN-, C- und ADA-Compiler und auf die Konsequenzen für die Implementation des
Betriebssystems eingegangen.

<u>1 Einführung</u>

Der Einsatz von mehreren Prozessoren zur Erhöhung des Systemdurchsatzes
auf der Basis eines gemeinsam nutzbaren Hauptspeichers ist in
rechenzentrumsähnlichen Umgebungen inzwischen allgemein üblich. Speziell
im technisch-wissenschaftlichen Bereich erfolgt oftmals eine weitere
Leistungssteigerung durch den Einsatz von Vektorprozessoren, die entweder
als Ergänzung der Skalarprozessoren oder als eigenständiger Vektorrechner
realisiert werden können. Die minimale Laufzeit eines Programmes wird
dabei grundsätzlich durch die Leistungsfähigkeit eines Einzelprozessors
bestimmt, wobei eine effektive Ausnutzung von Vektorarchitekturen
natürlich den Einsatz entsprechender Algorithmen bedingt, vgl. Abb. 1.

Darüberhinaus ist eine Verkürzung der Laufzeit eines Programmes nur durch
Parallelisierung, d.h. die gleichzeitige Bearbeitung unterschiedlicher
Programmteile oder gleicher Programmteile mit unterschiedlichen
Operanden möglich. Obwohl sowohl hardware- als auch softwareseitig seit
längerer Zeit entsprechende Hilfsmittel im Rahmen des sog. Makro- und
Mikrotasking auf verschiedenen Anlagen verfügbar sind, ist die praktische
Bedeutung dieser Techniken bis jetzt recht klein geblieben.
Der Grund dürfte, abgesehen von der oft nicht mehr gewährleisteten
rechnerunabhängigen Programmierung, im wesentlichen im hohen Overhead

* Dr.-Ing. Frank Baetke, CONVEX Computer GmbH, Schatzbogen 54, D-8000 München 82

durch statische oder quasi-statische Allokierung von Prozessoren unter Zuhilfenahme von Betriebssystemaufrufen und hauptspeicherorientierten Synchronisationsmechanismen zu sehen sein. Dazu kommt, daß sich die meisten (automatisch) parallelisierbaren Strukturen auf Schleifenebene, d.h. im Bereich einer relativ feinen Granularität finden. Die typischen Zeitskalen derartiger Strukturen auf Vektorrechnern schließen dabei Aufrufe des Betriebssystems zur Allokierung von Prozessoren in der Regel aus. Der Ausweg einer statischen Allokierung vermeidet zwar den Systemoverhead, führt aber zu einer erheblichen Reduktion des Gesamtdurchsatzes, vgl. Abb. 2 sowie KUCK und POLYCHRONOPOULOS /5/.

Eine Parallelverarbeitung ohne signifikante Reduktion des Gesamtdurchsatzes auch bei feiner Granularität war der Ausgangspunkt zur Entwicklung des ASAP-Verfahrens, dessen Zielsetzung sich prinzipiell entsprechend Abb. 3 darstellen läßt.

2   Grundlagen der C200-Architektur

Die C200-Systeme stellen eine logische Fortführung und Weiterentwicklung der in den C1-Modellen realisierten Idee der Kombination einer aus hochintegrierten Bauelementen bestehenden CRAY-ähnlichen CPU mit einem für interaktiven Betrieb ausgelegten I/O-System in Verbindung mit einer virtuellen Speicherverwaltung.

Den prinzipiellen Aufbau eines mit vier CPU's maximal ausgebauten Systems vermittelt Abb. 4. (Die C201-Systeme sind funtional identisch, aber nur bis zwei CPU's ausbaufähig.)   Einige charakteristische Daten zeigt Abb. 5. Bis zu vier CPU's gekoppelt über einen speziellen Registersatz greifen mit je einem Pfad auf einen gemeinsamen Hauptspeicher zu, ein weiterer Pfad steht den unabhängig arbeitenden I/O-Prozessoren und dem Service-Prozessor zur Verfügung.

C200-Prozessor-Details. Einen Überblick über wesentliche in kombinierter CMOS/ECL-Technik ausgeführte Komponenten eines C200-Prozessors vermittelt Abb. 6. Man erkennt vier parallel arbeitenden Funktionseinheiten für Instruktionsverarbeitung, Adreßumsetzung, skalare Arithmetik und Vektorarithmetik. Darüberhinaus können Untereinheiten des Skalarprozessors überlappend und Untereinheiten des Vektorprozessors überlappend (chaining) oder unabhängig parallel arbeiten. Für skalare Operanden existieren acht skalare Register (S0-S7), für Adressen ebenfalls acht Register (A0-A7) und für Vektoroperanden acht Vektorregister mit je 128 Worten Länge (V0-V7), ein 128x1 bit Vektormaskenregister (VM), ein Vektorstrideregister (VS) und ein Vektorlängenregister (VL). Alle Operandenregister sind wie alle internen Datenpfade mit 64-bit Breite ausgelegt, können aber für Operanden beliebiger Breite verwendet werden. Alle Adreßregister besitzen 32-bit Breite entsprechend einem virtuellen Adreßraum von 4 Gbyte.

Der CRAY-ähnliche Register- und Instruktionssatz berücksichtigt wesentliche Prinzipien von RISC-Implementierungen, vgl. PATERSON /7/. Um eine möglichst weitgehende Kompatibilität mit anerkannten (Industrie-) Standards, insbesondere auf Ebene der Hochsprachen, zu erreichen, können alle skalaren und vektoriellen Operationen mit sämtlichen in Abb. 7 dargestellten Datentypen durchgeführt werden. Für Gleitkomma-Operationen (32- oder 64-bit) ist sowohl das IEEE- als auch das VAX-Format implementiert, 128-bit Operanden werden softwareseitig realisiert. Weiterhin existieren eigene Instruktionen für eine Reihe von Intrinsics und Vektorreduktionen. Alle Vektoroperationen können auch unter Maske ablaufen, was eine sehr effektive Codeerzeugung bei IF-THEN-ELSE-Konstruktionen in Schleifen erlaubt. Auf die speziellen Instruktionen zur Parallelverarbeitung wird in Abschnitt 3 eingegangen.

<u>Hauptspeicher.</u> Der im Basis-Chassis des Systems bis auf 2 Gbyte ausbaubare Hauptspeicher besitzt acht unabhängige 32-bit Ports mit je 100 MByte/s Transferrate. Damit ist auch im Extremfall eines gleichzeitigen Ladens oder Speicherns der Vektorregister aller vier Prozessoren mit 4x 200 = 800 MByte/s Datenrate ein blockierungsfreier Operandenstrom sichergestellt. Bankkonflikte werden vom den die Prozessoren mit dem Hauptspeicher verbindenden ECL-Crossbar durch Verzögerung eines Prozessors um max. 8 Zyklen (= 8x40 ns) automatisch aufgelöst. Der Interleaving-Faktor beträgt 32 für 64-bit und 64 für 32-bit Operanden.

Der Speicherschutz bzw. die Abgrenzung der virtuellen Adreßräume gegeneinander erfolgt durch Segmentregister unter Verwendung der vom MULTICS-System bekannten Ring-Struktur. Die virtuelle Seitengröße beträgt

4 KByte, die im Zusammenhang mit dem "Demand-Paging" benötigten "Referenced- und Modified-Bits" werden in eigenen Registern gehalten.

<u>I/O-System.</u> Das I/O-System besteht aus parallel und unabhängig zu den CPU´s arbeitenden bis zu acht I/O-Prozessoren (IOP´s), die mit einem eigenen Port über den Crossbar auf den Hauptspeicher zugreifen können. Da alle I/O-Interrupts von den IOP´s abgehandelt werden, bleibt der Gesamtdurchsatz auch bei hoher interaktiver Systembelastung relativ unbeeinflußt. Der CPU-Instruktionssatz kennt keine I/O-Befehle, vielmehr werden synchroner wie auch asynchroner I/O durch ein "Message-Passing-System" über hauptspeicherresidente Tabellen abgewickelt.

3 Das ASAP-Verfahren

Analysiert man in Hochsprachen wie FORTRAN oder C geschriebene typische Programme im technisch-wissenschaftlichen Bereich auf Möglichkeiten der Parallelisierung, so zeigt sich folgendes:
Bei einem Instruktionssatz mit strenger Trennung zwischen operandeninvarianten Speicheroperationen auf speicherinvarianten Registeroperationen, ergibt sich zunächst ein hohes Maß paralleler Ausführbarkeit auf Instruktionsebene. Die entsprechende Abhängigkeitsanalyse und der automatische Instruktionsvorgriff erfolgen rein durch die Hardware, vgl. z.B. GILOI /4, S. 171-/. Die typischen Zeitskalen bei der Ausführung sequentieller Statements liegen etwa im Bereich von ein bis zwei Größenordnungen der Zykluszeit.

Auf der nächsthöher liegenden Ebene finden sich im wesentlichen die in Hochsprachen üblichen Schleifenkonstruktionen mit typischen Zeitskalen für einen Schleifendurchlauf im Bereich von Mikrosekunden. Wie schon häufiger gezeigt wurde, vgl. z.B. KUCK /5/, TE RIELE et al. /8/, ist hier das größte Potential für automatische Parallelisierung zu finden. Nach einer entsprechenden Abhängigkeitsanalyse bietet sich für Operationen mit indizierten Fehlern natürlich zunächst die Vektorisierung an. Auf die entsprechenden Techniken wird hier jedoch nicht weiter eingegangen.

<u>Mikrotasking.</u> Die Vektorisierung genannte Form der in der Regel durch Pipelining realisierten "SIMD-Parallelisierung", vgl. FLYNN /3/, stellt

vielmehr nur die Basis für eine darüberliegende MIMD-Parallelisierung dar. So bietet sich zunächst bei langen Vektoren ein paralleles "Stripmining", d.h. ein Aufbrechen in einzelne Teilvektoren an, die unabhängig auf verschiedenen CPU′s ausgeführt werden können. Ein weiteres Potential bieten Schleifennester, bei denen die Durchläufe einer äußeren Schleife unabhängig voneinander und damit leicht parallelisierbar sind, während sich die innersten z.B. effektiv vektorisieren lassen können. Die Wahl einer optimalen Strategie zur kombinierten Vektorisierung und Parallelisierung stellt dabei hohe Ansprüche an die Qualität der Compiler, vgl. Abschnitt 4.

Komplizierter wird die Situation, wenn einzelne Schleifendurchläufe nicht unabhängig voneinander ausgeführt werden können, da dann auch innerhalb der Schleifendurchläufe Synchronisationspunkte, z.B. zum Austausch globaler Variabler im Code vorzunehmen sind.

<u>Makrotasking.</u> In vielen Fällen besteht weiterhin die Möglichkeit einer parallelen Verarbeitung einzelner Programmodule (Subroutinen, Funktionen), wobei hier die Konsistenz lokaler und globaler (shared) Variabler sichergestellt werden muß. Die typischen Zeitskalen für derartige Aufrufe liegen bei der hier betrachteten Leistungsklasse im Bereich von Millisekunden. Die Betrachtung noch größerer Einheiten (Prozesse), die u.U. nurmehr über einen gemeinsamen globalen Datenbereich kommunizieren, führt schließlich in den Bereich des Multitasking, der standardmäßig bei vertretbarem Overhead durch entsprechende Betriebssystemaufrufe realisierbar ist.

<u>ASAP-Hardware.</u> Um das Ziel einer Parallelverarbeitung auch bei feiner Granularität, wie sie im Bereich des Mikrotasking bei Parallelisierung einzelner Schleifendurchläufe auftritt, zu erreichen, ist erstens für eine sehr schnelle Kommunikation und u.U. Synchronisation der einzelnen CPU′s und zweitens für eine Generierung parallel laufender Programmteile (threads) ausschließlich durch entsprechende Instruktionen ohne Eingriff des Betriebssystems zu sorgen. Dieses Ziel wurde durch folgende Maßnahmen erreicht:

a) Schaffung eines Kommunikationsregisterbereiches, bestehend aus acht Sätzen zu je 1 Kbyte, in dem Kontrollgrößen für jeden laufenden Task sowie die Segmentdeskriptorregister für die virtuelle Speicher-

verwaltung gehalten werden, vgl. Abb. 4, 10 und 11. Der Zugriff auf die Kommunikationsregister kann durch jede CPU in einem Takt (40 ns) erfolgen!
Im Multitaskingbetrieb wird für jeden auf einer CPU laufenden Prozeß ein Registersatz verwendet, die übrigen vier Registersätze sind für das Betriebssystems und den Scheduler reserviert, vgl. Abb. 8.

Bei Parallelisierung wird mehreren Threads ein gemeinsamer Registersatz zugeordnet, alle gemeinsamen Kontrollgrößen sind somit extrem schnell zugänglich. Weiterhin "sehen" dann alle parallel an einem Programm arbeitenden CPU`s über die gemeinsamen Segmentdeskriptorregister den gleichen logischen Adreßraum, vgl. Abb. 9.

b)   Bereitstellung von Maschinenbefehlen zur Generierung paralleler Tasks (pfork), paralleler Schleifen (spawn) und zur Synchronisation (join) ohne Eingriff des Betriebssystems.
Die Ausführungszeiten für die entsprechenden Instruktionen betragen jeweils acht Takte (= 320 ns), so daß bei Abarbeitung eines Programmes, das Parallelisierungsinstruktionen enthält, auf einem Einzelprozessor nur ein minimaler Overhead entsteht. Darüberhinaus stehen eine Vielzahl von Instruktionen zum Synchronisieren, Sperren und Testen sowohl von Kommunikationsregistern als auch von Hauptspeicheradressen zur Verfügung.

c)   Schaffung eines Hardwaremechanismus zur selbständigen Allokierung von freiwerdenden Prozessoren beim Vorliegen von Parallelisierungsforderungen (pfork, spawn) und Aufgabe der Prozessorallokierung durch das Betriebssystem sowie Verlagerung des untersten Teils des Schedulers in den Mikrocode. Dies ist der eigentliche Schlüsselmechanismus des ASAP-Konzeptes. Jede freiwerdenden CPU (z.B. durch I/O-Request oder Taskwechsel) durchsucht mittels einer Mikrocodeschleife durch Erhöhung eines Index (CIR) alle Kommunikationsregister nach ausstehenden Parallelisierungsforderungen, sog. "posted forks". Wird eine solche gefunden, erhöht sie den "Thread-Zähler" im entsprechenden Kommunikationsregister um 1, lädt die benötigten Informationen, wie Startadresse, etc. (PC, PSW, ...) und Schleifeniterationsstand in ihre lokalen Register und beginnt mit der Ausführung eines parallelen "Threads", vgl. Abb. 11. Ebenso wird bei Erreichen des abschließenden Synchronisationspunktes ("join") der Thread-Zähler um eins erniedrigt und wieder in die Mikrocodeschleife übergegangen. Da die Threads asynchron laufen und jede CPU einen Parallelisierungswunsch übernehmen kann, kann natürlich auch eine einzelne CPU alle "Threads", d.h. alle eigenen Parallelisierungsforderungen selbst abarbeiten, z.B. falls der entsprechende Task nur eine geringe Priorität besitzt. Bei Erreichen des Wertes Null für den Thread-Zähler wird automatisch die Parallelisierungsanforderung ("posted fork") gelöscht und das entsprechende Programm wieder sequentiell abgearbeitet. Weitere Details der Implementation finden sich in CHASTAIN et al. /1/.

4   System-Software

Das ASAP-Konzept wird sowohl durch das Betriebssystem CONVEX UNIX als auch durch die vektorisierenden Compiler für C (V3.0) und FORTRAN (V5.0) und die sprachinherenten Parallelisierungseigenschaften von ADA (V1.1) unterstützt.

Betriebssystem. Das CONVEX UNIX-Betriebssystem ist eine auf der BSD 4.2/4.3-Version beruhende Implementierung, die im Bereich der Pufferverwaltung, des I/O-Systems und im wesentlichen im Systemkern völlig neu entwickelt wurde. Ziel war eine weitgehend parallelisierbare Systemversion unter Aufgabe jeglichen Master-Slave-Prinzips (symmetric multiprocessing). Realisiert wurde dies durch ein direktes Aufsetzen des Schedulers auf das ASAP-Konzept und durch eine Semaphorisierung aller kritischen Systemtabellen, vgl. Abb. 12. Damit konnte erreicht werden, daß mit Hinzunahme weiterer CPU's (z.B. bei Übergang von einer C210 auf eine C220) auch ein entsprechender Anstieg der pro Zeiteinheit ausführbaren Systemdienste verbunden ist, wie dies insbesondere in Einsatzbereichen mit hoher interaktiver Last von Bedeutung ist.

Darüberhinaus steht mit Version 7 des Betriebssystems erstmalig eine Operateurschnittstelle zur Verfügung sowie weitere beim Einsatz in rechenzentrumsähnlichen Umgebungen (closed shop) notwendige Dienste.

<u>Compiler.</u> Die CONVEX-Compiler-Technologie basiert auf verschiedenen Front-Ends für FORTRAN, C, und ADA mit syntaktischer und semantischer Analyse, die eine gemeinsame Zwischensprache (IL = <u>I</u>ntermediate <u>L</u>anguage) erzeugen. Auf IL-Ebene erfolgt skalare Optimierung, Vektorisierung und Parallelisierung sowie die anschließende Codegenerierung. Dieses Konzept ermöglicht eine problemlose Sprachmischung und bewirkt, daß Verbesserungen in der Optimierung oder Codegenerierung allen Compilern zugute kommen. Die Vektorisierungsleistungen der Compiler gelten als hervorragend, vgl. z.B. DETERT /2/.

Die Parallelisierungseigenschaften ermöglichen z.Zt. (V5.0): Automatische Parallelisierung von Schleifen mit langen Vektoren (parallel Stripmining), automatische Parallelisierung von äußeren Schleifen in Schleifennestern bei gleichzeitiger Vektorisierung innerer Schleifen und automatische Parallelisierung <u>nicht</u> vektorisierbaren Schleifen mit rekursiven Abhängigkeiten. Im letzteren Fall ist jedoch oftmals eine partielle Vektorisierung wesentlich effektiver und wird dann vom Compiler vorgezogen. Eine manuelle Beeinflussung ist natürlich über Compilerdirektiven möglich (C$DIR ...).

Darüberhinaus können mit Hilfe von Compilerdirektiven Schleifen mit Unterprogrammaufrufen oder unabhängige sequentielle Programmteile parallelisiert werden. Weitere Strategien wie Inlining von Unterprogrammen oder dynamische Optimierung werden vollständig unterstützt. Letzteres ermöglicht eine Entscheidung, ob skalarer, vektorieller oder paralleler Code durchlaufen werden soll, erst zur Laufzeit, z.B. in Abhängigkeit von der Vektorlänge. Weitere Details finden sich bei MERCER /6/.

Abschließend sei nochmals daraufhingewiesen, daß Programme, die mit automatischer Parallelisierungsoption übersetzt wurden, ohne jegliche Änderung auf Einzelprozessoren laufen, wobei der Overhead durch hier nicht ausgenutzte Parallelisierungsinstruktionen i.d.R. zwischen 0.5 und 2% liegt.

<u>5 Zusammenfassung</u>

Die Mehrprozessorsysteme der C200-Serie ermöglichen über die Vektorisierung hinaus bei entsprechender Programmstruktur eine automatische Parallelisierung und damit Laufzeitverkürzung ohne die Portabilität der Programmquelle sowohl in Richtung Workstations und Minicomputer oder in Richtung High-End-Supercomputer (CRAY-Klasse) zu beeinflussen. Da Vektorisierung und durch das ASAP-Konzept auch Parallelisierung innerhalb einer durchsatzorientierten Multitasking-Umgebung möglich ist, bieten diese Systeme für technisch-wissenschaftliche Anwendungen teilweise eine Alternative zu klassischen Mainframes oder eine Ergänzung zur Übernahme von rechen- und speicherintensiven Programmen. Die hohe Kompatibilität zu Industriestandards sowohl im Bereich der Netzeinbindung als auch bei den unterstützten Datenformaten erleichtert eine Integration.

6   Literatur

/ 1 /   CHASTAIN, M.; GOSTIN, G.; MANKOVITCH, J.; WALLACH, S.: The CONVEX C240 Architecture. CONVEX Computer Corp., Richardson,   Texas, 1988

/ 2 /   DETERT, U.: Untersuchung an autovektorisierenden Compilern. Jülich: Kernforschungsanlage, Zentralinstitut für angew. Mathematik, 1987 (Bericht ZAM 1/1987)

/ 3 /   FLYNN, M.J.: Some computer organisations and their effectiveness. IEEE Trans. Comp., 21 (1972) 948-960

/ 4 /   GILOI, W.K.: Rechnerarchitektur. Berlin: Springer 1981. - Heidelberger Taschenbücher Bd. 208 - Sammlung Informatik

/ 5 /   KUCK, D.J.; POLYCHRONOPOULOS, C.D.: Guided self-scheduling: A practical scheduling scheme for parallel supercomputers. IEEE Trans. Comp., C-36, No. 12 (1987) 1425-1439

/ 6 /   MERCER, R.: The CONVEX Fortran 5.0 Compiler. CONVEX Computer Corp., Richardson, Texas, 1988

/ 7 /   PATERSON, D.A.: Reduced Instruction Set Computers. Com. ACM, 28, 1(1985) 8-21

/ 8 /   TE RIELE, H.J.J.; DECKER, T.J.; VAN DER VORST, H.A.: Algorithms and Applications on Vector and Parallel Computers. Amsterdam: Elsevier 1987

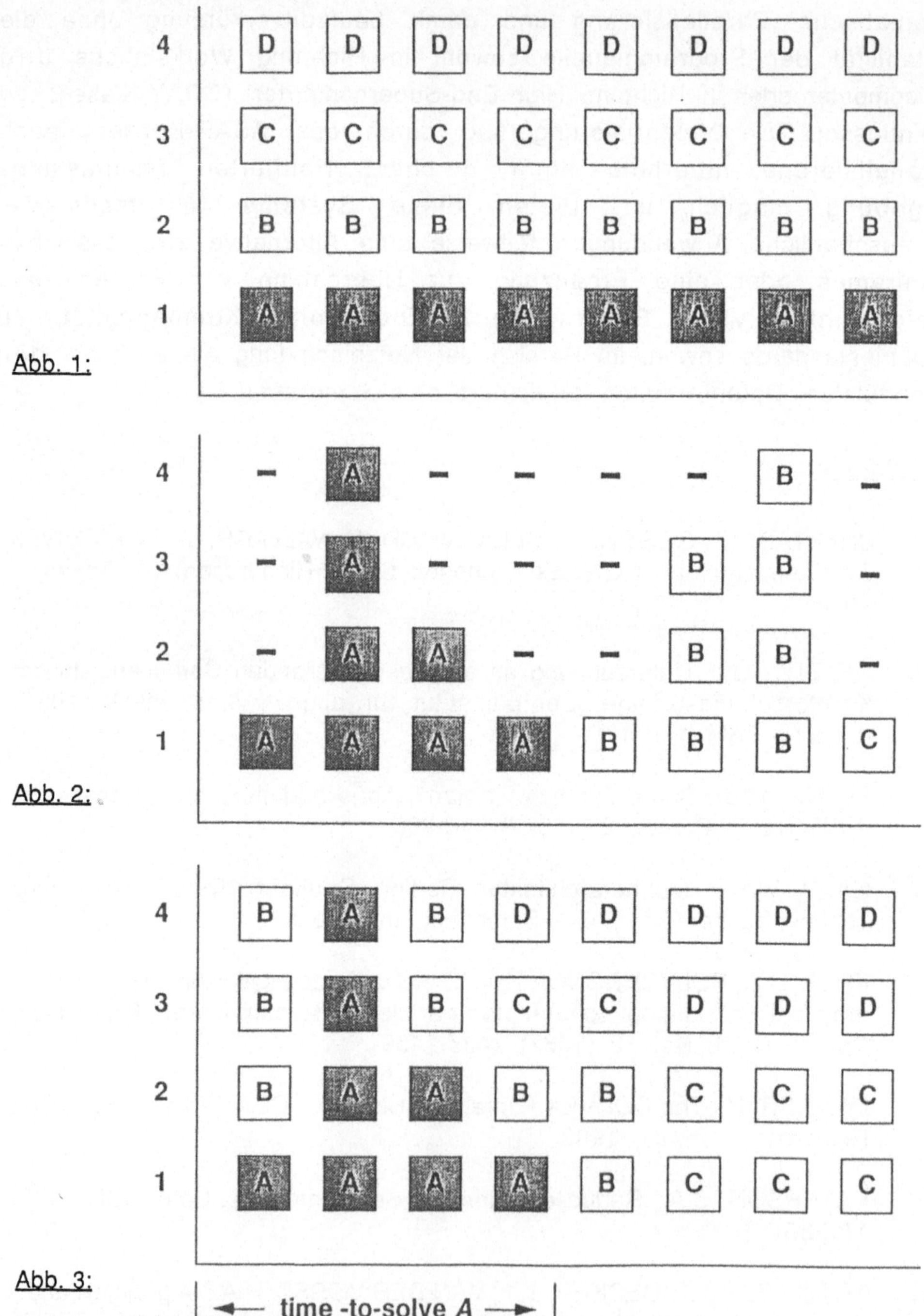

Vergleich von Multiprozessing (Abb. 1), Parallelprozessing mit statischer CPU-Allokierung (Abb. 2) und Parallelprozessing mit dem ASAP-Verfahren (Abb. 3) bei vier CPU`s.

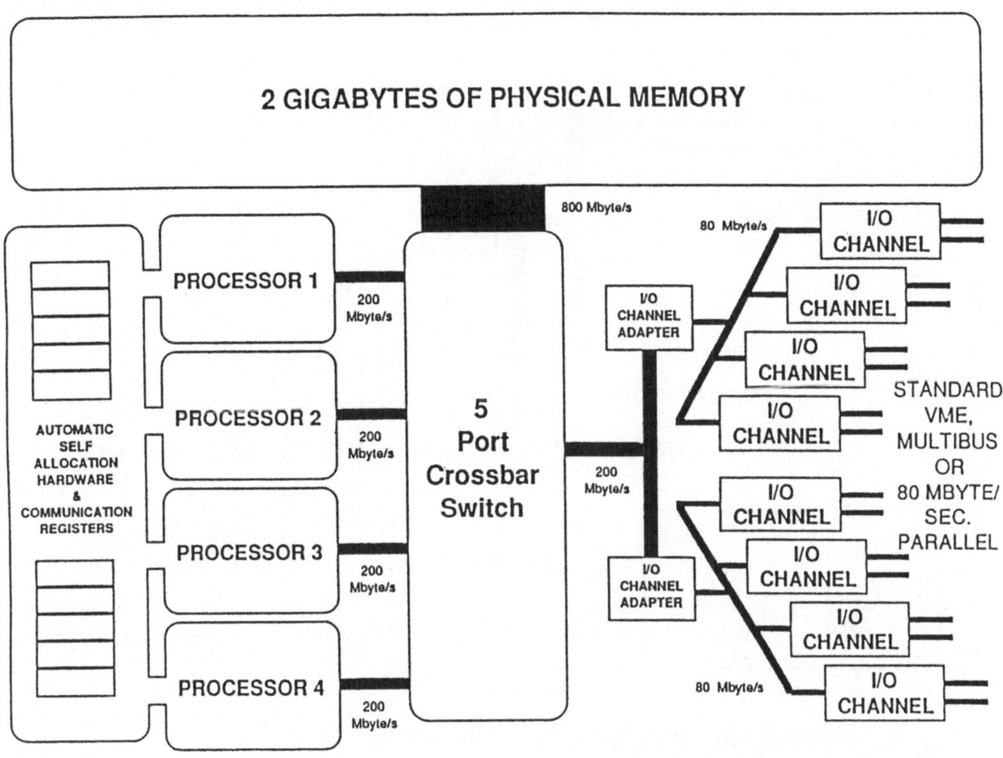

Abb. 4: Systemkomponenten bei einer maximal ausgebauten C240.

Processor	Relative Performance	Number of Processors	Cycle Time nsecs	Max Memory GB	Total Memory B/W MB/sec	I/O Port MB/sec
C120	1	1	100	1	80	80
C201	1.7	1	55	2	145	145
C202	3.4	2	55	2	290	145
C210	2.5	1	40	2	200	200
C220	5.0	2	40	2	400	200
C230	7.5	3	40	2	600	200
C240	10.0	4	40	2	800	200

Abb. 5: Charakteristische Daten der CONVEX-C-Serie mit einer Leistungs-
bandbreite von 20 bis 200 MFLOPS (64-bit).

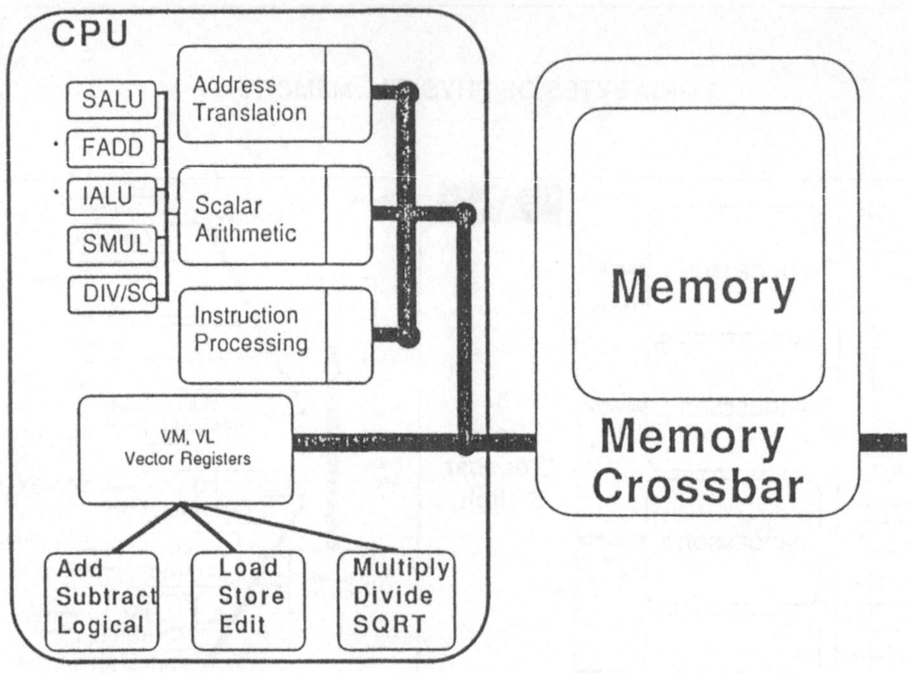

Abb. 6.: Prinzipieller Aufbau einer C200-CPU.

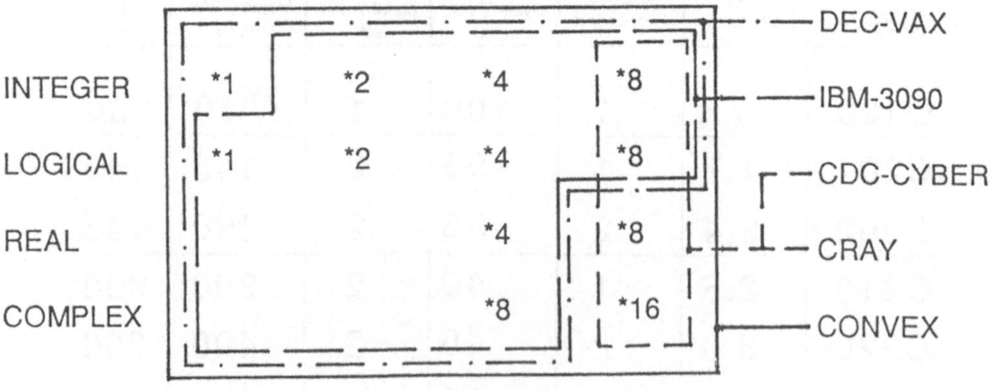

Abb. 7: Vergleich der in FORTRAN (oder C) verfügbaren Datentypen für typische Rechenanlagen.

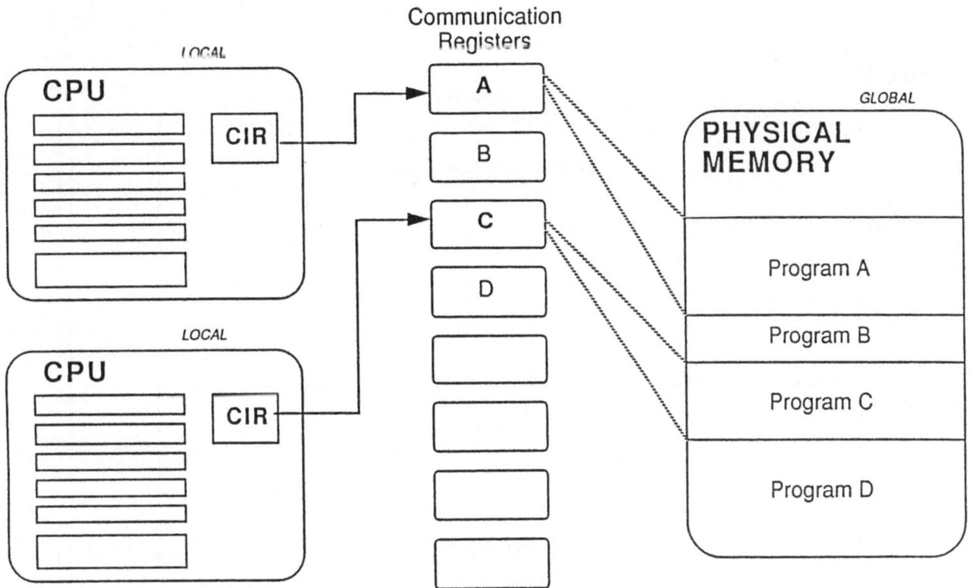

Abb. 8: Nutzung der Kommunikationsregister beim Multiprozessing.

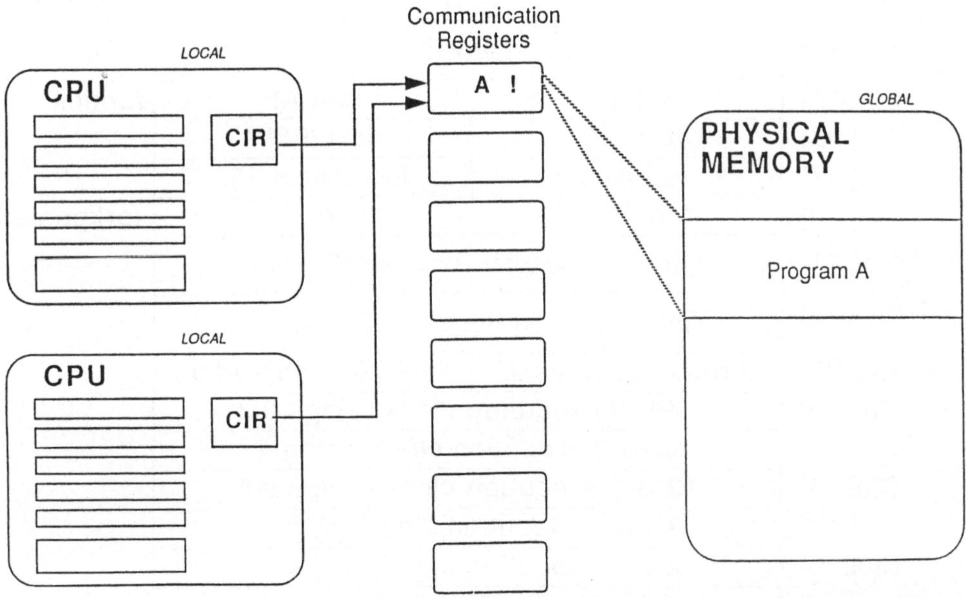

Abb. 9: Nutzung der Kommunikationsregister beim Parallelprozessing mit dem ASAP-Verfahren.

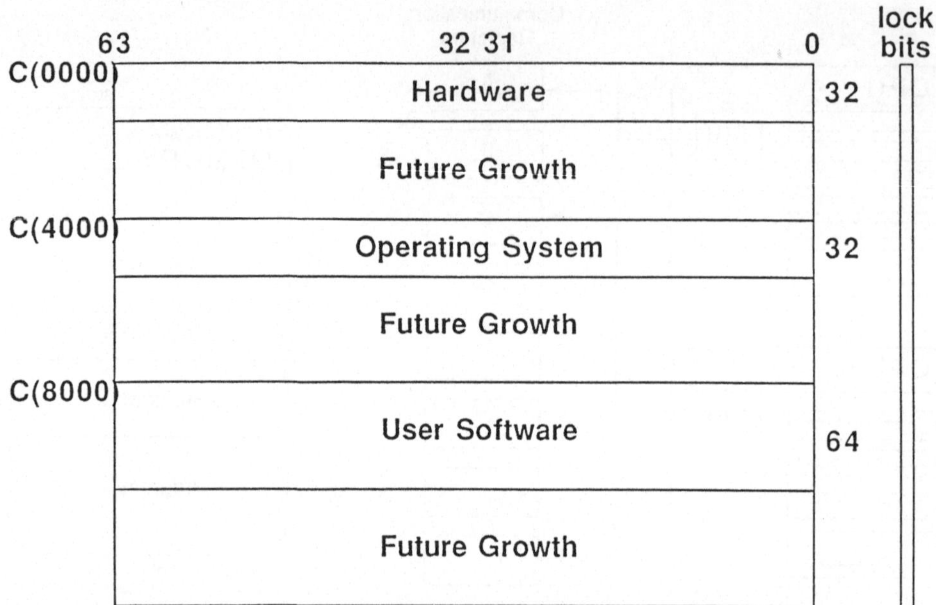

Abb. 10: Gesamter Adreßbereich und Aufteilung der Kommunikationsregister.

C(addr)	63 32	31 0	L(addr)
C(0000-0009)	reserved		
C(000A)	**fork.FP**	**fork.AP**	**forklck**
C(000B)	**fork.PC**	**fork.PSW**	
C(000C)	reserved	fork.source_PC	
C(000D)	**fork.type**	**fork.SP**	**forkposted**
C(000E-0011)	Segment Descriptor Registers (SDR 0-7)		
C(0012-0016)	Trap Instruction Registers (Rings 0-4)		
C(0017)	**thread alloc. mask**	reserved **threadcnt**	
C(0018)	**CPU 0 execution clock - rings 0-3**		
	CPU 0 execution clock - ring 4		
C(001A)	**CPU 1 execution clock - rings 0-3**		
	CPU 1 execution clock - ring 4		
C(001C)	**CPU 2 execution clock - rings 0-3**		
	CPU 2 execution clock - ring 4		
C(001E)	**CPU 3 execution clock - rings 0-3**		
	CPU 3 execution clock - ring 4		

Abb. 11: Belegung eines Kommunikationsregistersatzes am Beispiel des
von der Hardware genutzten Bereiches.

CUV7.0 Parallel Functionality

Support for *threads*

Assembler and loader support for the Orion instruction set

Semaphored kernel, for symmettric multiprocessing

New virtual memory system, with support for thread private
memory, copy-on-write, dynamic buffer cache,
4Gbyte physical memory (2Gbyte user address space)

Adb for parallel programs

Enhanced system monitoring programs

<u>Abb. 12:</u> Unterstützung der parallelen Funktionalität durch CONVEX
UNIX V7.0.

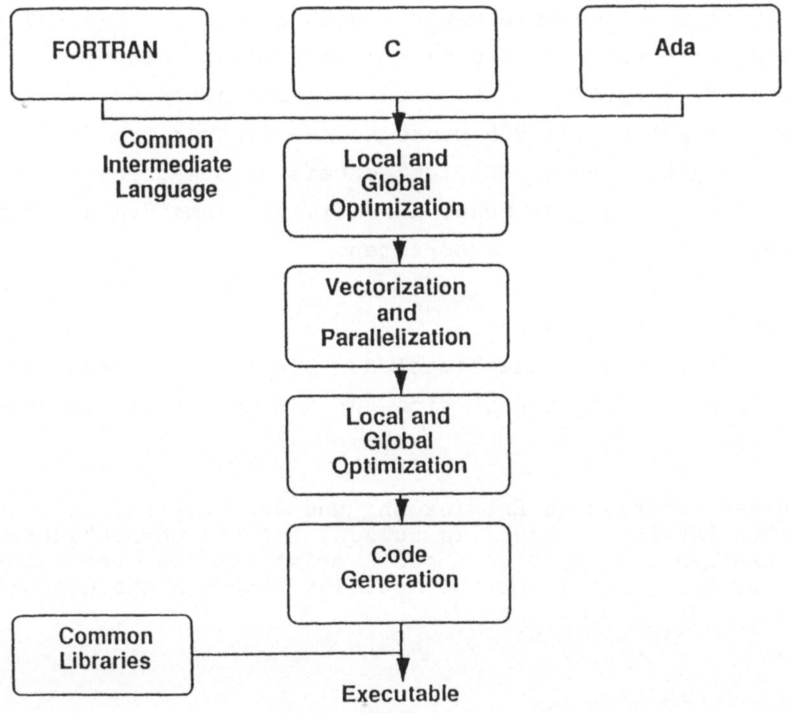

<u>Abb. 13:</u> Prinzipieller Aufbau der CONVEX-Compiler für FORTRAN, C
und ADA.

<u>**SCHLICHTEN STATT RICHTEN**</u>

**Das Schlichtungsverfahren der Deutschen Gesellschaft
für Informationstechnik und Recht**

Rechtsanwalt Michael Bartsch
Lehrbeauftragter der Universität Karlsruhe
Bahnhofstraße 10, 7500 Karlsruhe 1

<u>I. Gericht, Schiedsgericht und Schlichtung</u>

1. Die Lage
Zu den juristischen Aspekten der Datenverarbeitung gehört leider die
Tatsache, daß die Datenverarbeitung nicht alle Erwartungen des Kunden erfüllt und daraus Streit entstehen kann. Auch daraus, daß das
Wirtschaftsgut Software ein äußerst flüchtiges Gut ist, entstehen
häufig Streitigkeiten, die unter den Überschriften "Softwarehaus
gegen Softwaredieb" oder "Softwarehaus gegen Arbeitnehmer" allgemein
bekannt sind. Begriffe wie "Softwarepflege" haben keinen rechtlich
präzisen Charakter, das BGB kennt keinen Vertragstyp "Pflege", und
die Branche gibt sich durch blumige Leistungsbeschreibungen und Ver-
tragsformulierungen jede Mühe, Klarheit zu vermeiden und damit Meinungsverschiedenheiten vorzubereiten.

2. Das staatliche Gericht
Das klassische gesetzliche Mittel der Streitentscheidung, nämlich
der Gang zum Gericht, eignet sich für das Gebiet der Datenverarbeitung wenig:

- Wegen der technischen Entwicklung und der Notwendigkeit des Kunden, die EDV-Anlage heute zu nutzen, ist ein Gerichtsurteil, das
  nach einigen Prozeßjahren ergeht, meist nutzlos. Der Sachverhalt,
  über den das Gericht entscheidet, ist längst nicht mehr der, der

für Parteien relevant ist.

- Die Parteien sind häufig auf Kooperation miteinander angewiesen.
  Der Kunde, der bei Gericht siegt, kann zwar die Anlage zurückgeben
  oder die Wartungsgebühr einbehalten, hat aber sein technisches
  Problem üblicherweise damit nicht gelöst und ist durch den Prozeß-
  ärger von der Problemlösung eher noch weiter entfernt.

Den Parteien ist also nicht mit dem scharfen Schwert der streitent-
scheidenden Justiz, sondern mit Unterstützung bei der Überwindung
des Streits gedient.

3. Schlichten statt richten

Dies war der Ausgangspunkt, der zur Idee eines EDV-spezifischen
Schlichtungsverfahren führte. Die Vorgaben lassen sich leicht auf-
zählen:

- Die Parteien brachen nicht nur Streitentscheidung, sondern das
  Verfahren muß auch konstruktive Hilfe bieten, also einen systema-
  nalytischen und beratenden Schwerpunkt haben.

- Hieraus folgt, daß ein rein juristisches Verfahen unzureichend
  ist. Der EDV-Sachverstand muß im Verfahren integriert sein, nicht
  durch einen externen Sachverständigen bei Bedarf (den die Juristen
  bestimmen) hinzugeholt werden.

- Das Verfahren muß schnell und kostengünstig sein.

- Das Verfahren muß auf Konsens ausgelegt sein.

Damit ist auch erklärt, weshalb nicht ein Schiedsgericht installiert
wurde. Das Schiedsgericht entspricht in seiner Funktion und Paragra-
phenlastigkeit dem staatlichen Gericht. Daß es rascher geht, liegt
hauptsächlich daran, daß die Parteien gegen das Schiedsurteil kein
Rechtmittel haben.

Die Erfahrungen, die im Arztrecht, in einigen Bereichen des Arbeits-
rechts, bei KFZ-Streitigkeiten usw. mit Schlichtungsstellen gemacht
wurden, sind sehr positiv.

II. Das Schlichtungsverfahren der DGIR

Die DGIR stellte im Sommer 1988 ihr Schlichtungsverfahren vor. Das
öffentliche Interesse war überraschend groß. Die DGIR verfügt über
ein bundesweites Netz von Juristen und EDV-Sachverständigen, die
kurzfristig als Schlichter fungieren können.

Das Schlichtungsteam besteht aus einem Juristen und einem EDV-Sachverständigen. Der technische Sachverstand wird also nicht (wie bei Gericht) durch die Juristen nach Bedarf hinzugeholt, sondern ist jederzeit Teil des Verfahrens.

Das Schlichtungsteam beherrscht so die Juristensprache und die Sprache der Technik; damit entfallen Verständigunsprobleme zwischen den Verfahrensbeteiligten.

III. Der Verfahrensgang

In jedem Stadium einer Meinungsverschiedenheit (auch während eines laufenden Gerichtsprozesses) können die Parteien einvernehmlich die Schlichtung der DGIR anrufen. Am besten vereinbaren die Parteien schon im Vertrag, daß sie sich, wenn es einmal notwendig ist, erst an die Schlichtung und nur notfalls ans ordentliche Gericht wenden. Hierfür ist eine Schlichtungsklausel (vgl. Anhang 2) vorbereitet, die auch als Allgemeine Geschäftsbedingungen benutzt werden kann.

Die beiden Schlichter werden von der Schlichtungsstelle benannt. Die Parteien erhalten Gelegenheit zur Äußerung, aber lange Schreiberei soll vermieden werden. Bei Funktionsproblemen von EDV-Anlagen wird man sich alsbald an dieser Anlage treffen.

Rasche Hilfe ist insbesondere dann notwendig, wenn während eines Projektes Spannungen auftraten. Die Verschärfung dieser Spannungen und der Zeitverlust durch ein Gerichtsverfahren wären inakzeptabel. Die Schlichtung kann durch rechtliche und technische Hinweise und Lösungsvorschläge verlorenes Vertrauen wieder aufbauen.

Das Schlichtungsteam wird konkrete Vorschläge zur Problemlösung unterbreiten, je nach Sachlage zunächst für einzelne Streitpunkte oder für vorläufige Regelungen. Das Schlichtungsteam klärt den technischen Sachverhalt auf, ggf. unter Einschaltung eines zusätzlichen EDV-Sachverständigen.

Wenn kein Vergleich zustande kommt, unterbreitet das Schlichtungsteam einen Schlichtungsspruch mit kurzer Begründung. Dieser Schlichtungsspruch soll den kaufmännischen Belangen, dem Ziel einer langfristigen Kooperation zwischen den Parteien und dem mutmaßlichen Ausgang eines Gerichtsverfahrens Rechnung tragen. Wenn die Parteien diesem Spruch nicht zustimmen, werden sie zu Gericht gehen müssen.

Die Parteien können auch einvernehmlich das Schlichtungsteam um einen vorläufigen oder endgültigen Schiedsspruch bitten.

IV. Die Verfahrenskosten

Jeder Schlichter bekommt pro Arbeitsstunde DM 200,-- eine zusätzliche Pauschalvergütung von DM 200,-- und Auslagenersatz. Die Geschäftsstelle der DGIR erhält eine Gebühr von DM 300,--. Hinzu kommt die MwSt. Für die Parteien besteht kein Anwaltszwang. Damit werden die Verfahrenskosten niedrig gehalten.

Das Schlichtungsteam soll vor Verfahrensbeginn den Parteien eine ungefähre Kostenschätzung geben und bei deutlichem Überschreiten dieses Ansatzes die Partein erneut unterrichten.

V. Ausblick

Die DGIR bietet mit dieser Schlichtung ein Verfahren an, das spezifisch auf die Belange der EDV-Branche zugeschnitten ist. Die Reaktionen auf dieses neue Modell zeigen einen echten Bedarf an. In welchem Umfang die Branche allerdings von dieser Möglichkeit Gebrauch macht, muß man abwarten.

<u>Anhang 1: Die Schlichtungsordnung</u>

Die Schlichtungsordnung

§ 1 : Grundsatz

I .

Für alle Streitigkeiten auf dem Gebiet der Datenverarbeitung und der Kommunikationstechnik, die nach deutschem Recht zu entscheiden wären, kann die Schlichtungsstelle der Deutschen Gesellschaft für Informationstechnik und Recht angerufen werden. Dies gilt insbesondere für

- Streitigkeiten zwischen Anbietern und Kunden von EDV-Lieferungen und -Leistungen;

- Streitigkeiten über den Rechts- oder Wettbewerbsschutz von Hard- und Software.

II .
Ziel der Schlichtung ist

- eine vorläufige oder endgültige Vereinbarung zwischen den Parteien, die die Streitigkeit ganz oder teilweise reguliert (durch Vergleich, § 7 oder Annahme des Schlichtungsspruchs, § 8);

- oder nach entsprechender Parteivereinbarung ein vorläufiger oder endgültiger Schiedsspruch (§ 9).

§ 2 : Beginn des Verfahrens

I .

Die Geschäftsstelle der Gesellschaft ist zugleich die Geschäftsstelle der Schlichtung; sie kann eine andere Person oder Stelle zur Geschäftsstelle erklären.

II.

Das Verfahren beginnt mit schriftlichem Antrag einer Partei an die
Geschäftsstelle. Der Antrag muß die Bezeichnung der Parteien und
eine Darstellung des Sachverhalts enthalten; er soll außerdem die
maßgeblichen Urkunden (Verträge, Schriftwechsel, technische Unterlagen) in Kopie enthalten. Er ist dreifach einzureichen.

III.

Die Geschäftsstelle unterrichtet die Gegenpartei, holt ihr Einvernehmen mit der Durchführung des Schlichtungsverfahrens ein (falls
nicht das Schlichtungsverfahren schon vereinbart ist), unterrichtet
über die vorgesehenen Schlichter und ernennt die Schlichter. Der
Antragsteller kann für die Zustimmungserklärung der Gegenpartei eine
angemessene Frist setzen. Geschieht dies nicht oder ist die Frist
unangemessen, so setzt die Geschäftsstelle die Frist.

IV.

Wenn die Gegenpartei ihr Einvernehmen nicht fristgemäß erklärt, endet das Verfahren. Sonst geht es in die Zuständigkeit des Schlich-
tungsteams über.

§ 3 : Verjährungshemmung

Mit Erklärung des Einvernehmens durch die Gegenpartei (§ 2 III) sind
Verjährungs- und Ausschlußfristen für alle Ansprüche aus dem strei-
tigen Lebenssachverhalt gehemmt. Die Hemmung endet einen Monat nach
Ende des Schlichtungsverfahrens.

§ 4 : Schlichtungsteam

I.

Das Schlichtungsteam besteht aus einem Juristen, der die Befähigung
zum Richteramt und Fachkenntnisse hat, und einem EDV-Sachverständigen.

II.

Ein dritter Schlichter mit einer dieser Qualifikationen nimmt am
Verfahren teil, wenn die Schlichter sich nicht in Bezug auf das Verfahren, auf einen Vergleichsvorschlag (§ 7) oder einen Schlichtungs-

spruch (§ 8) einigen, jedoch nicht gegen Widerspruch einer der Parteien. Der dritte Schlichter nimmt stets im Schiedsverfahren (§ 9)
teil. Die Parteien können gemeinsam jederzeit die Mitwirkung des
dritten Schlichters verlangen.

III .
Über Befangenheitsanträge entscheidet die Geschäftsstelle, im
Schiedsverfahren (§ 9) das Landgericht München. Über die Neubeset-
zung einer Schlichter-Position entscheidet die Geschäftsstelle.

§ 5 : Schlichtung

I .
Das Schlichtungsteam bestimmt das weitere Verfahren, in der Regel in
folgenden Stadien:

    a. Jede Partei reicht einen Einleitungs- und einen Erwide-
       rungsschriftsatz mit Beweismitteln ein.
    b. Das Schlichtungsteam nimmt zu den voraussichtlichen
       Schwerpunkten des Falles Stellung.
    c. Mündliche Verhandlung, wenn zweckmäßig bei der streitigen
       DV-Anlage.
    d. Vergleich oder Schlichtungsspruch.

II .
Das Schlichtungsteam kann auch im schriftlichen Verfahren entschei-
den. Das Schlichtungsverfahren kann auch in Abwesenheit einer der
Parteien durchgeführt werden.

III .
Die Ladungs- und Schriftsatzfristen werden vom Schlichtungsteam je
nach Eilbedürftigkeit zwischen einer Woche und einem Monat festge-
setzt.

IV .
Mit Ausnahme des Schlichtungsspruches erfolgen alle Zustellungen
durch einfachen Brief. Die Parteien stellen sich ihre Schriftsätze
mit Anlagen untereinander unmittelbar zu.

V .

Das Schlichtungsteam einheitlich hat die Verfahrensbefugnisse eines
Schiedsrichters nach §§ 1034-1037 ZPO.

§ 6 : **Verfahrensförderungspflicht**

I .

Die Parteien werden das Schlichtungsverfahren zeitlich und sachlich
fördern und auf Anforderung der Schlichter alle Auskünfte geben, die
die Schlichter für ihren Schlichtungsspruch für geboten halten.

II .

Macht eine Partei einleuchtende Geheimhaltungsinteressen geltend, so
trifft das Schlichtungsteam angemessene Schutzanordnungen (z.B. Vor-
lage geheimhaltungsbedürftiger Unterlagen nur an das Schlichtungsteam oder nur an einen Gutachter, der dem Schlichtungsteam darüber
Bericht erstattet).

III .

Kommen das Schlichtungsteam oder der nach II eingeschaltete Gutachter zur Auffassung, daß die als geheimhaltungsbedürftig bezeichneten
Teile streitige Recht der anderen Partei wahrscheinlich beeinträch-
tigen, so darf das Schlichtungsteam diese Teile nach Anhörung der
betroffenen Partei unter den Parteien offenlegen. Falls die betroffene Partei dem widerspricht, kann das Schlichtungsteam das Verfahren nach IV beenden.

IV .

Verletzt eine Partei ihre Verfahrensförderungspflicht derart, daß
das Schlichtungsteam sich außerstande sieht, einen Schlichtungsspruch abzugeben, so kann es das Verfahren mit kurzer Darlegung der
Hinderungsgründe beenden.

§ 7 : **Vergleich**

Das Schlichtungsteam soll in jeder Lage des Verfahrens auf eine güt-
liche Einigung, gegebenenfalls in Hinblick auf einzelne Streitpunkte
oder im Sinne einer nur vorläufigen Regelung hinwirken und den Parteien hierfür entsprechende Vorschläge unterbreiten.

§ 8 : Schlichtungsspruch

I .
Wenn sich keine Vergleichsmöglichkeit ergibt, unterbreitet das
Schlichtungsteam schriftlich einen Schlichtungsspruch mit kurzer
Begründung. Der Schlichtungsspruch soll den kaufmännischen Belangen,
dem Ziel einer langfristigen Kooperation und dem mutmaßlichen Aus-
gang eines Gerichtsverfahrens zwischen den Parteien Rechnung tragen.

II .
Der Schlichtungsspruch wird den Parteien zugestellt. Sie können je
einzeln gegenüber dem Schlichtungsteam die Annahme binnen einer im
Schlichtungsspruch gesetzten Frist erklären. Die Frist beträgt in
der Regel zwei Wochen.

§ 9 : Vorläufiger und endgültiger Schiedsspruch

I .
Die Parteien können in der Form des § 1027 ZPO vereinbaren, daß das
Schlichtungsteam als Schiedsgericht vorläufige Regelungen beschlies-
sen kann, die die Streitpunkte ganz oder teilweise erfassen (z.B.
vorläufige Auszahlung von Geld; Stellen einer Sicherheit; Erbringen
einzelner Leistungen; Handlungen oder Unterlassungen). Die Regelung
ist für die Parteien bindend, bis sie durch anderweitige Vereinbarung oder Urteil erledigt ist.

II .
In gleicher Weise können die Parteien das Schlichtungsteam mit der
endgültigen Entscheidung als Schiedsgericht beauftragen.

III .
Es gelten die §§ 1025-1047 ZPO, soweit die Schlichtungsordnung
nichts anderes vorschreibt.

§ 10 : Gerichtsverfahren

I .

Das Schlichtungsverfahren nach §§ 5-8 und das vorläufige Schiedsverfahren nach § 9 I kann auch durchgeführt oder weitergeführt werden,
wenn ein Rechtsstreit beim ordentlichen Gericht anhängig ist oder
wird.

II .

Jede Partei und das Schlichtungsteam könen jedoch durch schriftliche
Erklärung das Verfahren beenden, wenn die Streitigkeit ganz oder
teilweise bei einem ordentlichen Gericht anhängig gemacht wird oder
ein ruhendes Gerichtsverfahren wieder angerufen wird.

§ 11 : Ende des Verfahrens

Das Verfahren endet:

- wenn das Einvernehmen der Gegenpartei ausbleibt (§ 2 IV);
- mangels Bereitschaft zur Offenlegung (§ 6 III);
- bei Verletzung der Förderungspflicht (§ 6 IV);
- wenn eine Regelung der Streitpunkte zustandekommt (§ 7);
- wenn ein Schlichtungsspruch ergeht und die Parteien sich geäußert oder innerhalb der Frist nicht geäußert haben (§ 8 II);
- wenn ein endgültiger Schiedsspruch ergeht (§ 9 II);
- wenn wegen eines Gerichtsverfahrens eine Erklärung nach
  § 10 II ergeht.

§ 12 : Verschwiegenheit und Neutralität

I .

Die Geschäftsstelle verpflichtet die Schlichter durch schriftliche
Erklärung zur umfassenden Verschwiegenheit.

II .

Die Schlichter können keine der Parteien im Zusammenhang mit der
Streitigkeit gerichtlich oder außergerichtlich vertreten oder der
Gegenpartei gegenüber beraten.

§ 13 : Kosten

I .

Jede Partei trägt ihre Kosten selbst. Das Schlichtungsteam verteilt
- insofern bindend als Schiedsgutachter nach § 317 BGB - die übrigen
Verfahrenskosten im Innenverhältnis zwischen den Parteien. Die Parteien haften für die Kosten als Gesamtschuldner.

II .

Die Geschäftsstelle erhält eine Gebühr von DM 300,-- zzgl. Mwst.

III .

Jeder Schlichter erhält pro Stunde ein Honorar in Höhe von
DM 200,--, die im einzelnen nachgewiesenen Kosten (Telefon, Porto,
Fahrtkosten, Schreibauslagen) und zusätzlich eine Pauschalvergütung
von DM 200,--, jeweils zzgl. Mwst.

IV .

Die Schlichter teilen den Parteien in der einleitenden Stellungnahme
(§ 5 I b) eine Kostenschätzung für das Verfahren mit. Sie unterrichten die Parteien, wenn die Verfahrenskosten die Schätzung deutlich
übersteigen. Sie können angemessene Vorschüsse verlangen, die Vor-
schußzahlung entsprechend I zwischen den Parteien aufteilen und mit
ihrer Tätigkeit bis zum Eingang des Vorschusses zurückhalten.

Anhang 2: Die Schlichtungsklausel

Die Schlichtungsklausel sollte in alle EDV-Verträge (Lieferverträge, Beratungsverträge, Arbeitsverträge, Vertriebs- und Kooperationsverträge usw.) aufgenommen werden.

Die Schlichtungsklausel

1 .

Die Parteien vereinbaren, bei allen Meinungsverschiedenheiten im Zusammenhang mit diesem Vertrag, die sie nicht untereinander bereinigen können, die Schlichtungsstelle der Deutschen Gesellschaft für Informationstechnik und Recht anzurufen, um den Streit ganz oder teilweise, vorläufig oder endgültig zu bereinigen.

2 .

Die Parteien gehen davon aus, daß die Schlichtungsordnung fair und ausgewogen ist, die Schlichter neutral sind, die Schlichtung nicht zu einer Bindung an Tatsachenfeststellungen führt und der Rechtsweg zu den staatlichen Gerichten offen bleibt. Informationen über das Schlichtungsverfahren können jederzeit bei der Geschäftsstelle der Deutschen Gesellschaft für Informationstechnik und Recht (Robert-Koch-Straße 6, 6050 Offenbach) angefordert werden.

3 .

Das Schlichtungsverfahren hemmt die Verjährungs- und Ausschlußfristen für alle Ansprüche aus dem streitigen Lebenssachverhalt in dem in § 3 der Schlichtungsordnung bestimmten Zeitraum.

Anhang 3: Literaturhinweise

M. Bartsch: Das Schlichtungsverfahren der DGIR (Computer und Recht 1988 S. 692 mit weiteren Hinweisen)

Bartsch/Hildebrand: Der EDV-Sachverständige (Teubner-Verlag 1987)

Anhang 4: Anschriften

Deutsche Gesellschaft für Informationstechnik und Recht eV.
Geschäftsführer Dr. Jürgen W. Goebel,
Robert-Koch-Str. 6, 6050 Offenbach a.M.
Tel: 069/831461

Deutsche Gesellschaft für Informationstechnik und Recht eV.
Schlichtungsausschuß RA Michael Bartsch
Bahnhofstraße 10, 7500 Karlsruhe 1
Tel: 0721/26941; Fax: 26947;

VERSAGT DER RECHTSSCHUTZ FÜR COMPUTER-PROGRAMME ?
- ZUR BEDEUTUNG DES URHEBERRECHTSSCHUTZES FÜR DV-VERTRÄGE -

Rechtsanwalt Dieter M. Nauroth
Frangenheimstraße 9
5000 Köln 41

I.   Problemstellung

Die Entwicklung auf dem Markt für Computer-Software ist gekennzeichnet durch ein enormes Wachstum. Es wird geschätzt, daß zur
Zeit allein in der Bundesrepublik Deutschland zwischen 10 und 20
Milliarden DM jährlich für Software ausgegeben werden. Die in
diesen Zahlen ausgedrückte hohe wirtschaftliche Bedeutung der
Software-Industrie wird noch übertroffen durch die Impulse, die
der immer weiter verbreitete Einsatz von Computertechnologie in
Wirtschaft und Verwaltung auslöst. Die elektronische Datenverarbeitung ermöglicht Innovationszyklen von einer Kürze, die noch
vor zehn oder fünfzehn Jahren schlicht undenkbar erschien.

Auch wenn durch Fortentwicklungen in der Soft- und auch in der
Hardwaretechnologie große Rationalisierungseffekte bei der Soft-
ware-Erstellung erzielt werden konnten, so ist doch der mit der
Herstellung eines Softwareprodukts verbundene Aufwand - nicht zuletzt aufgrund gestiegener Anforderungen - kaum kleiner geworden.
Software-Produkte stellen - ungeachtet der Gewinnerwartung bei
einer Vermarktung - schon aufgrund ihrer Herstellungskosten große
wirtschaftliche Werte dar.

Aufgrund der starken Verbilligung und weiten Verbreitung von
Hardware einerseits und der einfachen Möglichkeit, Computer-
programme zu kopieren, andererseits, ist die Frage nach einem
Rechtsschutz für Computerprogramme, die noch vor zehn Jahren in

der   juristischen Literatur am Rande lag, zum zentralen Thema geworden.

II. <u>Urheberrechtlicher Schutz für Computerprogramme</u>

1.   Nachdem   zunächst mit Rücksicht auf die technischen Implikationen
     in der juristischen Diskussion ein Patentschutz für Computer-
     programme favorisiert wurde, wurde die Diskussion um einen
     Rechtsschutz bis vor kurzem dominiert von dem Gedanken, im Urhe-
     berrechtsschutz das geeignete Instrumenarium zu finden. Diese
     Tendenz wurde scheinbar bestätigt durch die Entscheidung des Ge-
     setzgebers, mit der Urheberrechtsnovelle vom 1.7.1985 "Programme
     für die Datenverarbeitung" in den Katalog der urheberrechtsfähi-
     gen Werke (§ 2 Abs. 2 UrhG) aufzunehmen. Seit der Novelle des
     UrhG von 1985 steht fest, daß Computerprogramme grundsätzlich Ur-
     heberrechtsschutz genießen können.

     Voraussetzung für einen Urheberrechtsschutz ist allerdings, daß
     - wie bei jedem anderen urheberrechtlich geschützten Werk - vier
     Merkmale gegeben sind:

     Es muß sich

     - um ein persönliches Schaffen handeln,
     - welches einen geistigen Gehalt aufweist,
     - das in wahrnehmbarer Form und Gestaltung verkörpert ist und
     - einen schöpferischen Eigentümlichkeitsgrad aufweist.

a)   Mit dem Merkmal des "persönlichen Schaffens" ist im Urheberrecht
     klargestellt, daß nur menschliche Werke urheberrechtsfähig sein
     können. Schöpfungen der Natur, Ergebnisse eines maschinellen Ab-
     laufs und reine Zufallsprodukte sind dem Urheberrechtsschutz
     nicht zugänglich. Dies hat Bedeutung für die sogenannten Soft-
     ware-Generatoren, bei denen - gesteuert durch den Benutzer - aus
     einzelnen Programm-Modulen Programme für bestimmte Anwendungs-
     zwecke generiert werden. Bei derartigen, von einem Programmgene-
     rator compilierten Programmen sind regelmäßig nur die Einzelmo-

dule, nicht aber das Gesamtprogramm dem Urheberrechtsschutz zugänglich.

b)   Ein "geistiger Gehalt" ist dem Computerprogramm ebenso wie die "Wahrnehmbarkeit in einer bestimmten Form", etwa als Flußdiagramm, Programmlisting (Source oder Objectcode), stets eigen.

c)   Entscheidende Hürde für einen Urheberrechtsschutz ist das Merkmal des "schöpferischen Eigentümlichkeitsgrades". Das urheberrechtlich geschützte Werk muß individuelle Züge aufweisen, was etwa dann fehlt, wenn lediglich mathematische Regeln oder naturwissenschaftliche Lehrsätze umgesetzt sind. Sowohl die wissenschaftliche Lehre als auch das wissenschaftliche Ergebnis sind urheberrechtlich frei und von jedermann zu benutzen (vgl. BGH GRUR 1981, 352 (353); GRUR 1981, 520 (522); CR 1985, 22ff. (30)).

2.   Die nicht zuletzt an die Urheberrechtsnovelle von 1985 anknüpfenden Hoffnungen auf einen wirksamen Rechtsschutz für Computerprogramme durch das Urheberrecht wurden durch Enttäuschung abgelöst, nachdem der Bundesgerichtshof in seiner Inkassoprogrammentscheidung vom 9.5.1985 die Anforderungen an einen Urheberrechtsschutz von Computerprogrammen konkretisierte (vgl. BGH v. 9.5.1985, CR 1985, S. 22 ff.):

Nach dieser Grundsatzentscheidung des BGH sind alle Gestaltungen eines Computerprogramms, die den bekannten und üblichen Anordnungen, Systemen, Aufbau- und Einteilungsprinzipien folgen oder in deren Nähe bleiben, urheberrechtlich nicht schutzfähig. Auch bloß mechanische Fortführungen und Weiterentwicklungen von Vorbekanntem genügen nicht.

Selbst dann, wenn nach diesem Maßstab schöpferische Eigenheiten des Programmierers erkennbar sind, so führen diese nicht schon zu einem Urheberrechtsschutz für das betreffende Programm, wenn die Eigenheiten dem Können eines durchschnittlichen Programmierers entsprechen. Nach der Entscheidung des BGH beginnt erst in erheblich weiterem Abstand die <u>untere Grenze der Urheberrechtsschutzfähigkeit</u>, wobei ein deutliches Überragen der Gestaltungsfähigkeit in Auswahl, Sammlung, Anordnung und Einteilung der Informationen und Anweisungen gegenüber dem allgemeinen Durchschnittskönnen vorausgesetzt wird.

3.   Aufgrund der hohen Anforderungen an einen Urheberrechtsschutz bleibt der überwiegenden Zahl von Computerprogrammen ein Urheberrechtsschutz versagt; und dies scheint beabsichtigt: Nach Auffassung des Vorsitzenden Richters in dem zuständigen 1. Zivilsenat des BGH sind allenfalls fünf Prozent aller Computerprogramme am Markt als "persönliche geistige Schöpfungen" im Sinne des § 2 Abs. 2 UrhG zu qualifizieren.

4.   Da die Kriterien einer Urheberrechtsschutzfähigkeit eine erhebliche Abstraktionshöhe aufweisen, kann nur mit Hilfe eines Sachverständigen geklärt werden, ob ein konkretes Programm dem urheberrechtlichen Schutz unterfällt. Auch Gerichte bedienen sich in dieser Frage regelmäßig sachverständiger Unterstützung was mit einem entsprechenden Zeitaufwand verbunden ist.

Bei der Gestaltung von DV-Verträgen besteht aber weder die Zeit noch eine Neigung dazu, zunächst ein Sachverständigengutachten über die Urheberrechtsfähigkeit des betreffenden Programms einzuholen. Hieraus folgt zwingend, daß die konkrete Ausgestaltung von DV-Verträgen nicht vom Bestehen oder Nichtbestehen eines Urheberrechtsschutzes abhängig gemacht werden darf.

Die praktischen Schwierigkeiten bei der Ermittlung einer Urheberrechtsfähigkeit haben weiterhin auch insofern Bedeutung, als daß bei jeder Rechtsstreitigkeit über ein Vertragsverhältnis, dessen Gegenstand mittelbar oder unmittelbar die Erstellung oder Lieferung eines Computerprogramms ist, die Frage des Rechtsschutzes virulent werden kann.

Es fragt sich, ob die bei DV-Verträgen vorherrschende Orientierung am Urheberrecht der Rechtslage Genüge tut, oder ob ein völliges Umdenken - weg vom Urheberrechtsschutz - vonnöten ist, ob das Augenmerk nicht auf völlig neue Schutzinstrumentarien gerichtet werden muß. Auch der Ruf nach dem Gesetzgeber mit der Forderung, ein eigenes Schutzrecht für Computerprogramme zu schaffen, scheint zunächst nicht fern zu liegen.

III. Modellcharakter urheberrechtlicher Regelungsinstrumente

1. Bei Licht betrachtet erweist sich jedoch eine an den Regelungen des Urheberrechts orientierte Denkweise als notwendig und auch sachgerecht. Das System des Urheberrechts weist die notwendige Distinktion der Regelungsbereiche auf, so daß - bezogen auf die Einräumung und Sicherung von Rechten - bei Anlehnung an das Urheberrechts eine weitgehende "Vollständigkeit" der Verträge erreicht werden kann. Dies gilt für Verträge über urheberrechtlich geschützte Programme ebenso wie für Verträge über Computerprogramme, die dem Urheberrechtsschutz nicht unterfallen.

2. Im einzelnen stehen folgende Regelungsbereiche im Vordergrund:

a) Nach § 7 ff. UrhG <u>entstehen Urheberrechte</u> stets in der Person des Urhebers. Unabhängig von dem finanziellen Aufwand, der mit der Softwareerstellung verbunden ist, sind - soweit die Programme urheberrechtsfähig sind - Träger der entstehenden Rechte die einzelnen Programmautoren. Hierbei gilt der Grundsatz, daß mehrere Autoren als Miturheber gesamthänderisch berechtigt sind (§ 8 UrhG).

b) Die wesentlichen aus der Urheberschaft folgenden <u>Verwertungsrechte</u> haben eine Regelung im § 15ff. UrhG gefunden. Besondere Bedeutung kommt hier dem Vervielfältigungsrecht (§ 16 UrhG), dem Verbreitungsrecht (§ 17 UrhG) und dem Recht zur Veröffentlichung von Bearbeitungen und Gestaltungen (§ 23 UrhG; vgl. hierzu auch § 39 UrhG) zu.

Das Vervielfältigungsrecht (§ 16 UrhG) ist gesetzlich definiert als das Recht, Vervielfältigungsstücke des Werkes herzustellen, gleich in welchem Verfahren und in welcher Zahl.

Entsprechend der gesetzlichen Definition umfaßt das Verbreitungsrecht die Befugnis, das Original oder Vervielfältigungsstücke davon der Öffentlichkeit anzubieten oder in Verkehr zu bringen (§ 17 Abs. 1 UrhG).

Aus § 23 UrhG ergibt sich schließlich, daß Bearbeitungen oder andere Umgestaltungen des Werkes nur mit Einwilligung des Urhebers des bearbeiteten oder umgestalteten Werkes veröffentlicht oder verwertet werden können. Auch die Einräumung von Nutzungsrechten schließt nicht ohne weiteres die Befugnis zu Veränderungen ein (§ 39 UrhG). Demgegenüber kann ein selbständiges Werk, das in freier Benutzung des Werkes eines anderen geschaffen worden ist, ohne Zustimmung des Urhebers des benutzten Werkes veröffentlicht und verwertet werden (§ 24 UrhG).

Für Verträge über Computerprogramme können darüber hinaus folgende Vorschriften des Urheberrechts besondere Bedeutung gewinnen, und zwar dann, wenn das Programm tatsächlich zu den wenigen urheberrechtlich geschützten gehört:

Zum einen das Recht des Urhebers zu bestimmen, ob sein "Werk" mit einer Urheberbezeichnung zu versehen, und welche Bezeichnung zu verwenden ist (§ 13 Satz 2 UrhG);

Zum anderen der Anspruch des Urhebers auf Zugang zum Original oder Vervielfältigungsstücken des Werkes, wenn dies zur Herstellung von Vervielfältigungsstücken oder zu einer Bearbeitung des Werkes erforderlich ist (§ 25 UrhG).

Für die wirtschaftliche Verwertung von Compterprogrammen von entscheidender Bedeutung ist naturgemäß die <u>Einräumung von Nutzungsrechten</u>.

Es wird hierbei unterschieden zwischen einfachen und ausschließlichen Nutzungsrechten. Das einfache Nutzungsrecht berechtigt den Inhaber, das Werk neben dem Urheber oder anderen Berechtigten auf die erlaubte Art und Weise zu nutzen. Demgegenüber wird mit dem ausschließlichen Nutzungsrecht dem Inhaber die Befugnis eingeräumt, das Werk unter Ausschluß aller anderen Personen, einschließlich des Urhebers, auf die erlaubte Art zu nutzen und darüber hinaus einfache Nutzungsrechte an Dritte einzuräumen.

Weisen die Regelungen über erlaubte Nutzungsarten Lücken auf, so bestimmt sich der Umfang des Nutzungsrechts nach dem mit seiner Einräumung verfolgten Zweck (sogenannter Zweckübertragungsgrundsatz).

3. Werden diese Regelungsbereiche in der konkreten Vertragsgestal-
    tung abgehandelt, so ist damit das Notwendige im Hinblick auf
    eine Rechtseinräumung und Rechtssicherung beinahe getan.

    Für die Fälle, in denen die Voraussetzungen für eine Urheber-
    rechtsfähigkeit fehlen, muß noch ein vertraglicher Ersatz für den
    nur vom Urheberrecht ausgehenden absoluten Schutz geschaffen wer-
    den. Dies kann geschehen, indem vertragliche Geheimhaltungs-
    pflichten statuiert werden und jede Nutzung vertraglich verboten
    wird, die nicht ausdrücklich eingeräumt wurde.

IV. <u>Rechtsschutz innerhalb vertraglicher Bindungen</u>

    Ein in dieser Weise gestalteter Vertrag bietet auch bei Fehlen
    der Urheberrechtsfähigkeit einen ebenso starken zivilrechtlichen
    Schutz in der Vertragsbeziehung wie das Urheberrecht selbst:

    Jede Überschreitung der gezogenen Grenzen stellt sich als Verlet-
    zung des Vertrages dar und zieht Schadensersatzsanktionen nach
    sich. Darüber hinaus können Unterlassungsansprüche auf die ver-
    traglichen Regelungen gestützt werden.

    Auch der nach den Vorschriften des Urheberrechts (§ 97 UrhG) be-
    stehende Anspruch auf Herausgabe des von dem Verletzer erzielten
    Gewinns kann in vertraglichen Regelungen nachgebildet werden, und
    zwar in Form einer Abführungsklausel oder auch durch eine Ver-
    tragsstraferegelung.

    Die Betrachtung des urheberrechtlichen Instrumentariums als "Mo-
    dell" für die vertragliche Regelung führt damit zu entscheidenden
    Vorteilen: eine Unsicherheit über das Bestehen oder Nichtbestehen
    urheberrechtlichen Schutzes führt - in zivilrechtlicher Hinsicht
    - nicht zur Unsicherheit im Hinblick auf die Rechtsfolgen unbe-
    rechtigter Verwertungshandlungen: Es ist nämlich ohne Belang, ob
    diesbezügliche Ansprüche aus den gesetzlichen Regelungen des Ur-

heberrechts und dem Recht der ungerechtfertigten Bereicherung folgen oder ob sie auf einer vertraglichen Bindung beruhen.

V.   Verletzung von Verwertungsinteressen durch Dritte

Abschließend sei kurz auf das Schutzinstrumentarium engegangen,
welches gegen Verletzungshandlungen Dritter besteht. Für die in
der Praxis bedeutsamen Fälle ergibt sich ein wirksamer Schutz aus
dem Gesetz gegen den unlauteren Wettebwerb (UWG), wobei folgende
besonders bedeutsame Verletzungshandlungen erfaßt werden:

1.   Erfaßt werden die Fälle sklavischer Nachahmung oder unmittelbarer
      Leistungsübernahme, bezogen auf ein wettbewerblich eigenartiges,
      überdurchschnittliches Erzeugnis. Die Anforderungen an eine wett-
      bewerbliche Eigenart sind allerdings nicht hoch zu setzen: Sie
      sind bei einem mit einigem Aufwand hergestellten Computerprogramm
      regelmäßig gegeben.

      Die besonderen, zur Sittenwidrigkeit im Sinne des UWG führenden
      Umstände liegen bei der unberechtigten Vermarktung von Computer-
      programmen regelmäßig darin, daß der Verletzte unbillig um die
      Früchte seiner Arbeit gebracht wird und der Verletzer ohne eigene
      Mühen einen Wettbewerbsvorsprung erzielt, den er im Normalfall
      nur unter Einsatz eigener Leistung oder eines eigenen finanziel-
      len Aufwandes hätte erlangen können.

      Mit den Tatbeständen der sklavischen Nachahmung und unmittelbaren
      Leistungsübernahme werden die in der Praxis besonders unangeneh-
      men Fälle der Vermarktung von Programmen durch Raubkopierer er-
      faßt.

2.   Aufgrund einer erheblichen Verschärfung der Geheimnisverratsvor-
      schriften im Gesetz gegen den unlauteren Wettbewerb (§ 17 UWG)
      knüpfen weiterhin besondere Sanktionen bereits an die Verschaf-
      fungshandlung im Vorfeld einer unberechtigten Verwertung von Com-
      puterprogrammen an. Wenn sich der Verwertende das Programm in
      wettbewerbswidriger Weise verschafft hat (etwa durch Geheimnis-
      verrat oder durch Täuschung, Vertragsbruch etc.) oder wenn der

Vertrieb des Computerprogramms in wettbewerbswidriger Weise erfolgt (z.B. durch Preisunterbietung), so stehen dem Verletzten anknüpfend an die Strafvorschriften des UWG - zivilrechtliche Schadensersatz- und Unterlassungsansprüche zur Seite.

VI. Schlußbetrachtung

Zusammenfassend kann festgestellt werden, daß bei der Gestaltung von DV-Verträgen die Frage von eher untergeordneter Bedeutung ist, ob für das konkrete Programm ein urheberrechtlicher Schutz besteht. Im einen wie im anderen Falle sind diejenigen Regelungsbereiche vertraglich abzuhandeln, welche durch das Urheberrechtsgesetz vorgezeichnet sind. Wenn auch die Frage eines Urheberrechtsschutzes in einzelnen Bereichen, die durch das Urheberrecht nicht erfaßt werden, noch Bedeutung besitzt, so ist doch bei entsprechender Vertragsgestaltung ein hinreichender Schutz gewährleistet, auch wenn die hohen Anforderungen nicht gegeben sind, die nach der Rechtssprechung des Bundesgerichtshofs für das Bestehen eines Urheberrechtsschutzes erfüllt sein müssen.

Überlassung von Standardprogrammen - Was darf der Anwender tun?

Rechtsanwalt Dr. Christoph Zahrnt
Hollmuthstr. 2a, 6903 Neckargemünd

1.   Einleitung

(1) **Praxis:** Die Einräumung von Einsatzrechten wird am Know-how-Schutz
des Lieferanten und an dessen Einschätzung, wie er optimale Einnahmen
erzielen kann, ausgerichtet. Im Vordergrund steht die Frage des zuläs-
sigen Nutzungsumfangs in Abhängigkeit von der Vergütung. Es gibt eine
Vielzahl von Ansätzen, insb.

- eine DV-Anlage oder ein Gerät (mit Speicher für dieses steuernde
  Software), mit Zeitablauf (kann langfristig wechseln; Installation
  nur auf einer Anlage zu jedem beliebigen Zeitpunkt - Ausweichanlage
  zulässig),
- immer nur eine DV-Anlage zu jedem beliebigem Zeitpunkt,
- Vergütung abhängig von der Größe der Zentraleinheit,
- Vergütung abhängig von der Zahl der angeschlossenen Arbeitsplätze,
- Vergütung abhängig von der Größe der Dateien,
- Vergütung bei Anwendungsprogrammen abhängig von der eingesetzten
  Systemsoftware (wieviel Nutzung ermöglicht diese?)
- Vergütung nach CPU-Sekunden Einsatzzeit (bei technischen Anwen-
  dungsprogrammen).

Es wird hier vom Einsatzrecht des Anwenders gesprochen und nicht von
seinem Nutzungsrecht, weil der Begriff Nutzungsrecht urheberrechtlich
eine bestimmte Bedeutung hat; insb. gehen Nutzungsrechte dahin, daß
jemand ein Werk **vervielfältigen** oder auch verbreiten darf. Bei Verträ-
gen über die Überlassung von Standardprogrammen geht es hingegen in
der Regel darum, daß der Anwender nur am Rande ein Nutzungsrecht in
Form eines Vervielfältigungsrechts und grundsätzlich kein Verbreitungsrecht eingeräumt bekommen soll /2/. Die Einräumung urheberrechtlicher Nutzungsrechte steht auf keinem Fall im Vordergrund.

Die Mehrzahl aller Programme ist nach dem Grundsatzurteil des BGH vom
9. Mai 1985 /3/ urheberrechtlich nicht geschützt, so daß nach herkömm-
licher Auffassung keine Rechte am Programm bestehen und also auch
nicht übertragen werden können. Werden solche Programme überlassen,
handelt es sich nur um schuldrechtliche Vereinbarungen zwischen den

Parteien, daß der Anwender das Programm (nur) in bestimmter Weise einsetzen darf.

(2) Rechtliche Einordnung: Festzuhalten ist, daß der BGH in seinem Grundsatzurteil vom 4. November 1987 /1/ zur gewährleistungsrechtlichen Problematik keine Aussage über die Einordnung des Vertrages unter dem **Gesichtspunkt macht, welche Rechte der Anwender am** erworbenen Standardprogramm hat.

Der Umfang des Einsatzrechtes hängt maßgeblich von der Einordnung des Vertragstyps ab. Ausgangspunkt dürfte sein, daß es um die Überlassung einer geistigen Leistung als fertiges Produkt geht. Man kann von einer neuartigen Form von Know-how sprechen, sollte sich aber darüber im klaren sein, daß es hier um eine bereits zur Benutzung fertige Form und nicht um Risiko geht. Das sieht auch der BGH so in seinem Grundsatzurteil vom 4. November 1987 /1/. Viele Programme enthalten kein geheimes fachliches oder DV-mäßiges Know-how, sondern sind das - kostenaufwendige - Ergebnis, bekanntes Wissen organisatorisch aufzubereiten, zur Verfügung zu stellen und ausreifen zu lassen. Z.B. sind die Grundsätze ordnungsgemäßer Buchführung allgemein bekannt; dennoch sind viele Unternehmen bereit, für ein ausgereiftes Buchhaltungsprogramm viel Geld auszugeben.

Dabei differenziert sich dieser Ansatzpunkt ("neuartiges Know-how") in der Praxis entsprechend zusätzlicher Aspekte, die den Vordergrund bestimmen **(Abbildung "Umfang des Einsatzrechts bei Programmüberlassung nach Gesetz")**. Jeder Aspekt dürfte eine bestimmte Art von Programmen sehr gut bis gut einordnen. Ungeklärt ist - mangels Rechtsprechung -, wie groß der Einzugsbereich der einzelnen Aspekte ist.

- Der Anwender kauft (mietet) ein Vervielfältigungsstück entsprechend einem teuren Buch z.B. einer Marktuntersuchung. Eine solche Einordnung wird dem Kauf von Programmen für Mikrocomputer weitgehend gerecht, insb. wenn das Programm auf gegen Kopieren geschützten Datenträgern gespeichert ist.

- Der Anwender kauft (mietet) eine Nutzungsmöglichkeit (Nutzung im DV-mäßigen Sinne/Einsatzmöglichkeit). Dieser Ansatz wird vielen Anwendungsprogrammen gerecht, insbesondere wenn sie auf Universalanlagen ausgerichtet sind. Beispielsweise kommt es bei der Preisbildung für ein Lohnprogramm für ein Großunternehmen kaum darauf an, ob dieses das Programm nur auf einem zentralen DV-System einsetzen

will oder - aus Gründen der organisatorischen Bequemlichkeit - auf
zwei Systemen.

- Systemsoftware, insb. Betriebssoftware, wird oft als Hardware in
  anderer Form, insb. als Teil der Konfiguration verstanden: Sie müs-
  se ähnlich wie Hardware behandelt werden, also sei die Nutzung auf
  eine bestimmte Zentraleinheit beschränkt. Dies wird in der Praxis
  z.T. dadurch unterstrichen, daß eine Grundausstattung an Systemsoftware in den Preis für eine Grundausstattung an Hardware einbezogen wird. Das wird noch deutlicher wenn die Programme so in Speicherbausteinen fest eingegeben sind, daß der Speicherbaustein nicht
  ausgetauscht werden soll.

Umfang des Einsatzrechts bei Programmüberlassung nach geltendem Recht

	Kauf (Miete) eines Vervielfältigungsstücks (= einer Kopie)	Kauf (Miete) einer Nutzungsmöglichkeit	Know-how-Vertrag	Kauf von Systemsoftware wie von Hardware
hinsichtlich der Zahl der Anlagen	auf einer beliebigen und auf A.A.	auf allen	auf allen(?) und auf A.A.	auf einer bestimmten und auf A.A.
Nutzung zugunsten Dritter	ja	ja (?)	eher nein	ja
Kenntnisgabe an Dritte	ja	ja (?)	grundsätzlich nein	grundsätzlich ja
Übertragung an Dritte	ja (nein)	eher nein (nein)	nein	ja, mit Hardware
Übertragung auf eine neue Anlage				
a) Programm ist portabel	ja	ja	ja	eher ja, BS nein
b) es ist eine andere beim Lieferanten vorhandene Variante nötig	kaum (ja: a.o. Kündigungsrecht)	ja, ggf. gegen Aufpreis	ja, ggf. gegen Aufpreis	ja, ggf. gegen Aufpreis BS nein

BS = Betriebssystem   A.A. = Ausweichanlage

- Überlassung von geheimen Know-how: Es gibt Programme, in die viel
  geheimes Know-how eingeflossen ist. Insofern ist es auf jeden Fall
  gerechtfertigt, die Überlassung von solchen Programmen als Überlassung von Know-how einzustufen.

2. Der Umfang im einzelnen

(1) **Problemstellung:** Der Umfang des Einsatzrechtes des Anwenders
spielt in der Praxis insbesondere hinsichtlich folgender Fragen eine
Rolle:

- Auf wieviel DV-Anlagen darf der Anwender das Programm einsetzen?
  Hier ist zu unterscheiden zwischen der Mehrfachinstallation eines
  Programmes und dem Mehrfacheinsatz: Wandert der Datenträger mit dem
  Programm von DV-Anlage zu DV-Anlage, so liegt ein Einfacheinsatz
  vor. Viele Lieferanten wollen das - zumindest außerhalb des Bereiches von Programmen für Mikrocomputer - aber als Mehrfachinstallation ansehen, die zu einem höheren Preis führen soll.

  Wenn der Anwender das Programm nur auf einer bestimmten DV-Anlage
  einsetzen darf: Darf er es bei Nichteinsetzbarkeit dieser DV-Anlage
  auf einer Ausweichanlage einsetzen?

- Darf der Anwender das Programm auch zu Gunsten Dritter einsetzen
  (Konzernverarbeitung, Servicerechenzentren)?

- Darf der Anwender das Programm Dritten zur Kenntnis geben, insbesondere Konkurrenten des Lieferanten? Es geht hier um die Frage des
  Programmschutzes, für die das Urheberrecht überhaupt nichts her-
  gibt, weil es darauf nicht abzielt. Diese Frage stellt sich beispielsweise, wenn der Anwender das Programm mit Programmen anderer
  Lieferanten zusammen einsetzen will und der andere Lieferant gewisse Kenntnisse über dieses Programm benötigt, um sein Programm an-
  schließen zu können, oder wenn ein anderer Lieferant das Programm
  modifizieren soll.

- Darf der Anwender sein Einsatzrecht unter gleichzeitigem Verzicht
  auf den weiteren eigenen Einsatz des Programmes einem Dritten übertragen?

- Darf der Anwender sein Einsatzrecht bei Beschränkung der Nutzung
  auf eine Anlage auf eine andere eigengenutzte Anlage übertragen?

- Darf der Anwender die Software eines (System-)Herstellers auf der
  Zentraleinheit eines anderen Herstellers einsetzen?

- Darf der Anwender das Programm ändern?

- Darf er eine Sicherungskopie herstellen?

Die Antworten zu diesen Fragen hängen wesentlich von der Einordnung
des Vertragstyps ab (Abbildung "Umfang des Einsatzrechts bei Programmüberlassung nach Gesetz"). Im folgenden soll nur auf den Hauptfall
eingegangen werden, nämlich auf die Einräumung einer Nutzungsmöglichkeit.

(2) Einsatz zugunsten Dritter: Der Anwender darf das Programm außer
in Ausnahmefällen auch für Zwecke Dritter einsetzen.

(3) Kenntnisgabe an Dritte: Ob der Anwender das Programm Dritten zur
Kenntnis geben darf, ist fraglich. Grundsätzlich stellen Geheimhal-
tungspflichten die Ausnahme dar. Eine solche Ausnahme ist bei Be-
triebsgeheimnissen anzunehmen. Programme können Betriebsgeheimnisse
sein. Wenn der Lieferant Quellcode aber ohne die Verpflichtung zur Geheimhaltung aus der Hand gibt, verzichtet er darauf, diesen zu einem
Betriebsgeheimnis zu machen.

Zu erwägen ist eine abgeschwächte Verpflichtung, daß der Anwender nach
Möglichkeit einen Dritten einschalten soll, der unverdächtig ist, die
fremde Investition auszunutzen. Bekommt ein Laien-Anwender Quellcode,
heißt das, daß er Dritten die Programme zum Zwecke der Pflege zugänglich machen darf, weil er die Programme nicht selber pflegen kann.

Erhält ein Anwender Zugriff auf hinterlegten Quellcode, dürfte das
bisher bestehende Verbote der Kenntnisgabe aufheben.

(4) Übertragung an Dritte: Es ist daran zu erinnern, daß es hier um
Verträge mit Anwendern geht. Ein Weitergabeverbot kann in einem Vertrag zwischen Hersteller und Lieferanten eine andere Bedeutung haben.

Aus schuldrechtlicher Sicht, darf der Anwender das Programm wahrscheinlich einem Dritten überlassen, und zwar in Objektcode eher als

in Quellcode wegen der geringeren Gefährdung der Investition des Lieferanten.

Bei urheberrechtlich geschützten Programmen ist Ausgangspunkt, daß das
Verbreitungsrecht des Urhebers erschöpft ist. Die Übertragung ist also
zulässig. Nimmt man hingegen mit der herrschenden Meinung an, daß der
Anwender ein einfaches Nutzungsrecht (für das Laden des Programmes als
dessen Vervielfältigung) eingeräumt bekommt, so scheidet die Übertragung entweder dogmatisch aus oder bedarf der Zustimmung des Inhabers
des ausschließlichen Nutzungsrechts.

Der Urheber soll nach verbreiteter Meinung zur Zustimmung verpflichtet
sein, da er das ihm zustehende Entgelt für das Indenverkehrbringen der
Kopie bereits erhalten habe. Man kann das aber auch andersherum sehen:
Das Entgelt wird vom Urheber im Hinblick darauf der Höhe nach festgelegt, daß der Anwender das Programm nicht weitergeben darf.

Viele Lieferanten schließen die Übertragbarkeit in ihren Allgemeinen
Geschäftsbedingungen aus. Das ist vom LG Bielefeld /4/ und vom OLG
Nürnberg /5/ anerkannt worden, und zwar vom OLG Nürnberg sogar in dem
Fall, daß der Anwender (Konkursverwalter) das Prozeßdatenverarbei-
tungsprogamm samt Prozeß (gesteuerte Maschinen) an einen anderen An-
wender vermietet hatte.

Gegen die Zulässigkeit des Ausschlusses spricht bei urheberrechtlich
geschützten Programmen, daß das Verbreitungsrecht erschöpft ist: Was
urheberrechtlich gewollt ist, kann schuldrechtlich durch Allgemeine
Geschäftsbedingungen nicht wieder ausgeschlossen werden: Die Ware sol-
le fungibel bleiben. Andererseits ist aber zu berücksichtigen, daß
viele Lieferanten dem Anwender erlauben, das Programm auf eine neue
Zentraleinheit zu übertragen und es damit - bei Vollpflege - sehr lang
einzusetzen. Insb. wenn sie sich verpflichten, (neuentwickelte) sy-
stemtechnische Varianten - gegen Aufpreis - zu liefern, so daß die
Programme auch auf neuartigen DV-Anlagen eingesetzt werden können, ist
das ein wichtiger Grund, den Ausschluß der Weitergabe des Programms
der Inhaltskontrolle Stand halten zu lassen.

Bei der isolierten Veräußerung ist ein weiterer Sonderfall zu sehen:
Herstellerspezifische Betriebssysteme, die auf bestimmte Hardware ausgerichtet sind, sind als Teil der Einheit DV-Anlage anzusehen. Hier
verstößt das Veräußerungsverbot m.E. gegen Treu und Glauben (Hersteller, die das Betriebssystem an die Hardware koppeln, sehen m.W. auch

kein Veräußerungsverbot vor).

Bei urheberrechtlich nicht geschützten Programmen dürfte entsprechend
der hier vertretenen Generallinie nichts anderes gelten.

Der Aspekt des Programmschutzes kann für die Zulässigkeit des Verbotes
sprechen. Insb. wenn Quellcode überlassen worden ist, ist die Investition des Herstellers bei Weitergabe u.U. erheblich gefährdet. Er bzw.
seine Lieferanten müssen bestimmen können, in wessen Hände der Quellcode gelangt. Zumindest muß ein Zustimmungsvorbehalt hinsichtlich des
Erwerbers zulässig sein.

(5) Programme in Speicherbausteinen: Die Fragen beantworten sich
(gleich ob PROMs oder EPROMs verwendet werden) weitestgehend nach der
realisierten Technik:

- Das Programm in einem fest eingefügten Speicher kann nur auf der
  betreffenden DV-Anlage ablaufen. Bei einem auswechselbaren Speicherbaustein kommt es darauf an, ob das Einsatzrecht an die Anlage
  gebunden ist.

- Es kann wie die Hardware zugunsten Dritter genutzt werden.

- Die Bekanntgabe ist kaum möglich.

- Die Übertragung an Dritte kann nicht ausgeschlossen werden.

- Die Übertragung auf eine neue Anlage mag bei fest eingefügten Speicherbausteinen im Einzelfall technisch möglich sein. Bei auswechselbaren ist sie es weitgehend. Sie ist dann auf jeden Fall wie bei
  einem Vervielfältigungsstück erlaubt.

(6) Herstellerbindung des Softwareeinsatzes:

(6.1) Nutzung nur auf herstellereigener Hardware: Es findet sich häufig in Allgemeinen Geschäftsbedingungen von (System)Herstellern die
Klausel, daß das Programm nur auf der Hardware (Zentraleinheit) des
Herstellers und nicht auf der eines Konkurrenten eingesetzt werden
darf. Lehmann /6/ hält eine solche Koppelung anscheinend nur dann für
zulässig, wenn technische Notwendigkeiten dafür existieren. Er bejaht
weitgehend die Pflicht, Software an jeden Interessenten zu liefern.

(6.2) <u>Zusätzliche Vergütung bei Einsatz fremder Hardware</u>: Hier geht es erst einmal um eine offene Variante der Herstellerbindung dahingehend, daß insb. bei Systemsoftware der Anschluß von Hardware, die von einem anderen Lieferanten bezogen worden ist, eine zusätzliche Vergütung auslösen soll. Die Nutzung von insb. Systemsoftware wird also mit dem Argument beschränkt, daß deren Vergütung von dem Umfang der Hardware abhängig sein soll (verständlich!), allerdings in der Form, daß die zusätzliche Vergütung wegen umfangreichere Hardwarer über die Hardware bezahlt werden soll. Diese Frage bedarf noch der Untersuchung.

Eine Variante davon besteht bei Systemhäusern darin, daß dann, wenn der Anwender nicht nur die Anwendungssoftware, sondern auch die DV-Anlage beim Systemhaus kauft, die Anwendungssoftware deutlich billiger als bei isoliertem Bezug ist (das Systemhaus gibt einen Teil der Handelsspanne für die Hardware an den Anwender weiter). Fraglich ist, ob eine Klausel in Allgemeinen Geschäftsbedingungen wirksam ist, die bei der Übertragung des Einsatzrechtes auf eine andere DV-Anlage die Zahlung einer zusätzlichen Vergütung bzw. die Höhe dieser Zahlung davon abhängig macht, daß der Anwender die DV-Anlage wiederum beim Systemhaus kauft. Das dürfte dann akzeptabel sein, wenn die zusätzliche Vergütung größenklassenabhängig ist und der Regelungsgehalt letztlich darin besteht, daß der Lieferant erklärt, daß er bei Bezug der Hardware von ihm einen definierten Teil seiner Handelsspanne weiterreicht.

3.   **Insb. Anlagenbezogenheit des Einsatzrechts**

(1) Zahl der DV-Anlagen: Aus schuldrechtlicher Sicht darf der Anwender das Vervielfältigungsstück zumindest auf einer beliebigen Anlage einsetzen, also auch von Anlage zu Anlage wandern lassen.

Bei Erwerb einer Nutzungsmöglichkeit (Einsatzrecht) dürfte die Zahl der Anlagen nur eine untergeordnete Rolle spielen. Für den Fall des Erwerbs eines Kfz-Branchenpaketes ist das OLG Hamm allem Anschein nach davon ausgegangen, daß der Anwender das Programm auf mehreren Anlagen einsetzen dürfe /7/.

Darf der Anwender das Programm nur auf einer Anlage einsetzen (aufgrund der Gesetzeslage oder aufgrund der Vertragsbedingungen), so darf er es auch bei Nichteinsetzbarkeit dieser Anlage auf einer Ausweichanlage einsetzen.

Vom Urheberrecht her gesehen braucht der Anwender nach herrschender
Meinung ein einfaches Nutzungsrecht in der Form eines Vervielfälti-
gungsrechts, um das Programm in den Hauptspeicher laden zu dürfen.
Dieses werde zumindest stillschweigend erteilt. Nach der Mindermeinung
(Überlassung eines Vervielfältigungsstücks) bedarf es dessen nicht.

Die Bindung an eine bestimmte Zentraleinheit könnte als räumliche Beschränkung angesehen werden, so daß sie bei der Einräumung eines einfachen Nutzungsrechts urheberrechtlich zulässig wäre. Bei der Überlassung eines Vervielfältigungsstücks läuft eine solche Beschränkung urheberrechtlich leer.

(2) Begriff der Anlage usw: Technischer Ausgangspunkt ist, daß ein
Programm in den hier behandelten Fällen in einen Speicher geladen werden muß, von dem aus es durch einen Prozessor abgearbeitet werden
kann. Dieser Prozessor ist in der Regel Teil einer Zentraleinheit,
kann aber auch zu einem einzelnen Gerät gehören.

Wenn der Einsatz/die Nutzung auf ein bestimmtes Gerät oder eine bestimmte Zentraleinheit bezogen wird, dürften kaum Auslegungsschwierig-
keiten auftreten. Setzt sich eine Zentraleinheit aus mehreren Prozessoren zusammen, so liegt immer noch eine Zentraleinheit vor. Das gilt
auch, wenn auf einer Zentraleinheit mehrere Betriebssysteme eingesetzt
werden (z.B. MVS unter VM oder MS-DOS unter UNIX). Das Programm mag
dann mehrfach in den Hauptspeicher, der der Zentraleinheit zugeordnet
ist, geladen werden.

Wird das Nutzungsrecht auf eine DV-Anlage bezogen, so ist alles, was
bei Bezogenheit auf eine Zentraleinheit zulässig ist, erst recht zulässig. Wird eine ausfalltolerante DV-Anlage eingesetzt, dürfte es
sich immer noch um eine Anlage handeln, weil das Programm nur einmal
genutzt wird, wenn auch auf beiden Teilanlagen identisch. Die Grenze
dürfte aber überschritten sein, wenn die zweite Anlage als Stand-by-
Anlage dient und also im Normalfall andere Aufgaben wahrnimmt.

Ist ein Programm mandantenfähig, kann es also für mehrere Anwender parallel genutzt werden, so ändert das auch nichts daran, daß es nur auf
einer Anlage eingesetzt wird. Der Anwender, der das nicht als Einfach-
nutzung gelten lassen will, muß dann bei der Frage der Zahl der Man-
danten einsetzen.

(3) Übertragung auf eine andere Anlage: Relevant wird die Frage z.B.
für den Fall der Ausmusterung der bisher eingesetzten Zentraleinheit,
wenn der Anwender das Programm nicht ohnehin auf allen Anlagen einsetzen darf. Je stärker der Gesichtspunkt der Nutzungsmöglickeit des Anwenders den Vertrag bestimmt, desto weniger kommt es auf die Anlage
an, d.h. desto eher ist die Übertragung zulässig. Gerade wenn die
Übertragung an einen Dritten ausgeschlossen ist, soll der Anwender das
Programm beliebig lange nutzen können. (Wo die Übertragung an einen
Dritten nicht ausgeschlossen ist, tritt dieser Gesichtspunkt zurück.)

(3.1) <u>Ausschluß der Übertragbarkeit/Anlagengebundenheit:</u> Einige Liefer-
ranten sehen in ihren Allgemeinen Geschäftsbedingungen vor, daß Systemsoftware oder Anwendungsprogramme überhaupt nur auf einer bestimmten Zentraleinheit eingesetzt werden dürfen. Das Einsatzrecht soll also mit dem Untergang der Zentraleinheit erlöschen **(Abbildung "AGB der
NCR GmbH").**

AGB der NCR GmbH
für Software-Lizenzen und Software-Service

15. Lizenzdauer

Die Nutzung der Lizenzprodukte ist beschränkt

- bei vereinbarter einmaliger Lizenzgebühr auf die Dauer der Nutzung
  der im Lizenzvertrag aufgeführten Hardware und
- bei vereinbarter monatlicher oder jährlicher Lizenzgebühr auf die
  im Voraus bezahlte Lizenzzeit.

Die Lizenzprodukte ... sind ... zu vernichten, sobald der Lizenznehmer die im Lizenzvertrag genannte NCR Hardware ständig nicht mehr benutzt oder wenn das Benutzungsrecht des Lizenznehmers an dem Lizenz-
produkt erlischt. Eine Rückvergütung der Lizenzgebühren erfolgt nach
den dann geltenden Bestimmungen der NCR-Preisliste.

16. Weitergabe an Dritte, Vervielfältigungen

Der Lizenznehmer verpflichtet sich, die Lizenzprodukte ... Dritten
weder ganz noch teilweise zu überlassen.

Solch eine Klausel dürfte bei Anwendungssoftware gegen § 9 AGB-Gesetz verstoßen und damit unwirksam sein. Wenn schon das Verbot der Übertragbarkeit an einen Dritten wegen des Erschöpfungsgrundsatzes bedenklich ist (siehe 2 (4)), so schränkt dieses Verbot sogar den Erwerber selber ein. Wenn die Hardware regelmäßig erst nach vielen Jahren außer Betrieb gesetzt werden würde, könnte man noch Verständnis für das Verbot haben. In der Praxis ist es aber ebenso möglich, daß eine bestimmte Anlage schon nach kurzer Zeit gegen eine andere, insb. größere, ausgetauscht wird. Z.B. benötigt die Zentrale der Anwenderfirma eine größere Anlage, auf der weiterhin Lohn- und Finanzbuchhaltung gefahren werden sollen, während die ursprünglich eingesetzte kleine Anlage anderswo für die Materialwirtschaft eingesetzt werden soll.

Wenn das Verbot der Übertragbarkeit an einen Dritten noch hinzukommt, dürfte wohl kaum Zweifel bestehen, daß diese Kumulierung gegen § 9 AGB-Gesetz verstößt. Angesichts dessen, daß das Weitergabeverbot das gewichtigere Interesse des Lieferanten ausdrückt, muß dann die Klausel über die Anlagengebundenheit fallen.

Die Anlagengebundenheit alleine könnte dann akzeptiert werden, wenn die einmalige Überlassungsvergütung für eine angemessene Zeit angesetzt wird und der Anwender Anspruch auf angemessene Rückzahlung hat, wenn er die Hardware vor Ablauf dieser Zeit außer Betrieb setzt. Dann müßte die AGB-Klausel aber entsprechend formuliert sein. Die beispielhaft abgedruckte Klausel - wenn sie überhaupt auch für diesen Fall und nicht nur für den der Miete gelten soll - reicht nicht aus, weil sie nur auf die "dann geltenden" Bestimmungen der Preisliste abstellt.

Solche Klauseln sind eher wirksam, wenn sie sich auf <u>Systemsoftware</u> beziehen, die normalerweise zusammen mit der Hardware umgesetzt wird. Die Bedenken nehmen weiterhin ab, wenn der Lieferant auch die Weitergabe der Systemsoftware zusammen mit der Hardware an einen Dritten erlaubt.

(3.2) <u>Größenabhängige Vergütung:</u> Es unterliegt nicht der Inhaltskontrolle nach dem AGB-Gesetz, **wenn** der Lieferant die Überlassungsvergütung von der Größe der DV-Anlage abhängig macht. Eine Klausel, daß die Übertragung der gelieferten Kopie des Programmes auf eine andere (größere) DV-Anlage zu einer zusätzlichen Vergütungspflicht führt, dürfte aber der Inhaltskontrolle gemäß § 9 AGB-Gesetz unterliegen. Hier dürfte eine sehr starke Differenzierung zulässig sein, die also zu einem sehr großen Zuschlag führen kann. Denn nimmt man nicht portable Anwendungsprogramme wie z.B. die Finanzbuchhaltung, so ergibt sich in der Praxis häufig ein Preisverhältnis von 1:20 (im Extremfall noch höher).

Angesichts dessen, daß sich die größenabhängige Vergütung erst einbürgert, gibt es derzeit noch häufig Regelungslücken:

- Hat der Anwender das Programm für die derzeit größte Klasse erworben und führt der Lieferant nachträglich eine noch größere Klasse ein, muß der Anwender nur dann einen Zuschlag zahlen, wenn das ausdrücklich auch für diesen Fall vorgesehen ist.

- Führt der Lieferant überhaupt erst nachträglich eine größenabhängige Vergütung ein, kann er ebenfalls keinen Zuschlag verlangen.

Anders kann es allerdings liegen, wenn der Anwender eine andere Variante braucht, worauf im folgenden eingegangen wird.

(3.3) <u>Andere Variante nötig</u>: Braucht der Anwender eine andere beim Lieferanten vorhandene Variante des Programms, um sie auf der neuen DV-Anlage einzusetzen (weil die alte Variante nicht entsprechend portabel ist), kann der Anspruch des Anwenders darauf sehr unterschiedlich beurteilt werden:

- Die neue Variante ist ein anderes Produkt, das der Anwender voll bezahlen soll.

- Der Anwender zahlt für die Investition des Lieferanten in das Programm. Wenn dieser unterschiedliche Varianten realisiert hat, macht das (typischerweise) jeweils nur eine geringe zusätzliche Investition aus. Dementsprechend braucht der Anwender nur eine geringe zusätzliche Zahlung zu leisten.

Je stärker es um die Einräumung einer Nutzungsmöglichkeit oder um die Überlassung von Know-how geht, desto plausibler ist der zweite Ansatz. In der Praxis wird überwiegend zumindest die bereits gezahlte Überlassungsvergütung auf die Überlassungsvergütung für die neue Variante angerechnet, wenn es um Varianten mit größenabhängiger Vergütung geht.

In diesem Fall kann der Lieferant, der erst nachträglich eine größenabhängige Vergütung eingeführt oder diese ausgebaut hat, anders als bei (3.2) diese Preisdifferenzierung noch geltend machen.

Fußnoten

/1/ BGH vom 4. November 1987 (VIII ZR 314/86), IuR 1988, 16

/2/ Siehe Zahrnt, DV-Verträge: Rechtsfragen und Rechtsprechung,
Hallbergmoos 1987, Kapitel 5.3.3.1

/3/ BGH vom 9. Mai 1985 (I ZR 52/83), BGHZ 94, 286 = IuR 1986, 18

/4/ LG Bielefeld vom 18. April 1986 (20 O 412/84), CR 1986, 444.
BGH vom 6. März 1986 (I ZR 208/83), CR 1986, 449, hält ein solches
Verbot für möglich, geht darauf aber mangels Feststellungen des
Instanzgerichts nicht weiter ein.

/5/ OLG Nürnberg vom 8. Mai 1984 (3 U 652/83), Zahrnt, DV-Rechtspre-
chung Band 2 UrhG-§ 2-3, Hallbergmoos 1987

/6/ Lehmann, Michael "Aktuelle kartell- und wettbewerbsrechtliche Probleme der Lizensierung von urheberrechtlich geschützten Computerprogrammen", BB 1985, 1215;
Zahrnt (Fn 2), Kapitel 8.5.1

/7/ OLG Hamm vom 17. Januar 1985 (4 U 30/84), Zahrnt, DV-Rechtspre-
chung Band 3-22, Hallbergmoos 1988 = CR 1986, 809 = IuR 1986, 204.
Das OLG argumentierte, daß die in jenem Fall verwendete Klausel
wegen der Unklarheitenregel (§ 5 AGB-Gesetz) dem Anwender die
Mehrfachinstallation nicht verbiete.

RZ-AUTOMATISIERUNG MIT METHODEN DER 4. GENERATION
R. Warns, Software AG

EINLEITUNG

Die Architektur der modernen EDV geht zurück auf die 50er und 60er Jahre
und hat sich in den letzten 20-30 Jahren nicht wesentlich geändert. Ganz
anders die Benutzeroberfläche: statt mit Lochkarten kommuniziert man nun
über moderne Bildschirmgeräte mit dem Rechner.

Je mehr man sich dem Rechenzentrum selbst nähert, desto weniger
Fortschritt wird sichtbar. Die "Job Control Language", wesentliches
Werkzeug für Systemprogrammierung und Operating, hat sich seit den 60er
Jahren praktisch nicht verändert. Der Operator kontrolliert seine
Maschine wie vor 20 Jahren über die Konsole. Üblicherweise sind mehrere
verschiedene Software-Systeme im Einsatz, was eine umfassende Kenntnis
der Befehlsstruktur jedes einzelnen Softwareproduktes voraussetzt.

Um tagtägliche Prozeduren wie Datei-Zuweisungen bewältigen zu können,
muß der Benutzer sich mit der System-Resourcenverwaltung befassen, was
wiederum eine eingehende Kenntnis technischer Einzelheiten wie Platten-
oder Katalogstruktur erfordert.

Leider bieten die verfügbaren Werkzeuge nicht die
Benutzerfreundlichkeit, die erforderlich wäre, damit Systemprogrammierer
und Arbeitsvorbereiter sich voll auf ihre Entwicklungs- oder
Pflegeaufgabe konzentrieren können.

DAS GRUNDKONZEPT DER SAG PRODUKTE FÜR DEN RZ-BETRIEB

Aufgrund der guten Erfahrungen auf dem Gebiet der Anwendungsentwicklung
steht NATURAL nun auch als Werkzeug für Systemprogrammierung und
Operating zur Verfügung. Ziel ist der Ersatz üblicher
Programmier-Techniken durch Technologie der 4. Generation. Mit NATURAL
braucht sich der Programmierer nicht mehr um die Struktur und
Organisation der Systeminformationen zu kümmern, er kann sie einfach
abfragen.

Die Software AG Produktfamilie bildet eine Architektur nach dem
Baukastenprinzip. Das neue Werkzeug NATURAL PROCESS ist in der Open
Integrated Software Architecture der Software AG voll integriert und
nutzt die Systemumgebung woimmer möglich. So unterstützt NATURAL PROCESS
aufgrund der definierten Oberflächen innerhalb der Architektur
Komponenten wie NET-WORK, NATURAL GRAPHICS und SUPER NATURAL.

Die Einbettung von NATURAL PROCESS in die NATURAL-Umgebung bedeutet, daß
Betriebssystem-Informationen und Services "NATURAL-gerecht" zur
Verfügung stehen. Das heißt, sie müssen dem NATURAL-Programmierer als
"Views" zugänglich gemacht werden und somit über Standard-Befehle wie
"FIND, READ" und "PROCESS" abrufbar sein.

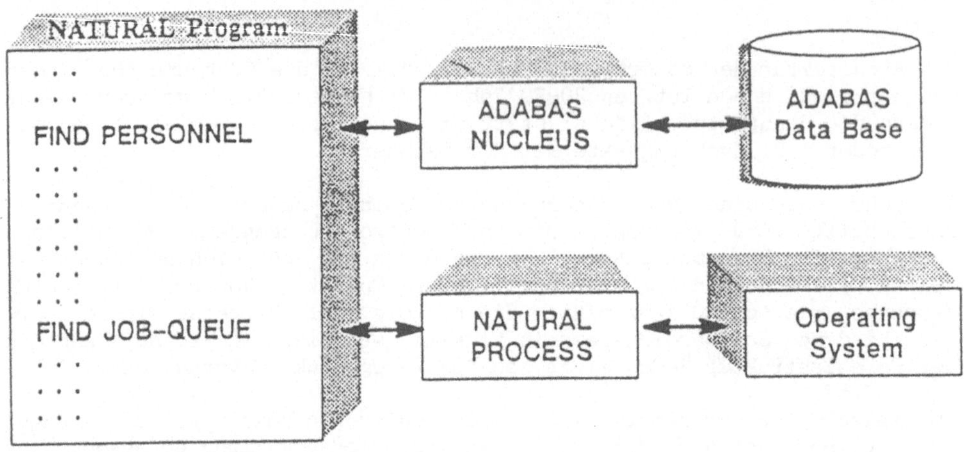

Abbildung 1: NATURAL Programm

Aufgrund dieser Konzeption kann der Anwendungsprogrammierer mit NATURAL PROCESS die gleichen Techniken anwenden, um sowohl auf System-Resourcen als auch auf Datenbank-Informationen zuzugreifen.

Die Vorteile, Betriebssystem-Informationen und konventionelle Daten in einer NATURAL-Umgebung zur Verfügung zu stellen, liegen auf der Hand. NATURAL bietet Systemapplikationen die gleiche hohe Funktionalität und Benutzerfreundlichkeit, die NATURAL-Benutzer genießen, die mit Standard-Applikationen arbeiten.

Mit den NET-WORK Produkten der Software AG sind NATURAL-Applikationen in der Lage, eine Multi-CPU-Umgebung zu überwachen und kontrollieren. Die Services von NATURAL PROCESS stehen in jeder NATURAL-Umgebung zur Verfügung (VM/CMS, DOS/VSE, MVS, BS2000). Somit kann der Systemprogrammierer sie unabhängig von dem aktuellen Betriebssystem benutzen, um Resourcen innerhalb eines Netzwerkes zu verwalten und mit dem Host-Betriebssystem Daten auszutauschen. Dies umfasst beispielsweise Datei-Übertragung, Abschicken eines Jobs und VTAM Netzwerk-Pflege.

Da die Leistungsfähigkeit von NATURAL PROCESS eine entsprechende Zugriffskontrolle auf die Services notwendig macht, werden Sicherheitssysteme wie RACF, TOP SECRET und ACF2 unterstützt.

DER UMFANG DER NATURAL PROCESS FEATURES

NATURAL PROCESS bietet eine umfassende Reihe von Betriebssystem Services sowie Zugriff auf konventionelle Dateien. Sämtliche Informationen werden als Views dargestellt und können wie folgt kategorisiert werden:

- Plattenpflege;

- Datei-Pflege;

- Lese- und Schreibzugriff auf sequentielle Dateien;

- PDS-Pflege;

- Katalogverwaltung;

- Zugriff auf Systemkonsole;

- Abschicken von Jobs;

- Informationen über aktive Jobs;

- Anzeige der Job-Queue;

- Anzeige von Job-Input und Output;

- Resource-Benutzung (ENQ/DEQ);

- SMF-Informationen;

- Nachrichten versenden;

- VTAM-Überwachung;

- Utilities wie IDCAMS und IEBCOPY.

Diese zusätzlichen Merkmale steigern die Leistungsfähigkeit von NATURAL. Mit NATURAL PROCESS wird es erstmals möglich, systemorientierte Software mit Methoden der 4. Generation zu realisieren.

NATURAL PROCESS steht dem Benutzer als selbständiges Software-Paket zur Verfügung. Andererseits bildet es auch die Basis für bestehende und zukünftige Software AG Produkte, die für den Einsatz im Datenzentrum vorgesehen sind.

NATURAL OPERATIONS

Das Online-Produktionskontrollsystem der Software AG wurde entwickelt, um die Anforderungen der Produktions-DV-Umgebungen zu erfüllen, u.a.:

- Planung

- Definition

- Terminplanung

- Überwachung

- Wiederherstellung

- Protokollerstellung, Berichte

- Resourcenplanung

NATURAL OPERATIONS unterstützt und kontrolliert den täglichen Ablauf von Applikationssystemen im Rechenzentrum. Es führt Routine-Aufgaben automatisch aus und kann Fehlersituationen bereinigen, z.B. Wiederanlauf nach Behebung des Fehlers.

Merkmale:

- Online Definitions- und Überwachungsfunktionen. Keine spezielle Definitionssprache;

- NATURAL OPERATIONS erfordert keine Änderung bestehender JCL;

- JCL ist in NATURAL-Bibliotheken oder PDS etc. gespeichert;

- Ermittlung von Job-OK-Terminierung durch System-Benutzer- und Condition-Codes, vordefinierte Strings im Job-Sysout sowie NATURAL Exits;

- Flexible Abhängigkeiten;

- Verschiedene Möglichkeiten zur Terminsetzung;

- Kalender/Uhrzeit;

- Neuer NATURAL SPF Editor;

- NATURAL OPERATIONS benutzt ADABAS für seine Daten.

Das Online-Produktions-Kontrollsystem basiert auf NATURAL und NATURAL PROCESS, und bietet deshalb:

- Einfache Anpassung an besondere Benutzer-Anforderungen;

- Volle Unterstützung verteilter Verarbeitung. Man braucht nur ein System, um mehrere Prozessoren oder Maschinen zu kontrollieren;

.   Einsatzmöglichkeit von Sicherheitssystemen (RACF, ACF2 etc.).

NATURAL OPERATIONS läuft auf MVS, MVS/XA, VSE/SP und BS2000 Betriebssystemen.

NATURAL CONSOLE

NATURAL CONSOLE übernimmt tägliche Routine-Aufgaben im Rechenzentrum. Das Operating hat somit mehr Zeit, sich auf wichtigere Aufgaben zu konzentrieren. NATURAL CONSOLE macht es möglich, sämtliche Maschinen innerhalb eines Netzwerkes von einer einzigen Konsole zu überwachen.

.   Klassifizierung und Auswahl von Ereignissen im System;

      NATURAL CONSOLE unterstützt die Definition mehrerer logischen Konsolen und ermöglicht somit eine einfachere Klassifikation und Auswahl von Systemmeldungen. Der Operator sieht nur die für ihn interessanten Meldungen, indem er die unwichtigen Meldungen unterdrückt;

.   Automatische Reaktion auf System-Ereignisse durch Automatisierungs- Regeln

      NATURAL CONSOLE erlaubt die Definition von Automatisierungs-Regeln und ermöglicht somit vordefinierte Reaktionen auf System-Ereignisse. Eine Reaktion könnte zum Beispiel die Absetzung eines Operator-Befehls sein, die Aktivierung eines Recovery-Programms oder die Benachrichtigung von Wartungspersonal;

.   Kontrolle über Verfügbarkeit der Operator-Befehle.

      NATURAL CONSOLE bietet die Möglichkeit, den Umfang von Operator-Befehlen zu definieren und modifizieren. Zugriff auf bestimmte System-Bereiche können so eingegrenzt werden.

NATURAL NETWORK

NATURAL NETWORK erleichert die Arbeit, die mit der Planung, Verwaltung und Bedienung von Netzwerken zu tun hat und verkürzt den Fehlerbeseitigungs-Aufwand.

Auf der Basis der Performance-Daten kann der Systemverwalter mit Hilfe von NATURAL NETWORK eventuell erforderliche Netzwerkerweiterungen vornehmen. Die NATURAL NETWORK Datenbank enthält alle notwendigen Informationen für die Analyse der Netzwerkprobleme und Koordination der Aktivitäten des Netzwerk-Verwaltungspersonals.

NATURAL NETWORK deckt folgende Funktionsgebiete der Netzwerkverwaltung ab:

Netzwerk-Betrieb:

.   Eine "selektive" Konsole;

.   Vordefinierte "Automation-Rules";

.   Operator-Befehlsauthorisierung;

.   Help für VTAM Meldungen und Prüfdaten;

Konfigurations-Management:

.   Die "Konfigurations-Datenbank" enthält die aktuelle
       Netzwerkstruktur;

.   Eine Import-Funktion steht zur Verfügung, um aus
       bestehenden Konfigurations-Definitionen wie
       SYS1.VTAMLST eine neue Grundfiguration zu erstellen.

Problem-Management:

.   Der Benutzer kann definieren, welche Fehler-Typen
       (z.B. Hardware- oder Software-Fehler) in der
       Datenbank festgehalten werden sollten;

.   NATURAL NETWORK speichert CNM-Daten in die
       Datenbank; es ermöglicht dem Operator, nach
       bestimmten Kriterien wie Zeitrahmen und zu suchen;

.   Die NATURAL NETWORK Datenbank steht für
       Fehlerstatistiken und "Trouble-Logs" zur Verfügung;

Performance-Management:

.   NATURAL NETWORK speichert Performance-Informationen
       wie Antwortzeiten und Datenmengen in die Datenbank.

.   Der Netzwerk-Analytiker kann die gespeicherten
       Informationen abrufen;

. Auf Basis dieser Daten ist eine Trend-Analyse
verfügbar;

Automation-Management:

. Dieser Bereich umfaßt Werkzeuge zur Definition von
"Automation-Rules" und ereignis- bzw. zeitabhängigen
Aktionen (wie NATURAL CONSOLE).

NATURAL SPF

Trotz der immer weiter um sich greifenden Automatisierung von
Routine-Aufgaben wird es immer bestimmte Arbeiten geben, die per Hand
gemacht werden müssen. Jedoch sollte für diese Arbeiten ein
Software-Tool zur Verfügung stehen, das eine optimale Funktionalität mit
einer effektiven und bequemen Benutzer-Oberfläche kombiniert. NATURAL
SPF ist ein Software-Paket, das alle Merkmale aufweist, die
Systemprogrammierer, Applikationsprogrammierer und Operator von einem
Software-Produkt verlangen.

NATURAL SPF ist in die NATURAL-Umgebung integriert, so daß sämtliche
NATURAL oder Betriebssystem-Resourcen gepflegt werden können.

Eine Auswahl der Merkmale:

. Platten- und Dateipflege;

. Ein fortschrittlicher Full-Screen-Editor, der sich
für jede Art von Quellendaten eignet
(NATURAL-Programme, JCL etc.);

. Abschicken von Jobs;

. Zugriff auf System-Pools;

. Console-Anzeige und Befehlseingabe.

NATURAL SPF bietet eine benutzerfreundliche Oberfläche, die in NATURAL 2
geschrieben wurde. Das bedeutet:

. Mehrere aktive Sessions;

. Fortschrittliche Split-Screen-Unterstützung;

. Neuer, ISPF-ähnlicher Editor;

. Window-Technik;

. Flexibles Helpsystem.

Folgende Hilfsmittel zur Navigation im System stehen zur Verfügung:

- Direkte Befehle

- Funktions-Codes

- PF-Tasten

- Auswahlmenüs

Da NATURAL SPF eine NATURAL-Applikation ist, bietet es sämtliche Vorteile der NATURAL-Technologie:

- Einfache Pflege;

- In Mehr-Betriebssystem-Umgebungen einsetzbar;

- Netzwerkfähig;

- Anpaßbar an Benutzer-Anforderungen;

- Erweiterbar;

Aufgrund seiner Integration in der Open Integrated Software Architecture der Software AG steigert NATURAL SPF Produktivität. Es bietet große Funktionsvielfalt in nur einem Paket. Es ist in jeder NATURAL-Umgebung ablauffähig und braucht deshalb keinen individuellen Adreßraum für jeden Benutzer.

NATURAL SPF steht für folgende Betriebssysteme zur Verfügung:

- MVS

- MVS/XA

- VSE/SP

- BS2000

DIE SOFTWARE AG PRODUKTFAMILIE FÜR SYSTEMPFLEGE UND -KONTROLLE

Mit NATURAL PROCESS wurde die Architektur für Systempakete erstellt, die die Bedürfnisse der modernen Rechenzentren erfüllen. Die Software AG Produkte zeichnen sich durch folgende Vorteile aus:

- Hohe Funktionalität;

- Integration in Software AGs ISA;

- Einheitliche Benutzeroberfläche für alle Produkte;

.   Identische Oberfläche für alle Betriebssysteme;

.   Einfache Pflege;

.   Anpaßbar an Benutzer-Anforderungen;

.   Erweiterbar;

.   Leistungsstark;

.   Hoch automatisiert.

Mit dieser neuen Architektur bietet die Software AG Technologie der 4. Generation für alle Aktivitäten im EDV-Bereich, einschließlich der Gebiete der Systemsoftware und- kontrolle.

Volltextsuche bei der Benutzerberatung
Richard Kortmann
IBM Deutschland GmbH
Programmentwicklungszentrum
Abt. AS PE H2
Münchener Str. 12 - 14
3014 Laatzen 1

ABSTRACT

In mittleren und größeren Rechenzentren wird ein nicht unerheblicher
Aufwand für Benutzerberatung (Help Desk, Benutzerhilfe) investiert.
Um das hohe Maß der Redundanz der Fragen und Probleme der verschiedenen Benutzer zu reduzieren, bietet sich die Verwaltung einer Wissensbasis für die entsprechenden Probleme samt deren Lösungen durch eine
Volltextsuchanwendung an. Diese erlaubt Benutzern selbst eine Beantwortung der Fragen durch entsprechende Queries gegen den geführten
Index der Wissensbasis auf elektronischem Wege, ohne daß eine Kommunikation mit der Benutzerberatung nötig ist.

PROBLEMBESCHREIBUNG

Jedes mittlere und größere Rechenzentrum treibt einen nicht zu ver-
nachlässigenden Aufwand für eine direkte Benutzerunterstützung, entweder durch

o   einen telefonischen Hotline Support
o   einen rechnergestützten Informationsweg
o   oder gar durch direkte Sprech- und Beratungsstunden.

Insbesondere Endbenutzer, die als DV Laien dem Umgang mit großen
Rechnern von vornherein skeptisch gegenüberstehen, haben eine erhebli-

che Hemmschwelle, selbst in den (meist noch nicht einmal vorhandenen)
Handbüchern nachzuschlagen. Hinzu kommen insbesondere bei der Einführung neuer Anwendungsprodukte, bei dem Wechsel auf eine neue Betriebs-
systemversion oder bei der Änderung der Benutzeroberfläche und Funk-
tionserweiterung eines gewohnten Anwendungsprogrammes Probleme, wenn
die aktuelle Dokumentation (noch) nicht allen Benutzern vorliegt.
Der meist einzige Ausweg führt zu einer Konsultation der entsprechenden Beratungsfunktion der DV Abteilung, die umgekehrt gerade dann
'schlecht' beraten kann, wenn viele Benutzer gleichzeitig ein ähnliches
Problem entdecken und nicht lösen können. Untersuchungen in großen Rechenzentren in unserem Hause haben ergeben, daß bis zu 80 % der eintreffenden Fragen redundant sind, da Benutzer A natürlich nichts von
dem gleichgearteten Problem des Benutzers B weiß.

LÖSUNGSANSÄTZE

Offensichtlich besteht die Hauptaufgabe zur Lösung des Redundanzproblems darin, das vorhandene Wissen in eine Form zu bringen, die es jedem Benutzer erlaubt, über diese Wissensbasis seine Frage sich selbst
zu beantworten, sofern das entsprechende Frage/Antwortpaar bereits von
einem anderen Benutzer in die Wissensbasis gestellt wurde. Außerdem
muß die Wissensbasis selbst ständig erweitert und verändert werden.
Bei jeder neu eintreffenden Frage, die nach wie vor durch eine Interaktion mit der Benutzerberatung beantwortet wird, muß die Wissensbasis
um genau dieses Frage/Antwortpaar erweitert werden.
Die einzelnen Wissensbasiseinheiten, bestehend aus der Frage samt deren Antwort, sollten wegen der Einfachheit der Handhabung kein spezielles Format besitzen, und sollten in sich auch nicht strukturiert
sein. Damit scheiden Lösungen, die in Richtung einer herkömmlichen
Datenbanklösung zielen (wie etwa auf eine relationale Datenbank basierend auf SQL/DS oder DB2), von vornherein aus. Eine Untersuchung an
größeren IBM Rechenzentren ergab ferner, daß bei einer Gruppierung der
Fragen nach bestimmten Problemkreisen weniger als 10 Prozent der Probleme mehr als eine potentielle Lösung besaßen. Dieser hohe Grad der
1-Zu-1 Zuordnung läßt ein Expertensystem mit Problemlösungsheuristiken
als ebenfalls ungeeignet erscheinen.
Statt dessen soll das Frage/Antwortpaar im freien Testformat ohne
Struktur als Einheit (Datei) verwaltet werden, und damit mit Hilfe bekannter Editoren zu bearbeiten sein.
Um zu bestimmten Suchbegriffen die entsprechende Wissensbasiseinheit
wiederzufinden, sind ebenfalls verschiedene Lösungen denkbar. Ein se-

quentielles Suchen durch alle in Frage kommenden Dateien ist wegen der
Proportionalität von Suchzeit und Datenbasisgröße allenfalls für kleine Wissensbasen akzeptabel; allerdings bietet diese Methode den Vorteil, daß sich die Suche jederzeit auf den aktuellen Datenbestand bezieht.
Eine Alternative zum 'Scan' ist die Vergabe von Schlüsselworten zu jeder Wissensbasiseinheit, sobald diese der Datenbank hinzugefügt wird.
Dieser Ansatz wird bei den meisten herkömmlichen Bürosystemen eingesetzt, um die Bürodokumente wiederzufinden. Das Problem dieser Systeme
liegt in dem Precision/Recall Verhalten, da die Benutzer natürlich
nicht wissen, welche Schlüsselworte für das jeweilige Dokument ver-
wandt wurden.
Die einzige umfassende Lösung bietet eine Anwendung, die über ein Indexsystem den Zugriff auf die jeweilige Wissensbasiseinheit erlaubt.
Der Index muß dabei Worte des Frage/Antwortpaares enthalten, und muß
in regelmäßigen Abständen gepflegt werden (etwa täglich). Die Verwendung eines Indexsystems erlaubt eine traumhafte Antwortzeit und ist
weitgehend unabhängig von der Größe der zugrundeliegenden Datenbank.
Die Benutzer haben ferner die Möglichkeit, eine Abfragesprache zu benutzen, die neben einfachen Ein-Wort-Queries auch boolesche Verknüp-
fungen sowie Klammerungen erlauben sollte. Die Pflege des Indexsystems
sollte im Batch erfolgen, und damit üblicherweise zu einer Zeit geringer Systemlast.
Dieses System einer Online-Benutzerberatung mit Hilfe einer Volltext-
recherche kann außerdem in die bestehenden Anwendungen integriert werden.

EIN BEISPIEL AUS DER PRAXIS

Ein beispielhaftes System, welches zur Lösung des im Eingangskapitel
beschriebenen Redundanzproblems in New York entwickelt wurde, benutzt
mit 'Contextual File Search/370 ein Standardprodukt für Document Retrieval. An das besagte Großrechenzentrum in New York sind etwa 5000
bis 6000 Benutzer angeschlossen, der Benutzerkreis reicht von Ver-
triebsmitarbeitern über technischen Service, Stabsmitarbeitern bis hin
zu Entwicklungs- und internen Benutzerservicefunktionen. Dieser heterogene Benutzerkreis weist auf einen entsprechend weit gefächerten Fra-
genkatalog hin.
Das eingeführte System selbst ist in die gewohnte Dialogumgebung der
Benutzer integriert und als zusätzlicher Menüpunkt aufrufbar. Die Benutzer haben dann interaktiv die Möglichkeit, mit einer einfachen Ab-

fragesprache ihr Problem zu formulieren. Die Syntax der Sprache ist an
die natürliche Sprache angelehnt, z.B. 'Data Base or catalog' ist eine
gültige Abfrage. Der Prozeß des Wörterbuchaufbaus kann über spezielle
Textanalysetabellen vom Systemverwalter angepaßt werden, um z.B. bestimmte Worte auszuschließen ('noise words'), bestimmte Sonderzeichen
oder Trennungszeichen festzulegen (Minuszeichen als Trennungs- oder
Verbindungszeichen) oder die Klein-Großbuchstabenzuordnung sprachab-
hängig festzulegen.
Wenn die Wissensbasis das Problem noch nicht reflektiert, wird die
Frage automatisch an die Benutzerberatung weitergegeben. Nach Beantwortung wird die neu erzeugte Wissenseinheit der Basis zugefügt, und die
entsprechenden Indexeinträge aktualisiert. Alle diese Aktionen sind
unter der Anwendung automatisiert, lediglich das Eingeben der entsprechenden Frage sowie deren Beantwortung durch die Benutzerberatung
erfolgt noch durch menschlichen Eingriff.
Die Indexpflege erfolgt ebenfalls automatisch durch einen regelmäßigen
Batchlauf, der jedoch nicht den Ausschluß der Suchabfragen erfordert;
Indexpflege und Indexsuche können parallel erfolgen.
Die Einführung des besagten Systems bewirkte eine Reduktion der wö-
chentlichen Kontakte zur Benutzerberatung um ca. 650 Fragen, so daß
die betroffene Stabsfunktion um zwei Mitarbeiter reduziert werden
konnte.
Die Einsparungen sind damit in diesem Rechenzentrum mit 2 Mannjahren
erheblich, und entsprechend hoch ist die Kosteneinsparung. Allein in
den USA existieren 13 weitere Zentren vergleichbarer Größe, an denen
ebenfalls ähnliche Einsparungen erwartet werden. Nach diesen positiven
Erfahrungen wird das System ebenfalls an ähnlichen Rechenzentren in den
USA, Kanada und Europa installiert.

VOLLTEXTSUCHE

Die grundlegende Idee der Volltextsuche besteht in der Verwaltung eines Systems von Indexdateien, die dann einen Schlüsselzugriff auf Text-
einheiten (üblicherweise Dateien) erlauben, die entsprechenden Abfra-
gespezifikationen genügen. Die Syntax der Abfragesprache erlaubt eine
Verknüpfung der Suchbegriffe mit Operatoren, die zum Beispiel boolesche Funktionen oder Context-Kriterien zulassen.
Das Indexsystem besteht aus einem Wörterbuch, welches ein invertiertes
Bild des ursprünglichen Textes darstellt. Während der Originaltext alle Worte eines Dokumentes enthält, stellt das Wörterbuch Referenzen
zu allen Dokumenten dar, die ein bestimmtes Wort enthalten. Mögliche
Implementierungsmethoden für den invertierten Zugriff sind z.B. Hash-

ing oder KSDS Methoden über geeignete Baumstrukturen.

Da die Anzahl der Einträge pro Wort sehr groß werden kann, werden die eigentlichen Referenzen zu den Dokumenten in einer separaten Indexdatei verwaltet ('Dokumentindex'). Als mögliche Implementierungsalternativen für den Dokumentindex können etwa Listen der Dokumentnamen, komprimierte Dokumentidentifikationen oder eine Repräsentierung der Dokumentlisten durch Bitstrings in Frage. Bitstrings als Dokumentlisten sind insbesondere für boolesche Operationen sehr effektiv zu verarbeiten.

Zusätzlich zu dem Wörterbuch und dem Dokumentindex sind in Abhängigkeit von der Mächtigkeit der unterstützten Query-Abfragesprache weitere Indizes nötig, etwa um Kontextinformationen abzuspeichern. Ein solcher Kontextindex enthält dann Informationen über die Positionen der Wörter innerhalb des Dokuments (Paragraph-, Satz- oder Wortnummern) oder innerhalb der entsprechenden Datei (Record- oder Displacementnummern). Eine weitere Alternative stellt eine sog. Spiegeldatei dar, in der ein möglicherweise komprimiertes Abbild des Originaltextes verwaltet wird.

Kontextindizes werden dann benötigt, wenn die Syntax der Abfragesprache Operationen zuläßt, die den Abstand zwischen Worten innerhalb eines Dokumentes spezifizieren oder aber Worte innerhalb eines Paragraphes oder Satzes suchen. Die Notwendigkeit solcher Operationen ist abhängig von der Art des zugrundeliegenden Textes sowie von der verwendeten Sprache. So ist beispielsweise eine Kontextdatei für englische Texte nötig, um Phrasen ('data base') zu finden, während in deutschen oder finnischen Texten das Wörterbuch ausreicht ('Datenbank'), da diese Sprachen das Problem der komponierten Worte durch Anhängen der Einzelworte zu einem neuen Gesamtwort lösen. Speziell für solche Sprachen, aber auch für spezielle Anwendungen (z.B. chemische Formeln) ist eine Maskierungsmöglichkeit der Suchbegriffe nötig. Dies wird durch separate Indizes implementiert, die zu Teilworten (oder Buchstabenkombinationen) mögliche Kandidaten des Wörterbuchs selektieren und damit den sequentiellen Suchlauf durch das Wörterbuch ersparen.

Die geeignete Implementierungsform für das Indexsystem ist damit in hohem Maß abhängig von den Eigenschaften der Anwendung. Hier sind insbesondere

o   die Größe des Textbestandes
o   die Änderungshäufigkeit des Aktualisierens des Indexes
o   die Antwortzeiterfordernisse bei der Suche
o   die Systemresourcen für die Indexpflege

zu nennen.

WEITERE EINSATZMÖGLICHKEITEN

Über diese Frage/Antwortprobleme hinaus bietet sich der Einsatz von
Volltextrecherchenlösungen auch in anderen Anwendungen an. So können
verschiedene Indizes parallel durch eine Aufteilung der jeweiligen
Textdateien verwaltet werden. Hier können z.B. Hilfsinformationen zu
bestimmten Produkten oder Anwendungen getrennt und zusätzlich zu der
beschriebenen allgemeinen Benutzerhilfe zur Verfügung gestellt werden.
Andere mögliche Einsatzmöglichkeiten von Volltextrecherchen sind Verwaltung, Organisation und Zugriff auf Programmspezifikationen, Test-
fall- oder Programmdokumentationen sowie Verwaltung von Programmsour-
ces selbst (Volltextsuche bei der Programmentwicklung).

LITERATURHINWEIS

o Gerhard Salton/Michael J. McGill, 'Information Retrieval - Grund-
   legendes für Informationswissenschaftler', McGraw-Hill, Hamburg
   1987

SCHLUSSBEMERKUNG

Eine Reihe von Kollegen haben durch ihre Anregungen und Arbeiten diese
Übersicht beeinflußt. Besonders möchte ich hier Gregory E. Swain, IBM
New York, erwähnen.

Richard Kortmann

<u>Automatisierung des Betriebs von Hochleistungsdruckern
in einem Druckerzentrum</u>

- Erfahrungsbericht -

Rainer Beermann
Siemens AG
Bereich Datentechnik
8000 München 83

<u>Zusammenfassung</u>

Es werden organisatorische Maßnahmen und technische Lösungswege behandelt, die im Testzentrum des Bereichs Systemtechnik zur Durchsatzsteigerung und Kostenreduzierung im Outputmanagement führten. Diese umfassen den Aufbau eines separaten Drucker- und Spooladministrationszentrums, die Verwendung von Papiertransport- und Nachbearbeitungsmaschinen und den Einsatz von Matrixkanalschaltern und Softwareprodukten zur automatischen lastabhängigen Umschaltung der Drucker.

1. Einleitung

Trotz des zunehmenden dezentralen Ausdrucks am Arbeitsplatz des Nutzers und verstärkter online-Arbeitsweise am Bildschirm ist der Anteil an Listen, die im Rechenzentrum ausgedruckt werden, bedeutend. So werden beispielsweise im Testzentrum des Bereichs Systemtechnik jährlich ca. 80 Mio. Blatt Listenpapier bedruckt. Dies entspricht etwa einer Stapelhöhe von 8000 Metern oder einer Papierbahn von 18000 Kilometern!
Dieses Druckvolumen und die damit verbundene Nachbearbeitung des Outputs, wie Separieren und Verteilen der Listen, ist wirtschaftlich abzuwickeln.

Es ergeben sich folgende Anforderungen:

-   Kosten im Outputmanagement senken
    Darunter fallen z. B. die Kosten für Papier, Ausgabegeräte, Nachbearbeitungsmaschinen, Wartung, Personal.

- Ausgabegeräte optimal nutzen
  Dies heißt, die nicht produktiven Zeiten (Zeiten für Rüsten und Entleeren, Wartung oder generellen Stillstand des Druckers wegen fehlender Aufträge) auf ein Minimum zu reduzieren.

- Nachbearbeitungs- und Verteilzeiten verkürzen
  Hier sind Papiertransport- und Nachbearbeitungsmaschinen wie z. B. Jobseparatoren einzusetzen.

2. Ausgangssituation

Im Jahre 1985 wurden im Testzentrum 74 Mio. Blatt Listenpapier bedruckt. Zur Bewältigung dieses Druckvolumens standen dem Testzentrum 9 Laserdrucker zur Verfügung, die teilweise manuell an die 12 zu dieser Zeit vorhandenen Zentraleinheiten geschaltet werden konnten (siehe Bild 2-1). Das Bedienen der Drucker (Rüsten, Entleeren, Reinigen usw.) war Aufgabe des Operatings. Das Nachbearbeiten der Druckerlisten und das Verteilen bis zum Büro des Entwicklers wurde von speziellem Personal durchgeführt.

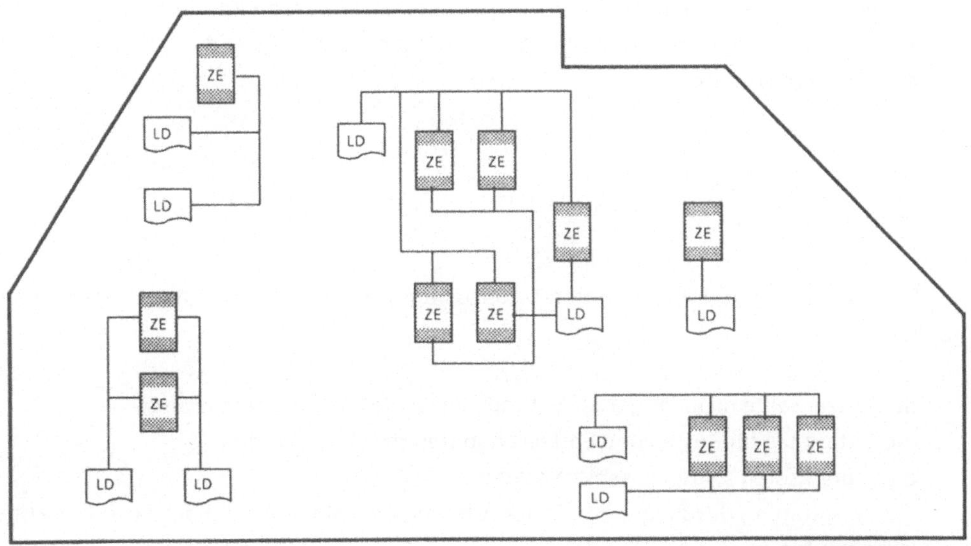

Bild 2-1 Rechnerhalle mit räumlicher Verteilung der Drucker und Schaltmöglichkeiten

Aufgrund der kritischen Listenlaufzeiten vom Absetzen des Print-Kommandos bis zum Eintreffen der Listen am Arbeitsplatz des Entwicklers wurde eine Untersuchung (1) veranlaßt, die folgendes ergab:

- Jeder der 9 Laserdrucker druckte durchschnittlich 31869 Blatt Papier pro Tag. Der theoretische Maximaldurchsatz ohne Berücksichtigung von Start- / Stopzeiten, Vliesreinigungs- und Rüstzeiten kann pro Stunde mit 11500 Blatt Papier (9 Zoll) veranschlagt werden (6).

- Ein Entwickler mußte im Durchschnitt mehr als 2 Stunden vom Absetzen des Print-Kommandos bis zum Eintreffen der Listen in seinem Büro warten, in 20 % der Fälle sogar über 3 Stunden.

Die geringe Auslastung der Drucker wurde hauptsächlich von 2 Faktoren verursacht:

- Zeitanteile für Rüsten und Entleeren
  Diese Anteile beliefen sich auf ca. 20 % der Betriebszeiten. Sie ergaben sich durch die Verwendung von Listenpapier aus Kartons, das nach jeweils 2000 Blatt nachgelegt bzw. entnommen werden mußte.

- Stillstandzeiten der Drucker wegen fehlender Aufträge
  Eine gleichmäßige Lastverteilung der Drucker über alle Anlagen war nicht erreichbar, da die Drucker nur an bestimmte Anlagen geschaltet werden konnten (siehe Bild 2-1). So traten an einem Drucker große Warteschlangen auf, während ein anderer Drucker auf Aufträge wartete.

3. Zielsetzung

Aufgrund der im Punkt 2. genannten Untersuchung setzte sich das Testzentrum folgende Ziele:

- der Nutzer sollte nicht länger als 1 Stunde auf seine Listen warten müssen
- die Zeitanteile für Rüsten und Entleeren sollten reduziert werden
- die Papierkosten sollten gesenkt werden
- zur Bewältigung des steigenden Druckaufkommens sollte die Zahl der Drucker nicht erhöht werden
- die Auslastung der Drucker sollte gesteigert werden

4. Lösung

Folgende Lösungskomponenten wurden berücksichtigt:

- Zentralisierung der Drucker in einem separaten Drucker- und Spooladministrations-
zentrum
Die Vorteile einer Zentralisierung der Drucker in einem separaten Druckerzentrum liegen in der Entlastung des Bedienpersonals (z.B. kürzere Wege zu den Geräten), der
leichten Überschaubarkeit der Geräte und dem schnellen Erkennen von eventuellen Ge-
rätefehlern. Durch gleichzeitiges Einrichten einer rechnerübergreifenden Spooladministration kann von einem zentralen Bedienplatz auf die Spoolsituation aller Anlagen
reagiert werden.

- Ausrüstung der Drucker mit Papiertransport- und Nachbearbeitungsmaschinen

  · Verwendung von Papierrollen
  Durch die Verwendung von Papierrollen können die Zeitanteile für das Rüsten und
  Entleeren der Drucker vernachlässigt werden, da 1 Rolle etwa für den ganzen Tagesbedarf eines Druckers ausreicht. Das Bedienpersonal wird entlastet und die Verfügbarkeit der Drucker erhöht.

  · Verwendung von Jobseparatoren
  Durch Jobseparatoren wird der Personalaufwand in der Nachbearbeitung reduziert
  und die Qualität erhöht.

- Einsatz von Matrix-Kanalschaltern
Matrix-Kanalschalter ermöglichen die Schaltung von Peripheriegeräten an verschiedene
Anlagen.

- Einsatz von Softwareprodukten zur rechnerübergreifenden Spooladministration
Diese Programmsysteme ermöglichen es, Spoolmeldungen aller Anlagen an einer zentralen Stelle, beispielsweise der Spooladministrationskonsole, auszugeben und für eine
lastabhängige Umschaltung der Geräte auszuwerten.

- Einsatz von Softwareprodukten zur automatischen Umschaltung der Drucker
Durch Einsatz dieser Softwareprodukte können die Drucker ohne manuellen Eingriff an
die verschiedenen Anlagen geschaltet werden.

Bei Verwendung aller oben erwähnten Komponenten ergeben sich sinnvolle gegenseitige
Ergänzungen. Durch die Zentralisierung der Drucker und Einrichtung einer zentralen
Spooladministration kann der Spoolout aller Anlagen von einem Systemoperator admini-

striert werden. Für die Bedienung der Geräte und die Nachbearbeitung der Druckaufträge ist ein hierfür spezialisiertes Nachbearbeitungspersonal einsetzbar. Durch die Ausrüstung der Drucker mit Papiertransport- und Nachbearbeitungsmaschinen lassen sich die Zeiten für Rüsten und Entleeren auf einen vernachlässigbaren Wert reduzieren und Fehlerquellen in der Nachbearbeitung, wie falsches Separieren, minimieren.

Die durch diese Investitionen gewonnene höhere Verfügbarkeit kann nur ausgenutzt werden, wenn nach einer ständigen und gleichmäßigen Auslastung aller Drucker getrachtet wird. Dies läßt sich durch lastabhängiges Umschalten der Drucker zu den verschiedenen Anlagen unter Einsatz von Matrixkanalschaltern und den entsprechenden Softwareprodukten erreichen.

5. Realisierung

Mit einer Kombination der Lösungskomponenten aus Punkt 4. wurde ab 1985 ein organisatorisch selbstständiges Druckerzentrum aufgebaut (siehe Bild 5-1), das ca. 200 Meter vom Rechenzentrum entfernt ist und heute 2/3 des gesamten Druckaufkommens abwickelt.

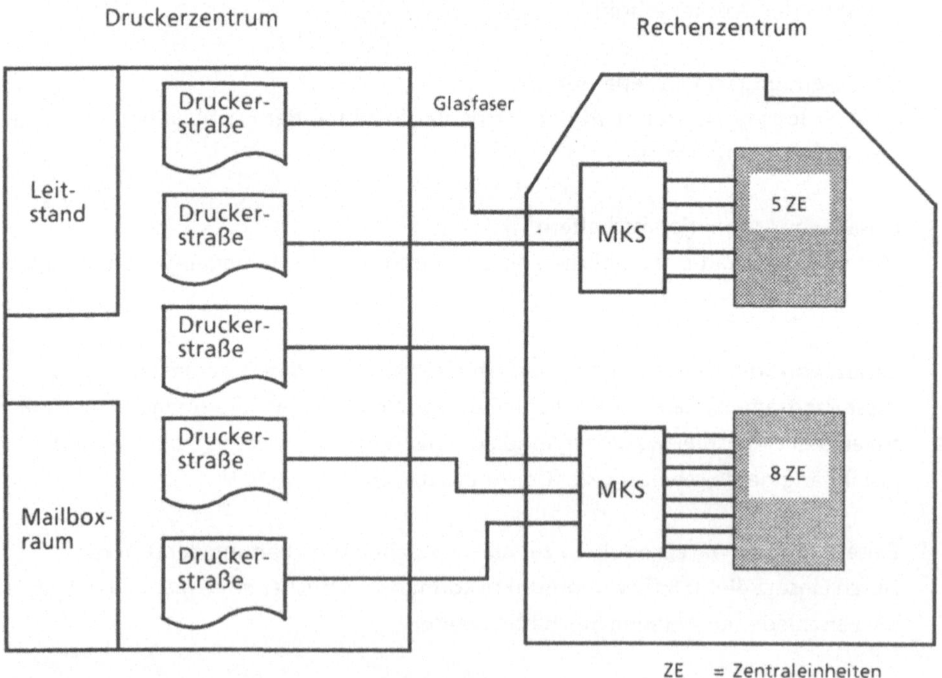

Bild 5-1 Druckerzentrum

Dieses Zentrum ist räumlich unterteilt in einen Leitstand (zur Spooladministration), eine Druckerhalle und einen Mailboxraum, aus dem sich die Entwickler ihre Listen abholen. Die Druckerhalle, anfangs mit einer Druckerstraße ausgerüstet, wurde schrittweise ausgebaut und umfaßt heute 5 Druckerstraßen.

Jede Druckerstraße ist mit Hochleistungsdrucker, Papiertransport- und Nachbearbeitungsmaschinen ausgestattet. Durch den Einsatz von Stanz- und Perforiermodulen verarbeitet jede Druckerstraße unkonfektioniertes Papier. Die Drucker sind über Glasfaserkabel mit den 2 Matrixkanalschaltern in der Rechnerhalle verbunden und werden lastabhängig und vollautomatisch an die 13 Anlagen geschaltet.

Es werden die Softwareprodukte OMNIS, OMNIS-PROP, SSS (Spool-Steuer-System) und OKTOPUS (HOST KONTROLLIERTER PC UNTERSTÜTZTER SCHNITTSTELLENSCHALTER) eingesetzt. OMNIS (2) und OMNIS-PROP (3) dienen zur rechnerübergreifenden BS2000-Administration. Das Spool-Steuer-System SSS (4) wertet zyklisch die Druckauftragswarteschlangen aller Anlagen aus und teilt nach einem Algorithmus die Drucker logisch den entsprechenden Anlagen zu. OKTOPUS (5) ermöglicht die Nah- und Fernbedienung der Matrixkanalschalter, durch die die Drucker physikalisch den Anlagen zu- und von den Anlagen weggeschaltet werden können.

Der Leitstand erlaubt die gesamte Spooladministration für alle Anlagen durch einen Systemoperator. Gerätefehler, die an den Druckerstraßen auftreten, werden hier an einem Fehlerboard angezeigt, so daß sofort die geeigneten Maßnahmen zur Beseitigung der Störung veranlaßt werden können. Für die Bedienung der Geräte und die Nachbearbeitung der Druckaufträge ist ein eigens hierfür spezialisiertes Nachbearbeitungspersonal zuständig.

6. Erfahrungen

Die in Punkt 3. genannten Ziele können zu dem Globalziel zusammengefaßt werden, kürzere Listenverteilzeiten bei verminderten Kosten zu erreichen. Nach Übernahme von 2/3 des gesamten Druckaufkommens durch das Druckerzentrum zeigen die bisherigen Erfahrungen, daß dieses Ziel erreicht wurde.

Bei der Listenverteilzeit ergibt sich eine Verkürzung um mehr als 1 Stunde. Im Jahr 1985 betrug die Zeit vom Anstoß des Print-Kommandos bis zur Lieferung der Listen in das Büro des Entwicklers durchschnittlich mehr als 2 Stunden. Um mit der heutigen Situation ohne Verteilung der Listen in die Laborräume vergleichen zu können, ist diese Zeit um 30 Minuten für den Verteilvorgang zu reduzieren. Die verbleibenden 1,5 Stunden sind dem im 3. Quartal 1988 gemessenen Wert von durchschnittlich 31 Minuten bis zur Ankunft in den Mailboxen gegenüberzustellen.

Dies wurde erreicht durch die Zentralisierung, die automatische Zuschaltung der Drucker zu den Anlagen und dem im Punkt 3. genannten 2. Ziel, die Zeitanteile für Rüsten und Entleeren zu reduzieren. Durch Drucken von der Rolle und Einsatz von Papiertransport- und

Nachbearbeitungsmaschinen konnte dieser Zeitanteil von ca. 20 % auf einen vernachlässigbaren Wert verringert werden. Eine Papierrolle reicht etwa für den gesamten Tagesbedarf eines Druckers aus. Mit dem Einsatz eigener Stanz- und Perforiermoduln konnten die Papierkosten erheblich gesenkt werden (3. Ziel, Punkt 3.), da unkonfektioniertes Papier um ca. 30 % billiger als konfektioniertes Papier ist. Die eigene Konfektionierung führte außerdem zu einer nahezu staubfreien Verarbeitung und besseren Papierlaufeigenschaften. Fehlerhafte Konfektionierungen können durch unmittelbare Eingriffe ausgeglichen werden, während bei Verwendung konfektionierter Ware die Papierrolle getauscht, bzw. die gesamte Sendung reklamiert werden muß. Bereits vor Aufbau des Druckerzentrums konnten durch Umstellung des Papierformats von 12 auf 9 Zoll und Verwendung von Recycling-Papier wesentliche Einsparungen bei den Papierkosten erzielt werden.

Zu Ziel 4 und 5 aus Punkt 3., die Zahl der Drucker nicht zu erhöhen und die Auslastung zu steigern: Im Druckerzentrum werden 53 Mio. Blatt pro Jahr mit 5 Druckerstraßen erzeugt. Vor der Umstellung wurden für 74 Mio. Blatt 9 Drucker benötigt. Daraus ergibt sich eine Steigerung des Outputs pro Drucker von 8,2 Mio. auf 10,6 Mio. Blatt. Dieser Wert soll mit den in Punkt 7. geschilderten weiteren Maßnahmen auf 16 Mio. Blatt erhöht werden.

Durch die automatische Listentrennung und die geringeren Zeitanteile für Rüsten und Entleeren hat sich der Personalaufwand deutlich reduziert. Es ergibt sich außerdem eine Strukturverschiebung zu qualifizierterem und spezialisiertem Personal.

Die Qualität des Listenoutputs hat sich erhöht. Mit der automatischen Listentrennung wurde die Zahl der falschen Trennungen reduziert. Die intensive Druckerbetreuung ergab ein sauberes Druckbild.

7. Ausblick

Die weiteren Maßnahmen im Druckerzentrum sind stark abhängig von der Entwicklung des Druckvolumens. Der Anteil des Drucks, der dezentral abgewickelt wird, hat zugenommen. Die jeweiligen Einflußgrößen für den dezentralen bzw. zentralen Teil sind schwer quantifizierbar. Während der schnelle Listenoutput für den dezentralen Druck spricht, können die Listen zentral billiger erzeugt werden (Papier für Tintenstrahl-Drucker kostet z.B. das Vierfache des zentral verwendeten Recycling-Papiers). Im eingeschwungenen Zustand werden kleinere Listen und Listen von entfernten Arbeitsplätzen dezentral, größere Listen zentral gedruckt. Durch die erkennbar stärkeren Rationalisierungserfolge beim zentralen Druck wird auf absehbare Zeit auch weiterhin ein bedeutender Anteil der Listen zentral gedruckt werden.

Bei der vorhandenen Lösung auf Basis eines Matrixkanalschalters ergeben sich Abhängigkeiten, die eine weitere Steigerung der Auslastung erschweren. Bedingungen bei der Länge der Steuerleitung und der unterstützten Kanaltypen verhindern eine effektive n:m Zuordnung der Anlagen zu den Druckern. Um diese Abhängigkeiten von der Hardware zu beseitigen, wird zur Zeit im Testzentrum ein Projekt realisiert, mit dem über eine LAN-Kopplung die Druckaufträge an einer speziellen Anlage (Spool-Server) gesammelt und der Ausdruck von dieser Anlage angestoßen wird. Mit dieser Lösung, die sich zur Zeit in der Testphase befindet, wird der restliche Anteil von 33 % des Druckvolumens ins Druckerzentrum übernommen.

Als weitere Maßnahme ist die Installation einer automatischen Listensortieranlage denkbar, um den manuellen Aufwand beim Einsortieren der Listen in die Mailboxen zu reduzieren. Eine Beschickungsanlage für die Mailboxen erscheint aus heutiger Sicht noch unwirtschaftlich.

8. Literatur

(1)   Kain, Mayr, Riedl, Schadt, Dr. Winkler: Durchlaufzeituntersuchung von Schnelldruckerlisten, Siemens intern, 1985

(2)   OMNIS V6.0 (BS2000), Benutzerhandbuch, Siemens, Nr. U1296-J-Z75-4, 1987

(3)   OMNIS-PROP V2.0B, Benutzerhandbuch, Siemens, Nr. U2105-J1-Z75-3, 1987

(4)   Spool-Steuer-System V2.1A, Benutzerhandbuch, Siemens, 1988

(5)   OKTOPUS V1.0A, Kurzbeschreibung, Siemens, 1988

(6)   Fisch, M.: Studie über Listenausgabe bei D ST TZ, Siemens intern, 1987

Sicherer Zugang zu Betriebssystemen
mit der Chipkarte

Albrecht Beutelspacher
Universität Gießen
Mathematisches Institut
Arndtstr. 2
D-6300 Gießen

Ute Rosenbaum
Siemens AG
ZFE F 2 SOF 312
Otto-Hahn-Ring 6
D-8000 München 83

Zusammenfassung

Es wird über ein System berichtet, mit dem der Zugangsschutz zu Betriebssystemen mit Hilfe benutzerspezifischer Chipkarten verbessert wird. Es basiert auf einem symmetrischen Verschlüsselungsalgorithmus und rechnerseitig auf einem Sicherheitsmodul. Das System wird für die Betriebssysteme BS2000 und SINIX der Siemens AG eingesetzt werden.

1. Einführung

Sicherheit von Betriebssystemen ist heute ein heiß diskutiertes Thema. Die grundsätzlichen Bedrohungen, denen DV-Systeme ausgesetzt sind, lassen sich in **Verlust der Vertraulichkeit** (unbefugter Informationsgewinn), **Integrität** (unbefugte Modifikation von Daten) und **Verfügbarkeit** (unbefugte Beeinträchtigung der Funktionalität) aufteilen. Je nach Einsatzgebiet eines Systems kommt den Grundbedrohungen verschiedene Bedeutung zu. Die Regeln, bei deren Einhaltung schädigende Bedrohungen nicht wirksam werden, sind die **Sicherheitspolitik** des Systems. Zur Einhaltung der Sicherheitspolitik gibt es verschiedene Grundmechanismen [4].

In diesem Artikel beschäftigen wir uns nur mit einem Mechanismus, allerdings einem besonders wichtigen, der **Zugangskontrolle**. Darunter versteht man die eindeutige Identifizierung und Authentifikation von Benutzern. Dies ist eine unabdingbare Voraussetzung für viele andere Bereiche der Betriebssystemsicherheit, wie etwa für den Zugriff von "Subjekten" auf "Objekte" (**Zugriffssicherheit**) oder bei der Protokollierung sicherheitsrelevanter Ereignisse (**Beweissicherung**). Zugangskontrolle beinhaltet all die Methoden, mit denen ein Betriebssystem berechtigte Benutzer von unberechtigten unterscheiden kann.

Die derzeit gängigen Methoden zur Authentifikation beruhen auf **Paßwörtern**. Es ist klar, daß solche Verfahren nur dann Sicherheit garantieren können, wenn die Benutzer strikte Regeln bei der Verwaltung ihrer Paßwörter befolgen. Deshalb setzt sich die Meinung durch, daß Paßwortverfahren - zumindest bei sicherheitsempfindlichen Anwendungen - in Zukunft nicht mehr ausreichen werden. Ein Mittel, eine deutlich höhere Sicherheit zu erreichen, ist die **Chipkarte**.

Hier stellen wir vor, wie bei der Siemens AG die Chipkarte zur wesentlichen Verbesserung der Zugangskontrolle zu Betriebssystemen eingesetzt werden wird.

Im BS2000, dem Mainframe-Betriebssystem, wird es in einer der nächsten Betriebssystemversionen möglich sein, die Chipkarte als zusätzliche Zugangskontrolle beim Dialog-Logon ($DIALOG) zu verwenden. In SINIX, der UNIX®-Variante der Siemens AG, wird ebenfalls die Chipkarte als zusätzliche Zugangskontrolle beim Login verwendet werden. Weitere Anwendungsmöglichkeiten der Chipkarte sind Funktionen zur Verbindungsüberwachung (logout) und zur Kommandosicherung.

2.   Die Chipkarte als Sicherheitswerkzeug

2.1   Aufbau einer Chipkarte

Eine **Chipkarte** ist eine Plastikkarte, in die ein kleiner Rechner (Chip) eingebettet ist. Die Größe der Chipkarte, ihre Flexibilität und die Lage der Kontakte sind standardisiert. Für die Datenaustauschprotokolle und die Sicherheitsfunktionen auf höherer Ebene wird an ISO-Normungen gearbeitet.

Für den Zugang zu BS2000 und SINIX wird eine Chipkarte (**Siemens Computer Card**) mit dem von Siemens entwickelten Chip SLE 4420 eingesetzt werden. Dieser enthält einen 8 Bit-Prozessor (mit dem Befehlssatz eines 8051) sowie drei verschiedene **Speicherarten**:

- Einen 128 Byte großen RAM als Arbeitsspeicher.

- Ein 4 KByte maskenprogrammierbares ROM. Hier werden "universelle" und nicht-geheime Daten sozusagen "fest-verdrahtet" abgelegt, etwa Verschlüsselungsalgorithmus, Protokolle und Prozeduren.

- Ein 2 KByte EEPROM (Electrical Erasable Programmable Read Only Memory). Dieser nicht-flüchtige Speicher dient dazu, kartenspezifische Daten zu speichern. (Da die Chipkarte keine eigene Stromversorgung hat, können Daten nicht permanent im RAM gehalten werden.) Typische Daten, die in diesem Bereich gespeichert werden, sind: CID (Card Identity), PIN (Persönliche Identifizierungsnummer) und geheime Schlüssel für den Algorithmus.

Die Chipkarte ist so programmiert, daß Geheimdaten von außen nicht gelesen werden können.

2.2   Identitätsprüfung mit der Chipkarte

Die Bedeutung der Chipkarte als Sicherheitswerkzeug liegt darin, daß sie sich sowohl von der Identität des Benutzers (also des Chipkartenbesitzers) überzeugen, wie sich auch gegenüber einem Rechner ausweisen kann (siehe z.B. [5,6]). Der heute übliche **eine** Nachweis der Identität des Benutzers (durch Paßwortprüfung) wird also ersetzt durch **zwei** Identitätsnachweise:

- Die Authentifikation des Benutzers gegenüber der Chipkarte.

- Die Authentifikation der Chipkarte gegenüber dem Rechner.

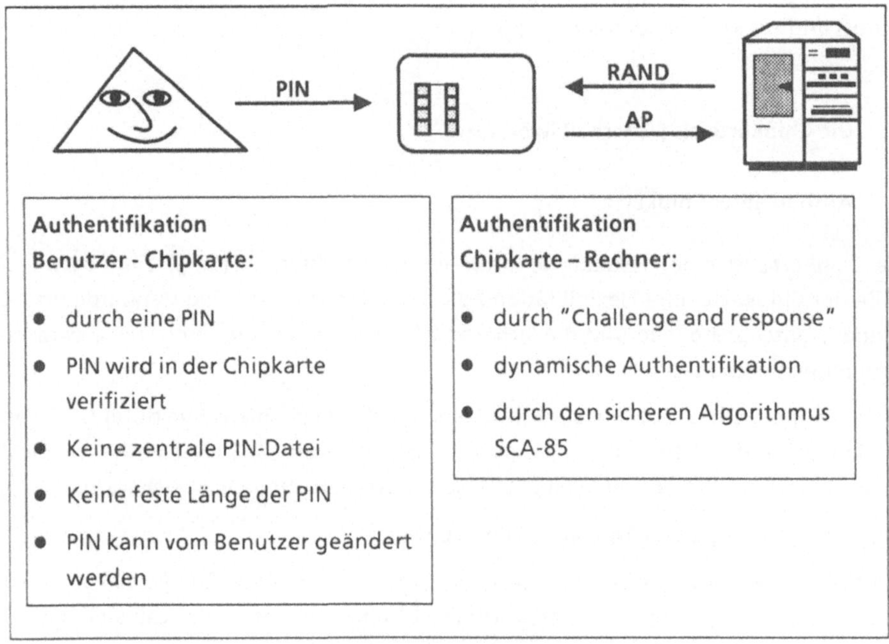

Identitätsprüfungen

2.2.1   Authentifikation zwischen Benutzer und Chipkarte

Die Authentifikation des Benutzers gegenüber der Chipkarte ist notwendig als Schutz gegen verlorene bzw. gestohlene Karten. Sie geschieht durch eine **PIN-Prüfung**. Diese basiert darauf, daß Eigentümer und Karte über ein gemeinsames Geheimnis, die **Persönliche Identifikationsnummer (PIN)**, verfügen. In der Karte wird die eingegebene PIN mit der gespeicherten Referenz-PIN verglichen.

Da die PIN direkt in der Karte verifiziert wird, ist die PIN das exklusive Geheimnis des Eigentümer und seiner Karte. Daher muß (und sollte) der Rechner keine PIN kennen und speichern. Damit entfallen alle Probleme, die etwa bei der Speicherung von Paßwörtern auftreten.

Besonders einfach läßt sich auch erreichen, daß die PIN keine feste Länge hat und der Benutzer seine PIN selbsttätig ändern kann. (Natürlich muß er sich dazu vorher mittels seiner "alten" PIN authentifiziert haben.)

Die PIN steht nicht im Klartext in der Karte, sondern sie ist mittels einer Einwegfunktion verschlüsselt. Es ist unmöglich, aus dem gespeicherten Wert PIN* auf die PIN zu schließen. Damit kann aus einer gestohlenen (oder verlorenen) Karte die PIN nicht extrahiert werden; die Karte ist somit für den Dieb (den Finder) wertlos. Allerdings kann auch der rechtmäßige Besitzer seine vergessene PIN nicht rekonstruieren.

2.2.2 Authentifikation zwischen Chipkarte und Rechner

Wie überzeugt sich der Rechner davon, daß die Chipkarte echt ist? Dies erfolgt mit Hilfe einer **Authentifikationsprozedur** zwischen Rechner und Chipkarte. Voraussetzung für die Abwicklung dieser Prozedur ist, daß beide Partner über einen gemeinsamen **Verschlüsselungsalgorithmus f** (der nicht geheim zu sein braucht) und einen gemeinsamen geheimen **Schlüssel K_c** (der kartenspezifisch ist) verfügen.

Vor der Authentifikationsprozedur identifiziert sich die Chipkarte gegenüber dem Rechner durch Angabe ihrer **CID (Card Identity)**. Danach stößt der Rechner die Authentifikation an, indem er eine **Zufallszahl RAND** an die Chipkarte schickt und sie auffordert, RAND mit dem Algorithmus f unter dem kartenspezifischen Schlüssel K_c zu verschlüsseln. Das Ergebnis dieser Operation ist ein **Autorisierungsparameter AP,** der an den Rechner zurückgeschickt wird. Zwischenzeitlich hat auch der Rechner AP berechnet und vergleicht seinen berechneten AP mit dem empfangenen AP. Nur bei Übereinstimmung wird die Chipkarte als echt anerkannt.

Der Rechner stellt den Zusammenhang zwischen CID und kartenspezifischem Schlüssel K_c her. Dafür könnte eine Tabelle benutzt werden, in der die Relation CID – K_c gespeichert ist. Dieses Verfahren hat den Nachteil, daß sehr viel geheime Daten (nämlich alle Paare CID – K_c) sicher verwaltet werden müssen. Eine andere Möglichkeit (für die wir uns entschieden haben) ist die, daß der Rechner aus der CID mittels eines systemweiten Globalschlüssels K die kartenspezifischen Schlüssel K_c berechnet: $K_c = F(\,CID, K\,)$, wobei F eine kryptographische Funktion ist. Der Vorteil ist, daß nur ein Datum (nämlich K) geschützt werden muß. Man wird aber bei der Systemarchitektur darauf achten müssen, daß dieser Schlüssel, von dem die Sicherheit des Gesamtsystems abhängt, wirklich sicher gespeichert ist.

Der Authentifikationsvorgang sieht also schematisch wie folgt aus:

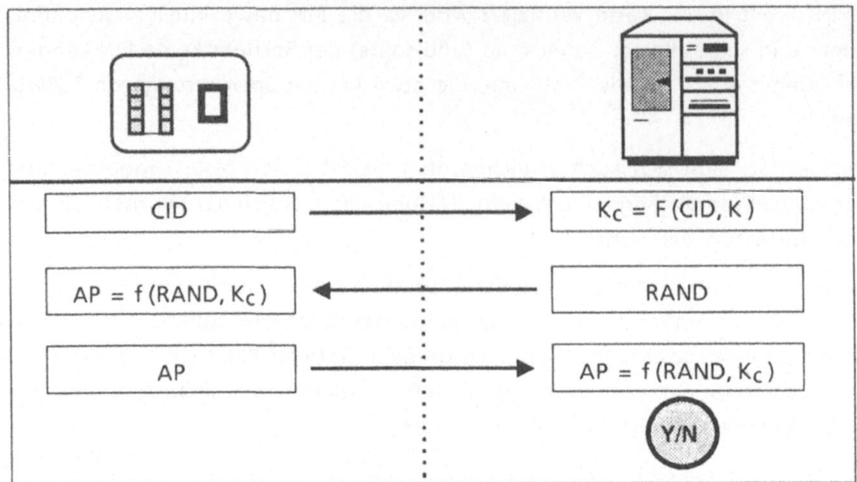

Ablauf des Authentifikationsvorganges

Der entscheidende Punkt bei der Authentifikation ist ihre **Dynamik**. Das heißt, daß der Rechner stets wechselnde Zufallszahlen RAND verschickt, die für die Karte (und für jeden, der eine Karte simulieren möchte) völlig unvorhersehbar sind. Auch ein n-maliges Abhören der Leitung ermöglicht keine Simulation der Karte; denn die beim (n + 1)-ten Mal zu verschlüsselnde Zufallszahl kann nicht vorhergesehen werden.

Der hier verwendete Algorithmus ist der Algorithmus **SCA-85** (Smart Card Algorithm). Es handelt sich um einen **symmetrischen** Algorithmus; das bedeutet, daß das System zum Nachprüfen des Autorisierungsparameters AP den gleichen Schlüssel braucht wie die Chipkarte zum Erzeugen des AP. Da dieser Algorithmus auch nur extrem wenig Speicherplatz benötigt (auf dem Siemens Chip SLE 4420 ganze 120 Bytes), gilt er heute als einer der für Chipkarten geeignetsten Algorithmen.

3. Realisierung des Zugangsschutzes mit Chipkarte

3.1 Architektur des Rechnersystems mit Chipkarte

Um den Zugang zu einem Rechnersystem mit Chipkarte abzusichern, sind Erweiterungen im Aufbau des Rechnersystems nötig. Jeder Benutzer, dessen Kennung mit Chipkarte geschützt werden soll, benötigt eine eigene Chipkarte, auf der die notwendigen Funktionen (z.B. den Verschlüsselungsalgorithmus) und Daten (CID, K_C, ...) eingetragen sind. Zum Ansprechen der Chipkarte wird ein spezielles Gerät benötigt. Beim BS2000 und bei SINIX wird dies mit einem eigenen Gerät, dem **PIN-Pad** realisiert.

Das PIN-Pad umfaßt eine Kontaktiereinheit, eine Tastatur und ein Display. Es steht dem Benutzer neben dem Bildschirm und der Tastatur als zusätzliches Gerät zur Verfügung.

An den Rechner ist ein Hardware-**Sicherheitsmodul** angeschlossen. In ihm ist der Globalschlüssel sicher abgelegt. Außerdem werden in diesem Sicherheitsmodul auch die kartenspezifischen Schlüssel K_C und die Autorisierungsparameter AP berechnet. Dadurch ist gewährleistet, daß weder der Globalschlüssel noch die kartenspezifischen Schlüssel das Sicherheitsmodul verlassen. Ein Ausforschen der Schlüssel durch Tracen der Programme ist ebenfalls unmöglich.

Der Aufbau des Rechnersystems mit Chipkarte ist in folgender Abbildung dargestellt.

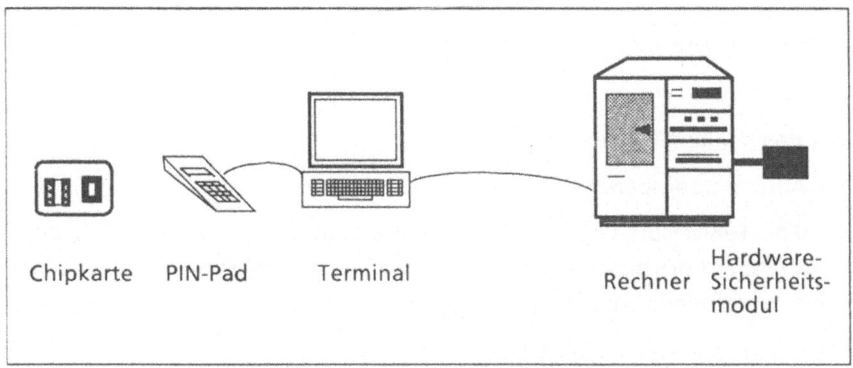

Struktur des Rechnersystems mit Chipkarte

3.2 Benutzerschnittstelle

Der Zugangsschutz mit Chipkarte ist so realisiert, daß bei jeder Kennung als zusätzliches Attribut angegeben werden kann, ob der Zugang nur noch mit Chipkarte möglich sein soll und welche Benutzer (die durch ihre Chipkarte identifiziert werden) auf diese Kennung Zugang haben. Innerhalb eines Rechners können sowohl Kennungen existieren, die wie bisher nur durch Paßwort gesichert sind, als auch Kennungen, die zusätzlich durch Chipkarte abgesichert sind.

Der Zugang zu einer mit Chipkarte geschützten Kennung wird nur gewährt, wenn folgende Bedingungen an der Benutzerschnittstelle erfüllt werden:

- der Benutzer hat den normalen Logonstring korrekt angegeben,

- der Benutzer gibt die PIN der Chipkarte richtig ein,

- der Benutzer ist im Besitz einer Chipkarte, die auf diese Kennung zugreifen darf.

Der Ablauf des Logons bei einer mit Chipkarte geschützten Kennung wird im folgenden beschrieben.

Der Benutzer gibt wie bisher den Logonstring ein. Nach Überprüfung des Logonstrings wird der Benutzer durch eine Meldung am Terminal aufgefordert, die Chipkarte einzulegen. Durch Ausgabe einer Meldung am Display des PIN-Pads wird die PIN angefordert. Der Benutzer gibt die (bis zu 12-stellige) PIN auf der Tastatur des PIN-Pads ein. Aus Sicherheitsgründen wird die PIN bei der Eingabe nicht angezeigt. Die PIN wird in der Chipkarte sofort auf ihre Korrektheit überprüft.

Wenn die PIN spätestens beim dritten Versuch korrekt eingegeben wurde, führt die Chipkarte, nach Aufforderung durch den Rechner, die Berechnung des Autorisierungsparameters AP durch. Dieser wird, wie oben beschrieben, mit dem vom Sicherheitsmodul berechneten Autorisierungsparameter verglichen. Bei Übereinstimmung erhält der Benutzer Systemzugang.

Der Benutzer kann also aus folgenden Gründen abgewiesen werden:

- der Logonstring wurde falsch eingegeben,

- alle drei PIN-Eingaben waren falsch,

- die Autorisierungsparameter stimmten nicht überein.

Die Anzahl der Fehlversuche bei Eingabe der PIN wird innerhalb der Chipkarte gespeichert. Die Chipkarte sperrt sich automatisch nach drei aufeinanderfolgenden Fehlversuchen, auch wenn diese zu verschiedenen Zeitpunkten und an verschiedenen PIN-Pads erfolgt sind.

Der Ablauf des Logon wird im folgenden schematisch dargestellt.

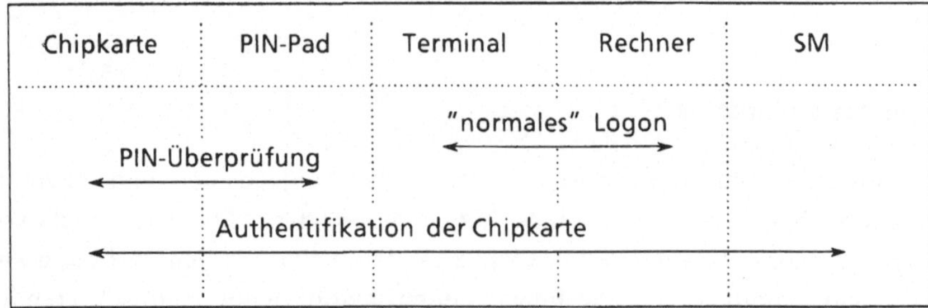

Schematischer Ablauf Logon

4.   Symmetrische Algorithmen vs. Public-Key-Verfahren

Häufig werden Public-Key-Verfahren [1,2] zum Einsatz in kryptographischen Diensten (etwa Authentifikation) empfohlen [3]. In der Tat kann man die oben beschriebene (**einseitige**) Authentifikation mit Public-Key-Verfahren so realisieren, daß im Rechner kein geheimer Schlüssel und damit kein Sicherheitsmodul nötig ist. Im Rechner muß nur die Relation CID – öffentlicher Schlüssel der Chipkarte vorhanden sein.

Wir haben uns dennoch für einen symmetrischen Algorithmus entschieden, und zwar aus folgenden Gründen:

- Aus Sicherheitsgründen darf der kartenspezifische geheime Schlüssel den Chip der Karte nie verlassen. Daraus folgt zwingend, daß die Berechnung des Autorisierungsparameters innerhalb der Karte erfolgen muß. Die heute verfügbaren Public-Key-Algorithmen leisten dies - bei genügend hohem Sicherheitsniveau und vernünftiger Performance - noch nicht. Insbesondere ist der RAM-Bereich kritisch.

- In Zukunft wird bei vielen Anwendungen gefordert sein, daß sich auch der Rechner (bzw. eine Anwendung) gegenüber der Chipkarte authentifiziert (**gegenseitige Authentifikation**). In einem solchen Fall benötigt man auch rechnerseitig einen geheimen Schlüssel, der mittels eines Sicherheitsmoduls geschützt sein muß.
  In dem hier vorgestellten System ist auch eine gegenseitige Authentifikation vorgesehen.

- Bei Verwendung eines Public-Key-Verfahrens muß sichergestellt sein, daß die Datei, die die Relation CID – öffentlicher Schlüssel der Chipkarte enthält, authentisch ist. Auch dies bereitet erhebliche Probleme.

Es ist aber unbestritten, daß Public-Key-Verfahren in der Zukunft eine große Rolle spielen können. In dem hier vorgestellten System sind die Protokolle so gestaltet, daß die kryptographischen Algorithmen nur in der Chipkarte und in dem Sicherheitsmodul ablaufen. Für den Fall, daß geeignete Public-Key-Verfahren zur Verfügung stehen, ist ein Einsatz dieser Algorithmen daher relativ problemlos möglich.

Literatur

[1]   Beker, H. and Piper, F., Cipher Systems (Northwood, London, 1982).

[2]   Beutelspacher, A., Kryptologie (Braunschweig, Vieweg, 1987).

[3]   Beutelspacher, A., Zugangskontrolle zu Rechnern mit Hilfe einer Chipkarte. Informatik-Fachberichte **134** (1987), 111-118.

[4]   Department of Defense, DoD 5200.28-STD, Department of Defense Trusted Computer System Evaluation Criteria (Orange Book), National Computer Security Center (NCSC), Aug. 1983, reissued Dec. 1985.

[5]   Kruse, D., Sicherheit à la Karte - Chipkarten identifizieren fälschungssicher, Siemens-Magazin COM 4/86, 19 - 20.

[6]   Kruse, D., Wächter fürs Betriebssystem: Chip-Karte für komfortable Zugangskontrolle zum BS 2000; Siemens-Magazin COM 4/86, 20 - 22.

<u>Sicherheit in öffentlichen Netzen</u>

Hartwig Kreutz

Zentalstelle für das Chiffrierwesen

Am Nippenkreuz 19
5300 Bonn 2

Wenn hier von Sicherheit im Zusammenhang mit Datenfernübertragung die
Rede ist, so ist nicht die technische Sicherheit der Datenübertragung ge-
meint; Übertragungsfehler und deren Korrektur bleiben außer acht. Daten-
schutz im Sinne des Bundesdatenschutzgesetzes ist ebenfalls nicht Gegen-
stand dieser Darstellung.
Vielmehr geht es hier um Datensicherheit als Informationssicherheit,
Datenintegrität und den Schutz gegen unbefugten Zugriff auf sensitive
Daten.

Die Publikation zahlreicher spektakulärer Fälle von Penetrationen in Computersysteme über öffentliche Netze haben die Schwachstellen von Sicher-
heitseinrichtungen und -maßnahmen aufgezeigt und ein gesteigertes Sicherheitsbewußtsein in der Öffentlichkeit herbeigeführt. Die Abhängigkeit der
Wirtschaft und Verwaltung von der Datenverarbeitung und die zunehmende
Vernetzung der Systeme fördern eine potentielle Gefährdung. Weil an öffentliche Kommunikationsnetze Teilnehmer mit recht unterschiedlichen und
zum Teil gegensätzlichen Interessen angeschlossen sind, ist es geboten,
durch geeignete Maßnahmen für eine ausreichende Sicherheit der Teilnehmer
zu sorgen.

Das US Orange Book: Versuch eines Standards

Erstmals wurde anfangs der 80-er Jahre mit der Herausgabe der "Trusted
Computer System Evaluation Criteria" durch das US-amerikanische Vertei-

digungsministerium der Versuch unternommen, Computersicherheit (Computer-Security, COMPUSEC) formal zu fassen und einem abstrakten Standard zu unterwerfen. Dieses, wegen der Farbe seines Einbandes "Orange Book" genannte Dokument, basiert auf einem mathematischen Modell von Bell und LaPadula, dessen Formalismen jedoch nur für Systeme mit klassischer (Mainframe) Struktur geeignet sind und die nicht unmittelbar zur Beurteilung der Sicherheit in Netzen herangezogen werden können. Mitte 1987 wurde vom National Computer Security Center (NCSC) eine interpretierende Ergänzung zum Orange Book, die "Trusted Network Interpretation" (TNI, Red Book) herausgegeben. Mit ihrer Hilfe wollte man das Orange Book auch für Netze anwendbar machen. Massive Kritik zwang jedoch den Herausgeber die TNI zu überarbeiten.

Wegen dieser und anderer Schwächen des Orange Book wird derzeit in Zusammenarbeit mit Hochschulen, Verbänden, TÜVs und ähnlichen Organisationen bei der Zentralstelle für das Chiffrierwesen in ihrer Eigenschaft als nationale Behörde für Computersicherheit ein eigener Kriterienkatalog erarbeitet. Die Bewertungskriterien entstehen in enger Zusammenarbeit mit der Industrie; sie sollen bis Anfang/Mitte 1989 im ersten Entwurf durch den Bundesinnenminister der Öffentlichkeit zugänglich gemacht werden.

Bis zur Umsetzung der dort geforderten Sicherheitsmechanismen und der Verfügbarkeit entsprechender realer Systeme wird jedoch noch einige Zeit vergehen müssen; somit bleibt die Frage nach Schutzmöglichkeiten in den vorhandenen Systemen, einschließlich der Netze.

Die Bedrohung: wovor ist zu schützen?

Zur Bewertung vertrauenswürdiger Systeme ist zunächst eine sorgfältige Analyse der Bedrohungssituation notwendig.
Spezifisch für die Datenfernübertragung ist die Bedrohung von außen. Im Gegensatz zur Bedrohung bei lokalen Netzen und isolierten Rechnern spielt der Typ des Innentäters eine untergeordnete Rolle. Die Bedrohung von aussen ist charakterisiert durch eine breite Palette von Angriffsmethoden, die sich gegen unterschiedliche Ziele richten.

Potentielle Angriffe sind im wesentlichen gekennzeichnet durch:
- Datenmißbrauch
    Unberechtigte Datenerfassung und Nutzung zum Schaden des rechtmäßigen Besitzers.

- Computer-Sabotage
    Manipulation an Programmen und/oder Daten mit der Absicht, dem Be-
    treiber einer DV-Anlage zu schaden.
- unbefugte Nutzung von Rechnerkapazität
    Belegen von Ressourcen, Zeitdiebstahl
- Computer-Betrug und -Manipulation
    Jede Veränderung der ordnungsgemäßen Funktion der DV-Anlage zur Er-
    langung von Vermögensvorteilen

Hieraus ergibt sich eine Dreiteilung der Angriffe:
- Freisetzen von Information: Verlust der Vertraulichkeit
- Modifikation von Information: Verlust der Integrität
- Behinderung des regulären Betriebs von DV-Einrichtungen: Verlust der
    Verfügbarkeit.
Drei Kategorien, die die Klasse der logischen Angriffe beschreiben.

Die genannten Ziele werden mit Hilfe unterschiedlicher Methoden verfolgt:

- Ausnutzen von Schwachstellen des Zugangskontrollsystems
    Eine Bedrohung, die das DFÜ-Netz als Medium benutzt, sich aber gegen
    das angeschlossene System richtet. Der Täterkreis umfaßt die Palette
    vom "harmlosen" Computer-Freak bis hin zum Kriminellen mit Schadens-
    absicht. Ziele des Angriffs können sowohl Datenbestände bei unbe-
    rechtigtem Zugriff (Lesen, Löschen, Verändern) als auch Programme
    durch Einbringen von Software mit Schadensfunktion (Viren, Tro-
    janische Pferde usw.) sein.

- Fernwartung
    Auf den ersten Blick keine Bedrohung, solange der Ausführende
    vertrauenswürdig ist. Manipulationen bei der DFÜ durch Vorspiegeln
    einer falschen Identität (Maskerade) oder Unterschieben falscher In-
    formation (Spoofing) sind jedoch immer dann eine besondere Gefahr,
    wenn ohne weitere Schutzvorkehrungen eine (autorisierte) Kommuni-
    kation mit einem potentiellen Zielsystem betrieben wird.

- Datenerfassung auf dem Übertragungsmedium
    Gezieltes Abhören durch Anzapfen der Leitung (Tapping) oder Aus-
    nutzung elektromagnetischer Abstrahlung gestattet dem Angreifer,
    nicht für ihn bestimmte Informationen mitzulesen.

- Böswillige Behinderung der DFÜ
    Stören und/oder Unterbrechen einer laufenden DFÜ führt zur Beein-

trächtigung der Übertragungssicherheit und Verfälschung der Daten
oder zum Abbruch der Verbindung. Diese Bedrohungsart schließt die
vorsätzliche Beeinträchtigung der Verfügbarkeit von Systemkomponenten, z.B. durch Belegen von Vermittlungseinrichtungen mit ein.
Gerade der potentielle Angriff auf die Verfügbarkeit (Orange Book:
"Denial of service") wird häufig bei der Diskussion vertrauenswürdiger Systeme nicht ausreichend berücksichtigt.

- Verkehrsanalyse der Kommunikation nach Art, Umfang und Teilnehmer
  Eine Bedrohung, die im kommerziellen Bereich eine untergeordnete
  Rolle spielt, gleichwohl sind auch hier Fälle denkbar, in denen die
  Information "Wer hat wann wielange und wieoft mit wem kommuniziert?"
  schützenswert ist.

Schwachstellen: wo muß ein Schutz ansetzen?

Die Erarbeitung wirksamer Schutzvorkehrungen setzt eine Analyse der
Schwachstellen voraus. Bezogen auf die DFÜ bietet sich eine Unterscheidung in netzunabhängige und -abhängige Schwachstellenanalyse an.
1) Netzunabhängige Schwachstellen sind für alle (öffentlichen) Netze gültig. Sie werden deshalb bei der Analyse der einzelnen Netze nicht erneut
aufgeführt. Teilweise handelt es sich um allgemeine Aspekte der Computer-
sicherheit, teilweise sind es bestimmte Umstände, die sich aus den tech-
nischen Bedingungen in Netzen ergeben.
In allen Netzen befinden sich gleichartige Komponenten, die potentiellen
Zugriffen ausgesetzt sind. Solche Zugriffe können gelten den
- Übertragungsleitungen (oder allgemein der Übertragungsmedien)
- Vermittlungsknoten
- Netzanpassrechnern
- Dienstleistungsknoten
- Teilnehmereinrichtungen.
Besondere Aufmerksamkeit ist dem Übertragungsmedium zu widmen: insbeson-
dere im Falle leitungsgebundener Übertragung sind die technischen Voraus-
setzungen für den Angreifer günstig. Anzapfen und Leitungsunterbrechung
zur Informationsgewinnung, Modifikation, Störung und Unterbrechung der
Verbindung sind besonders einfach zu realisieren, wenn nur einmal die ge-
suchte Leitung gefunden ist.
Dies ist umso leichter, je näher der Angreifer an die Datenendeinrich-
tung, im allgemeinen das Ziel seines Angriffes, herankommt. Je tiefer man
sich jedoch im Innern eines Netzes befindet, desto schwieriger wird es,
den "richtigen Draht" (der die Daten überträgt) zu finden und die Verbin-

dung anzugreifen. Über einen einzigen physikalischen Draht können mehrere Verbindungen (quasi) gleichzeitig ablaufen (Multiplexverfahren); Wählnetze bieten den Vorteil, daß im Falle eines erkannten Angriffs die Verbindung über einen physikalisch anderen Weg neu aufgebaut werden kann. Hervorragende Schwachstelle zur gezielten Beeinträchtigung der DFÜ sind die Kabelverzweiger des Netzbetreibers (i.a. der DBP). Sie sind leicht zugänglich, und die einzelnen Anschlüsse sind leicht auszumachen. Kabelverzweiger bieten einen guten Zugang zu allen Netzen und sind wegen der Bündelung vieler Anschlüsse besonders gefährdet.
Aber auch die Übergabepunkte vom öffentlichem Netz zu privaten Einrichtungen verdienen besondere Beachtung.
Weitgehend unbemerkt kann die elektromagnetische Abstrahlung von Leitungen und anderen Einrichtungen aufgenommen und ausgewertet werden.

Auf allen Netzen werden die Daten gemäß bestimmter Vorschriften und Vereinbarungen übertragen (Übertragungsprotokolle). Diese Protokolle können zu einer Schwachstelle werden, weil sie besonders leicht automatisch auswertbar und öffentlich bekannt sind.
Weiter ist allen Netzen mit Wählverbindungen gemein das Risiko des unbefugten Eindringens in angeschlossene DV-Anlagen (Hacking). Zudem ist die übergeordnete Vernetzung der verschiedenen Netzformen untereinander eine zusätzliche Schwachstelle besonderer Qualität, weil sie dem potentiellen Eindringling eine Vielzahl von Dienstleistungen bereitstellt.

2) Netzspezifische Schwachstellen:
Öffentliches Fernsprechnetz
Die vergleichsweise niedrigen Datenraten im Fernsprechnetz erfordern keinen besonderen technischen Aufwand für einen Angriff. Ein Modem oder Akustikkoppler in Verbindung mit einem einfachen (Home-) Computer genügen für eine erfolgreiche Hackertätigkeit. Nur wenig mehr Aufwand ist zur Datenmanipulation auf der Leitung erforderlich. Die Allgegenwart von Telefon und Telefonleitungen erleichtert einen Angriff. Zusätzliche Dienstleistungen, wie etwa Mailboxen oder Btx, bilden weitere Schwachstellen. Die Gewährleistung von Datensicherheit muß dem Betreiber überlassen werden und die Qualität von Schutzmaßnahmen ist -soweit überhaupt vorhanden- in der Regel nicht überprüfbar.

Telexnetz
Auch hier erleichtert die niedrige Datenrate in Verbindung mit einem einfachen Übertragungsprotokoll einen Angriff. Das Voranstellen einer Kennung vor die eigentliche Nachricht erschwert zwar ein unbefugtes Eindringen, macht es aber nicht unmöglich.

öffentliches Direktrufnetz
Da bei dem Direktrufnetz die Verbindungen über einen langen Zeitraum fest
verschaltet sind (Standleitungen), gestaltet sich das Auffinden einer bestimmten Übertragung (Leitung) prinzipiell leichter; Datenraten bis zu
1920 Kb/s erschweren jedoch einen Eingriff.

Datex-L
Ein Netz mit Wählvermittlung und Übertragungsraten bis 64 Kb/s. Ein Angriff ist nur mit hohem technischen Aufwand erfolgreich und wird durch
die Bildung von Benutzerklassen und optionaler Teilnehmerkennung zusätzlich erschwert.

Datex-P
Als einziges der betrachteten Netze ist Datex-P ein Netz mit Paketver-
mittlung; die Daten werden nicht kontinuierlich auf einer für die Dauer
der Verbindung festen Leitung übertragen, sondern in mehrere Pakete "ver-
packt", die räumlich und zeitlich auf verschiedenen Wegen das Netz durchlaufen. Somit ergeben sich einige grundsätzliche Unterschiede zu den
anderen Netzen. Im Inneren des Netzes, auf der Ebene der Paketvermitt-
lung, bietet dieses Netz eine große Sicherheit, da das Auffinden einer
bestimmten Übertragung nahezu ausgeschlossen werden kann. Schwachstelle
ist vielmehr der Netzzugang, der im einfachsten Fall über das Telefonnetz
und sog. PAD-Einrichtungen der DBP erfolgt.
Der Netzzugang ist in zweierlei Hinsicht eine Schwachstelle: einmal ist
dort wegen unter Umständen niederer Datenrate und einfachen Protokollen
ein Angriff leicht möglich, zum andern stellt der Zugang über Telefon und
PAD dem Angreifer alle Möglichkeiten des Datex-P Netzes ohne hohe Kosten
bereit. Datex-P ist somit auch dem Hacker auf einfache Weise zugänglich
und öffnet weltweit den Zugriff auf andere Netze.

ISDN
Die Integration mehrerer Dienste in ein Netz bringt zunächst keine zusätzlichen Schwachstellen. Verläßliche Aussagen können jedoch noch nicht
gemacht werden, da insbesondere die sog. Mehrwertdienste samt ihren
potentiellen Schwachstellen derzeit noch nicht bewertet werden können.

Risikobewertung: wer muß sich schützen?

Die bezeichneten physikalischen Zugriffsmöglichkeiten allein sind nur
Hinweis auf die Existenz eines Bedrohungspotentials, doch dessen Auswirkung wird nur durch die Kenntnis der logischen Angriffsmöglichkeiten auf

die DFÜ deutlich. Nicht der Zugriff als solcher birgt Gefahr, sondern seine möglichen Folgen. Ein (physischer) Zugriffsschutz ist demnach nur dort nötig, wo auch logische Angriffe zu befürchten sind.

Die Wahrscheinlichkeit von Angriffen auf Informationsinhalte hängt in starkem Maße vom Wert der Information für den Angreifer und den Angegriffenen ab. Kurzlebige Informationen mit geringem Aussagewert sind wohl selten Ziel eines Angriffes.

Es ist davon auszugehen, daß Schutzmaßnahmen in der Praxis realer Systeme weitgehend fehlen. Alle beleuchteten Angriffe sind mit guten Kenntnissen der DFÜ-Systeme und dem Einsatz geeigneter Hilfsmittel (wie z.B. handelsüblicher Protokollanalysatoren) grundsätzlich ausführbar. Ein erhebliches Risiko besteht in der Möglichkeit, die Kenntnis öffentlicher Standards für Kommunikationsprotokolle auszunutzen und sich protokollgemäß an schützenswerter Kommunikation zu beteiligen. Wünschenswert ist der Einsatz wirksamerer Protokollmechanismen, deren Einhaltung dem Angreifer unmöglich ist.

Angriffe mit dem Ziel einer böswilligen Behinderung werden in ihrer Auswirkung vielfach verkannt. Sie sind jedoch eine schwerwiegende Bedrohung der Computersicherheit, wie die Penetration von Bob Morris im November 1988 gezeigt hat.

Fehlende oder mangelhafte Abschirmung ermöglicht das Erfassen elektromagnetischer Abstrahlung über größere Entfernung. Soweit Bildschirmgeräte als Datenendeinrichtungen bei der DFÜ Verwendung finden, ist deren Abstrahlverhalten zu berücksichtigen.

Eine besondere Gefahr geht immer dann von öffentlichen Netzen aus, wenn ein Anschluß den Zugang zu einer DV-Anlage aus dem Netz heraus ermöglicht. In solchen Fällen sind alleine schon aus Gründen der Betriebssicherheit zusätzliche Schutzmaßnahmen zu fordern.

Schutzmaßnahmen: was ist zu tun?

Schutzmaßnahmen gegen Angriffe bei Anwendung der DFÜ verfolgen drei unterschiedliche Zwecke:
- Verhindern von Angriffen; das Hauptziel aller Schutzmaßnahmen;
- Erkennen von Angriffen, wenn ein Verhindern aus bestimmten Gründen (zu hoher Aufwand, nicht vorhersehbare Angriffsmethoden, usw.) nicht möglich ist. Diese Sicherheitsmechanismen sollen für den Täter das Risiko der Entdeckung erhöhen und eine vollzogene Tat aufdecken. Nur dann ist das dritte Ziel der Schutzmaßnahmen realierbar:

- Minimierung des angerichteten Schadens, eine Schutzmaßnahme, die auch
  bei anderen Schadensursachen greift, wie z.B. bei technischen Betriebs-
  störungen und äußeren Einflüssen (Brand, höhere Gewalt). Hierzu gehört
  eine konsequente und regelmäßige Datensicherung, um im Schadensfall den
  "normalen" Betriebszustand wieder herstellen zu können.

Eine allgemeine Methode, die zu effektivem Schutz führen kann, ist durch
ein ausgefeiltes Risikomanagement gegeben. Auf der Basis einer ausführ-
lichen Analyse der Bedrohung, der Schwachstellen und des resultierenden
Risikos lassen sich konkrete Schutzmaßnahmen erarbeiten. Soweit ein
Risiko erkennbar ist, muß die Verantwortung für das Risikomanagement
definiert und zugewiesen werden. Langfristig sind Schutzmaßnahmen nur
sinnvoll, wenn deren Einhaltung und Wirksamkeit von einer hierfür verantwortlichen Instanz überwacht wird.

Da der Betreiber einer DV-Anlage an einem öffentlichen Netz keinen Einfluß auf die Schutzmaßnahmen im Netz selbst nehmen kann, muß der Schutz
auf seine privaten Einrichtungen beschränkt bleiben. Dieser Schutz beginnt an der physischen Schnittstelle zwischen der Post- und Hausin-
stallation, die häufig in ungesicherten Nebenräumen zu finden ist und
ohne größere Schwierigkeiten jedermann zugänglich ist. Insbesondere
Fremdpersoal sollte nur unter Aufsicht Zutritt haben.

Ein Anzapfen der hausinternen Verkabelung wird durch die Verwendung von
Koaxialkabeln erschwert oder durch Lichtwellenleiter gar verhindert.
Sichtbar verlegte Kabel machen einen Angriff leichter erkennbar. Lichtwellenleiter und sorgfältig verlegte Koaxialkabel haben außerdem keine
oder nur sehr geringe Abstrahlung.

Wenn schon das Abhören im öffentlichen Netz nicht verhindert werden kann,
so läßt sich durch eine Verschlüsselung immerhin erreichen, daß die Daten
Unbefugten nicht verständlich sind. Schlüsselgeräte haben eine digitale
Arbeitsweise und sind deshalb bei dem (analogen) Fernsprechnetz zwischen
Datenendgerät und Modem oder im Datenendgerät selbst einzurichten.

In den bestehenden öffentlichen Netzen ist derzeit nur eine Ende-zu-Ende-
Verschlüsselung sinnvoll. Hierbei wird der eigentliche Nachrichteninhalt
(Nutzdaten) verschlüsselt, Vermittlungsdaten (Adressen, Zeitangaben,
usw.) bleiben jedoch klar. Die Ende-zu-Ende-Verschlüsselung verhindert
- Unbefugtes Lesen der Daten
- Unbefugtes Verändern, Zerstören und Hinzufügen von Daten.

Verschlüsselung bringt zusätzlich den Vorteil, daß verschiedene Benutzer
oder Benutzergruppen durch Verwendung unterschiedlicher Schlüssel se-
pariert werden können. Verschlüsselung ist jedoch nur bei einer sorfäl-
tigen Handhabung der Schlüssel sinnvoll. Ein sicherer Verteilmechanismus,
der einen häufigen und regelmäßigen Schlüsselwechsel gestattet, bringt
jedoch einen nicht zu unterschätzenden organisatorischen Aufwand mit
sich.

Soweit es ausreichend ist, sich nur vor einem unbemerkten Verändern, Zerstören oder Hinzufügen von Daten zu schützen, reichen schwächere Maßnahmen aus, wie z.B. die Verwendung von Prüfsummen oder ausgefeilten Protokollmechanismen, deren Funktionsprinzip nicht öffentlich bekannt ist.
Zur Übermittlung von Prüfsummen empfiehlt es sich, andere Über-
tragungskanäle als zur eigentlichen Datenübertragung zu benutzen, gegebenenfalls auch die klassische Briefpost.
Einen brauchbaren Schutz gegen ein Einwählen in das eigene DV-System
bieten sogenannte Call-Back-Einrichtungen. Jeder, der sich zur Aufnahme
einer Kommunikation einwählt, wird zunächst nur mit der Call-Back-Einrichtung verbunden. Der Benutzer muß sich mit einer gültigen Nummer identifizieren, worauf die Verbindung zunächst wieder getrennt wird. Ist der
Anrufer berechtigt, wird die Verbindung zu ihm neu aufgebaut. Zusätzliche
Prüfsummen und Protokollmechanismen für die Identifizierungsnummer er-
höhen die Sicherheit. Statt einer automatischen Call-Back-Einrichtung
kann auch ein Operator die Funktion manuell übernehmen.
Weitere wirksame Schutzmaßnahmen gegen Eindringlinge sind
- Passwörter, soweit sie nicht trivialisiert werden können (hinreichende
  Länge, keine Namen und persönliche Daten, viele unterschiedliche
  Zeichen usw.) und ein häufiger Wechsel erfolgt. Passwörter sollen im
  DV-System keinesfalls im Klartext gespeichert, sondern verschlüsselt
  abgelegt werden.
- Zeit- und Wiederholungssperren lösen die Verbindung auf, wenn in einer
  festgelegten Zeit oder nach einer maximalen Anzahl von Versuchen keine
  ordnungsgemäße Identifizierung erfolgt ist.
- Ein Verzögern der Antwort des Wählmodems richtet sich vor allem gegen
  Hacker, die durch systematisches Ausprobieren von Teilnehmernummern
  einzudringen versuchen.
In jedem Falle ist sorgfältig zu prüfen, ob ein permanenter Netzanschluß
nötig ist, oder ob es ausreicht, nur für die Zeit der DFÜ einen Netzzugang zu ermöglichen.

Restrisiken: wachsam bleiben!

Der Schutz von Kommunikation in öffentlichen Netzen durch Geräte und Maßnahmen der beschriebenen Art ist nicht allein durch deren bloße Präsenz
gewährleistet. Vielmehr sind eine Reihe von Details ständig zu prüfen und
ihre Wirksamkeit zu verifizieren, damit sich nicht kritikloses Vertrauen
in Gerätefunktionen in einen zusätzlichen Schwachpunkt umkehrt. Es sei an
die Notwendigkeit eines fähigen Sicherheitsmanagements erinnert, das mit
hinreichenden Kompetenzen ausgestattet ist und möglichst personell ge-

trennt von der Systemadministration Datensicherheit zu verantworten hat. Neben den technischen Aspekten ist dabei im Einzelfall stets das Kosten/ Nutzen-Verhältnis zu berücksichtigen, wobei der Informationsgehalt von Nachrichten und sein Bestand über zeitliche Distanzen eine Bewertungshilfe darstellt. Für kurzlebige Informationen genügen entsprechend schwache Schutzmechanismen.

Auch Sicherheitsprodukte haben ihre Schwächen, deren Ursache in Design-Fehlern oder der nicht korrekten Umsetzung des Entwurfs zu suchen ist. Sobald jedoch diese Schwächen erkannt sind, kann ihnen durch geeignete Maßnahmen des Sicherheitsmanagements begegnet werden. Ein vollständiger Schutz wird im allgemeinen nicht erreichbar sein. Es kommt vielmehr darauf an, dem potentiellen Angreifer den Zugriff weitgehend zu erschweren. Da die Transparenz öffentlicher Netze die Verantwortung für die Datensicherheit dem Netzteilnehmer überträgt, obliegt es allein ihm, durch Minimieren der Risiken für die Sicherheit gemäß seinen Anforderungen zu sorgen.

Übertragungssicherung: Die Chance künftiger Netze!

Neue Netzformen mit integrierten Diensten (ISDN), zu denen auch die Verschlüsselung zählen kann, werden -so ist zu hoffen- Funktionen bereitstellen, die die Datensicherung dem Anwender erleichtern. Der erwähnte Kriterienkatalog zur Bewertung der Vertrauenswürdigkeit von IT-Systemen nennt einige herausragende Grundfunktionen zur Übertragungssicherung, die an dieser Stelle kurz skizziert werden sollen:

- Identifikation und Authentisierung,
  Vorkehrungen, die sicherstellen, daß an einer DFÜ genau nur die berechtigten Partner teilnehmen. Eine Authentisierung kann entfallen, wenn eine fehlerhafte oder manipulierte Identifikation ausgeschlossen werden kann.

- Zugriffskontrolle
  soll verhindern, daß als nicht berechtigt erkannte Benutzer (ein Ergebnis der Identifikations- und Authentisierungsmechanismen) Zugriff auf bestimmte Betriebsmitteln erhalten. Die Zugriffskontrolle (Access Control) erfordert die Funktionalitäten der Rechteprüfung und Rechteverwaltung.

- Vertraulichkeit der Daten

kann gerade bei DFÜ durch Zugriffskontrolle allein nicht garantiert
werden, weil sich naturgemäß die Übertragungswege selbst im allgemeinen dieser Kontrolle entziehen. In Sicherheitsanforderungen muß
somit festgelegt werden:
- für welche Übertragungswege Maßnahmen zur Geheimhaltung notwendig
  sind,
- welchen Daten auf welchen Strecken der Übertragung Vertraulichkeit
  zu gewähren ist. Wirksamster Schutz in öffentlichen Netzen ist die
  Verschlüsselung.

- Daten-Integrität
  stellt sicher, daß sowohl Nutzdaten als auch spezielle Protokolldaten
  (wie z.B. Adressen) auf dem Übertragungsweg nicht verändert werden.
  Wahrung der Integrität bedeuted jedoch auch, daß mehrfach auf dem Übertragungsweg der Informationsgehalt zu übertragender Datenströme zur
  Überprüfung mittels z.B. Prüfsummenverfahren zugänglich sein muß. Diese
  Forderung kann mit dem Wunsch nach Vertraulichkeit konkurrieren.

- Authentisierung der Urheber
  eines Datenstromes ist ein weiterer Aspekt sicherer DFÜ-Systeme. Eine
  "elektronische Unterschrift" soll dem Datenempfäger die Herkunft einer
  Nachricht belegen.

- Empfangsbestätigung (Non-repudiation)
  fordert Authentisierung und Identifikation zugleich, auch für den
  Datenempfänger, vergleichbar einer eingeschriebenen Sendung der Briefpost. Somit hat der Absender die Gewähr, daß seine Daten von dem gewünschten Empfänger -und nur von ihm- entgegen genommen worden sind.
  Diese Sicherheitsfunktion ist insbesondere für Fragen der Beweissicherung von Bedeutung.

Soweit die genannten Grundforderungen nach Funktionalität einer im Kriterienkatalog näher bestimmten Qualitätsprüfung standhalten, kann die
Vertrauenswürdigkeit eines (DFÜ-) Systems in einem Evaluationsprozess ob-
jektiviert werden. Das Ergebnis von Prüfung und Bewertung ist in einem
Zertifikat festzuhalten, das dem Anwender die Bewertung der Risiken in
seinem Systems erleichtert.

<u>Sicherheit in Unix</u>

Martin Beierle
Nixdorf Computer AG
Unterer Frankfurter Weg
4790 Paderborn

1. Einleitung

Mit dem raschen Vordringen der automatischen Datenverarbeitung in
immer mehr Lebensbereiche gewinnt die Frage nach ihrer Sicherheit
zunehmende Bedeutung. Dabei ist unter dem Begriff "Sicherheit" nicht
nur der Schutz der gespeicherten Informationen vor Verlust, Zerstörung und - zufälliger oder böswilliger - Verfälschung zu verstehen,
sondern auch der Schutz vor Offenlegung und unberechtigter Auswertung.

Sicherheitsanforderungen, die sich im konkreten Einzelfall aus einer
Risikoanalyse ergeben, werden normalerweise durch ein Bündel von
unterschiedlichen, sich ergänzenden Konzepten erfüllt. Nur wenn die
baulichen und organisatorischen Maßnahmen, die Infrastruktur des
Rechenzentrums und die eingesetzte Hard- und Software genau aufeinander abgestimmt sind - und diese Verfahren auch genutzt werden -, kann
das benötigte Maß an Sicherheit erreicht werden.

Bei den DV-technischen Maßnahmen sind die Sicherungsmechanismen des
Betriebssystems von zentraler Bedeutung. Am Beispiel des Unix
Betriebssystems sollen typische Konzepte für die Überwachung des
Systemzugangs und die Zugriffskontrolle dargestellt werden. Durch
Änderungen und Erweiterungen kann die Sicherheit dieser Verfahren
erhöhten Anforderungen angepaßt werden, ohne daß die Unix-
Eigenschaften verloren gehen.

2. Schutzmechanismen in Unix

Ursprünglich sollte mit Unix ein System bereitgestellt werden, mit
dem die Benutzer in der Entwicklungs- und Dokumentations-Abteilung
sehr einfach Daten und Programme austauschen können. Obwohl eine
solche Zielsetzung dem Sicherheitsgedanken widerspricht, sind im
Design von Unix effiziente Mechanismen enthalten, die es erlauben,
die Arbeitsumgebung des Einzelnen wirkungsvoll zu schützen. Da der
Einsatz dieser Verfahren jedoch nicht erzwungen wird, liegt es in der
Verantwortung der Administratoren und Benutzer, wie sicher ihr System
tatsächlich ist.

2.1 Zugangskontrolle

Der Systemzugang, die wichtigste Barriere bei jedem Betriebssystem,
wird in Unix durch ein Paßwortverfahren kontrolliert. Jeder Benutzer
muß sich, bevor er irgendeine andere Aktion durchführen kann,
zunächst mit seinem Benutzernamen identifizieren und seine Identität
mit einem Kennwort nachweisen, das ausschließlich ihm bekannt ist.

Da die Stärke dieses Verfahrens wesentlich von der Geheimhaltung der
Paßworte abhängt, werden sie nur verschlüsselt gespeichert. Zu dem
verwendeten Algorithmus auf der Basis des Data Encryption Standard
(DES) gibt es keine inverse Funktion, so daß auch mit Kenntnis des
codierten Wertes der Klartext nicht ermittelt werden kann. Beim
Anmeldevorgang wird das eingegebene Kennwort erneut verschlüsselt und
mit dem gespeicherten Sollwert verglichen.
Mit einem speziellen Kommando kann jeder Benutzer sein Paßwort
ändern. Aus Sicherheitsgründen sollte er von dieser Möglichkeit
regelmäßig Gebrauch machen.

Die Verwaltung der Benutzer erfolgt durch den Systemadministrator,
der für die Erledigung seiner Aufgaben über spezielle Privilegien
verfügt. Erst wenn für einen neuen Benutzer ein Datensatz in der
Paßwortdatei eingerichtet, eine Arbeitsumgebung angelegt und er einer
Benutzergruppe zugeordnet ist, kann er sich zum ersten Mal einloggen.

Die beim Login-Verfahren ermittelte Identität des Benutzers wird so
vom System verwaltet, daß bei jedem Programmstart, bei jeder Datei-

eröffnung bekannt ist, wer diese Aktion durchführen will und damit
für sie verantwortlich ist. Daher kann diese Kennzeichnung auch für
die Zugriffskontrolle ausgewertet werden.

2.2 Zugriffskontrolle

Bei allen Dateizugriffen gewährleistet Unix, daß nur berechtigte
Benutzer die gespeicherten Daten lesen oder verändern können. Grund-
lage der Berechtigungsprüfung sind die Schutzparameter, die für jede
Datei neben anderen Informationen in einem Verwaltungsblock abgelegt
sind: der Eigentümer der Datei, die zugeordnete Benutzergruppe und
die Zugriffsrechte. Getrennt für den Eigentümer, die Mitglieder der
Benutzergruppe und alle anderen werden die Rechte zum "Lesen",
"Schreiben" und "Ausführen" festgelegt.

Die Schutzparameter werden automatisch bei der Anlage von Dateien aus
Defaultwerten erzeugt, nur der Eigentümer hat das Recht, sie mit speziellen Kommandos zu verändern.

Bei der Festlegung der Zugriffsrechte sind dem Eigentümer keine
Beschränkungen auferlegt, er hat sogar die Möglichkeit, einen anderen
Benutzer zum Eigentümer der Datei zu machen.

Alle bei der Zugriffskontrolle benötigten Verwaltungs-Informationen,
ihre Entstehung und Veränderung sind für die Sicherheit des Systems
von grundlegender Bedeutung und daher besonders geschützt. Nur mit
Funktionen des Betriebssystemkerns kann auf sie zugegriffen werden.

Da in Unix alle Geräte und Dateien über den gleichen Mechanismus
angesprochen werden, sind alle in Frage kommenden Informationsquellen
über dieses einheitliche Verfahren abgedeckt.

2.3 Privilegien

Abweichend von den beschriebenen Verfahren für die Zugriffskontrolle
gibt es in Unix Mechanismen, einzelne Benutzer oder Programme mit
besonderen Privilegien auszustatten.

In jedem Unix-System gibt es einen Benutzer, den Systemadministrator
oder "Superuser", für den diese Zugriffskontrollen nicht durchgeführt
werden. Er kann unabhängig von den Schutzparametern auf jede Datei
im System zugreifen und sie modifizieren. Er ist der Eigentümer der
Systemdateien (wie z.B. der Paßwortdatei) und kann damit alle Verwal-
tungsaufgaben wahrnehmen. Aufgrund seiner besonderen Rechte ist in
einigen Implementationen sichergestellt, daß sich der Systemadministrator nur an der Konsole einloggen kann.

Für die ausführbaren Programme kann der Eigentümer einen weiteren
Schutzparameter setzen, das sogenannte "Set-User-Id-Bit". Ein so
gekennzeichnetes Programm arbeitet bei der Ausführung nicht mit den
Rechten desjenigen, der es aufruft, sondern mit den Rechten des Pro-
grammeigentümers. Mit diesem Privilegien-Mechanismus kann erreicht
werden, daß auf eine Datei nicht direkt, sondern nur über wohldefi-
nierte Interfaces zugegriffen wird.

Ein typisches Beispiel hierfür ist die Paßwortdatei und das Programm
zum Ändern der Paßworte. Schreibrecht für die Paßwortdatei hat
natürlich nur der Eigentümer, der Systemadministrator. Er ist auch
Eigentümer des Programms zum Ändern der Paßworte, das mit diesem Privileg ausgestattet ist. Für die Ausführung des Programms erhält
jeder die Rechte des Systemadministrators und kann damit sein Paßwort
ändern. Alle erforderlichen Prüfungen wie z.B. die nochmalige
Authentifizierung des Benutzers werden von diesem Programm ausgeführt.

3. Sicherheitsrisiken

Daß viele Unix-Systeme nicht so sicher sind, wie sie sein könnten,
liegt an der Bequemlichkeit und sehr oft auch an der Unwissenheit der
Benutzer und Administratoren.

Um diese Sicherheitsprobleme zu beseitigen, muß auf der einen Seite
das Bewußtsein und damit das Verhalten der Betroffenen geändert werden; auf der anderen Seite sind jedoch auch Änderungen des Systems
notwendig, so daß die Schutzmechanismen an die Erfordernisse der speziellen Installation angepaßt werden können.

An einigen Beispielen soll aufgezeigt werden, welche Sicherheitsrisi-
ken sich beim sorglosen Einsatz der oben beschriebenen Schutzmechanismen ergeben und mit welchen Maßnahmen diesen Risiken begegnet werden kann.

3.1 Administration

Typisch für Unix ist die Speicherung von Systemparametern und Verwal-
tungsinformationen in Dateien, die mit universell einsetzbaren Werkzeugen für die Textverarbeitung gepflegt werden können. Dem Vorteil
einer überschaubaren Menge von solchen Basisfunktionen steht ein
erhöhtes Sicherheitsrisiko gegenüber, da Plausibilitäts-Prüfungen von
diesen Programmen nicht durchgeführt werden können. Kein Editor kann
eine Fehlermeldung erzeugen, wenn ein Administrator eine Benutzerkennung ohne Paßwort einrichtet.

Für alle Aufgaben der Systemverwaltung werden spezielle Kommandos –
mit einer komfortablen Bedieneroberfläche – benötigt, die Fehler und
damit das Entstehen von Sicherheitslecks nicht zulassen. Neben der
Benutzerverwaltung gehören hierzu auch Interfaces für die Konfigurierung und Generierung des Systems und Utilities zum Prüfen der instal-
lierten Hard- und Software. Mit speziellen Analysetools muß dem
Administrator die Möglichkeit gegeben werden, Sicherheitslecks zu
erkennen und die Ursache hierfür zu untersuchen.

Das Konzept des "Superuser" ist zwar sehr einfach zu realisieren und
bietet in der Handhabung einige Vorteile, die damit verbundenen Risiken sind jedoch erheblich, da bei Mißbrauch oder unerlaubter Aneig-
nung dieser Rechte alle Komponenten des Systems gefährdet sind. Die
Aufteilung der Administratorfunktionen auf verschiedene Rollen (z.B.
Benutzer-Verwaltung, Operating, Sicherheits-Administration, ...)
reduziert dieses Risiko erheblich, wenn jeder dieser neuen Rollen nur
die Privilegien gegeben werden, die sie für die Wahrnehmung ihrer

Aufgaben unbedingt benötigen (Least Privilege Principle). In kleinen
Installationen können mehrere dieser Rollen auch von einer Person
wahrgenommen werden.

3.2 Paßwortschutz

Das größte Risiko bei der Zugangskontrolle liegt nicht in der Verschlüsselung der Paßworte, sondern in ihrer Auswahl durch den
Benutzer [1]. Die Kennworte werden häufig so einfach gewählt, daß
sie mit wenigen Versuchen geknackt werden können: nicht durch Ent-
schlüsseln des codierten Wertes, sondern einfach durch Ausprobieren!

In den neueren Systemversionen werden die vom Benutzer gewählten Paß-
worte nur dann akzeptiert, wenn ihr Aufbau nicht zu einfach ist.
Trotzdem sind Verfahren, die auf der Basis umfangreicher Wörterbücher
Paßworte "raten", recht erfolgreich. Insbesondere Vornamen stehen als
Ausgangspunkt für die Konstruktion von Paßworten immer noch hoch im
Kurs (bei Anwendern wie bei Hackern).

Durch zufallsgesteuerte Generierung von einprägsamen Paßworten, Modifikation der Algorithmen für die Einwegverschlüsselung und Speicherung der verschlüsselten Paßworte in einer Datei, die von keinem
Benutzer gelesen werden kann, wird der Systemzugang besser
geschützt [2].
Der Einsatz von Spezial-Hardware wie zum Beispiel "Smart Cards" wird
in einigen Anwendungsfällen sinnvoll sein.

3.3 Fehler in privilegierten Programmen

Die Auswirkungen von Fehlern in normalen Programmen sind durch die
Zugriffskontrolle beschränkt auf den Einflußbereich des Benutzers,
der das Programm ausführt. Die Integrität der "eigenen" Dateien kann
zerstört werden, das Ausspähen oder gar Verändern von "fremden" Daten
ist jedoch nicht möglich.

In privilegierten Programmen können solche Irrtümer oder bewußt ein-
gebaute Hintertüren jedoch fatale Folgen haben. In der Literatur

sind Fälle beschrieben, wie sich normale Benutzer über einen solchen
Weg uneingeschränkten Zugriff auf alle Dateien verschaffen
konnten [3].

Besondere Sorgfalt beim Design, der Implementation und dem Test der
privilegierten Programme ist eine unabdingbare Notwendigkeit. In
vielen Anwendungsfällen ist es sinnvoll, alle Programme oder alle
privilegierten Programme zentral zu installieren, nachdem eine intensive Qualitätskontrolle stattgefunden hat. Durch die Einführung
eines automatischen Schreibschutzes können Veränderungen an privilegierten Programmen verhindert werden.

3.4 Nachweisführung

Wenn der Verdacht besteht, daß die Schutzmechanismen umgangen wurden,
muß man anhand von Protokollen nachvollziehen können, was passiert
ist und wer dafür verantwortlich ist. Die heute von Unix geführten
Log-Dateien beziehen sich nur auf die Benutzung des Identifizierungs-
und Authentifizierungs-Mechanismus und auf das Accounting.
Für eine genauere "Spurensicherung" ist es jedoch notwendig, daß in
einem Audit-Trail alle sicherheitsrelevanten Ereignisse protokolliert
werden. Dazu gehören unter anderem das Anlegen, Eröffnen oder
Löschen von Dateien, das Ändern von Dateischutz-Parametern und das
Einrichten einer neuen Benutzerkennung.

Für die Auswertung des Audit-Trails müssen Tools bereitgestellt werden, die dem verantwortlichen Administrator die Selektion bestimmter
Benutzer oder Ereignisse aus dem unter Umständen riesigen Datenbestand ermöglichen. Die zur Verfügung stehenden Abfragemöglichkeiten
sollten vergleichbar sein mit einer Query-Language für Datenbanken.

Langfristig werden sicherlich auch Methoden der künstlichen Intelligenz verfügbar sein, die zeitnah mögliche Einbruchsversuche erkennen
und automatisch Gegenmaßnahmen einleiten können.

3.5 Trojanische Pferde

Programme, die neben den dokumentierten Funktionen noch verdeckte
Seiteneffekte haben, zum Beispiel Daten kopieren, werden als "Trojanische Pferde" bezeichnet. Wenn die Sicherheitspolitik eines Systems
es erlaubt, daß ein Benutzer die Zugriffsrechte auf seine Dateien
ohne Einschränkungen frei festlegen kann, kann eine solche unberech-
tigte und oft unbemerkte Informationsweitergabe grundsätzlich nicht
verhindert werden [4, 5].

Um dieses Problem zu lösen, können nicht modifizierbare Sicherheits-
kennzeichen für alle Benutzer und Dateien eingeführt werden. Nach
festen Regeln wird dann das System – unbeeinflußbar durch den Benutzer – bei jedem Dateizugriff entscheiden, ob die Person mit dem Label
A die Datei mit dem Label B beschreiben oder lesen darf. So kann der
Informationsfluß kontrolliert und die Auswirkungen von "Trojanischen
Pferden" auf eine Sicherheitstufe begrenzt werden.

Um einen solchen "vorgeschriebenen Zugriffsschutz" zu realisieren,
sind erhebliche Änderungen an Unix erforderlich und der Aufwand für
die Systemadministration wird deutlich ansteigen.

4. Standards

Der wirtschaftliche Erfolg von Unix ist zum großen Teil auf die Stan-
dardisierungsarbeiten in herstellerunabhängigen Gremien wie POSIX
oder X/Open zurückzuführen. In diesen Organisationen sind bereits
vor längerer Zeit Arbeitsgruppen eingerichtet worden, die sich mit
der Integration von zusätzlichen Sicherheitsfeatures in die Standards
beschäftigen. Parallel zu diesen Aktivitäten wird in den Entwick-
lungsabteilungen der Hersteller an der Realisierung solcher Konzepte
gearbeitet, zum Teil sind bereits erste Versionen verfügbar.

Bei allen diesen Arbeiten spielt der einzige heute festgelegte
Sicherheitsstandard eine wesentliche Rolle. In dem Ende 1985 vom
amerikanischen Verteidigungsministerium herausgegebenen "Orange
Book" [6] sind Kriterien beschrieben, nach denen Betriebssysteme im
Rahmen einer formalen Zertifizierung unterschiedlichen, hierarchisch
angeordneten Sicherheitsklassen zugeordnet werden können. In einigen

europäischen Ländern werden ähnliche Sicherheitsnormen entwickelt,
die bei Beschaffungsmaßnahmen der öffentlichen Hand verbindlich sein
werden.

Die Hersteller werden das Unix-Betriebssystem so weiterentwickeln,
daß es diesen Normen genügt, und damit einen wesentlichen Beitrag für
mehr Sicherheit in der Datenverarbeitung leisten. Aber auch diese
Systeme werden den Anwender nicht von der Aufgabe entbinden, für ein
entsprechendes Umfeld zu sorgen.

Literaturverzeichnis

[1]   Frederick T. Grampp and Robert H. Morris: Unix Operating System
       Security, AT&T Bell Laboratories Technical Journal, Vol. 63,
       No. 8, October 1984

[2]   Department of Defense: Password Management Guideline,
       CSC-STD-002-85, April 1985

[3]   Clifford Stoll: Stalking the Wily Hacker, Communications of the
       ACM 31(5), May 1988, p.484-497

[4]   Ken Thompson: Reflections on Trusting Trust, Communications of
       the ACM 27(8), August 1984, p.761-763

[5]   National Computer Security Center: A Guide to Understanding
       Discretionary Access Control in Trusted Systems, NCSC-TG-003,
       Version-1, September 1987

[6]   National Computer Security Center: Department of Defense Trusted
       Computer System Evaluation Criteria, DOD 5200.28-STD,
       December 1985

Das Salzgitter-Modell
Ein Beispiel für die Zusammenarbeit zwischen Hochschule und Industrie bei der
Entwicklung komplexer Software-Systeme

Dr. Peter Friedrich
Stahlwerke Peine-Salzgitter AG, Zentrale Datenverarbeitung
Postfach 41 11 80, 3320 Salzgitter 41

Prof. Dr. Rudolf Kruse
Institut für Betriebssysteme und Rechnerverbund
Technische Universität Braunschweig
Postfach 3329, 3300 Braunschweig

Dr. Werner Struckmann
Institut für Programmiersprachen und Informationssysteme
Technische Universität Braunschweig
Postfach 3329, 3300 Braunschweig

Einleitung

Zwischen den Studienplänen des Faches Informatik an den Universitäten einerseits und den Anforderungen der Industrie an die Hochschulabsolventen andererseits bestehen erhebliche Diskrepanzen. Die Hochschulen verweisen darauf, daß es nicht ihr Ziel sein könne, auf die kurzfristigen Erfordernisse des Marktes hin auszubilden. Vielmehr sollen Grundlagen vermittelt werden, die es den Studenten ermöglichen, sich lebenslang auf wechselnde Anforderungen einzustellen. Demgegenüber beklagt die Industrie die Schwierigkeiten, auf die Informatiker gerade in ihren ersten Berufsjahren stoßen [12].

Dieser Vortrag berichtet über den gegenwärtigen Stand eines erfolgreichen Versuches der Informatik-Institute der TU Braunschweig und der Zentralen Datenverarbeitung der Stahlwerke Peine-Salzgitter AG (ZDV/P+S), die beschriebene Kluft zu überwinden [2],[7].

Anfänglich stand die Vergabe und Betreuung einzelner Studien- und Diplomarbeiten im Vordergrund, die interessierte Informatik-Studenten in der ZDV/P+S anfertigen konnten. Nach mehrjährigen positiven Erfahrungen beschlossen beide Partner, die Zusammenarbeit auszubauen. So wird seit vier Jahren den Studenten regelmäßig die Möglichkeit geboten, im Wintersemester an einem softwaretechnischen Praktikum teilzunehmen und im anschließenden Sommersemester eine Studienarbeit anzufertigen. An Ende ihres Studiums können die Studenten dann ihre Diplomarbeit in der ZDV/P+S bearbeiten.

Die folgenden Überlegungen bestimmen dabei die Zielsetzungen:

1. Die Lerninhalte sollen eine praxisbezogene Ergänzung des Studienangebotes an der TU darstellen.

2. Die zu entwickelnde Software soll unter realen Bedingungen erstellt und später eingesetzt werden.

Alle Arbeiten werden in Salzgitter ausgeführt. Dabei werden die Ressourcen des Rechenzentrums von P+S genutzt. Zu seiner Ausstattung gehören zur Zeit Rechner der Modelle IBM 4381 und IBM 3081 mit den Betriebssystemen VM-CMS und MVS. Außerdem werden üblicherweise die Programmiersprache PL/I, das Dialogsystem CICS und der Maskengenerator SDF verwendet. *Alle* Programme werden mit dem Salzgitter-Modell (SM) erstellt.

In den folgenden Abschnitten stellen wir zwei Beispiele für studentische Arbeiten dar. Für den systemorientierten Bereich geben wir eine Beschreibung des Salzgitter-Modells (SM), das von der ZDV/P+S in Zusammenarbeit mit der TU Braunschweig im Rahmen von bislang ca. 70 studentischen Arbeiten erstellt wurde. Für den anwendungsorientierten Bereich beschränken wir uns auf das Fallbeispiel "Qualitätssicherung für Grobblech".

Das Salzgitter-Modell

Das Salzgitter-Software-Engineering-Modell (SM) [11] umfaßt Methoden und Werkzeuge sowie Phasenplan und Projekt-Management zur Steuerung des gesamten Software-Lebenszyklus. Entwicklungsbibliothek und Data Dictionary bilden den Kern dieser Software-Produktionsumgebung, die mittels einer Benutzerführung gesteuert wird.

Das Modell unterstützt die Planung, den Entwurf und die Implementierung von Informationssystemen auf der Basis anerkannter Methoden einheitlich, durchgängig und effizient. Neben der Nutzung von Standardsoftware wird der Einsatz von Sprachen der 4. Generation berücksichtigt.

Wesentliche Komponenten von SM wurden im Rahmen von studentischen Arbeiten konzipiert und realisiert. Die dafür erforderliche Forschung war ebenfalls Gegenstand dieser Arbeiten. Im folgenden beschreiben wir das System und zitieren dabei ausgewählte Studien- und Diplomarbeiten, in denen die entsprechenden Teile von SM entwickelt wurden.

SM stellt Methoden für die Funktions- und Datenmodellierung bereit und integriert beide Vorgehensweisen zu einem homogenen Konzept. Der Methodeneinsatz wird mittels eines speziell entwickelten, hierarchisch strukturierten Pseudocodes gesteuert.

Die Funktionsmodellierung orientiert sich an den Methoden "Structured Planning", "Structured Design" und "Structured Programming", die geeignet kombiniert und anhand eines Phasenplanes praxisnah ausgelegt wurden.

Die Datenmodellierung basiert auf dem Entity-Relationship-Modell, das um die Abstraktionskonzepte "Generalisierung" und "Komposition" erweitert wurde [14].

Der Phasenplan steuert den Methodeneinsatz in aufeinanderfolgende und ggf. iterativ ablaufende Abschnitte. SM unterscheidet die Planungsschritte "Voruntersuchung", "Grobkonzept" und "Spezifikation", die zur Erstellung eines verbindlichen Pflichtenheftes dienen [8].

Voruntersuchung und Grobkonzept laufen wechselseitig und miteinander verzahnt ab. Am Anfang steht die Präzisierung der Aufgabenstellung und die Anfertigung einer Machbarkeitsstudie, ergänzt um eine Kosten-/Nutzenbetrachtung und einen Terminrahmen. Nach Freigabe der Folgeschritte werden anwendungsbezogen Systemstruktur (Aufbauorganisation), Informationsfluß, Systemablauf (Ablauforganisation) und Systemtechnik erarbeitet. Alternativ kann dazu nach dem Informationsfluß auch ein Datenmodell erarbeitet werden.

Die Spezifikation dient der weiteren Formalisierung der Aufgabenstellung. Hier werden die sachlogischen Abläufe (Funktionsalgorithmen) und die Datenstrukturen (Masken, Listen, Dateien) beschrieben, mit der Zielsetzung "so verständlich wie möglich und so formal wie nötig", um daraus die Konstrukte für die Phasen "Programmentwurf" und "Programmierung" zu generieren, aus denen letztendlich lauffähige Software erstellt wird [1],[15].

Das Projektmanagement begleitet den gesamten Softwareentwicklungsprozeß von der Voruntersuchung bis zur Inbetriebnahme des Informationssystems, wobei ein Schwerpunkt auf die Aufwands- und Terminschätzung gelegt wird. Diese wird nach Abschluß der Spezifikation mit der "Function Point Methode" durchgeführt [6].

Sämtliche Werkzeuge für Planung, Entwurf und Implementierung arbeiten auf einer integrierten relationalen Datenbank, der Software-Entwicklungs-Bibliothek. Das Data Dictionary bietet den Zugriff auf die im Softwareentwicklungsprozeß anfallenden Informationen und Ergebnisse [3],[4], [9],[10].

Die Software wurde in der Programmiersprache PL/I entwickelt und ist unter den Betriebssystemen VM-CMS, MVS-TSO und BS2000 einsetzbar [5].

Die Benutzerführung besteht aus dem Handbuch, in dem das "Was" und "Wie" des Methodenein-
satzes hierarchisch strukturiert beschrieben sind, und aus dem rechnergestützten, interaktiven
System. Beide Komponenten (Methode und Werkzeug) verwenden das Sprachmittel "Pseudocode"
[13].

Die Qualitätssicherung für Grobblech

Konstruktionen aus Stahl erfordern aus sicherheitstechnischen und wirtschaftlichen Gründen die
Verwendung qualitativ einwandfreier Werkstoffe. Der hohe Stellenwert der Qualitätssicherung wird
deutlich, wenn man Ingenieurbauwerke aus Grobblech betrachtet. Eindrucksvolle Beispiele finden
sich in den wichtigsten Verwendungsgebieten des Grobblechs, wie Stahlbau, Schiffbau einschließlich
Offshoretechnik, Behälterbau und Großrohrfertigung. Für die Haltbarkeit und Sicherheit solcher
Bauten ist neben der Qualität der Konstruktion und einer dem Material angemessenen Verarbeitung
die Qualität der verwendeten Grobbleche entscheidend.

Das Grobblech ist durch seine chemische Zusammensetzung, durch seine mechanisch-technologischen Eigenschaften, seine innere und äußere Beschaffenheit sowie durch seine Form und seine Ab-
messungen gekennzeichnet. Die Aufgabe des Bestellers von Grobblech ist es, aus seiner Kenntnis
der Beanspruchung für den jeweiligen Anwendungszweck die Anforderungen an das Grobblech in
der Form von eindeutig prüf- und meßbaren Größen vorzugeben. In der Regel kann er sich hierbei
auf Normen, Werkstoffblätter usw. der Klassifikationsgesellschaften beziehen.

Innerhalb der Entwicklung eines Informations- und Steuerungssystems zur Durchführung von mechanisch-technologischen Werkstoffprüfungen in der Grobblechfertigung der Stahlwerke Peine-Salzgitter AG wurde im Rahmen einer Diplomarbeit [16] ein Dialogsystem zur Prüfvorschriftenerfassung realisiert, das die für die Grobblechherstellung und -prüfung wichtigen Daten rechnergestützt speichert und verarbeitet. Der dafür erforderliche Prüfvorschriften-Datenbestand dient als Vorgabe für

- das Probenschneiden am Blech innerhalb des Grobblechwalzwerkes,

- die Probenfertigung in der Probenwerkstatt,

- die Werkstoffprüfungen in den Prüfräumen und

- die Zeugnisschreibung in den Abnahmebüros.

Die Fachabteilungen von P+S sollen damit die Möglichkeit erhalten, über entsprechende Dialogfunktionen den Vorgaben-Datenbestand aufzubauen und zentral zu pflegen. Der Dialog wird über Bildschirmmasken gesteuert. Die Pflege wird durch geeignete Protokollfunktionen unterstützt.

Bei der Entwicklung des Dialogsystems wurde nach dem Salzgitter-Modell vorgegangen. Dank der vollständigen SM-Beschreibung gestaltet sich die Wartung des in PL/I programmierten Systems problemlos. Die Verarbeitung und Speicherung der Daten erfolgt unter dem Betriebssystem MVS/SP mittels CICS und VSAM.

Der Vergleich mit anderen Hüttenwerken hat gezeigt, daß der Aufbau eines Prüfvorschriften-Datenbestandes viele Jahre in Anspruch nimmt, so daß diese Diplomarbeit als Basis für einen weiteren Ausbau des Dialogsystems anzusehen ist.

Bewertung

In dieser Arbeit wurde dargestellt, wie die Entwicklung großer Softwareprojekte in die studentische Ausbildung integriert werden kann. Die Erfahrungen haben gezeigt, daß die Möglichkeit zur praxisnahen Ausbildung von den Studenten angenommen wird. So beteiligten sich bisher weit über 100 Studenten an der Zusammenarbeit zwischen der TU Braunschweig und der Stahlwerke Peine-Salzgitter AG. Dabei werden, wie wir oben gesehen haben, neben der Weiterentwicklung des Salzgitter-Modells auch anwendungsorientierte Arbeiten ausgeführt. Diese Erfolge veranlassen beide Partner, die Zusammenarbeit auch in Zukunft fortzusetzen.

Literatur

[1]   M. Asmussen:

Erstellung eines Software-Entwicklungs-Programms,

Studienarbeit, TU Braunschweig, 1981.

[2]   P. Friedrich, R. Kruse, W. Struckmann:

Ein softwaretechnisches Praktikum: Kooperation zwischen Hochschule und Industrie,

Angewandte Informatik, 28 (1986), 124-126.

[3]   U. Hohenstein:

Entwicklung einer Software-Engineering-Bibliothek,

Diplomarbeit, TU Braunschweig, 1984.

[4]   J. Klokkers:

Entwurf und Implementierung eines Optimierers für eine relationale Datenbank,

Diplomarbeit, TU Braunschweig, 1987.

[5]   H. H. Kopp:

Adaption und Installation des Salzgitter-Software-Engineering-Modells für die Dialogsysteme

VM/SP-CMS, MVS/SP-TSO und BS2000,

Diplomarbeit, TU Braunschweig, 1986.

[6]   F. Kronsberg:

Projektmanagement und Software-Engineering,

Diplomarbeit, TU Braunschweig, 1987.

[7]   R. Kruse, W. Struckmann, P. Friedrich:

Ein Modell zur Integration von praxisnahen Softwareprojekten in die Informatikausbildung,

Handbuch der modernen Datenverarbeitung, 143 (1988), 79-89.

[8]   F. Lohmann:

Entwicklung eines systemportablen Software-Engineering-Systems,

Diplomarbeit, TU Braunschweig, 1984.

[9]   M. Pape:

Entwicklung und Integration eines Datenmanagementssystems,

Diplomarbeit, TU Braunschweig, 1986.

[10] U. Schomburg:

Entwicklung und Implementierung einer relationalen Datenbanksprache unter Berücksichtigung

effizienter Zugriffsmethoden,

Diplomarbeit, TU Braunschweig, 1986.

[11] Stahlwerke Peine-Salzgitter AG:

Das Salzgitter-Software-Engineering-Modell, 1984.

[12] H. Strunz:

Anforderungen der Software-Industrie an die Informatik,

Angewandte Informatik, 26 (1984), 513-515.

[13] R. Weiß:

Software-Engineering und Ergonomie; die Benutzerschnittstelle des Salzgitter-Software-Engineering-Modells,

Diplomarbeit, TU Braunschweig, 1986.

[14] U. Witte:

Entwicklung und Integration eines Software-Engineering-Datenmodells,

Diplomarbeit, TU Braunschweig, 1986.

[15] R. Zittier:

Erzeugung von Programmrahmen,

Studienarbeit, TU Braunschweig, 1986.

[16] R. Zittier:

Entwurf und Implementierung eines Dialogsystems zur Prüfwerterfassung,

Diplomarbeit, TU Braunschweig, 1988.

<u>BEWERTUNG DER ANALYTISCHEN MODELLBILDUNG FÜR</u>
<u>PERFORMANCE-ÜBERWACHUNG UND KAPAZITÄTSPLANUNG</u>
<u>AUS PRAXISSICHT</u>

N. Hattrup

Internationale Consulting und Rechenzentrum GmbH
Geschäftsstelle München

Plinganser Str. 40 a
D-8000 München 70

1. Einführung:

Die Planung der Kapazität von Rechenanlagen wird selbst am Ende der
achtziger Jahre häufig noch mit Methoden durchgeführt, die in den
sechziger Jahren adäquat waren und die die technische Entwicklung
zweier Jahrzehnte wie Multiprozessorsysteme, Virtuelle Speicherkon-
zepte, Teilnehmer-/Teilhabersysteme, Relationale Datenbanken mit
komfortablen Abfragesprachen etc. fast unberücksichtigt lassen. Mit
anderen Worten wird Planung vielfach nur für Batchanwendungen auf
Uniprozessorsystemen und dedizierter Peripherie durchgeführt. In der
Annahme, daß eine befriedigende Planung der Prozessorleistung die
Bestimmung der Hauptspeichergröße und der I/O-Peripherie schon
determiniert, findet eine Betrachtung dieser Größen aufgrund sich
verändernder Anwendungscharakteristika gar nicht erst statt.
Ein in der Praxis aufgetretenes Beispiel mag dies verdeutlichen. In
einem Dienstleistungsrechenzentrum wurde errechnet, daß die CPU,
eine IBM 3083, in den nächsten Monaten die Anzahl der Aufträge nicht
mehr mit dem geforderten Servicegrad würde abarbeiten können.
Folglich wurde ein Upgrade zum nächst größeren Modell, einer IBM
3081, geplant und durchgeführt. Nach Installation der neuen Maschine
ergab eine kurze Simulation der zu erwartenden Spitzenlast als
Ergebnis einen Hauptspeicherengpaß. Man hatte einfach vergessen, daß
die Beseitigung des einen Ressourcenengpasses in einem Warteschlan-
gennetz eventuell einen anderen zutage fördert.

Die Konsequenzen aus dieser mangelhaften Planung sind bekannt. Neuer Genehmigungskreislauf für die Hauptspeicheraufrüstung, zusätzliche Installationsaufwendungen, Zeitverlust und unnötige Kosten. Dabei hätte sich dieser zusätzliche Aufwand durch das Vorhandensein eines gültigen Systemmodells leicht durch die Eingabe der Spitzenlast-Transaktionsraten in das Modell und Beurteilung der Ergebnisse innerhalb von Minuten ersparen lassen.

2. Systemmodelle:

Systemmodelle sind abstrakte Abbildungen des Systemverhaltens unter einer spezifischen Arbeitslast. Man differenziert Systemmodelle üblicherweise in:
- Analytische Modelle
- Simulationsmodelle
- Benchmark-Modelle

Obwohl die Benchmarks keine eigentlichen Modelle, daß heißt Beschreibungen von Systemeigenschaften mittels einer eigenen Begriffswelt sind, charakterisieren sie doch eine DV-Anlage durch speziell angefertigte Standardlasten.

Bei der analytischen Vorgehensweise versucht man auf mathematischem Wege, Beziehungen zwischen relevanten Leistungsgrößen und fundamentalen Systemparametern herzuleiten. Die besondere Bedeutung der analytischen Modellbildung hat folgende Gründe:
1. Analytische Methoden können vielfach mit minimalem Aufwand (Bleistift und Papier) durchgeführt werden.
2. Für manche komplizierteren Fälle existieren Algorithmen, die leicht programmierbar sind.
3. Die Beziehungen zwischen Modellparametern und Leistungsgrößen können sofort interpretiert werden.

Analytische Modelle können stochastisch oder operational sein:

Bei <u>stochastischen Modellen</u> sind die Systemparameter stochastisch verteilt mit vorgegebenen Erwartungswerten und Verteilungsfunktionen; dementsprechend erhält man statischtisch verteilte Leistungsgrößen als Ergebnisse.

Bei den <u>Modellen auf Basis der operationalen Analysis</u> werden für die Systemparameter nicht Mittelwerte und Verteilungen verwendet, sondern gemessene Werte, die sich aus der Beobachtung des Systems in einem festen Zeitintervall ergeben. Diese Beschränkung auf ein festes Beobachtungsintervall führt zu wesentlich einfacheren

Gleichungen zur Bestimmung von Leistungsgrößen, trotzdem aber zu praxisgerechten Aussagen über das Leistungsverhalten des Systems bei geeignet gewähltem Zeitintervall.
In die Kategorie der operationalen Verfahren fallen auch die heute auf dem Markt befindlichen Produkte in der IBM-Umgebung.

Bei der Modellbildungsprozedur sind drei Phasen zu unterscheiden:
1. In der <u>Entwurfsphase</u> wird ein Modell des realen Systems erstellt. Während bei der analytischen Modellbildung Gleichungen zur Bestimmung der Leistungsgrößen aus den Systemparametern hergeleitet werdern, wird im Fall der Simulation das Programm für dieses Modell implementiert.
2. In der <u>Validierungsphase</u> werden Werte aller Systemparameter am realen Rechensystem gemessen, z.B. die mittlere Bearbeitungszeit eines Jobs in der CPU, die mittlere Anzahl von I/O-Operationen pro Job usw. Daraus werden die Leistungsgrößen berechnet und mit gemessenen Werten verglichen. Die Güte eines Modells ist daran abzulesen, wie wenig gemessene und berechnete Werte für die Leistungsgrößen voneinander abweichen. Bei mangelnder Übereinstimmung müssen die Entscheidungen der Entwurfsphase überprüft werden.
3. In der eigentlichen <u>Vorhersagephase</u> kann das Leistungsverhalten des Systems mit einem gültigen Modell unter veränderten Bedingungen an Hardware und Software (z.B. Erhöhungen der Prozessorleistung oder Vergrößerung des Hauptspeicherplatzes usw.) oder der Anwendungscharakteristik (z.B. Höhere Transaktionsrate) bestimmt werden.

Bei jeder Modellbildung muß man sich allerdings darüber im klaren sein, daß die daraus ermittelten Leistungsgrößen nur Abstraktionen der Realität darstellen und demzufolge die Systembedingungen zum Zeitpunkt der Messung beachtet werden müssen.

2.1 Analytische Modelle auf Basis der operationalen Analysis
Die in dem Beobachtungszeitraum ermittelten Werte werden <u>operationale Variablen</u> genannt. Mit diesen Variablen wird versucht, Gesetze und Hypothesen abzuleiten.
Dabei gibt es zwei grundsätzliche Voraussetzungen:
1. Das System muß sich im <u>operationalen Gleichgewicht</u> befinden, das heißt, die Anzahl der Ankünfte im System muß gleich der Anzahl der Anzahl der Abgänge sein. (engl.: job flow balance)

2. Die Ankunftsrate an einem Server im System muß unabhängig von
   der Länge der Warteschlange an einem anderen Server sein:
   (Homogenität der Ankünfte)

Die Fehler, die aus der Verletzung dieser Bedingungen resultieren,
sind durch lange Beobachtungszeiträume in der Praxis gut
beherrschbar. Dabei spielt die Art der betrachteten Arbeitslast eine
große Rolle. Betrachtet man ein Batchsystem, bei dem die mittlere
Joblaufzeit 5 Stunden beträgt, wird das Beobachtungsintervall
sicherlich größer als 5 Stunden sein müssen, wenn die erste
Voraussetzung näherungsweise erfüllt sein soll. Abhilfe in einem
solchen Fall schafft die Betrachtung kleinerer Einheiten, also
beispielsweise Jobsteps, deren Ankunfts- und Abgangsrate dann
allerdings erst über die benutzte Meßeinrichtung bestimmt werden muß.

2.2 Engpaßanalyse

Die Engpaßanalyse innerhalb der operationalen Analysis wird
folgendermaßen durchgeführt (vgl. (1), S. 239 ff.):

- Bestimme für jeden Server i das Produkt aus der Anzahl der
  Aufträge V_i an ihn und seiner Servicezeit S_i.
- Der größte Wert dieser Produktbildungen kennzeichnet den Server,
  der einen Engpaß darstellt sofern die Anzahl der Aufträge groß
  genug ist.
- In diesem Fall ist der reziproke Wert X_b der maximal erreichbare
  Durchsatz dieses Servers und damit des gesamten Systems.

Wie man sieht, werden zur Berechnung dieser Eigenschaften Größen wie
Ankunfts- oder Transaktionsrate und Servicezeiten verwendet die
üblicherweise von Performancemonitoren geliefert werden. Unter
Berücksichtigung der beiden eingangs erwähnten Voraussetzungen lassen
sich damit recht einfach, aber für die Praxis sehr wesentliche
Folgerungen ableiten, nämlich potentielle Engpaßressourcen und die
Antwortzeit.

2.3 Stochastische Modelle

Die stochastischen Modelle gehen im Gegensatz zu den Modellen der
operationalen Analysis von der Theorie der <u>stochastischen Prozesse</u>
aus.
Dabei basiert eine Anwendung dieser Theorie auf Computersysteme auf
einigen Voraussetzungen, wie etwa:

- Jobs (Tasks, Aufträge) sind stochastisch unabhängig.
- Übergänge von einem Server zum nächst folgenden werden durch

Markow-Ketten beschrieben.
- Das System befindet sich in stochastischem Gleichgewicht.

Die zur Modellbildung erforderlichen Berechnungen sind hierbei wesentlich aufwendiger als in der operationalen Analysis (Vgl. z.B. (2)). Der wahrscheinlichkeitstheoretische Ansatz wird überall dort angewendet, wo die beiden Grundvoraussetzungen der operationalen Analysis nicht gewährleistet sind, oder exakte Ergebnisse gefordert werden. Im Rahmen der kommerziellen Datenverarbeitung ist dieser Genauigkeitsgrad selten erforderlich und der notwendige Aufwand zu unwirtschaftlich.

2.4 Realisationen der operationalen Modelle in Softwareprodukten

Die oben erwähnten Eigenschaften der operationalen Systemmodelle machen sich die heutzutage auf dem Markt befindlichen Softwareprodukte zunutze. Der prinzipielle Aufbau dieser Werkzeuge ist überall gleich:
- Der <u>Kollektor</u> hat die Aufgabe, die während des Beobachtungsintervalls anfallenden Monitordaten zu sammeln und zur weiteren Bearbeitung aufzubereiten.
- Der <u>Analysator</u> erstellt daraus eine Beschreibung des Systemverhaltens während des Beobachtungszeitraums für den Modellierungsteil des Produkts und speichert diese Daten in einer Datei ab. Kollektor und Analysator bilden meistens eine Einheit und sind üblicherweise auch getrennt vom Modellierungsteil zu beziehen.
- Die <u>Modellierungsalgorithmen</u> sind der eigentliche Kern dieser Produkte. In ihnen sind die Gesetze der operationalen Analysis für Modelle mit mehreren Servern enthalten.

Zusätzlich enthalten die Produkte noch einen Berichtsgenerator der die Ergebnisse der Modellierungen in Form von Tabellen und/oder Graphiken aufbereitet und sie dem Benutzer am Terminal oder über eine Printfunktion auch auf Papier zur Verfügung stellt.
Über eine Kommandoschnittstelle hat der Benutzer die Möglichkeit, andere System- und Arbeitslastparameter einzugeben, um als Reaktion des Modells veränderte Auslastungs-, Durchsatz- und Antwortzeitdaten zu erhalten.
Damit können die Arbeitslasttypen
- Batch
- Time-Sharing

- Teleprocessing (Teilhabersysteme)

auf Konfigurationen mit den Servertypen CPU, Hauptspeicher und I/O-Subsystem modelliert werden. Alle dafür notwendigen mathematischen Beziehungen sind in den mitgelieferten Programmen schon berücksichtigt. Manche Produkte bieten sogar die Möglichkeit, das I/O-Subsystem nicht nur als einen Server, sondern auch in Teilen bis hin zur einzelnen Platte zu modellieren. Für eine periodische Modellierung einzelner Platten ist der dafür zu treibende Aufwand allerdings zu hoch, derartig detaillierte Modellierungen sollten nur vorgenommen werden, wenn der I/O-Service sehr heterogen und zu schlecht ist, das heißt, daß die Wartezeiten für eine I/O-Operation zu hoch sind, ohne daß offensichtliche Konfigurations- oder Generierungsfehler erkennbar sind.

Da als Eingangsgrößen für die Modelle betriebssystemspezifische Parameter benutzt werden, sind sie zumeist nur für ein Betriebssystem verwendbar. Diese Abhängigkeit vom Betriebssystem gilt allerdings nur für die automatische Übertragung der Ergebnisse aus einer Modellierungsmessung, also nur für den Kollektor. Die eigentlichen Modellierungsalgorithmen sind auch für jedes andere Betriebssystem mit ähnlichen Servertypen gültig. Es ist beispielsweise durchaus möglich, ein MVS-Modellierungspaket auch für BS2000 zu benutzen, nur müssen die für BS2000 gemessenen Monitordaten manuell eingegeben werden, da der Kollektor ausschließlich auf RMF/SMF-Daten basiert. Aufgrund des hohen Aufwandes bei der manuellen Eingabe und des Fehlens von Plausibilitätsalgorithmen ist dieser Weg für die praktische Anwendung nicht zu empfehlen.

3. Analytische Modelle in der Praxis

Die Softwarequalität der angebotenen Produkte lassen einen praktischen Einsatz für die Kapazitätsplanung und die prophylaktische Performance-Überwachung unter bestimmten Voraussetzungen geeignet erscheinen.

Die nachfolgend dargestellten Eigenschaften begründen Abweichungen zwischen Modellergebnissen und gemessenen Daten. Sie sollten durch Erfahrung und Interpretationsfähigkeit beherrscht werden können:

1. Die Fähigkeit der Benutzer, Modelle anzuwenden.

   Da alle Modelle die genaue Beschreibung von System und Arbeitslast erfordern, sind sowohl Betriebssystemkenntnisse als auch Verständnis für die Leistungsgrenzen der Produkte wesentlich für gute Ergebnisse bei der Modellierung. Aus diesem Grund sollte der optimale Benutzer sowohl gute Betriebssystemkenntnisse besitzen als auch ausreichendes mathematisches Verständnis aufweisen. Es genügt beispielsweise nicht, einem Modell 2 MB Hauptspeicher zusätzlich zur Verfügung zu stellen, ohne die Information, ob und wie diese von den modellierten Arbeitslasttypen genutzt werden sollen.

2. Die dem Modell zugrundegelegten Annahmen.

Die zweite Voraussetzung der operationalen Analysis, die der homogenen Ankunftsrate, die davon ausgeht, daß es zwischen den einzelnen Servern und dem übrigen System keine Interaktion außer der Abhängigkeit über die lokalen Warteschlangen gibt, scheint mehr Modellierungsfehler dann zu erzeugen, wenn als Paging-Devices Magnetplatten ohne feste Köpfe verwendet werden.

3. Arbeitslaständerungen.

Da die Arbeitslast in der realen Welt keine stabile Charakteristik einhält, können die Eingabedaten für Modelle die Arbeitslasteigenschaften nicht vollkommen exakt beschreiben. Dazu müßte das Beobachtungsintervall alle möglichen Ausprägungen der Systemparameter mit einbeziehen, was aufgrund der Vielfalt von möglichen Parameteränderungen durch Operator oder Systemprogrammierer illusorisch ist. Darüberhinaus ist die Wahrscheinlichkeit, daß die Arbeitslastverteilung während des Beobachtungsintervalls, üblicherweise 60 - 90 Minuten, noch einmal auftritt, nahezu null, was dazu führt, daß der Analytiker auch ein Kenner des Benutzerverhaltens sein muß.

4. Ungenaue Performance-Monitore.

Die Eingabedaten für die Modelle werden von Performancemonitoren gemessen und geliefert. Dabei hat der Hersteller des Modellierungspakets keinen Einfluß auf die benutzten Meßverfahren. Dadurch kann es bei verschiedenen Meßmonitoren, die die SystemOverhead-Anteile verschieden aufteilen, zu unterschiedlichen bis falschen Modellergebnissen kommen.

5. Fehlende Performance-Monitore.

Wenn für eine bestimmte Arbeitslast kein Meßwerkzeug verfügbar oder im Einsatz ist, so müssen die Eingabedaten für das Modell geschätzt werden. Die Modellierungsergebnisse haben in einem solchen Fall natürlich geringere Chancen, die Realität gut zu beschreiben.

6. Arbeitslastvorhersagen.

Die Meßeinrichtungen können die Eigenschaften der gegenwärtigen

Arbeitslast bestimmen, das zukünftige Wachstum der Arbeitslast muß geschätzt werden. Diese Vorhersage der von den Endbenutzern ausgehenden Arbeitslast ist im allgemeinen die größte Schwachstelle bei der Kapazitätsplanung, da ihre Ergebnisse durchaus relative Fehler von 100 % annehmen können. Um hier die notwendige Genauigkeit zu erreichen, sind alle verfügbaren Informationen für die Abschätzung hinzuzuziehen. Dazu gehört auch die Berücksichtigung der wirtschaftlichen Planungsdaten für die nächsten Geschäftsjahre.

4. Schlußbemerkung

Die Planung und Aufrechterhaltung eines reibungslosen DV-Betriebs stellt an den Rechenzentrumsbetreiber immer höhere Anforderungen. In den neunziger Jahren werden die Benutzeranforderungen eine Zunahme von Architekturen bedingen. Zusammen mit den Zielkonflikten Kostenreduzierung und Anwenderzufriedenheit wird der Betreiber damit gezwungen, ganze Arbeitsabläufe zu automatisieren und zu optimieren. Die analytische Modellierung ist eine Basis für Rationalisierung in der Planung von Rechnerkonfigurationen und Performance-Abschätzungen von Arbeitslasten. Wer frühzeitig Personal für die Benutzung solcher Systeme ausbildet und in der praktischen Anwendung qualifiziert, hat bessere Chancen, die folgenden Ziele zu erreichen:
- Optimaler Betriebsmitteleinsatz.
- Bereitstellen und Sichern effizienter DV-Dienstleistungen.
- Systematische Informationsbeschaffung.

5. Literatur

(1)   Denning, P.J.; Buzen, J.P.: The Operational Analysis of Queueing Network Models, in: acm computing surveys, Vol. 10/3, September 1978, pp. 226 - 261.

(2)   Ferrari, D.; Serazzi, G.; Zeigner, A.: Measurement and Tuning of Computer Systems, Prentice-Hall Inc., Englewood Cliffs, New Jersey 1983.

Flächenentwicklung bei Rechenzentren

Rainer A.H. von zur Mühlen, Dipl.-Kfm., von zur Mühlen'sche
Unternehmensberatungsgesellschaft, Sicherheitsberatung, Bonn

Die Datenverarbeitung befindet sich in einem wichtigen Umstrukturierungsprozeß. Die immer mehr in den Vordergrund tretende Dezentralisierung von intelligenten und speicherintensiven Datenverarbeitungseinrichtungen bei gleichzeitig steigenden Leistungs- und Serviceanforderungen an die zentralen Rechenzentren schafft neue Schwerpunkte in der betrieblichen Organisation.

Abhängigkeitsanalysen machen zunehmend deutlich, daß die Betriebe nicht mehr nur von der Verfügbarkeit des Hosts abhängen, sondern dieser in wachsender Interdependenz ohne die dezentralen Subsysteme kaum mehr funktionsfähig ist. Die Servicefunktion des zentralen Rechners, früher rein einseitig zum Nutzer hin orientiert, wird wechselseitig. Er bietet und nimmt Dienstleistung, er bietet und nimmt Daten - und zwar in immer größeren Mengen.

In dieser Situation gibt es zwei einander widersprechende Thesen:

1. These: Das Ende des Flächenwachstums der Rechenzentren ist noch nicht abzusehen.

2. These: Die Rechner und Speichermedien werden immer kleiner, folglich werden die Rechenzentren nicht mehr wachsen wie bisher.

Setzen wir uns als Planer von Rechenzentren, speziell von Neu- und größeren Umbauten, zunächst mit der zweiten These auseinander, so stellen wir fest, daß diese Aussage schon vor 20 Jahren gemacht wurde. Auf dieser Hoffnung basierend, anders kann man es nicht ausdrücken, wurden und werden auch heute noch die meisten Rechenzentren nicht zukunftsorientiert geplant. Ihre Räumlichkeiten waren oft bereits zum Einzug voll und kurze Zeit später zu knapp bemessen.

Das Verhältnis von Leistung und Fläche wurde in der Tat immer günstiger. Im nachhinein ganz einfach zu erklären: die Anforderungen an den Service wurden so stark forciert, daß das Wachstum in den Flächen insbesondere durch zunehmenden Speicherbedarf bedingt war.

Heute wird die u.E. immer noch falsche These durch weitere Argumente der Optimisten gestützt: Die Dezentralisierung der Datenverarbeitung gräbt nach zunehmender Auffassung von Organisatoren und Unternehmensleitungen dem zentralen Rechenzentrum künftig das Wasser ab. Das ist teilweise sicher richtig, nämlich in der Bedeutung der Rechenzentren, in der alleinigen Abhängigkeit von ihnen, nicht aber in der Fläche!

Wenn wir uns die Entwicklung der Rechenzentrumsflächen in einigen deutschen, aber auch in US-amerikanischen Betrieben anschauen, so bewirkt gegenwärtig die zunehmende Dezentralisierung nach der Einführung von Datenbanken den zweiten großen Flächenschub. Dezentrale Rechner greifen bei vollzogener Integration auf Daten und Software der Hosts zurück. Dezentrale Rechner bedürfen einer qualifizierten Datensicherung, wie sie z.B. bei PC schon aus Gründen technischer, betriebssystem- und softwarebedingter, aber auch menschlicher Unzulänglichkeit nicht geleistet wird. Es geht daher der erkennbare Trend dahin, die Datensicherung der dezentralen Systeme über den Host und seine Speichermedien abzuwickeln, um durch Schaffung von Zwangsläufigkeiten, die notwendige Datensicherung zu erreichen. Wie wichtig so etwas ist, zeigte sich vor gut einem Jahr bei einem Bürobrand, der 15 PC einer Arbeitsvorbereitung (Produktionsvorbereitung eines metallverarbeitenden Betriebs) inkl. der Datenbestände vernichtete und zu einer mehrtägigen Betriebsunterbrechung des gesamten Werksstandortes führte.

In den USA ist der Trend schon eindeutig vorgezeichnet: Die Datensicherung der dezentralen Einrichtungen, insbesondere der PC, aber auch der VAXen, Server oder anderen Einrichtungen mit wachsender betrieblicher Bedeutung läuft nicht mehr allein von Platte auf Band, von Festplatte auf Streamer oder Diskette, sondern zunehmend online zum Host.

Die Konsequenz daraus ist: mehr Speicherbedarf beim Host, mehr DFÜ-Kapazität, mehr Rechnerkapazität - - mehr Platzbedarf.

Bei einigen Rechenzentren - die Entwicklung ist dabei branchenspezifisch sehr unterschiedlich - hat der reine Maschinensaalbedarf in den letzten 10 Jahren geradezu explosionsartige Ausdehnungen erfahren. Spitzenreiter in der Flächenentwicklung sind nach wie vor Banken und Versicherungen, bei denen ein Wachstum um das Vierfache und mehr in den zurückliegenden 10 Jahren nicht ungewöhnlich, sogar eher die Regel ist.

Die Wachstumsfaktoren für Rechenzentren in den einzelnen Branchen sind sehr unterschiedlich. Bei Banken bewegen sie sich um 4, bei Versicherungen zwischen 4 und 5, bei Industriebetrieben liegen sie zumeist erheblich darunter. Bei Brauereien z.B. konnte ein Wachstumsfaktor von 2, in der chemischen Industrie von 3 und in der Metallindustrie, bedingt durch eine zunehmende Computerisierung in den letzten Jahren, in der Spitze von 6, durchschnittlich aber zwischen 2 und 3 beobachtet werden.

Abb. 1 zeigt sechs typische Beispiele aus verschiedenen Branchen in einer Tabelle, um die Flächenentwicklung von Rechenzentren und den Fehler zu verdeutlichen, daß fast immer zu klein geplant, die zu erwartende und oftmals sogar schon zu erkennende Entwicklung nicht antizipiert worden ist.

Entwicklungsübersicht von Rechenzentren

Geschäftszweig	Baujahr	Maschinensaal qm	Reserve	Erweiterung		Bemerkungen -Angaben nur Maschinensaalfläche-
				Jahr	qm	
1. Bank	1982	450	ca. 90 %	1984	ca. 90	Planerstellung 1980, bei Einzug 1982 bereits Nutzung der Reserve Übernahme benachbarter Räume als Plattenraum - heute sehr eng!!
2. Verlag	1980	1.500	ca. 130 %	1984/ 1985		Auslagerung der Nachbereitung 300 qm und 190 qm benachbarter Bürofläche
3. Landesamt	1976	1 x 400 1 x 750	ca. 200 %			Gesamte Fläche seit 1980 belegt. Maschinen z.T. auf Fluren und im Keller (380 qm)
4. Versicherung	Altbau bezogen 1976	180	ca. 20 %	1978 1983 1985 1988	180 140 1600	Erweiterung auf darüberliegendes Geschoß Erweiterung auf darunterliegendes Geschoß Neubauplanung, Bezug Ende 1986 1.200 qm schon voll genutzt
5. Bank	1976	310	80 %	1982 1987	280	Anbau für Maschinensaalfläche Neubauplanung auf 1.300 qm
6. Brauerei	1978	280	100 %	1985	100	Auslagerung TP-Platten in ehemaliges Aktenarchiv im Keller

Wir können diese Aussage machen, weil unsere Gesellschaft seit etwa 18 Jahren Rechenzentrumsplanungen macht und an allein mehr als 250 Neu- oder größeren Umbauplanungen beteiligt gewesen ist. Da wir den Kontakt zu unseren Klienten in der Regel über Jahre aufrechterhalten, werden die Erkenntnisse über Flächenveränderungen von uns seither fortgeschrieben und fließen in die Planungen ein, um sie „wachstumsfest" zu machen,

Abb. 2 (s. nächste Seite) macht die Größenentwicklungen anhand eines konkreten Planungsprojektes etwas transparenter. Grundlage war der gemeinsam mit dem Hersteller erarbeitete Bedarf an Speicherkapazität in Gigabyte auf der Basis der Entwicklung der Jahre 1976 bis 1987 und der Kapazität der z.Z. im Einsatz befindlichen Plattenlaufwerke (3380) mit 0.66 GB/qm sowie einer Rechnerleistung von ca. 0,56 MIPS/qm. Unterstellt wurde ein weiterhin sich fortsetzender Leistungsanstieg von wie bisher ca. 45 % p.a. Die sich daraus ergebende Exponentialfunktion führt zu erschreckenden Ergebnissen. Die berechtigte Annahme der weiterhin alle zwei bis drei Jahre stattfindenden Technologiesprünge führt dann aber zu einer beachtlichen Verbesserung der Situation, im konkreten Falle jedoch immer noch zu einem Wachstumsfaktor von ca. 4 auf 10 Jahre. Aus unserer Erfahrung alles andere als unrealistisch.

Die für Rechenzentren benötigten Gesamtflächen werden in absehbarer Zeit weiter steigen. Hierfür gibt es eine ganze Reihe von zusätzlichen Indizien.

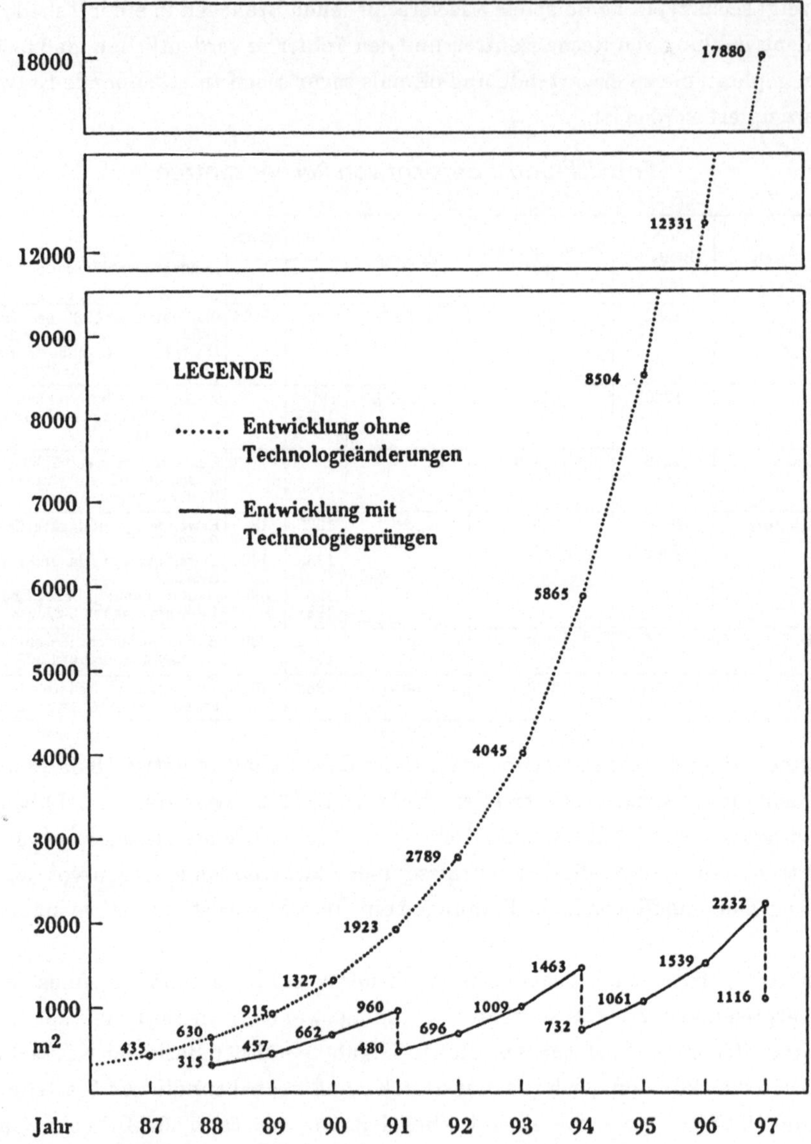

Wachstumstendenz im bedienten Bereich

Interessanterweise läßt sich beobachten, daß der bediente DV-Bereich unterdurchschnitt-
lich, die Flächen für bedienerfreie Anlagen jedoch überdurchschnittlich wachsen. Dieser
Umstand wirkt sich bei der Planung von Rechenzentrumsneu- und -umbauten sowohl auf
die Gestaltung der Räume als auch auf die Ausstattung der Arbeitsplätze, aber auch auf
die Sicherheitsplanung und die Kosten in entscheidender Weise aus.

Die Entwicklung der benötigten Fläche für die Hardware ist stark unterschiedlich. Im bedienungsbedürftigen Bereich wird je nach Branche voraussichtlich höchstens die doppelte Fläche gegenüber der gegenwärtigen Nutzung erforderlich sein, da eine Reihe von Anzeichen dafür spricht, daß auch für die nächsten Jahre eine ähnliche Wachstumsentwicklung, wie in der Vergangenheit vollzogen, zu erwarten ist.

Die Anforderungen an das Konsoloperating werden auf der einen Seite durch zusätzliche Serviceleistungen des Rechenzentrums gegenüber externen Nutzern ständig größer. Auf der anderen Seite wird das Konsoloperating immer kompakter, ein Umstand, der das Wachstum zwar bremst, aber nicht kompensiert. Das liegt nicht zuletzt daran, daß durch seine Automatisierung wesentliche Teile künftig computergesteuert und vollautomatisch abgewickelt werden dürften. Diese Autosteuerung kann damit zunehmend im unbedienten Bereich untergebracht werden. Ein die Raumplanung, die Sicherheit und die Zuverlässigkeit der Datenverarbeitung sehr positiv beeinflussender Umstand. Software, wie die vollautomatische Ablaufsteuerung von Rechenzentren beispielsweise mit dem Programmpaket Uni-zyklop, deuten in diese Richtung. Schon heute schrumpfen mit solchen Programmpaketen drei Bedienerschichten auf eine zusammen.

In verschiedenen Branchen wird wegen des zunehmenden Service auch ein Wachstum im Druckoperating zu erwarten sein. In der Dienstleistungsbranche ist eine weitere Vergrößerung der Druckpools zu erwarten, teilweise aber auch ihre Verselbständigung außerhalb des Rechenzentrums. In anderen Branchen ist der Trend zur Dezentralisierung des Papieroutputs bereits jetzt unübersehbar, in wenigen Unternehmen sogar schon fast abgeschlossen. Beide Entwicklungstendenzen zusammengenommen führen dazu, daß auf absehbare Zeit für den Druckbereich höchstens ein moderates Wachstum zu erwarten ist.

Die Lagerflächen für den Druckbereich können mittelfristig reduziert werden. Solche Lagerflächen bieten sich als natürliche Reserve für wachsenden Platzbedarf der unbedienten Hardware an und sollten vom geschickten Planer entsprechend berücksichtigt werden, so daß eine Einbeziehung in das Rechenzentrum möglich wird.

Durch die Automatisierung, die die Kassettentechnik gestattet, wird das Bandoperating in den nächsten fünf Jahren weiter schrumpfen. Daher ist eine Verlagerung dieser Technik aus dem bedienten und deshalb heute notwendigerweise noch mit Tageslicht auszustattenden Räumen in reine Technikräume, die nicht der Arbeitsstättenverordnung oder den Fenstervorschriften der Landesbauordnungen entsprechen müssen, zu erwarten. Auch dies ist ein Faktor, der neben der Größenentwicklung die RZ-Planung nachhaltig tangiert.

Das Bandhandling wird auch im Zusammenhang mit der Datensicherung vereinfacht werden. Der Trend wird zur Online-Datensicherung auf automatisierte, bedienerlose Kassettensysteme an ausgelagertem Standort führen. Auch hier ergeben sich neue Anforderungen an den Planer bezüglich Standortwahl, Ausstattung und Sicherung solcher Standorte.

Wachstumstendenz im DFÜ-Bereich

Aufgrund der jüngsten Entwicklung erwarten wir eine relativ starke Zunahme des Platz-
bedarfs im Bereich der Datenfernübertragung. Hier liegen die Schätzungen teilweise beim
Sechs- bis Achtfachen der gegenwärtig benötigten Flächen. Dies liegt nicht zuletzt an
einem latenten Nachholbedarf wegen der EDV-Durchdringung am Arbeitsplatz, aber auch
an Sicherheitsüberlegungen. So wird die DFÜ zunehmend aus dem Bereich der Peripherie
in gesonderte Räume ausgelagert werden müssen, die Sicherheit der Netze ist dabei auch
unter physischen Aspekten zu berücksichtigen und Backup-Fragen, vor allem die der
grundsätzlichen Backup-Fähigkeit spielen zwangsläufig eine Rolle.

Wegen der Dezentralisierung von DFÜ-Steuersystemen wird man den insgesamt zunehmenden Platzbedarf aber nicht im Rechenzentrum selbst bereithalten müssen. Unter
Sicherheitsaspekten ist eine Dezentralisierung und dezentrale Sicherung der DFÜ mit der
Chance für gegenseitigen Backup ein gewichtiges Planungsziel. Die sich bereits abzeich-
nende Erhöhung der Leistungsfähigkeit, sichtbar z.B. bei der IBM 3728 und den Nachfolge-
modellen, wird längerfristig eine Glättung des zu erwartenden Gesamtflächenbedarfs bewirken.

Tendenz der Risikoteilung

Die zunehmende Abhängigkeit von der Datenverarbeitung bewirkt tendenziell, daß bei der
Neu- und Umplanung von Rechenzentren eine Abkehr von größten Raumeinheiten zugunsten von Räumen mittlerer Größe stattfindet. Aus Sicherheitsgründen ist es empfehlens-
wert, auch die Funktionen von DV-Maschinen auf verschiedene Räume verteilt zu installieren. Funktionstrennung also nicht nur im organisatorischen, sondern auch im technischen Bereich. Daraus resultiert aber eine Vergrößerung der für Installationsveränderun-
gen benötigten Reserve- und Verkehrsflächen. Allein die notwendige Zunahme an Ver-
kehrsfläche beträgt nach unseren Erfahrungen 5 bis 10 % der geplanten Gesamtfläche.

Es stellt sich die Frage, wie lange das so weitergehen soll. Eine konkrete Antwort kann
heute nicht gegeben werden. Es ist Spekulation, wenngleich wohl berechtigte Hoffnung,
daß in ca. 15 bis 20 Jahren die Marktreife bereits jetzt bekannter Speichertechniken erreicht werden kann, so daß die Rechenzentren tatsächlich wieder kleiner werden können.
Auch auf eine solche langfristige Möglichkeit sollte der Planer von Rechenzentren vorbereitet sein. Heute bereits scheint es zumindest bedenklich, Rechenzentren irreversibel bezüglich ihrer Nutzungsart zu planen.

Beim Optionalkonzept der von zur Mühlen'schen Unternehmensberatungs GmbH, Bonn,
das bereits bei einer ganzen Reihe von Neubauplanungen Anwendung gefunden hat, werden die Nutzungsflächen des geschichteten Rechenzentrums technisch so ausgestattet, daß

eine Verwandlung in normale Büroflächen von der Baukonstruktion und auch von der technischen Ausstattung her nicht von vornherein ausgeschlossen ist, trotzdem aber die Sicherheit des gegenwärtigen und künftigen Betriebs gewährleistet werden kann. Aber auch der umgekehrte Weg kann gegangen werden, wenn nämlich die beängstigenden Flächenbedarfsprognosen durch eine noch ungünstigere Realität übertroffen werden sollten.

Optionalkonzepte setzen eine sorgfältige innergebäudliche Standortwahl für die verschiedenen DV-Funktionen voraus. Gerne nimmt man hierfür auch Obergeschosse, die nach einem Sandwichprinzip reversibel für die Flächenaufwärts- wie auch Abwärtsentwicklung genutzt werden können. Eine typische Problemlösung geht aus Abb. 3 hervor. Hier wurde das unbediente Rechenzentrum, bestehend aus zwei separaten Maschinenräumen in das 8. OG eines neu errichteten Verwaltungsgebäudes gelegt.

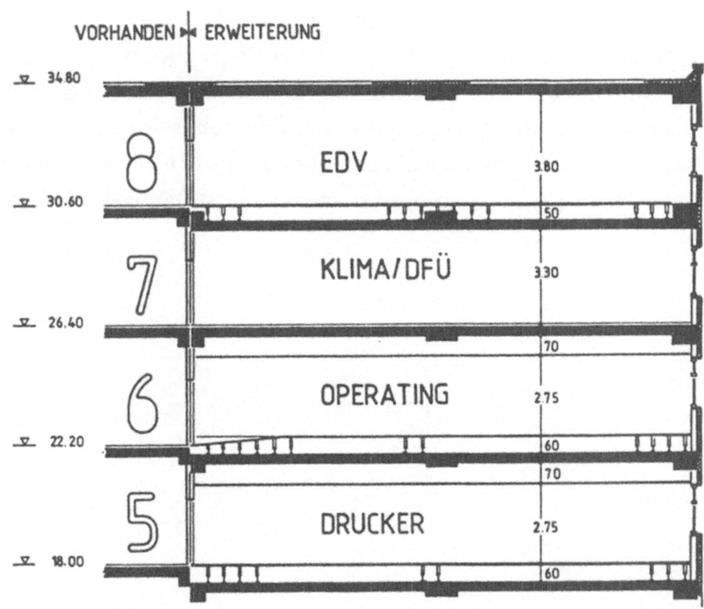

Abb. 3

Der DFÜ-Betrieb und die technische Infrastruktur befinden sich im 7. OG. Diese Etage ist in der Höhe reduziert, um den darüber- und darunterliegenden Geschossen die technisch bedingte Raumhöhe zu ermöglichen. Andererseits ist in diesem Falle auch ein architektonischer Effekt erreicht. Ein gleichartiger Baukörper besteht bereits. Das Rechenzentrum mußte in ein Gebäude integriert werden, für das ein gültiger Bebauungplan und Wünsche der Stadtverwaltung den optischen Eindruck gleicher Geschoßhöhen vorschrieben, und wir wollten durch die Fassadengestaltung keine besonderen Hinweise auf den Standort geben.

Im 6. OG wurden Operating und Software untergebracht. Die Geschoßhöhe gestattet hier, den Softwarebereich und ggf. sogar das Operating herauszunehmen und eine weitere Maschinensaalebene zu schaffen, wenn die ungünstigsten Wachstumsprognosen zutreffen.

Im 5. OG wird u.a. der Druckerpool eingerichtet. Hier befindet sich eine Verbindung zum bestehenden Baukomplex und damit eine gute Möglichkeit eine Verteilung des Outputs zu erreichen. Da eine Dezentralisierung der Druckaktivitäten bereits für die nächsten Jahre vorbereitet wird, könnte dieser Bereich bei einem Wachstum des Rechenzentrums das Operating aufnehmen.

Das Sandwichprinzip in diesem Optionalkonzept hat auch installationstechnisch viele Vorteile: kurze Wege, direkte Anbindung von Klimabedarfsträgern an das Zwischengeschoß, geringe Energieverluste etc., alles Faktoren, die heute beachtet, auch morgen noch einen wirtschaftlichen RZ-Betrieb ermöglichen.

Zurück zu den Thesen: Rechenzentren werden in der Regel noch weiter wachsen. Die Umstrukturierung vom Daten verarbeitenden Moloch zum Entscheidungs- und Sicherungsrechner in einem umfassenden Informationsverarbeitungssystem mit einer Vielzahl dezentraler Rechnersysteme wird dies z.Z. eher fördern als dem Trend entgegenwirken. Je mehr dezentrale Intelligenz, desto größer der Unterstützungsbedarf vor allem im Speicherbereich.

Netzdokumentationssysteme -
Realisierungsstand und Erfahrungen

H. Seiler   Siemens AG ZN FBZ, Berlin
H. Haas   Siemens AG U ED 4, Erlangen

Zusammenfassung:

Im Unternehmensbereich KWU laufen zur Zeit die abschließenden Gespräche zur
Konzeption eines Netzdokumentationssystems auf der Grundlage eines CAD-
Arbeitsplatzes. Gleichzeitig wird untersucht, wie weit neben dieser statischen
Netzadministration die dynamisch auftretenden Netzzustände der angeschlossenen
Teilnetze mit diesem Arbeitsplatz erfaßt und dargestellt werden können. Die Übergabe
der netzrelevanten Daten (Auslastung, Fehlermeldungen,...) sollen an das von Siemens neu
entwickelte Reportsystem RESY übergeben werden, das neben der TRANSDATA-
Netzstatistik Schnittstellen für Fremdsystem-Daten enthält.

Diese drei Bausteine (Erstellung der Netztopologie, Erfassen der betrieblichen Netzzu-
standsdaten und Schnittstelle zum Rechenzentrumsberichtswesen für strategische Planung
und Weiterentwicklung des Gesamtnetzes) bilden die Grundlage unseres Netzmanage-
mentsystems, das entsprechend den Fertigstellungsterminen stufenweise ab 1. Quartal 89
eingesetzt werden soll. Es wird damit eine zentrale Administration der
anwendungsbedingt heterogenen Netzlandschaft mit WAN- bzw. LAN-Struktur
ermöglicht.

Bild 1 zeigt eine komplexe Terminalanbindung eines graphischen Arbeitsplatzes von einer Außenstelle in Erlangen aus über insgesamt 20 verschiedene Komponenten an ein zentrales HOST-System. Selbst bei der jetzt möglichen Anbindung über LAN muß noch die Funktion von 14 verschiedenen Komponenten gewährleistet sein.

Für viele Anwender ist die Komplexität des gezeigten DFÜ-Weges nicht klar, ebenso fehlt das Verständnis für zeitraubende Fehlersuche im Falle einer Störung. Die Zahl der Verfahren mit verteilter Datenhaltung nimmt zu - das RZ muß daher unabhängig von der Art der Verbindung eine funktionierende DFÜ garantieren bzw. Störungen so schnell wie möglich beseitigen. Damit ergeben sich als Forderung an die Datenkommunikation,daß sie

> schnell ist (ohne merkliche Antwortzeiten),
> sicher ist (mit garantierter Verfügbarkeit) und natürlich
> wirtschaftlich.

Selbstverständlich garantiert eine doppelte Wegeführung mit redundanten Datenübertragungsgeräten eine hervorragende Verfügbarkeit, verursacht allerdings auch höhere Kosten.

Ein Netzwerkmanagementsystem muß daher möglichst zentral für eine bestehende Installation die Verfügbarkeit zu jedem Zeitpunkt darstellen können, für unerwartete Anforderungen Grundlagen für kurzfristige Entscheidungen liefern können und mit einem integrierten Berichtswesen strategische Planung ermöglichen. Es setzt sich daher zusammen aus einem statischen Dokumentationssystem (Netztopologie, Endgeräte und Übertragungseinrichtungen), einem dynamischen Meldesystem (aktueller Netzzustand) und einem Berichtswesen (Auslastungs- und Fehlerstatistik).

Im folgenden werden diese drei Bausteine entsprechend den Anforderungen und dem entsprechenden Entwicklungsstand (Nov. 88) beschrieben. Der Vortrag im März 89 wird den Realisierungsstand und erste Erfahrungen darstellen.

SIEMENS

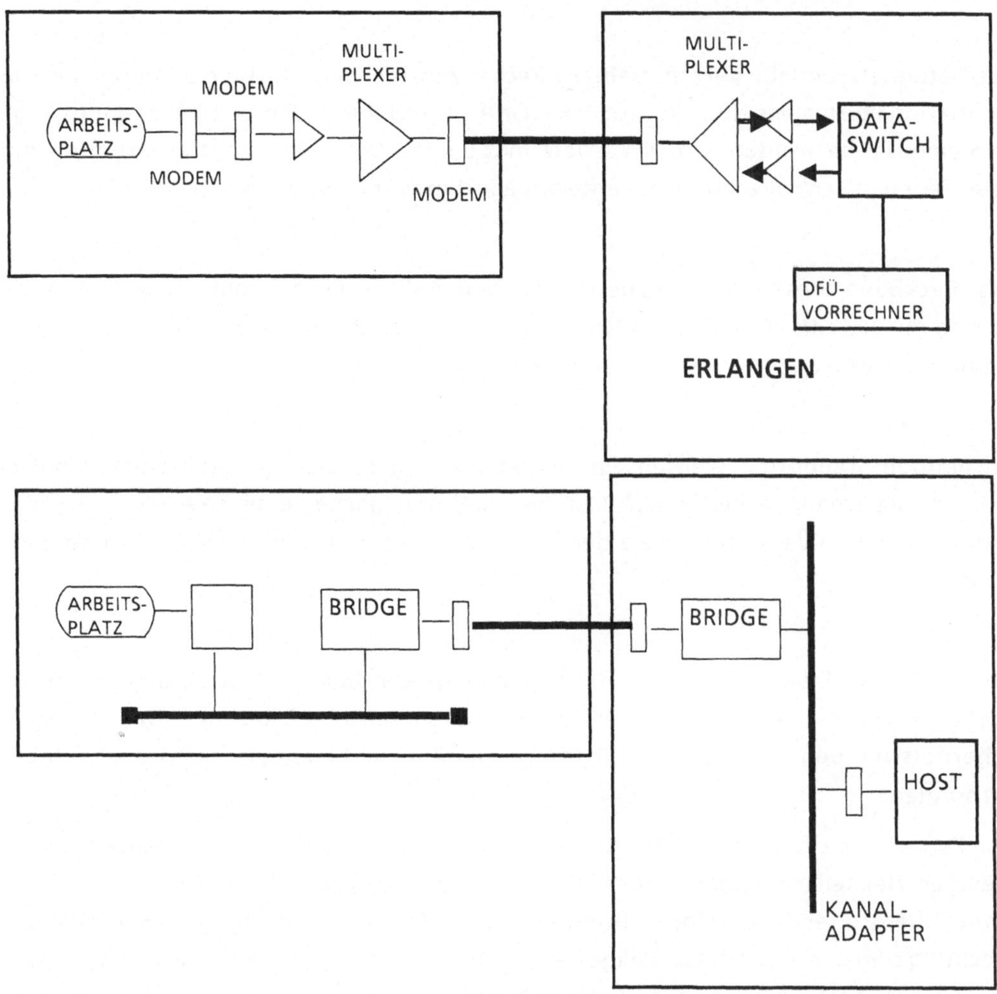

KOMPLEXE TERMINALANBINDUNG

U ED 4

BILD 1

Dynamisches Meldesystem

Bild 2 zeigt u.a. die im UB KWU eingesetzten DV-Systeme.

Das Datennetz umfaßt derzeit mehrere Rechenzentren und ist über Erlangen an das internationale Siemens-Netz (künftig VASCOM) angeschlossen. Einige Übertragungswege im Siemens-Netz werden vom KWU-Netz mitgenutzt. Die Rechenzentren arbeiten mit verschiedenen Zentralrechnern mit unterschiedlicher Vernetzungsbasis (LAN/WAN).

Das "Backbone" des KWU-Netzes besteht aus einem Verbund von mehreren Multiplexern. Sie sind mit 64Kbit/s - Leitungen miteinander gekoppelt. Neben den zentralen Netzknoten werden statische und statistische Multiplexer eingesetzt.

An einigen Standorten werden Terminalanbindungen über spezielle Datenschalter geführt. Die Schalter arbeiten auf V.24-Basis und ermöglichen eine freie Routenwahl zu Systemen und an das Datex-P-Netz der Bundespost. Die Bedienung erfolgt über eine PC-Konsole.

Der Einsatz von Ethernet-LAN umfaßt heute Bürosysteme und die Anschaltungen von WS-Ringen sowie die Ankopplung der verschiedenen zentralen Rechner. Die einzelnen Ethernets werden miteinander mit MAC-Level-BRIDGE-Systemen (remote und local) verbunden.

Zur Zeit können für betriebliche Aussagen nur die Werkzeuge und Verfahren der jeweiligen Hersteller genutzt werden. Die einzelnen Teilnetze bilden Managementinseln ohne übergreifende Administrationsleistungen. Fehlerverfolgung und Betriebsüberwachung sind damit auf das jeweilige Teilnetz beschränkt. Um die Administration nicht im Sinne einer "Kraftwerkswarte" (`endlose´ Anzahl von Kontrollgeräten) zu lösen, wird jetzt eine Zusammenführung von Einzelinformationen in eine gemeinsame Konsole angestrebt.

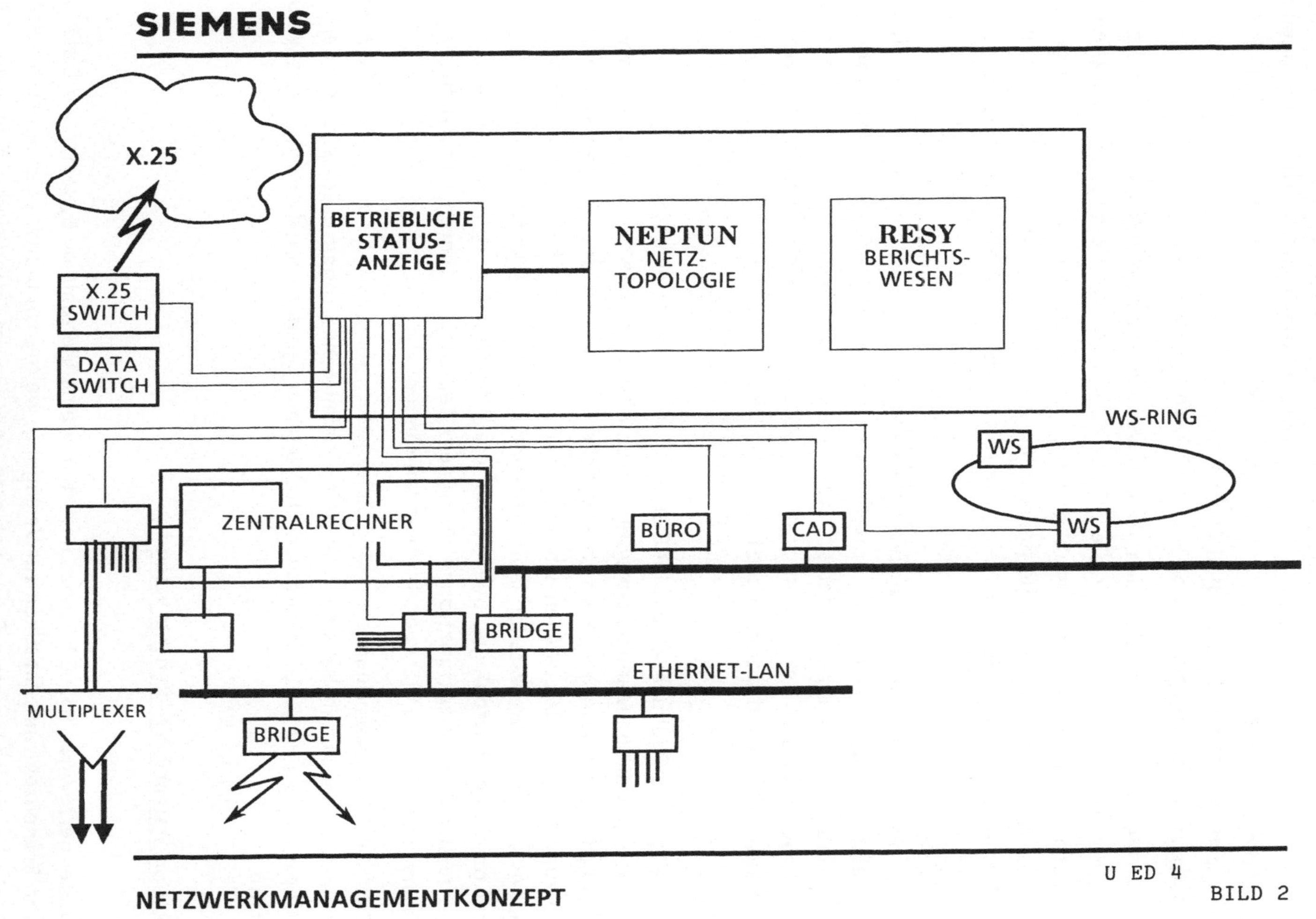

SIEMENS
X.25
X.25 SWITCH
DATA SWITCH
BETRIEBLICHE STATUS-ANZEIGE
NEPTUN NETZ-TOPOLOGIE
RESY BERICHTS-WESEN
WS-RING
WS
WS
ZENTRALRECHNER
BÜRO
CAD
BRIDGE
ETHERNET-LAN
MULTIPLEXER
BRIDGE
NETZWERKMANAGEMENTKONZEPT
U ED 4   BILD 2
H30-K6120-Q Overhead-Folien A4 q 10.87 B
243

Wie eine solche Konsole aussieht, ist z. Zt. Gegenstand von laufenden Untersuchungen im Haus. Hierbei wird versucht, mit den heutigen Systemen eine möglichst schnell praktizierbare Lösung zu finden (allerdings unter Beachtung jetzt schon erkennbarer Normierungsansätze zum Netzmanagement). So wird berücksichtigt, daß

- für die Administration des Multiplexernetzes ein Netzmanagementsystem erarbeitet wird, das zunächst zwar nur die eigenen Systeme verwalten kann (Bandbreitenmanagement, dynamisches Routing, Fehlermeldungen, Konfigurationsanzeigen,...), dann aber auch für andere Hersteller offen sein soll. Hierzu wurde eine ISO-ähnliche Architektur veröffentlicht, die eine mittel- bis langfristige Migration ermöglicht.

- für die BRIDGE-Systeme eine Netzmanagementsoftware entwickelt wird, die lokale Netze effizient von einem zentralen Arbeitsplatz verwalten soll und über eine "window"-orientierte Benutzerschnittstelle sämtliche Teilnetzinformationen graphisch aufbereitet zur Verfügung stellt (Topologie, Stationsausfallüberwachung, Lastverteilung und automatische Rekonfiguration).

Beide Systeme (Multiplexer und BRIDGE) sind im KWU-Netz eingesetzt und bieten daher mit dem jeweiligen Managementsystem einen Ansatz für eine zentrale Lösung, wenn es möglich ist, die Informationen (betriebliche Meldungen) der übrigen Teilnetze mit aufzunehmen und darzustellen. Ob, wie in Bild 2 zu sehen, die betriebliche Konsole somit auf einer eigenen Workstation läuft, getrennt vom CAD-Arbeitsplatz zur Dokumentation der gesamten Netztoplogie, oder ob weitere Überlegungen zu einer Integration von Netzwerkmanagementfunktionen auf einem Bedienplatz führen, wird neben ersten Erfahrungen Anfang März berichtet werden können.

Das Hauptziel jeder Neuentwicklung sollte jedoch sein, daß die Lösung oder das entstehende Produkt im Haus Siemens und in ebenso heterogen ausgerüsteten Rechenzentren wie im UB KWU entsprechend für Netzmanagementaufgaben eingesetzt werden kann.

Report System RESY - Berichtswesen

In der derzeitigen BS2000 - Landschaft stehen eine Vielzahl von Systemen zur Erstellung von Rechenzentrumsstatistiken zur Verfügung, welche ein breites aber unterschiedliches Spektrum der geforderten Daten anbieten. Aus diesem Grund sind in sehr vielen RZ'en individuelle Lösungen eingesetzt, um Auslastungsstatistiken, Planungsunterlagen und Managementinformationen zu erstellen.

Mit der Erstellung des Report-Systems RESY soll ein einheitliches System geschaffen werden, das die Funktionen der bisherigen Produkte unter einer Oberfläche abdeckt. RESY sammelt und verdichtet Daten aus BS2000- und manuell erfaßten Datenbeständen. Durch die Abbildung der Daten auf eine normierte Schnittstelle können später weitere Datenbestände bearbeitet werden. Die gesammelten und verdichteten Daten werden in ein Datenhaltungssystem eingebracht, aus dem Daten sowohl für Standardauswertungen herangezogen werden, als auch für individuelle Auswertungen (SQL-Schnittstelle) durch den Anwender abgerufen werden können.

Bild 3 zeigt die Systemarchitektur des Report Systems, das siemensintern ab Mitte 89 in erster Linie ein einheitliches Berichts- und Statistikwesen für alle BS2000-Rechenzentren zur Verfügung stellt.

Durch die Definition einer Sonderdatenschnittstelle können auch netzrelevante Daten anderer Systeme (Statistik, Auslastungs- und Störmeldungen der jeweiligen Teilnetze) gesammelt und dem Datenbestand zugefügt werden. Eine Verdichtung der sinnvoll aufzuhebenden Daten (siehe Bild 3) wird parametergesteuert durchgeführt.

Wir werden versuchen, die für strategische Aussagen wichtigen Daten aus unserem Netzgeschehen über automatisch ablaufende Prozeduren ab Anfang 89 zu erfassen und für die Datenhaltung im RESY bereitzustellen. Eine erste Version des Datenhaltungssystems wird im März 89 siemensintern für Pilottests zur Verfügung stehen und damit auch erste Listen, Auswertungen und Trendberichte ermöglichen.

RESY-Ablaufstruktur

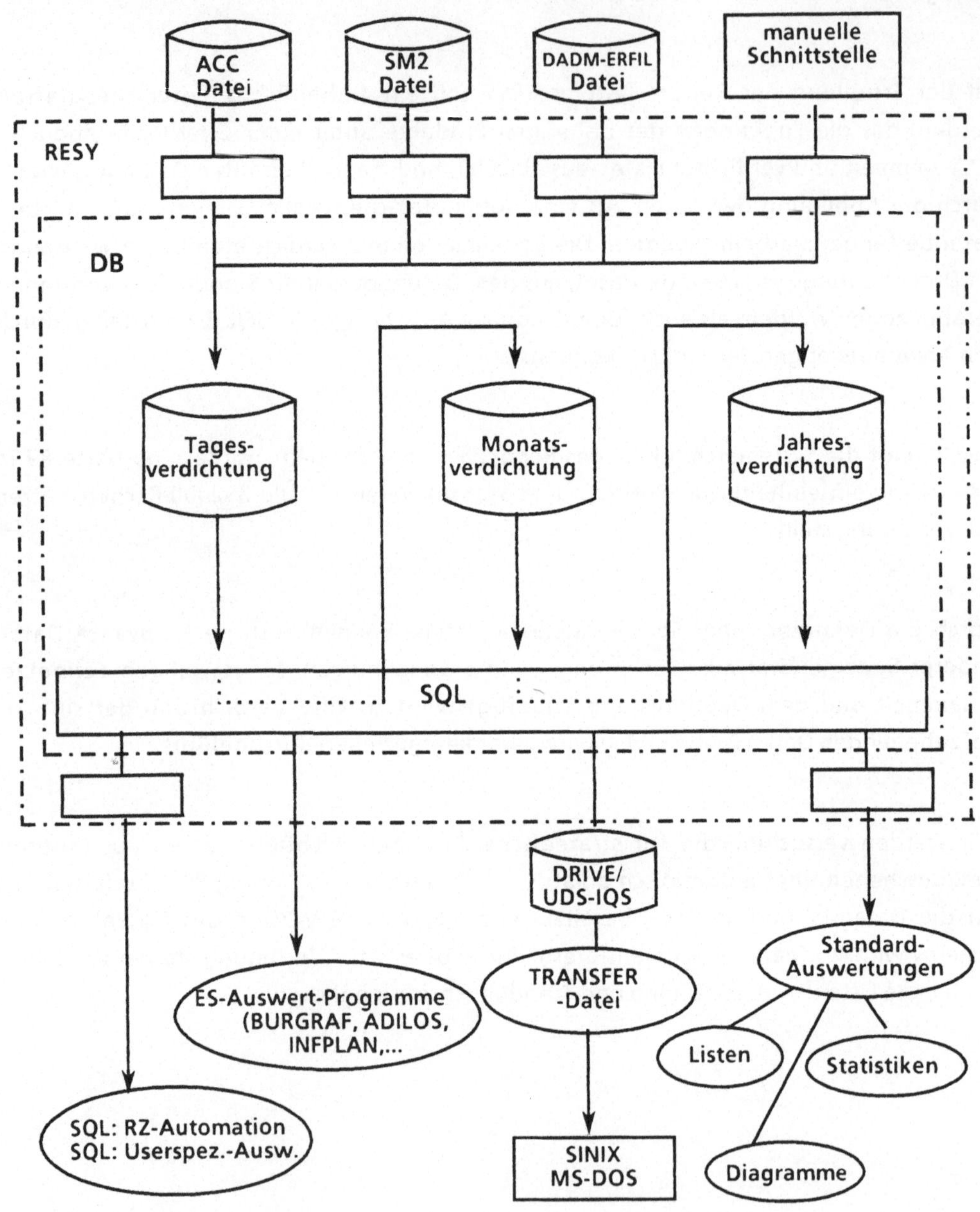

U ED 4

BILD 3

Dokumentationssystem NEPTUN

Netz-Plan für TRANSDATA-UNterstützung

Wie der Name sagt, ist Neptun aus einem Projekt zur Unterstützung der TRANSDATA-Welt entstanden.

Je größer das System und je verteilter die Geräte über mehrere Gebäude oder Etagen eingesetzt werden, desto geringer wird die Übersicht über die gesamte Installation , wenn keine maschinelle Unterstützung geplant ist.

Viele Hardware-Anforderungen machen ständig neue TRANSDATA-Generierungen erforderlich. An Unterlagen für die Netz-Verwaltung sind nur Listen vorhanden. Listen, die zum Teil unvollständig und schwer zu interpretieren sind. Die Fortschreibung ist nicht nur umständlich, sondern auch aufwendig. Im Störfall wird als erstes die Hardware-Strecke untersucht, dann die Anwendungen, zu denen Kontakt aufgebaut werden kann. Zu welcher Anwendung aber hat dieses Terminal Zugangsberechtigung?

Neptun ist konzipiert worden, um die genannten Probleme schneller lösen zu können. Mit diesem Verfahren wird die gesamte Netz-Verwaltung einfacher gestaltet und effizient abgewickelt. NEPTUN-BASIS ist das Werkzeug für

-       die Verwaltung des TRANSDATA-Netzes,

-       erzeugt die für TRANSDATA notwendigen Ablaufprogramme ,

-       die Vernetzung mit mehreren Rechnern,

-       bietet die Funktion des Störplatzes mit zusätzlichen Funktionen wie z.B. den Aufstellungsort,

-       eine komplette Lagerverwaltung,

-       umfassende Softwareverwaltung,

-       bietet die Möglichkeit, Informationen nach vielen Kriterien in Grafik- und Listenform aufzubereiten.

NEPTUN ist die umfassende grafische Systemlösung für das Verarbeiten und Speichern von objektbezogenen Informationen auf der Basis von Vektordaten.Geometriedaten und beschreibende Daten werden gemeinsam verwaltet und dem Benutzer für den wechselseitigen Zugriff zur Verfügung gestellt.Damit kann der Anwender seine objektbezogenen Daten unter den verschiedensten Gesichtspunkten selektieren, kombinieren und analysieren.

Der wesentliche Pluspunkt für NEPTUN ist die Realisierung der gesamten Netz-Verwaltung durch ein einziges Programmsystem. Daraus ergeben sich Vorteile wie z.B.:

- eine einheitliche Anwenderoberfläche (Bild 4) für die genannten Netzaktivitäten wie Verwaltung, Sourceerstellung, Störplatz etc.,

- immer eine aktuelle Netzdarstellung, da die Generierungen aus der Grafik erstellt werden,

- keine detaillierten Kenntnisse von TRANSDATA-Abläufen mehr notwendig,

- kein unnötiger Verwaltungsaufwand mehr für Tools, NEPTUN übernimmt die PDNGEN-Prozeduren

NEPTUN kann daher überall dort eingesetzt werden, wo Rechenzentren mit BS2000-Anlagen über ein großes Rechnernetz verfügen. In unserem Haus bietet damit NEPTUN in der heute einsetzbaren Form die Ausgangssituation für einen zentralen Dokumentationsarbeitsplatz für das gesamte DFÜ-Netz (LAN /WAN).

Um die Topologie der übrigen vorhandenen Teilnetze aufzunehmen, finden z.Zt. die abschließenden Gespräche über die Konzeption der notwendigen Erweiterung für LAN-Komponenten oder DFÜ-Anschaltungen der bei uns eingesetzten DV-Systeme statt. Die Ergebnisse und erste Erfahrungen können im März 89 dargestellt werden.

NEPTUN

Netz-Verwaltungs- und Organisations-System

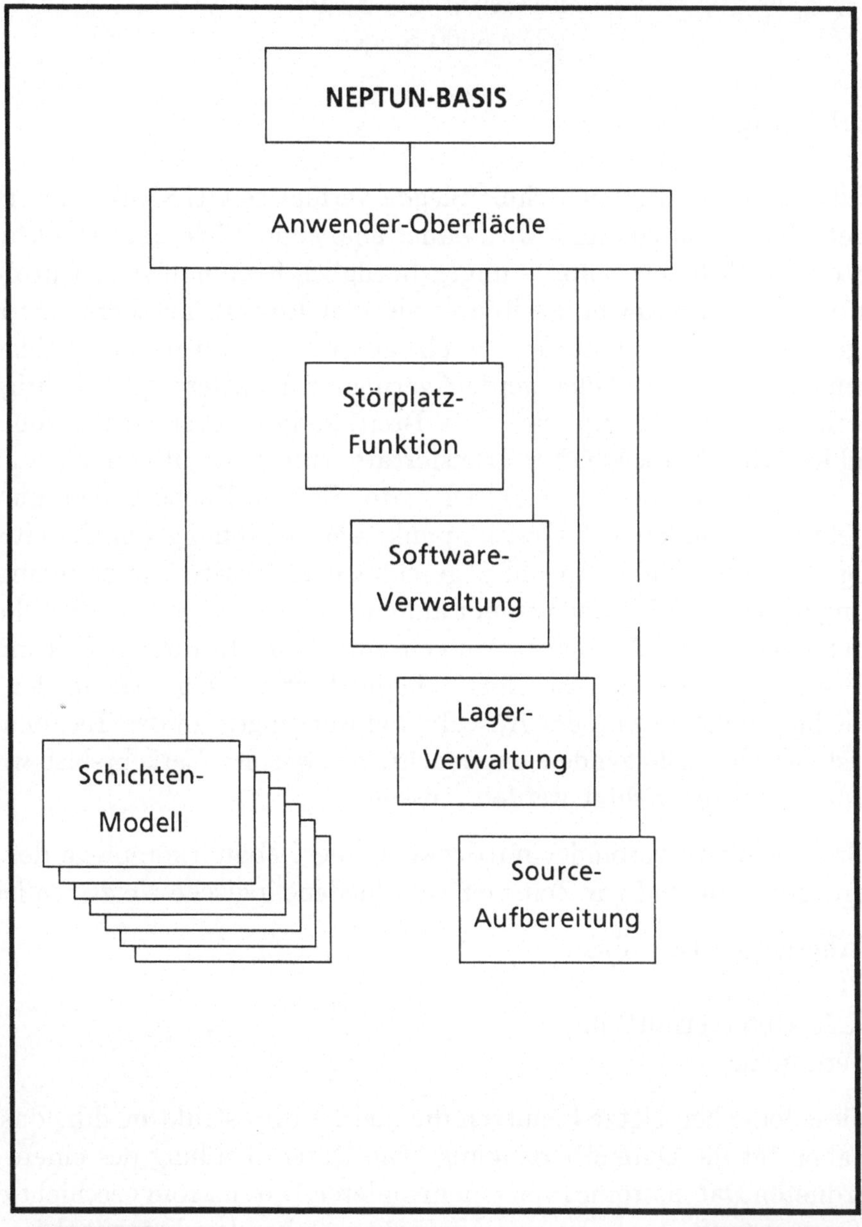

SIEMENS

ZN Berlin

BILD 4

Durchsatzmessungen auf einem Breitbandnetz

J.W.Münch, L.Hofmann & R.Ostermann
Universität-GH-Siegen
D - 5900 Siegen

0. Einleitung

Die Universität-Gesamthochschule Siegen verfügt seit 1986 über ein Breitbandnetz der Firma Nixdorf. Dies bildet eine einheitliche Infrastruktur für die unterschiedlichsten Anforderungen bezüglich Kommunikationsprotokollen und Transfergeschwindigkeiten sowie den Einsatz netzherstellerunabhängiger Geräte und erlaubt eine Vielzahl von Erweiterungsmöglichkeiten. Für reinen Terminalverkehr werden geringere Transferraten benötigt als für Rechner-Rechner-Kopplung. Das Breitbandnetz gestattet sowohl eine Anzahl logischer Netze gleicher Transferrate zu implementieren als auch logische Netze unterschiedlicher Transferrate. Für ein Hochschulkommunikationsnetz ist besonders der Gesichtspunkt der lastabhängigen Erweiterung wichtig. Mit wachsender Anzahl angeschlossener Geräte und zunehmender Nutzung derselben kann der Verkehr auf einem Netz so groß werden, daß für den Benutzer erhebliche Verzögerungen auftreten. In diesem Fall müssen dann weitere gleiche logische Netze eingerichtet werden. Da in der Universität Siegen die Anzahl der Anschlußanforderungen an das Terminalnetz hoch ist, wurde im folgenden untersucht, bei welcher Verkehrslast weitere Terminalnetze eingerichtet werden müssen.

Das Breitbandnetz verbindet mittlerweile alle Gebäudekomplexe der Universität. Auf ihm sind zur Zeit vier verschiedene logische Netze realisiert:

- Ethernet on Broadband
- PC-Net
- X.25 Untervermittlung
- Terminalnetz

Alle diese logischen Netze benutzen die gleiche Infrastruktur, d.h. das gleiche Kabel, für die Datenübertragung. Die Unterscheidung des einem Netz zugeordneten Datenstromes von einem anderen Datenstrom geschieht durch eine Frequenzaufteilung des zur Verfügung stehenden Frequenzbereiches. Dieser Bereich wird durch die Übertragungseigenschaften des verwendeten

75-Ohm Kabels und der eingesetzten Verstärker bestimmt. Möglich ist eine Übertragung bis zu einer Frequenz von 450 MHz. Dieser gesamte Bereich wird in zwei Bänder, das Vorwärts- und das Rückwärtsband, aufgeteilt. Für das Rückwärtsband steht der Bereich von 6 - 112 MHz und für das Vorwärtsband der Bereich von 150 - 450 MHz zur Verfügung (Midsplit - Technik). Der gesamte Frequenzbereich wird gemäß IEEE 802 in 6-MHz Kanäle unterteilt. Die eingesetzten Netzzugangsgeräte und Modems sind auf diese Einteilung abgeglichen. So werden für Ethernet on Broadband zwei 6-MHz Kanäle für die Übertragung benötigt, während das PC-Netz nur einen benötigt. Die geringen Übertragungsgeschwindigkeiten beim Terminalnetz und bei den Transparentmodems erlauben die Unterteilung eines 6-MHz Kanals in weitere Subkanäle, so sind z.B. beim Terminalnetz 20 Subkanäle à 300-kHz Bandbreite möglich.

1. Das Terminalnetz

Das Terminalnetz dient der normalen asynchronen Übertragung. Verbunden sind in erster Linie Terminals bzw. PCs mit Host-Rechnern. Die Übertragungsgeschwindigkeit beträgt 128 kbps. Jedes Gerät wird über eine V.24 Schnittstelle an ein Netzzugangsgerät (PCU, Packet Communication Unit) angeschlossen. Diese PCU ist direkt mit dem Breitbandnetz verbunden.

Die eigentliche Übertragung auf dem Kabel geschieht auf der physikalischen Ebene (Ebene 1 des OSI-Schichtenmodells) in Analogtechnik nach dem FSK-Verfahren (frequency shift keying). Jedem Kanal bzw. Subkanal wird eine Trägerfrequenz zugeordnet. Einer zu übertragenden digitalen "0" entspricht eine Frequenz f1 und einer "1" die Frequenz f2 . Beide Frequenzen liegen gleich weit von der Trägerfrequenz nach oben und unten entfernt, alle Frequenzen liegen aber innerhalb der Bandbreite eines Kanals bzw. eines Subkanals.

Auf der Ebene 2 des OSI-Schichtenmodells wird das Zugriffsverfahren, d.h. die Übertragung der Information auf der Infrastruktur geregelt. Das hier verwendete CSMA/CD Verfahren ist ein kollisionsbehaftetes Verfahren. Jeder Sendewillige hat Zugriff auf das Übertragungsmedium, wenn er dieses als frei erkennt. Es findet keine 'Absprache' mit einem anderen Teilnehmer statt. Auf Grund von Laufzeiten der Information auf dem Kabel kann es zu Kollisionen kommen, wenn zwei Teilnehmer das Medium als frei erkennen und gleichzeitig zu senden beginnen. Im Hochlastfall wird es sicherlich öfter zu Kollisionen kommen als im Niederlastfall. Jeder Sendewillige 'hört' zunächst das Übertragungsmedium ab, ob bereits gesendet wird. Ist das Medium belegt, wird der Übertragungsbeginn nach einem bestimmten, von der Protokollimplementation abhängigen Algorithmus verschoben. Ist das Medium frei, wird die Sendung begonnen mit der Möglichkeit einer Kollision. Das CSMA/CD Verfahren gewährleistet, daß in diesem Fall die begonnenen Sendungen abgebrochen und ein erneuter Sendeversuch zu einem späteren Zeitpunkt durchgeführt werden kann. Die Bestimmung, wann ein erneuter Sendeversuch von einem Sender durchgeführt wird, geschieht mit einem Zufallszahlengenerator, der im Sender eingebaut ist. Die Zeit, die bis zum erneuten Sendeversuch gewartet wird, liegt zwischen 0 und $2^k \cdot \delta t$. k ist die Anzahl bisheriger Sendeversuche eines Senders für dieses Paket. Die Zeiteinheit δt bestimmt sich aus der maximalen Laufzeit eines Paketes im gesamten Netz. Die Zeitverzögerung kann damit mit jeder Kollision größer werden. Dieser Verzögerungsalgorithmus wird Back-Off-Algorithmus genannt. Bei der Interpretation der Ergebnisse unserer Durchsatzmessungen wird später noch einmal darauf eingegangen.

Diese Verzögerungen, hervorgerufen durch die Auflösung von Kollisionen, werden im Niederlastbereich keine vom Benutzer bemerkbaren Verlängerungen des Antwortzeitverhaltens hervorrufen, im Hochlastfall kann dies jedoch sehr wohl geschehen. Deshalb stellt sich beim Betrieb eines Netzes grundsätzlich die Frage, wieviele Teilnehmer auf einem Kanal gleichzeitig angeschlossen bzw. arbeiten können und wie davon abhängig Wartezeiten durch das Netz entstehen. Diese Frage und die, welcher Datendurchsatz in Abhängigkeit von der Anzahl der Teilnehmer noch erzielt werden kann, sollte im Rahmen von Durchsatzmessungen auf dem Terminalnetz beantwortet werden.

2. Der Versuchsaufbau

Bis zu 16 PCs unter MS-DOS 3.2 wurden über PCUs an das Breitbandnetz angeschlossen. (Ein PC mit zugehöriger PCU wird zukünftig als Sendeeinheit SE bezeichnet.) Die Transferrate zwischen PC und PCU wurde in verschiedenen Versuchsreihen auf 150, 300, 600, 1200 und 2400 bps eingestellt. Die PCU-Parameter wurden so eingestellt, daß jedes vom PC zur

PCU gesendete Zeichen als ein Paket mit 17 Zeichen (16 Zeichen Rahmen und 1 Zeichen Nutzerdaten) über das Netz übertragen wurde. Vor jedem Versuch wurden alle an diesem Versuch beteiligten SE durch einen zentral gesteuerten Rechner über das Netz mit Parametern versorgt. So wurde z.B. die Uhrzeit aller PCs abgeglichen und allen beteiligten PCs eine Startzeit vorgegeben. Zu diesem Zeitpunkt begannen alle PCs einer Versuchsreihe, 5000 Zeichen zur PCU zu senden. Die jeweils beteiligten SE benutzten die gleiche Transferrate. Gemessen wurde die Zeitdifferenz zwischen dem ersten und dem letzten übertragenen Zeichen. Der Datenverkehr auf dem Terminalnetz wurde gleichzeitig mit Hilfe eines Statistikmonitors erfaßt und später für die Auswertung mit herangezogen. Die weiteren technischen Parameter sind analog zu den Versuchsbedingungen aus *Münch et.al (1988)* gewählt worden. Weitere Details sind dort zu finden.

Auf Grund der Erfahrungen von Vorversuchen sind alle beteiligten Sendeeinheiten einem Screening unterworfen worden. Dieses Screening sollte dazu dienen, evtl. Leistungsunterschiede in den bautechnisch identischen SE aufzudecken, die prinzipiell nicht vorhanden sein dürften.

Das durchgeführte Screening hatte folgenden Aufbau: Bei der Rate von 600 bps (zwischen PC und PCU) wurde jede der beteiligten SE einem Einzelversuch unterworfen. Sodann wurden zwei 16'er Versuche durchgeführt, d.h. 16 zur Verfügung stehenden SE wurden gleichzeitig gestartet. Nun wurden mit Hilfe einer Zufallszahlentabelle *(Cochran und Cox, 1957)* je vier SE auf die verbliebenen vier anderen Transferraten randomisiert. Dort wurden die jeweiligen SE einem Einzelversuch unterzogen. Anschließend fanden jeweils zwei 16'er Versuche statt. Dieses Screening wurden aus folgenden Gründen durchgeführt:

- Die Einzelversuche wurden zur Bestimmung einer Sollzeit herangezogen. Mit Hilfe der Sollzeit kann die Verzögerung bei einem Mehrbenutzerbetrieb bestimmt werden. Zudem dienten diese Einzelversuche dazu, die jeweiligen SE untereinander zu vergleichen.
- Die 16'er Versuche dienten dazu, ein prinzipiell unterschiedliches Verhalten der beteiligten SE bei einem Mehrbenutzerbetrieb aufzuzeigen. Auf dieses unterschiedliche Verhalten wird später noch näher eingegangen.

Die Analyse der Einzelversuche zeigte, daß - bis auf bautechnische Toleranzunterschiede - identisches Versuchsmaterial zur Verfügung stand. Umso überraschender waren die Ergebnisse bei den insgesamt zehn durchgeführten 16'er Versuchen. In Tab.1 sind die zugehörigen Ergebnisse zu finden. Da jedoch die absoluten Übertragungszeiten bei den verschiedenen Transferraten nicht miteinander vergleichbar sind, sind in Tab.1 die jeweiligen Ränge angegeben. Rang 1 bedeutet, daß diese SE die kürzeste Zeit für die Übertragung benötigte, dann folgte die SE mit dem Rang 2; die SE mit dem Rang 16 benötigte die längste Zeit für die Übertragung der 5000 Pakete.

Tab.1: Rangordnung der Übertragungszeiten der beteiligten Sendeeinheiten bei den 16'er Versuchen

Versuch	Nr. der Sendeeinheit															
	1	2	3	4	5	6	7	8	9	10	11	12	13	14	15	16
150/1	15	4	1	11	6	2	10	7	3	8	5	9	13	14	12	16
150/2	13	4.5	1	10	8	2	12	6	3	7	4.5	9	15	14	11	16
300/1	14	6	1	12	9	3	10	7	2	8	5	4	15	13	11	16
300/2	15	5	1	11	8	3	10	7	2	9	4	6	14	12	13	16
600/1	13	5	1	10	7	2	11	9	3	6	4	8	15	14	12	16
600/2	14	4.5	1	11	6	2	12	9	3	8	4.5	7	15	13	10	16
1200/1	13	5	1	11	7	3	10	9	2	6	4	8	14	15	12	16
1200/2	15	5	1	11	7	2	10	6	3	9	4	8	12	13	14	16
2400/1	13	4	1	10	9	3	12	5	2	7	6	8	16	11	15	13
2400/2	12	4	1	10	9	2	11	6	3	8	5	7	14	13	15	16
Summe s_i	137	47	10	107	76	24	107	71	26	78	46	74	143	132	125	157
Mittelwert	85															
Diff. d_i	52	-38	-75	22	-9	-61	22	-14	-59	-7	-39	-11	58	47	40	72

Tab.1 zeigt u.a. folgende Sachverhalte:

- Die SE 3 benötigt immer die kürzeste Zeit.
- Die SE 16 ist (bis auf eine Ausnahme) immer die langsamste Einheit.
- Jede SE bewegt sich immer in einem bestimmten Rangbereich, so z.B. SE 9 im Bereich [2-3] oder SE 4 im Bereich [10-12].

Der hier entstehende Eindruck, daß die Versuchsdauern der einzelnen beteiligten SE in einer relativ zueinander festgelegten Größe sind, wird durch die Berechnung des W-Koeffizienten von Kendall *(Kendall, 1970)* bestätigt.

Kendall's W (Measure of Concordance) mißt, inwieweit m ordinale Meßreihen (hier m=10) eine ähnliche Struktur aufweisen. Es gilt: $0 \leq W \leq 1$ und es ergibt sich hier W = 0.949 .

Ein Grund für diese auftretende Systematik ist der schon oben erwähnte Back-Off-Algorithmus. Da in jeder PCU der gleiche Pseudo-Zufallszahlengenerator implementiert ist, unterscheiden sich die beteiligten PCU's nur in ihrem Startwert. Somit ist es unvermeidlich, daß die bei Kollisionen benötigte Zeitverzögerung auf Grund von "guten" oder "schlechten" Sequenzen des Pseudo-Zufallszahlengenerators gesteuert wird. Dementsprechend gibt es also "schnelle" und "langsame" PCU's.

Um diese Erkenntnis (der systematische Unterschied der Übertragungszeiten) in die nun beginnende Untersuchung einfließen lassen zu können, sind die 16 beteiligten SE in drei Gruppen (schnelle, mittlere und langsame SE) eingeteilt worden. Diese Klassifizierung erfolgte rein heuristisch auf Grund der Ergebnisse von Tab.1. Diese heuristische Einteilung ist in Tab.2 zu finden.

Basierend auf dieser Klassifizierung wurde ein Versuchsplan erstellt, bei dem die oben getroffene Einteilung berücksichtigt wurde. Bei jeder Transferrate (150, ... , 2400 bps) wurde bei 15 SE begonnen und solange die Anzahl der beteiligten SE verringert, bis **alle** SE die durch den Einzelversuch bestimmte Sollzeit erreichten. Es wurden pro Anzahl beteiligter SE bis zu vier verschiedene Versuche mit einer jeweils anderen Auswahl an SE durchgeführt. So konnte bei 150 bps die Versuchsreihe bei 11 SE abgebrochen werden, da dann schon keine SE eine Wartezeit gegenüber der vorgegebenen Sollzeit aufwies. Bei 300 bps konnte bei 7 SE und bei 600 bps bei 4 SE abgebrochen werden. Bei den Transferraten 1200 und 2400 waren alle Versuche von 15 bis 2 beteiligten SE notwendig.

Tab.2: Heuristische Klassifizierung der 16 Sendeeinheiten

schnell		mittel		langsam	
Nr. der SE	Summe der Rangzahlen	Nr. der SE	Summe der Rangzahlen	Nr. der SE	Summe der Rangzahlen
3	10	8	71	15	125
6	24	12	74	14	132
9	26	5	76	1	137
11	46	10	78	13	143
2	47	4	107	16	157
		7	107		

Der Einfluß verschiedener Kombinationen von SE auf die erhaltenen Meßergebnisse soll hier einmal exemplarisch demonstriert werden. Bei einer Transferrate von 150 bps und n=13 SE sind die drei Konstellationen K1, K2 und K3 ausgewählt worden. Von den jeweils ermittelten Übertragungszeiten wurden dann das arithmetische Mittel $\bar{x}$ [in s] sowie die Standardabweichung s [in s] berechnet. Die Konstellationen sowie diese berechneten Größen sind in Tab.3 zu finden. Da eine derartige Diskrepanz zwischen K1 und K2 einerseits und K3 andererseits nicht erwartet worden war, sind diese drei Versuchsreihen wiederholt worden. Deren Ergebnisse sind ebenfalls in Tab.3 zu finden, und sie werden dort mit K4, K5 und K6 bezeichnet.

Während bei den ersten beiden Konstellationen die durch den Einzeltest vorgegebene Sollzeit fast erreicht wurde (dies zeigt sich auch durch die geringe Streuung in den Daten), ist die Abweichung von der Sollzeit bei der dritten Konstellation recht groß. Diese auftretende Verzögerung bei der dritten Konstellation ist u.a. darin begründet, daß alle SE, die als langsam klassifiziert worden sind, an dieser Versuchsreihe beteiligt waren. Es ist bei dem für die hier durchgeführten Versuchsreihen aufgestellten Versuchsplan versucht worden, derartige Phänomene mit zu erfassen, um so gute Vorhersagen für einen realen Netzbetrieb treffen zu können.

Tab.3: Versuchsergebnisse bei 150 bps und n=13 SE

SE	K1	K2	K3	K4	K5	K6
1	x	x	x	x	x	x
2	x		x	x		x
3	x	x		x	x	
4	x	x	x	x	x	x
5	x	x	x	x	x	x
6		x	x		x	x
7	x	x	x	x	x	x
8	x	x	x	x	x	x
9	x	x		x	x	
10		x	x		x	x
11	x			x		
12	x	x	x	x	x	x
13			x			x
14	x	x	x	x	x	x
15	x	x	x	x	x	x
16	x	x	x	x	x	x
$\bar{x}$	488.9	488.9	537.8	491.5	492.4	568.1
s	0.45	0.36	25.15	2.75	2.80	43.37

3. Die Meßergebnisse

Abb.1 zeigt die durchschnittliche Übertragungszeit T pro Benutzerpaket. Bei einer Übertragungsrate von 150 bps erhält man bei bis zu 13 gleichzeitig sendenden Teilnehmern eine konstante Übertragungszeit. Erst bei mehr als 13 Sendern nimmt T zu. Bei einer Übertragungsrate von 300 bps werden doppelt so viele Benutzerpakete wie bei 150 bps übertragen, daher nimmt T ab acht gleichzeitig sendenden Benutzern zu.

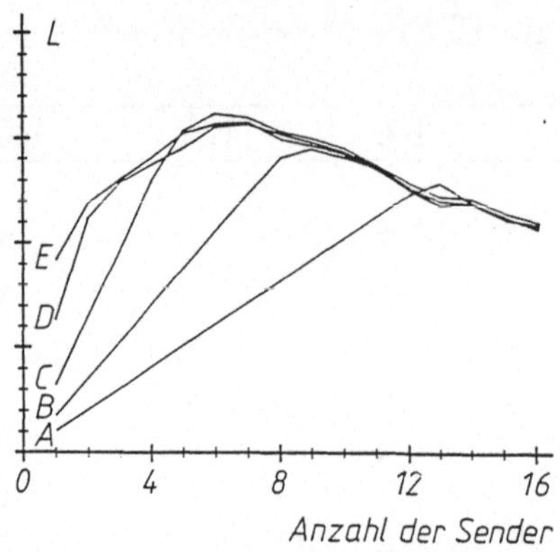

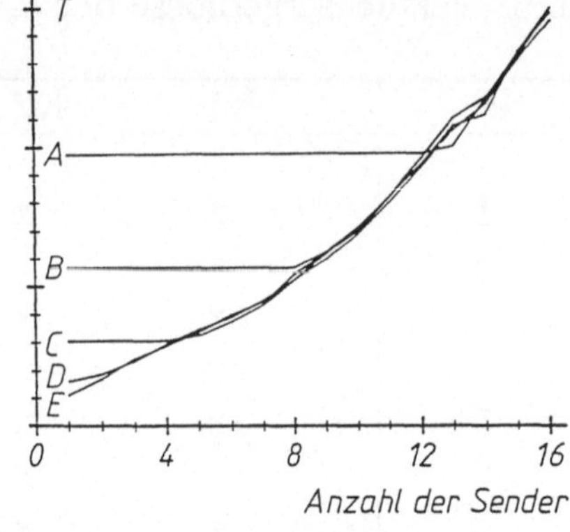

Abb.1: Übertragungszeit pro Benutzerpaket in Abhängigkeit von der Anzahl
der Sender
A=150 bps, B=300 bps, C=600 bps,
D=1200 bps, E=2400 bps

Abb.2: Anzahl der Benutzerpakete pro Sekunde in Abhängigkeit von der Anzahl
der Sender
A=150 bps, B=300 bps, C=600 bps,
D=1200 bps, E=2400 bps

Abb.2 stellt den eben erwähnten Sachverhalt in anderer Weise dar. Wird bei einer Übertragungsrate von 150 bps die Anzahl der Sender erhöht, so nimmt die Anzahl der auf dem Netz pro Sekunde befindlichen Benutzerpakete L linear bis 13 SE zu. Senden mehr als 13 SE gleichzeitig, so nimmt die Anzahl der pro Sekunde übertragenen Benutzerpakete wieder ab. Ähnliches Verhalten gilt für die Transferraten von 300 und 600 bps. Ein Vergleich der Kurven A, B und C im linearen Bereich zeigt, daß Übertragungsrate und Anzahl der pro s übertragenen Pakete für eine feste SE-Anzahl im wesentlichen umgekehrt proportional sind. Dies gilt nicht für die Kurven D und E. Hier treten - wie aus weiteren Versuchen bekannt - schon bei ein bis zwei gleichzeitig sendenden SE Verzögerungen auf. Diese werden durch Eigenschaften der PCs und der PCUs hervorgerufen.

Jenseits des linearen Bereichs der Kurven A bis E macht sich der Überlastfall des Netzes bemerkbar. Das Netz ist nicht für jede PCU, die senden will, sendebereit. Hierdurch wird der Sendevorgang verzögert. Während bei einer Übertragungsrate von 600 bps und 4 SE ca. 230 Benutzerpakete pro s ohne Verzögerung übertragen werden können, sind es bei 150 bps und 13 SE weniger als 190. Der Unterschied zwischen beiden Versuchsanordnungen besteht darin, daß bei 4 SE im gleichen Takt jeweils 60 Pakete pro s und bei 13 SE jeweils 15 Pakete pro s dem Netz zur Übertragung angeboten werden. Im zweiten Fall ist eine Lastverteilung gegeben, die mehr zufallsbedingt ist als im ersteren Fall. Die Messungen lassen die Schlußfolgerung zu, daß die maximal mögliche Anzahl der ohne Verzögerung übertragenen Benutzerpakete pro s mit der Zahl der SE – bei gleichzeitiger Verringerung der Übertragungsrate – abnimmt.

Im nichtlinearen Bereich der Kurven in Abb. 2 ist es interessant zu untersuchen, inwieweit Kollisionen eine Rolle spielen. Aus diesem Grund wurde während der Versuche ein Statistikmonitor ans Netz geschaltet. Vom Statistikmonitor wurden folgende Daten mitprotokolliert: Die Anzahl der CRC Errors, die Anzahl der Kollisionen, die Anzahl der sonstigen Pakete (unvollständige Pakete), die Anzahlen der Pakete mit der Länge 0 (Protokollimmanente Pakete ohne Benutzerdaten) bzw. 1 (Pakete mit einem Zeichen als Benutzerdaten). Während die Übertragungszeiten für jede einzelne SE seperat gemessen werden konnte, konnten die oben erwähnten Variablen nur je einmal pro Versuch am Ende, d.h. nachdem die langsamste SE mit ihrer Übertragung fertig war, erhoben werden.

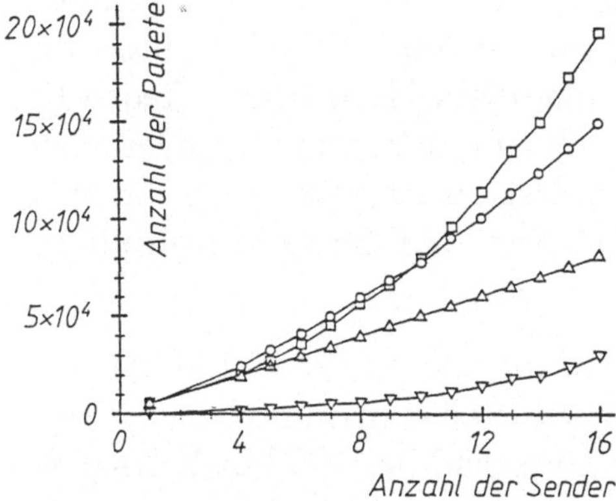

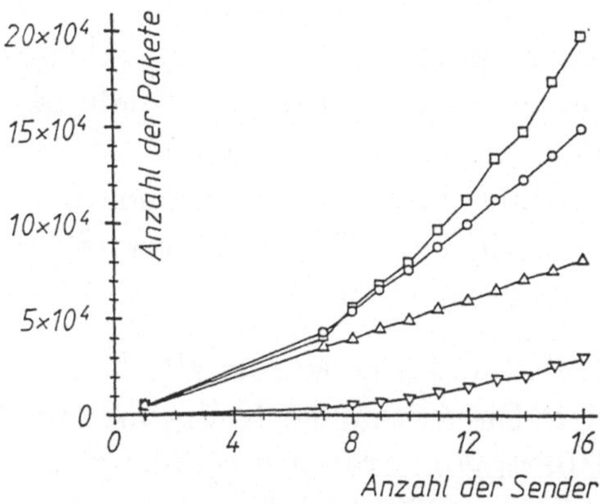

Abb.3: Anzahl der übertragenen Pakete und Kollisionen pro Versuch bei der Transferrate 600bps in Abhängigkeit von der Anzahl der Sender
□ = Overhead, ○ = Pakete der Länge 1, △ = Benutzerpakete, ▽ = Kollisionen

Abb.4: Anzahl der übertragenen Pakete und Kollisionen pro Versuch bei der Transferrate 300bps in Abhängigkeit von der Anzahl der Sender
□ = Overhead, ○ = Pakete der Länge 1, △ = Benutzerpakete, ▽ = Kollisionen

In Abb.4 sind die Meßergebnisse für den 300 bps-Versuch wiedergegeben. Die Summe der von den SE dem Netz zur Übertragung angebotenen Benutzerpakete steigt linear mit zunehmender SE-Zahl. Erst bei sieben SE nimmt die Anzahl der Kollisionen zu, bleibt aber während des gesamten Versuches gering. Dagegen nimmt die Anzahl der mehrfach übertragenen Benutzerpakete zu. Die gesamten auf dem Netz zusätzlich zu den einmal gesendeten Benutzerpaketen übertragenen Pakete werden in einer Kurve in Abb. 4 als Overhead zusammengefaßt. Der Verlauf der Kurve zeigt deutlich, daß die Verzögerungen der Benutzerpaketübertragung im Hochlastfall wesentlich vom Overhead mitbestimmt werden.

Dieser Overhead hat seine Ursache in der Netz-Protokollimplementation. Jede SE versucht ihre Userdaten zu übertragen, sobald das Paket vollständig aufgebaut wurde. Hat die empfangende SE Zeit, so antwortet sie mit einem Quittierungspaket. Um eine möglichst effiziente Übertragung zu gewährleisten, kann eine SE mehrere Pakete hintereinander senden, ohne auf eine Quittierung zu warten. Ist die maximal erlaubte Anzahl von Paketen übertragen worden, wird die empfangende SE aufgefordert, ein Quittierungspaket zu senden, auf das die sendende SE eine bestimmte Zeit wartet. (Danach werden alle nicht quittierten Pakete wiederholt.) Die empfangende SE sendet irgendwann ein Quittierungspaket, welches die zuletzt empfangene gültige Paketnummer enthält. Die sendende SE wiederholt alle Pakete ab dieser Paketnummer. Sollte die empfangende SE ein Paket mit einer ungültigen oder nicht erwarteten Nummer erhalten, wird dieses Paket ignoriert und die sendende SE mit Hilfe eines "Retransmit-Request"-Paketes aufgefordert, alle Pakete ab dem zuletzt quittierten zu wiederholen. Bedingt durch die Kollisionen bei höherer Netzauslastung treten die oben beschriebenen Effekte in verstärktem Maße auf, und der Overhead nimmt entsprechend zu.

Abb.3 und 5 geben die gleichen Messungen für 600 bps bzw. 150 bps wieder. Die Anzahl der Kollisionen bei 16 SE ist bei allen drei unterschiedlichen Übertragungsraten ungefähr gleich. Der Overhead bei 150 bps beträgt jedoch nur 80% von demjenigen bei 600 bps.

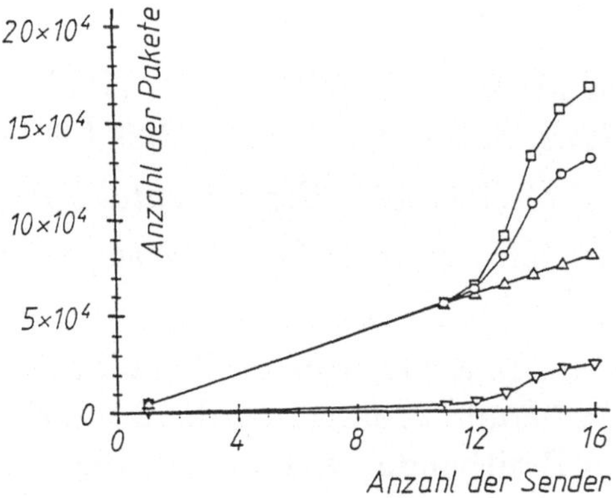

Abb.5: Anzahl der übertragenen Pakete und Kollisionen pro Versuch bei der Transferrate 150bps in Abhängigkeit von der Anzahl der Sender

□ =Overhead, ◯=Pakete der Länge 1, △=Benutzerpakete, ▽=Kollisionen

4. Die Schlußfolgerung aus den Messungen

Die Meßergebnisse können zur Beurteilung der Lastverteilung auf dem Terminalnetz herangezogen werden. Geht man davon aus, daß auf den Terminalkanälen des Netzes im wesentlichen Dialogverkehr mit dem Rechner (und nur wenig Filetransfer) stattfindet, so werden die meisten der Benutzerpakete nur 1-Zeichenpakete sein. Geht man weiter davon aus, daß Benutzer im Mittel 1 Zeichen pro s am Terminal eingeben, so können nach den obigen Meßergebnissen 120 bis 150 Terminalbenutzer gleichzeitig permanent auf einem logischen Netz ohne Verzögerung arbeiten. Da pro 6 MHz-Kanal 20 solcher Kanäle eingerichtet werden können, ergibt dies 3000 gleichzeitig mögliche Benutzeranschlüsse.

Literatur

Becker, R.A., Cleveland, W.S. & Wilks, A.R. (1987), *Dynamic Graphics for Data Analysis*, Statistical Science, 2, 355-395

Cochran, W.G. & Cox, M.G. (1957), *Experimental Design*, Wiley, New York

Kendall, M.G. (1970), *Rank Correlation Methods*, Fourth Edition, Griffin, London

Münch, J.W., Hofmann, L. & Ostermann, R. (1988), *A Possible Model for Throughput Prediction*, Proceedings der 3.Sitzung der Arbeitsgruppe der Nutzer von Breitbandnetzen am 18./19.04.1988 in Berlin

Hochgeschwindigkeitsnetze:
Evolution, Alternativen, Einsatz in einer universitären Rechenzentrumsumgebung

Prof. Dr. Otto Spaniol
Lehrstuhl Informatik IV
RTWH Aachen

Kurzfassung:

Nach der erfolgreichen Einführung von Local Area Networks (LAN) seit Beginn der achtziger Jahre steht für die nächste Dekade mit der Entwicklung von Hochgeschwindigkeitsnetzen (High Speed Local Area Networks, HSLAN) eine neue Herausforderung an. Haupteinsatzgebiete für diese neue Netzart sind u.a. die Kopplung von Großrechnern, die Anbindung von leistungsfähigen Workstations sowie die Zusammenführung von lokalen (Sub)-Netzen. Die Konzeption von HSLAN ist aus verschiedenen Gründen anspruchsvoller und schwieriger als die von LAN's: einmal ist die Datenrate auf 100 Mbit und mehr erheblich höher und zum anderen ist die zu überbrückende Distanz viel größer als bei 'klassischen' lokalen Netzen; diese Distanzproblematik ergibt sich insbesondere dann, wenn HSLAN als LAN-Backbone eingesetzt werden. Es ist daher ein Neudesign vieler Prinzipien erforderlich (siehe dazu auch die Beiträge in [DS89] und [SD88]).
Im vorliegenden Beitrag wird zunächst die Evolution konventioneller Netze vorgestellt, woraus sich Forderungen für eine geeignete Struktur von Hochgeschwindigkeitsnetzen ableiten. Im Anschluß daran werden die wichtigsten auch in die Standardisierungsbestrebungen einfließenden Konzepte für HSLAN näher behandelt. Detailliert eingegangen wird ferner auf Planung und Einsatz eines Hochleistungs-Backbone-Netzes für eine heterogene Rechenzentrumsumgebung, wobei die RWTH Aachen als Beispiel herangezogen wird.

1. Evolution konventioneller lokaler Kommunikationssysteme und Konsequenzen für den Entwurf von Hochgeschwindigkeitsnetzen

Die Entwicklung von Hochgeschwindigkeitsnetzen ist ein konsequenter Schritt der Erweiterung und der Leistungssteigerung von konventionellen lokalen Kommunikationssystemen, welche durch neue technologische Möglichkeiten - insbesondere durch Einsatz von Glasfaserstrecken - gangbar wird. Hochgeschwindigkeitsnetze unterscheiden sich in vielerlei Hinsicht von konventionellen LAN's:

- sie überdecken einen wesentlich größeren geographischen Bereich,
- ihre Datenrate ist um mindestens eine Größenordnung höher,
- ihr Einsatz dient nicht vorwiegend einem einzelnen Anwendungszweck (für den dann die optimale maßgeschneiderte Lösung gewählt wird), sondern kann eher als Sammeltransport verschiedener Nachrichtenströme und -arten aufgefaßt werden; dies bedeutet, daß sie unterschiedlich strukturierte Datenströme - z. B. isochron und asynchron - mit vergleichbarer Effizienz abwickeln können sollen.

Der Designer wird daher versuchen, aus den Erfahrungen beim Aufbau konventioneller LAN's zu lernen (d.h. diese - soweit möglich oder sinnvoll - auf Hochgeschwindigkeitsnetze zu übertragen). Gleichzeitig muß er neue Konzepte erarbeiten, wenn sich eine Übertragung der gebräuchlichen Methoden verbietet. Es ist daher zweckmäßig, die Hauptziele und -alternativen von lokalen Netzen kurz zusammenzustellen und auf ihre Eignung bzw. Nichteignung für Hochgeschwindigkeitsnetze einzugehen. Dies soll für vier unterschiedliche Konzepte durchgeführt werden:

- Ethernet
- Token-Netze
- getaktete Systeme auf Ring- bzw. auf Busbasis
- Netze mit Konfliktvermeidung durch Prioritäten und gestaffelte Verzögerungszeiten.

Wir erläutern im einzelnen:

- welche Entwurfsziele bei den einzelnen Konzepten im Vordergrund standen
- für welche Hauptanwendungen die Systeme gedacht sind und waren
- auf welchen Erfahrungen die Realisierung aufbaute
- welche Highlights der Realisierung sich übernehmen lassen und welche nicht.

1.1. Ethernet

Im Vordergund der Entwicklung von Ethernet stand das Ziel, eine Vielzahl von unterschiedlichen Geräten in möglichst einfacher Weise und mit einer vollständig dezentralen Lösung zu koppeln. Das Zu- und Abschalten einer neuen Station sollte ohne Beeinträchtigung der anderen Stationen möglich sein, ein Gerät sollte ohne Schwierigkeiten an eine andere Stelle des Netzes verlagert werden können; dies vereinfacht die Umkonfiguration des Netzes, etwa bei einem Gebäudewechsel. Von den angeschlossenen Geräten ist zu erwarten, daß die meisten davon im Mittel eine sehr niedrige Last aufweisen (weil das Gerät ausgeschaltet ist, weil der Benutzer nachdenkt, weil der Benutzer pro Zeiteinheiten nur wenig Last - z. B. Zeichen pro Sekunde - erzeugen kann, ...), bei denen aber in seltenen Spitzenzeiten die lokale Belastung enorm hoch sein kann.

Für die Realisierung implizierten die oben genannten Forderungen, daß:

- der Medienzugang möglichst einfach sein sollte
- pro Station eine hohe (wenngleich nur in seltenen Fällen gebrauchte) Übertragungskapazität verfügbar sein muß
- eine regelmäßige Bedienung aller Stationen unzweckmäßig wäre (weil die meisten davon ihr Zugangsrecht nur selten nutzen würden).

Netze und Stationstypen dieser Art finden sich im Bürobereich (Textbe- und -verarbeitung), aber auch bei der Anbindung von Endgeräten an Mainframes, womit nicht annähernd alle Einsatzmöglichkeiten aufgezählt sind.

Die Realisierung machte sich die Erfahrungen des wohlbekannten ALOHA-Systems zunutze (völlig ungesteuerte Kommunikation mit Konfliktrisiko und Neuversuch nach Konflikten). Im Schwachlastbereich, welcher zum sinnvollen Betrieb angestrebt werden sollte (und welcher bei praktisch allen Ethernet-Installationen vorherrscht) gibt es aufgrund der Kürze der Nachrichten (Dauer zwischen 10^{-3} und 10^{-4} Sekunden pro Übertragung) kaum Konflikte, und das Risiko kann durch die Technik des Mithörens und entsprechender Zurückhaltung bei belegtem Kanal (CSMA = Carrier Sense Multiple Access) noch erheblich gesenkt werden; schließlich trug auch das Abbrechen einer Sendung nach Bemerken eines Konfliktfalls (CD = Collision Detection) zu einer weiteren Entlastung und damit zu einer besseren Nutzung des gemeinsamen Datenkanals bei.

Ethernet ist das wohl gebräuchlichste lokale Kommunikationssystem, und sein Prinzip hat zahlreiche Erweiterungen erfahren, die zum Teil nicht mehr der ursprünglichen Designphilosophie entsprechen:

- Einsatz auf Breitbandkanälen
- Glasfaserstrecken mit optischen Sternkopplern
- billige und/oder langsamere Kabeltypen
- Ausdehnung der maximalen Entfernung über die eigentlich zulässige Distanz hinaus
- ...

Diese Varianten haben an der grundsätzlichen Verwendbarkeit des Ethernetprinzips ebensowenig geändert wie der nur zum Teil sinnvolle Versuch, andere Anwendungsformen wie z. B. isochrone Datenströme mit Ethernet zu übertragen. Für den Einsatz in Hochgeschwindigkeitsnetzen ist das Ethernetzugangsverfahren allerdings ungeeignet, da dort die Nachrichtenlänge erheblich schrumpft (wegen der höheren Datenrate) und gleichzeitig das Kollisionsfenster anwächst (wegen der größeren zu überbrückenden Distanzen). Jeder einzelne dieser Effekte - erst recht aber beide gemeinsam - führen dazu, daß das Konfliktrisiko drastisch ansteigt. Für reguläre Verkehrsströme und bei höherer Belastung des Kommunikationsmediums wäre ein sinnvoller Betrieb ausgeschlossen.

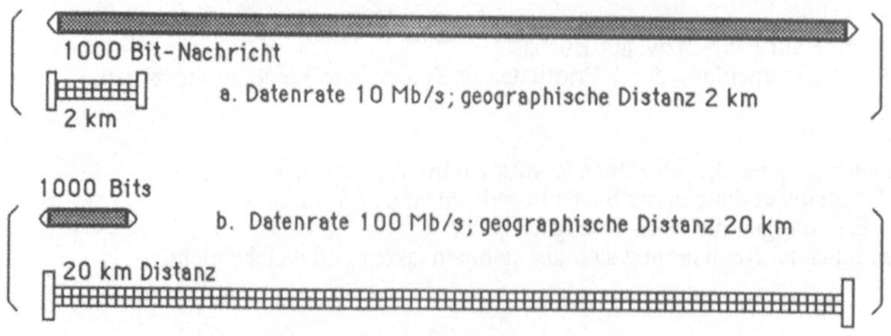

1.2. Token-Verfahren

Im Gegensatz zu Ethernet sollen Token-Verfahren:

- eine geregelte und zuverlässige Kommunikation sicherstellen
- maximale Antwortzeiten garantieren
- eine Prioritätensteuerung bei besonders dringlichen Nachrichten ermöglichen.

Diese Ziele wurden durch eine explizite Zugangsregelung erreicht, wobei das Zugangsrecht (Token) über einen gedachten oder physikalisch existenten Ring zwischen den Stationen weitergeleitet wurde und zudem prioritätsabhängig sein konnte. Die Nutzungsdauer pro Station mußte begrenzt werden, da sonst eine garantierte Antwortzeit nicht mehr einhaltbar gewesen wäre, ferner mußte das Funktionieren des Verfahrens durch eine Monitorstation überwacht werden. Der Einsatz von tokenartigen Zugangsregelungen ist vor allem dann sinnvoll, wenn das Lastverhalten pro Station nicht allzu starken Schwankungen unterworfen worden ist, wenn also die Stationen von den zugeteilten Senderechten relativ häufig Gebrauch machen.

Vorbild für die Realisierung war die SDLC-Steuerung der Kommunikation zwischen einem Mainframe und vielen ringförmig daran angeschlossenen Endgeräten, wobei in Phase 1 die Endgeräte reihum abgefragt werden (Polling) und in Phase 2 die Antworten der Zentrale auf die Nachrichten der Phase 1 erhalten.

Das Token-Prinzip besteht beim Token-Ring darin, daß eine vorbeikommende Nachricht geprüft, weitergeleitet und gegebenfalls kopiert bzw. quittiert wird. Der Sender ist für die Entnahme seiner Nachricht vom Ring selbst verantwortlich. Im Falle eines Sendewunschs muß auf ein freies Token gewartet werden. Dieses wird 'on the fly' in ein belegtes Token umgewandelt, welchem die eigene Nachricht angehängt wird. In der einfachsten Version wird ein neues freies Token erst dann erzeugt, wenn das eigene (belegte) Token zurück ist (Single-Token-Prinzip).

Das Token-Verfahren ist per se für den Einsatz in Hochgeschwindigkeitsnetzen zunächst geeignet, doch sind einige Modifikationen erforderlich:

- wegen der erheblich höheren Datenrate ist eine Tokenumwandlung 'on the fly' im allgemeinen zu aufwendig, daher wird meist zunächst das freie Token vom Ring genommen und dann ein belegtes Token auf den Ring gesetzt;
- wichtiger als der vorgenannte Umstand ist die Tatsache, daß aufgrund der höheren Geschwindigkeit die Nachrichtenlänge schrumpft und damit die Auslastung des Rings abnimmt; dieser Effekt verstärkt sich mit zunehmender geographischer Ausdehung des Rings, und Hochgeschwindigkeitsnetze sind gerade für solche Zwecke konzipiert.
Damit ist das Single-Token-Prinzip für Hochgeschwindigkeitsnetze nicht geeignet, brauchbar ist dagegen seine Modifikation zum 'Multiple-Token-Prinzip' (auch 'Early Token Release' genannt); hierbei wird zum frühest möglichen Zeitpunkt ein neues Token erzeugt, d. h. man muß nicht auf die Rückkehr des Kopfs der eigenen gesendeten Nachricht warten. Auf diese Weise läßt sich ein ausgedehnter und 'schneller' Ring durch mehrere kurze gleichzeitig auf dem Ring existente Nachrichten praktisch vollständig auslasten. Dieses Prinzip war Vorbild für FDDI-I (siehe 2.1).

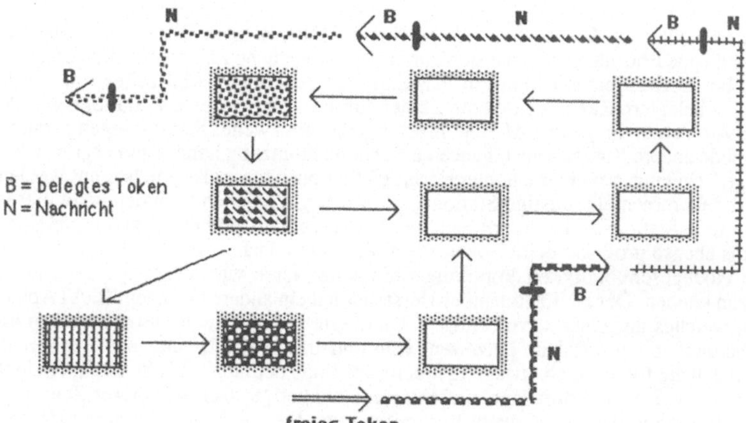

1.3. Getaktete Systeme

Netze dieser Art bieten gleichgroße Zugangsrechte an und sind zweckmäßig für Stationen, die ein vorwiegend regelmäßiges Verkehrsaufkommen haben. Die vorgesehenen Hauptanwendungen stammen aus dem Bereich der synchronen oder isochronen Übertragung, wie er etwa bei digitaler Sprache vorliegt. Auch der schnelle Transfer einer in kleine Abschnitte zerlegten großen Datei läßt sich mit getakteten Systemen in geeigneter Weise durchführen.

Getaktete Systeme basieren auf dem Token-Prinzip, denn ein Slot (d.h. die Zeit zwischen zwei Zeittakten) kann entweder frei oder belegt sein, was durch ein entsprechendes Token-Bit angezeigt wird. Ein interessanter Begleiteffekt besteht darin, daß die Slots nahtlos aufeinander folgen, weshalb keine Verluste durch die Laufzeit des Token von einer Station zur nächsten erfolgen; beim Token-Ring (siehe 1.2) bestand dagegen keinerlei Übertragungsmöglichkeit während der Laufzeit des erzeugten neuen freien Token zur Nachfolgestation. Der entstehende Verlust vergrößert sich mit wachsender Ausdehnung des Rings, und die relative Bedeutung dieser 'Totzeiten' steigt mit der Datenrate. Dieser Effekt hat dazu geführt, daß getaktete Systeme für Hochgeschwindigkeitsnetze eine sehr interessante Alternative darstellen; nicht zuletzt für die Postverwaltungen, welche Konzepte mit besonderer Eignung zur Übertragung digitaler Sprache favorisieren.

Vorbilder für getaktete Systeme gibt es für ringförmige Strukturen ebenso wie für Bussysteme. Getaktete Ringsysteme (z. B. Cambridge Ring) und die zugehörigen Produkte haben sich allerdings bei der Standardisierung von konventionellen lokalen Netzen ebensowenig durchsetzen können wie getaktete Bussysteme (z. B. Fasnet oder Expressnet), welche auf einem oder zwei gerichteten Bussen eine Kommunikation zwischen allen angeschlossenen Knoten ermöglichen.

Im Vergleich zum physikalischen Ring zeichnet sich der Bus dadurch aus, daß die Nachricht automatisch am Busende 'verschwindet', während sie beim physikalischen Ring aktiv vom Sender heruntergenommen werden muß, was zusätzliche Störmöglichkeiten schafft und entsprechende Gegenmaßnahmen erfordert. Das Konzept der getakteten Systeme mit Realisierung auf einem Doppelbus war Vorbild für die Standardisierungsbemühungen bei IEEE 802.6, wo es als QPSX (Queued Packet Switch Exchange) bzw. als DQDB (Distributed Queue Dual Bus) bezeichnet wird; wir gehen in 2.2. auf dieses Prinzip näher ein.

1.4. Netze mit Konfliktvermeidung durch gestaffelte Verzögerungszeiten

Diese Netze sind bereits eine Übergangsstufe zu Hochgeschwindigkeitsnetzen, weil sie für eine leistungsfähige Kopplung zwischen wenigen Stationen mit jeweils vergleichsweise hohen Durchsatzanforderungen ausgelegt sind. Für diese Anforderungen kann ein relativ hoher Adapteraufwand und -preis eher akzeptiert werden (als etwa bei Ethernet).
Einsatzgebiete dieser Netze sind die für Hochgeschwindigkeitsnetze typischen Bereiche:

- Kopplung von Mainframes   - Filetransfer
- Kopplung von Netzinseln   - Bildübertragung
- Kopplung 'Mainframe - schnelle Peripherie'

Eines der bekanntesten Konzepte für solche Netze (HYPERchannel) regelt die Übertragung durch stationsabhängige Prioritäten, welche sich durch unterschiedliche Zählerlaufzeiten ergeben (die Zähler beginnen bei freiwerdendem Medium loszulaufen, und kürzere Laufzeiten entsprechen höherer Priorität; bei belegtem Kanal werden die Zähler auf den Anfangszustand zurückgesetzt). Vereinbart man noch zur Vermeidung einer Monopolisierung, daß ein zweiter Stationszugang erst dann zulässig ist, wenn jede andere Station eine Chance zu Senderechtnutzung hatte, dann ergibt sich hieraus eine tokenartige Regelung, bei der die höherprioritären Stationen zwar als erste bedient werden, aber nicht häufiger drankommen als sonstige Stationen. Aus offensichtlichen Gründen kann dieses Verfahren nicht auf große Stationszahlen übertragen werden; außerdem sind die ungenutzt bleibenden Zeiten mindestens ebenso groß wie beim Token-Ring-Verfahren. Daher hat sich dieses Prinzip, obwohl es die erste Hochgeschwindigkeitskopplung für lokale Netze war, nicht bei der Standardisierung durchsetzen können. Der HYPERchannel-Hersteller hat ein anderes Konzept (DATApipe) entworfen ([Ch87]), welches auf einer sternförmigen Topologie beruht. Auch hierbei werden die Stationen reihum bedient, doch werden 'Totzeiten' während der Weiterleitung des Senderechts dadurch eliminiert, daß die folgende Übertragung bereits vor Ende der laufenden Sendung beginnt - und zwar dann, daß sie das Sternzentrum dann erreicht, wenn die vorige Nachricht dieses Zentrum in Richtung auf die Zielstation verläßt. Eine weite Verbreitung von DATApipe erscheint jedoch zweifelhaft, da dieses Prinzip von keinem wichtigen Standardisierungsgremium aufgegriffen wurde.

2. Hochgeschwindigkeitsnetze: Charakteristika, Einsatzgebiete und Alternativen

Wie bereits erwähnt, gibt es erhebliche Unterschiede zwischen konventionellen lokalen Netzen und Hochgeschwindigkeitsnetzen:

- Die HSLAN-Rohdatenrate ist um mindestens eine Größenordnung höher (typischerweise 100 Mbit/s oder mehr statt 10 Mbit/s).

- HSLAN - vor allem in ihrer Ausprägung als MAN (Metropolitan Area Network) überdecken einen größeren geographischen Bereich (bis zu 30 km oder sogar wesentlich mehr statt der bei LAN üblichen ca. 2 km). Bei den zur Standardisierung vorgesehenen Alternativen können Hunderte von Kilometern überbrückt werden, und durch die in regelmäßigen Abständen erfolgende Signalauffrischung sowie das konfliktfreie Zugangsverfahren gibt es keine 'physikalische' Distanzbegrenzung wie etwa bei Ethernet.

- HSLAN's dient in seiner Hauptanwendung als Transportvehikel zur Übertragung eines aus verschiedenen Verkehrsarten zusammengesetzten Verkehrsstroms.

Einsatzgebiete für HSLAN finden sich im Backend-Bereich bei der Rechner-Rechner-Kopplung, im Backbone-Bereich in der Kopplung von (Sub-) Netzen und schließlich im Frontend-Bereich bei der leistungsfähigen Anbindung von intelligenten Workstations. Haupteinsatzgebiet dürfte zukünftig die (homogenisierende!) Kopplung von heterogenen Subnetz-Welten über ein leistungsfähiges Backbone-Netz sein, das pro Anschluß-'Insel' einen Adapterpunkt (Gatewaystation) enthält, welcher den Transport und das Ausfiltern der das Subnetz betreffenden Verkehrsströme durchführt. Da diese Adapter die gesamte netzübergreifende Last verwalten, müssen sie sehr leistungsfähig sein (bzgl. der Gesamtzahl pro Sekunde abzuwickelnder Pakete), der Adapterpreis wird daher recht hoch sein - und auch hoch bleiben. Er soll und darf nicht unbedingt das ausschlaggebende Kriterium für eine Beschaffung sein, zumal man seine Kosten mit den Gesamtinvestitionen für Hard/Software innerhalb der Netzinsel aufrechnen muß.

Durch die Sammlung und Mischung unterschiedlicher Verkehrsströme ist eine regelmäßigere Auslastung der Gatewaystationen zu erwarten (im Vergleich etwa zum stark schwankenden Verkehrsaufkommen bei normalen Ethernet-Stationen). Dies legt - zusammen mit der voraussehbar hohen Gateway-Last - ein geregeltes tokenartiges Zugangsverfahren nahe. Sofern isochrone Verkehrsströme (etwa für digitale Sprache) einen hohen Anteil am Lastaufkommen haben, werden getaktete Systeme besonders interessant.

Im folgenden werden zwei Lösungsansätze für Hochgeschwindigkeitsansätze vorgestellt, welche von unterschiedlichen Gremien für eine Standardisierung diskutiert werden (siehe auch [Mo88]):

- FDDI (Fiber Distributed Data Interface) bzw. FDDI-II; beide Verfahren werden von ANSI (American National Standards Institute) favorisiert, das erste ist weitgehend - aber noch nicht vollständig - genormt.

- DQDB (Distributed Queue Dual Bus); DQDB (früherer Name QPSX für 'Queued Packed Switch Exchange') ist der vom Standardisierungsgremium IEEE 802.6 favorisierte Lösungsansatz für Metropolitan Area Networks.

2.1. FDDI (Fiber Distributed Data Interface)

FDDI (vgl.[BZ88],[Ro86]) basiert weitgehend auf den Konzepten und Erfahrungen des 'langsamen' Token-Rings.

Topologisch besteht er aus einem doppelten Ring mit 'early token release', d.h. mit schnellstmöglicher Erzeugung eines neuen Tokens nach Absenden einer Nachricht. Auf diese Weise können mehrere Nachrichten auf dem Ring koexistieren. Die Begründung für diese Abwandlung (wegen längerer Strecken und höherer Datenrate) wurde bereits im vorigen Abschnitt gegeben.

Der zweite Ring verläuft in Gegenrichtung; auf ihm werden normalerweise keine Nachrichten übertragen, er dient 'nur' zur Bereitstellung eines alternativen Weges, sofern eine Strecke zwischen zwei Stationen ausfällt (durch Umschalten auf den Sicherungsring in denjenigen Stationen, zwischen denen die Leitungsstörung aufgetreten ist).

FDDI sieht 3 Typen von Stationen vor:

-   normale Stationen; diese haben Anschlüsse zu beiden Ringen und volle Funktionalität bzgl. der Managementaufgaben

-   Konzentratorstationen; diese können wie beim IBM-Token-Ring eine Reihe von sternförmig an sie angeschlossenen Stationen bedienen. Wenn letztere wieder als Konzentrator aufgebaut werden, können auf diese Weise beliebige 'baumartige' Strukturen entstehen.

-   einfache (d.h. nur an den Konzentrator, nicht aber an den Sicherungsring, angeschlossene) Stationen.

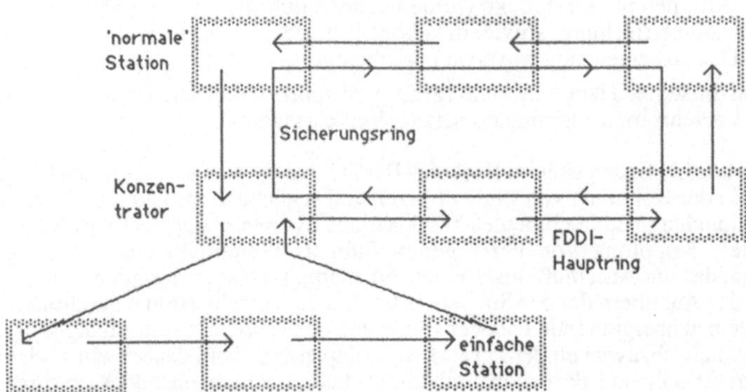

Jede Station sammelt den Verkehr von einem oder von mehreren angeschlossenen lokalen Netzen oder auch von Mainframes und leitet ihn zum/vom Backbone Netz weiter bzw. ab. Sie sollte also aus Zuverlässigkeits- und Verfügbarkeitsgründen an den Sicherungsring direkt angeschlossen sein; es ist daher zu erwarten, daß die 'normalen' Stationen im Vergleich zu den anderen Stationsarten überwiegen werden (einige Hersteller beschränken ihre Produkte allein auf diesen Stationstyp).

Bestandteile des FDDI-Standards sind:

-   die physikalische Ebene PHY
-   das Medienzugangsprotokoll MAC
-   das Station-Management SMT (mit Schnittstelle zu einem Management-Prozess SMAP auf Anwenderebene).

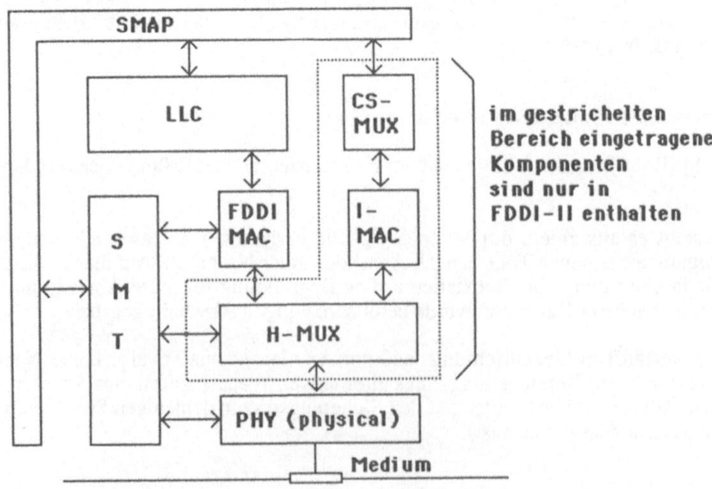

Die Normung von PHY und MAC ist abgeschlossen, beim Station-Management SMT gibt es noch offene Fragen, weshalb die derzeit auf dem Markt befindlichen Hersteller jeweils eigene Software-Lösungen anbieten, die nach Verabschiedung des Standards dann möglichst rasch in die normierte Fassung umgesetzt werden sollen.

Der Kommunikationsablauf bei FDDI versucht unterschiedliche Verkehrsarten (synchron bzw. asynchron) ebenso zu berücksichtigen wie unterschiedliche Prioritäten.

Synchroner Verkehr hat höchste Priorität. Asynchroner Verkehr ist nur dann zulässig, wenn die Zeit seit dem letzten Tokenerhalt nicht höher ist als die ausgehandelte Tokenumlaufzeit TTRT (Target Token Rotation Time, siehe unten).

Es gibt zwei unterschiedliche Tokenarten:

- nonrestricted (für alle Stationen zugänglich)
- restricted (dies ist eine Beschränkung allein für den asynchronen Verkehr, nicht aber für den synchronen Verkehr; im asynchronen Fall werden die Zugangsrechte kurzfristig auf zwei Stationen beschränkt, um z.B. einen Filetransfer möglichst schnell abwickeln zu können).

Beim Einschalten einer Station in den FDDI-Ring wird zunächst eine Tokenumlaufzeit TTRT ausgehandelt; diese wird nach unten durch die Zahl der aktuell angeschlossnen Stationen und ihre Belastung - d.h. durch deren ausgehandelte TTRT's - begrenzt. Das TTRT-Protokoll garantiert mindestens ein Zugangsrecht pro Station mit synchronen Verkehrsaufkommen vor dem Ablauf der zweiten TTRT-Periode.

Das Station-Management hat folgende Aufgaben:

- Startkonfigurierung des FDDI-Rings
- Umkonfiguration bei Stations- oder Leitungsfehlern (durch Umschalten auf den Sicherungsring bei Leitungsstörungen bzw. durch Station-Bypass-Mechanismen bei Stationsausfall)
- Management Services für die normale Betriebsphase.

FDDI ist das heute am weitesten verbreitete Hochgeschwindigkeitsnetz und das einzige, für das Produkte erhältlich sind, denen eine gewisse Marktreife attestiert werden kann ([vM88]). Eine stark zunehmende Verbreitung wird erst nach Verfügbarkeit der AMD-Chips für FDDI-PHY und FDDI-MAC eintreten ([Co88]), da die jetzt erhältlichen auf konventioneller Bauart basierenden Adapterboards zu teuer und für große Stückzahlen nicht verwendbar sind.

Die Kritik an FDDI - und damit die Förderung des Entstehens von alternativen Standardisierungs-aktivitäten (siehe 2.2.) - entzündete sich vor allem an zwei Punkten:

- während der Zeiten der Tokenweiterleitung kann die Kapazität des Rings nicht genutzt werden; mit wachsender Ausdehnung des Rings und mit steigender Datenrate nimmt die Bedeutung dieses Nachteils zu;
- der Einsatz von FDDI ist vor allem gedacht für paketvermittelte Daten und dort in erster Linie für asynchronen Verkehr; die Eignung für isochronen Verkehr (z. B. bei digitaler Sprache) ist unzureichend. [Dabei ist allerdings zu beachten, daß in der Bundesrepublik die DBP - noch - das Monopol auf alle Sprachdienste hat; für den Einsatz in einer Rechenzentrumsumgebung wäre eine gemeinsame Übermittlung von Daten und digitaler Sprache auf demselben Medium ausgeschlossen, zumindest wenn öffentliches Gelände tangiert wird].

Zur Lösung des zweiten Problems wurde eine Aktivität FDDI-II (siehe [Bo88]) ins Leben gerufen, wobei FDDI-I um einen Hybrid Ring Control Sublayer (HRC) zwischen Medienzugangsprotokoll und physikalischer Ebene ergänzt wurde. HRC besteht aus:

- einem zusätzlichen Medienzugangsprotokoll I-MAC für isochronen Verkehr (I-MAC ist ein Zugangsverfahren für einen zusätzlichen getakteten Ring mit Slotlänge 125 µs)
- einem Multiplexer zum gemeinsamen Betrieb beider Verkehrsarten (also des FDDI Token-Rings und des getakteten Zusatzrings).

Die Initiative FDDI-II mag zunächst zur verbesserten Abwicklung von isochronem Verkehr als berechtigt erscheinen, sie hat jedoch schwerwiegende Nachteile für die Verbreitung von FDDI-I (und paradoxerweise damit auch für FDDI-II selbst). Kaum ein Unternehmen wird beide Standards gleichzeitig realisieren können, die Umrüstung von FDDI-I auf FDDI-II wird nicht möglich sein (da die angestrebten und 1989 verfügbaren Chip-Lösungen für FDDI-I sowohl die physikalische Ebene als auch das Medienzugangsprotokoll umfassen), und schließlich hinkt die Standardisierung bzw. auch die Entwicklung von FDDI-II um ca. 3 Jahre derjenigen von FDDI-I hinterher (siehe [BZ88]). Das Warten auf FDDI-II blockiert also die Akzeptanz von FDDI-I und damit (wegen der langsameren Verbreitung von HSLAN) auch den Fortgang bei FDDI-II. Alle uns bekannten bereits durchgeführten bzw. mittelfristig bevorstehenden Installationen favorisieren FDDI-I (wegen seiner Verfügbarkeit), sodaß für FDDI-II kaum noch ein Markt verbleibt - insbesondere bei Berücksichtigung der Konkurrenz durch DQDB, welche gerade auf die Abwicklung von isochronem Verkehr zielt.

2.2. DQDB (Distributed Queue Dual Bus)

DQDB (siehe [NH86],[NBH88]) verwendet zwei gerichtete Busse (je einen davon für Sendungen nach links bzw. nach rechts von der aktuellen Station aus gesehen). Beide Busse sind getaktet, wobei mehrere Slots zu einem Frame zusammengefaßt werden; Frames bzw. Slots werden am Beginn eines Busses erzeugt und passieren alle angeschlossenen Knoten; an den Busenden 'verschwinden' sie ohne explizite Maßnahmen (der Zwang zur aktiven Entnahme der Nachricht durch den Sender selbst, siehe FDDI-Token-Ring, entfällt damit).

Zwei Bits zu Beginn eines Slots kennzeichnen, ob:
- dieser Slot bereits belegt ist (Tokenbit)
- ein Reservierungswunsch für diesen Slot bereits vorliegt (Requestbit).

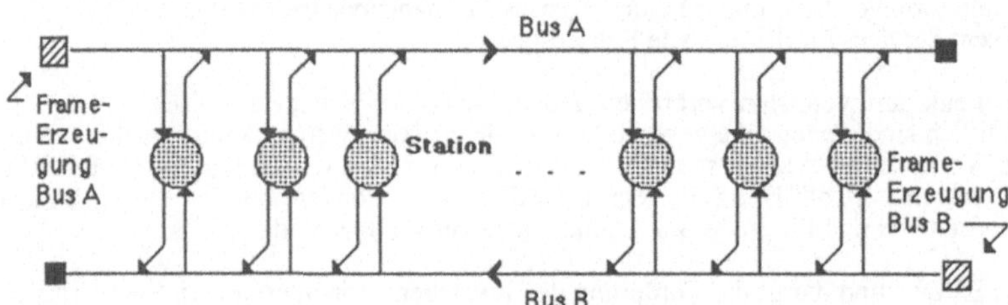

Der Zugang ist abhängig von der Lage der Zielstation und wird im folgenden kurz beschrieben für den Fall, daß eine Nachricht nach rechts geschickt werden soll:

Zunächst ist ein Requestbit auf dem 'Gegenbus' abzusetzen. Jeder dort beobachtete Request erhöht den Requestzähler RQ um 1, jeder auf dem Hauptbus passierende freie Slot senkt RQ um 1, weil dadurch eine der Reservierungen (die von einer weiter rechts stehenden Station abgesetzt wurde) bedient wurde. Beim Absetzen eines Sendewunschs wird der aktuelle Stand des Requestzählers in einen Countdownzähler CD übernommen; auch dessen Zählerstand wird durch einen passierenden freien Slot um jeweils 1 gesenkt. Sobald CD auf Null steht, darf die Nachricht im ersten passierenden nicht belegten Slot gesendet werden. Dies bedeutet insbesondere, daß bei unbelegtem System (d.h. wenn keine Sendewünsche anderer Stationen anstehen, also wenn sowohl RQ als auch CD auf Null stehen) unmittelbar auf den nächsten passierenden freien Slot zugegriffen werden kann.

Jeder der beiden Busse kann durch einzelne Stationen vollständig genutzt werden, da durch die Taktung des Systems und durch die nahtlose Aneinanderreihung der Slots keine Laufzeitverluste wie etwa bei FDDI entstehen. Damit eignet sich DQDB besonders für synchronen Verkehr. Durch die angestrebte Kompatibilität zu Wideband-ISDN (gleiche Framestruktur in beiden Fällen) erleichtert sich der Übergang zu ISDN-Netzen; auch dies dürfte ein wesentlicher Grund dafür sein, daß vor allem die Postverwaltungen hinter DQDB stehen.

Ein weiterer Vorteil gegenüber FDDI besteht darin, daß beide Busse gleichzeitig genutzt werden können (bei FDDI steht der Sicherungsring entweder leer oder kann zumindest im Fehlerfall keine zusätzlichen Nachrichten aufnehmen).

Um Störungen bei Busunterbrechung zu beheben, schlagen die DQDB-Protagonisten vor, die Busse kreisförmig zu verlegen und bei Auftreten einer Störung den Beginn bzw. das Ende der beiden Busse so zu verlagern, daß die gestörte Strecke nicht mehr genutzt wird ('Selbstheilung' des Systems).

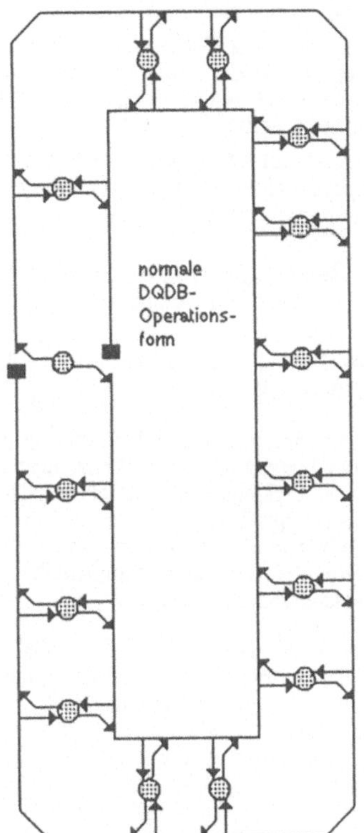

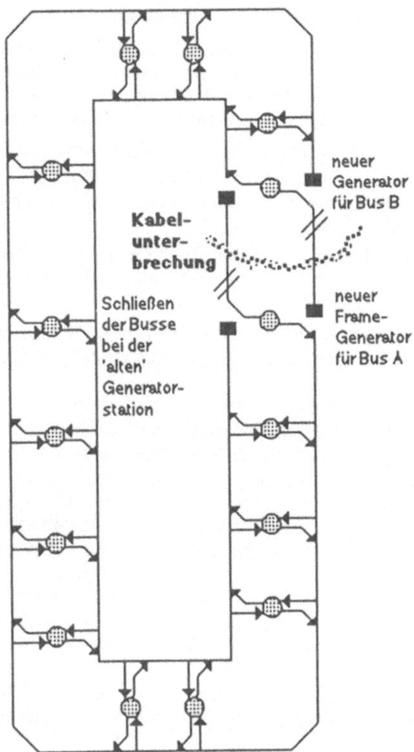

Probleme bei DQDB:

- Die Lage der Zielstation (links oder rechts vom Sender aus gesehen) muß bekannt sein, im Falle einer Umkonfiguration ist ein 'Neulernen' erforderlich.

- Die Zählerkontrolle ist relativ aufwendig, denn für beide Richtungen müssen pro Station je zwei Zähler geführt werden.

- Bei Neueinschaltung einer Station (eventuell nach einem kurzzeitigen Ausfall) ist der Stand der Zähler nicht bekannt, er muß - eventuell von Zusatznachrichten einer Monitorstation, die in regelmäßigen Abständen Auskünfte über den Zustand des Netzes gibt - neu gelernt werden.

- Das Fehlverhalten einer Station (z. B. fehlerhafte Interpretation eines Zählerstands) kann chaotische Auswirkungen haben.

- Es ist möglich, daß auf beiden Bussen Nachrichten für eine Station eintreffen; dies erfordert einen wesentlich höheren Management-Aufwand.

- Das Prinzip der Selbstheilung nach Leitungsstörungen mit Hilfe einer kreisförmigen Bus-Verlegung ist nicht möglich, wenn aus Ökonomiegründen eine kreisförmige Verlegung nicht möglich ist (etwa dann, wenn zur Reduktion der Kosten von Erdarbeiten nur eine im wesentlichen gradlinige Trasse ausgehoben wird, in der dann entweder ein Bus oder ein plattgedrückter Ring verlegt wird).

Alle diese Probleme scheinen lösbar, für konkrete Planungen sind jedoch noch keine Produkte für DQDB-Netze verfügbar; an dieser Situation dürfte sich bis 1992 kaum etwas ändern.

3. Planung und Einsatz eines Hochgeschwindigkeitsnetzes für eine heterogene Rechenzentrumsumgebung

3.1. Ausgangslage

Wir beschreiben im folgenden die Situation an der RWTH Aachen; die dortige Ausgangslage kann teilweise auch auf andere Institutionen übertragen werden. Sie ist gekennzeichnet durch:

a. Eine Vielzahl von lokalen Subnetzen (meist vom Typ Ethernet oder Token-Ring) sind in den letzten Jahren entstanden bzw. werden an den Instituten beschafft oder geplant. Darüberhinaus sind zahlreiche unterschiedliche Rechnersysteme für heterogene Anwendungen im Einsatz. Es sind dadurch 'DV-Inseln' gewachsen, die künftig miteinander verbunden werden müssen.

b. Zur übergeordneten Versorgung der Institute werden Ersatzbeschaffungen im Rechenzentrum durchgeführt, die sowohl Supercomputer als auch Universalrechner beinhalten. Die über das Stadtgebiet verteilten Außenstellen der RWTH brauchen einen leistungsstarken Zugang zu den neuen Rechnern.

c. In ständig steigendem Maße werden von den Instituten leistungsfähige Workstations beschafft, die ebenfalls an die Anlagen des Rechenzentrums bzw. an Stationen, welche sich in anderen Netzinseln befinden, angebunden werden müssen.

d. Um neue Dienste etwa im Bereich Graphik nicht nur lokal, sondern hochschulweit verfügbar zu machen, ist die Einrichtung eines Hochgeschwindigkeitsnetzes unumgänglich.

Als Konsequenz dieser Ausgangssituation ergibt sich die Notwendigkeit zur Einrichtung eines Backbone-Netzes als flankierende Maßnahme zur Großrechner-Installation im Rechenzentrum. Ein wesentlicher Grund dafür, daß gerade zum jetzigen Zeitpunkt die Errichtung eines Backbone-Netzes angegangen wird, liegt darin, daß neue Netze am einfachsten als Beiprodukt laufender Beschaffungsmaßnahmen installierbar sind. Die Bewußtseinsbildung für die Notwendigkeit leistungsfähiger Netze ist leider noch nicht soweit gediehen, daß sie unabhängig von anderen Beschaffungsmaßnahmen vermittelbar ist - zumindest gilt dies für einen großen Teil deutscher Hochschulen.

Übergeordnete Zielsetzung bei der Einrichtug eines Backbone-Netzes muß die Homogenisierung verschiedener Subnetz-Welten sein; es ist jedoch illusorisch bzw. würde zu einer Nichtakzeptanz für einen längeren Zeitraum führen, wenn man diese Umstellung in kürzester Zeit vornehmen wollte. Daher müssen gewachsene Strukturen (die dem Benutzer vertraut sind und die für ihn zunächst einen höheren Komfort anbieten) für einen Übergangszeitraum beibehalten werden; gleichzeitig sind Migrationsstrategien für eine gleitende Umstellung zu erarbeiten.

3.2. Netzplanung

Das Backbone-Netz soll die Bedarfsschwerpunkte der Hochschule mit jeweils einem Gateway-Anschlußpunkt versorgen. Die Festlegung der Bedarfsschwerpunkte ist bei einer so weitgefächerten Struktur, wie sie an der RWTH Aachen vorliegt, sehr schwierig und durch einen völlig demokratischen Prozeß nicht durchführbar, denn von den ca. 250 über das Stadtgebiet verteilten Lehrstühlen bzw. Instituten würde mindestens die Hälfte eine direkte Anbindung im eigenen Gebäude beanspruchen. Es war daher unabdingbar, zunächst in einer kleinen Kommission die wichtigen 'Inseln' festzulegen, zusammen mit einer Zuordnung einer jeweiligen Gruppe von Instituten pro Insel. Dies führte - ebenso wie es jede andere Festlegung auch getan hätte - zum geharnischten Protest einzelner Institute, die sich benachteiligt fühlten, weil sie bis zu 300 m vom Anschlußpunkt entfernt sind und für den Zugang - i.a. mit einer Ethernetglasfaserverbindung - zusätzliche Kosten entstehen, deren Finanzierung heute noch unklar ist.

Die Lage der Bedarfsschwerpunkte konzentriert sich im wesentlichen auf drei Bereiche (Kerngelände im Innenstadtgebiet, Neubaubereich, Institute in der Nähe des Rechenzentrums). Die ursprünglich vorgesehene Einteilung mußte nicht zuletzt auf die Gebührenfestlegung der Deutschen Bundespost Rücksicht nehmen, welche die Datenübertragung zwischen nicht direkt benachbarten Grundstücken regelt. Es gelang nach zähen Verhandlungen, ein Pauschalabkommen für die Nutzung des Backbone-Netzes zu erhalten, nicht jedoch für den Zugang zum Backbone-Netz über konventionelle Netze, sofern dieser den Bestimmungen der Deutschen Bundespost unterliegt. Dies führte z.B. dazu, daß die Hinzunahme eines zusätzlichen - zunächst als 'weniger wichtig' betrachteten Anschlußpunkts - trotz der entstehenden Zusatzinvestitionen als günstig erschien, da das vorgenannte Problem dann für diesen Bereich entfiel.

Einfacher als die Bestimmung der Netzinseln war die Festlegung des Übertragungsmediums ('natürlich' in Glasfasertechnologie und glücklicherweise aufgrund eines Entgegenkommens der DBP nicht auf Monomodefasern beschränkt, sondern in 50/125-µm Gradientenfasern ausgeführt) und des Backbone-Types. Bei letzterem verblieb aufgrund verschiedener Zwangsbedingungen (Produktverfügbarkeit, Leistungsfähigkeit (siehe z.B. [MSW88]), Kompatibilität zu vergleich- baren Beschaffungen anderer Rechenzentren) nur die Entscheidung für FDDI-I, was die Planung sehr erleichterte.

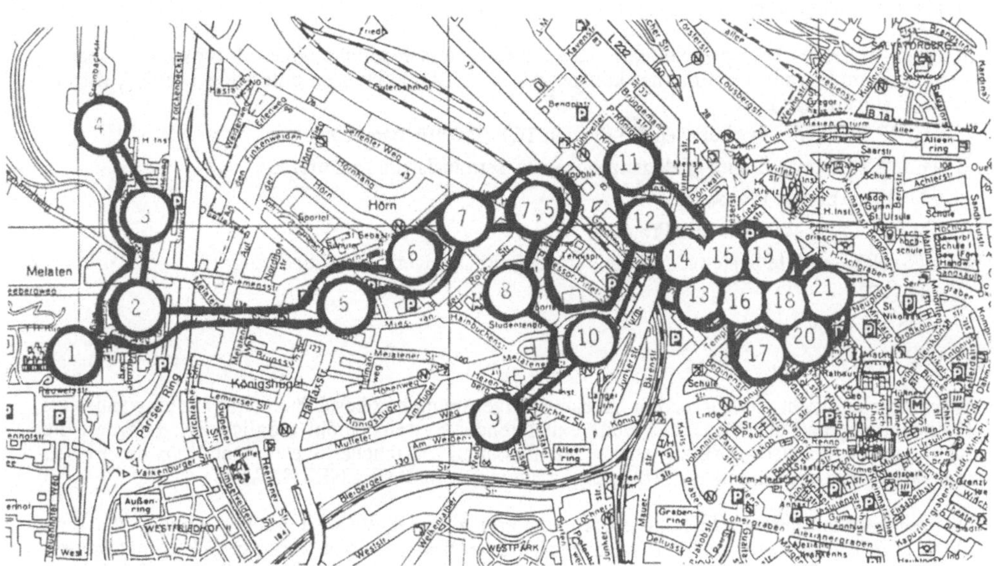

Backbone-Adapterpunkte, FDDI-Ring der RWTH Aachen:

1	Klinikum	2	NTZ	3	Physik/Elektrotechnik
4	Maschinenwesen	5	Informatik	6	Verfügungszentrum
7a	Rechenzentrum (IBM)	7b	Rechenzentrum (ETA)	7,5	Schienenfahrzeuge
8	Bauingenieurwesen	9	Nachrichtentechnik		
10	Chemie	11	Bildsame Formgebung	12	Gießereiinstitut
13	Rogowski-Institut	14	Aerodynamik	15	Luft + Raumfahrt
16	Hauptgebäude	17	Sammelb. I/VII	18	KFZ-Wesen
19	Bibl. / Physik. Chemie	20	Maschinenwesen	21	Inst. für Kunststoffv.

(*+jeweiliger geographischer Nahbereich*)

Ringverlegung (Reihenfolge der Anschlußpunkte):

$$1 \rightarrow 4 \rightarrow 3 \rightarrow 2 \rightarrow 6 \rightarrow 7a \rightarrow 12 \rightarrow 11 \rightarrow 15 \rightarrow 19 \rightarrow 18$$
$$\uparrow \qquad\qquad\qquad\qquad\qquad\qquad\qquad\qquad\qquad\qquad \downarrow$$
$$5 \leftarrow 7b \leftarrow 7,5 \leftarrow 8 \leftarrow 9 \leftarrow 10 \leftarrow 14 \leftarrow 13 \leftarrow 16 \leftarrow 17 \leftarrow 20 \leftarrow 21$$

3.3. Netzzugang (Möglichkeiten, erforderliche Investitionen, Betriebsarten)

Der Anschluß an ein FDDI-Adapter erfolgt derzeit ausschießlich über Ethernet, wobei zwischen einem und vier solcher Netze pro Adapter möglich sind. Bis Ende 1989 werden weitere Anschlußarten möglich sein, z.B. für Token-Ring oder auch für Mainframes verschiedener Hersteller; man wird danach die vier Anschlußeinheiten eines Adapters auch mit verschiedenen Anschlußarten (z.B. zwei für Ethernet, einen für Token-Ring, einen als Mainframe-Direktanschluß) mischen können. Dies ermöglicht den späteren Austausch von Systemen, welche vorläufig nur über Ethernet angeschlossen werden können (und damit die Elimination des temporären Engpasses der Mainframe-Anbindungen).

FDDI ist ein reines Transportmedium und kann für unterschiedliche höhere Protokolle eingesetzt werden. Beim Zugang via Ethernet können daher alle Architekturen unterstützt werden, die auf Ethernet aufsetzen, z.B.:

- TCP/IP für die Protokollebenen 4/3 mit den TCP/IP verfügbaren Diensten:

  TELNET: Remote Login, Dialogsitzungen von Terminals von Mainframes;

  FTP: File Transfer Protocol;

  SMTP: Simple Mail Transfer Protocol;

  NFS: Network File System, Netzweite Lösung für Dateiverwaltung und -zugriff

- DECNET

- X.25 auf LAN

- OSI (TOP).

Wenn man sich nicht von vornherein auf eine einzige Architektur beschränkt (was aus pragmatischen Gründen aufgrund der Vielzahl bereits existierender Systeme nicht möglich ist), erfordert die Kommunikation zwischen verschiedenen Architekturen zusätzliche Investitionen, etwa den Einsatz von Gateways zwischen unterschiedlichen Architekturen (z.B. DECNET/SNA).

Während sich aus heutiger Sicht als einheitliche Protokollwelt, die auch von FDDI unterstützt wird, allein TCP/IP zusammen mit den zugehörigen höheren Diensten anbietet, muß berücksichtigt werden, daß mittel- bzw. langfristig TCP/IP durch ISO/OSI-Protokolle ersetzt werden soll.

Die Investitionskosten für TCP/IP sind am geringsten für Systeme unter UNIX, wo TCP/IP im allgemeinen bereits Bestandteil des Kaufvertrags ist.
Bei Beschaffung von TCP/IP als Fremdsoftware ist mit Kosten von ca. DM 10.000,-- pro Gerät zu rechnen, es sei denn, daß die Übernahme von universitätseigenen Entwicklungen kostenfrei möglich ist. Dies alles steht unter der Voraussetzung, daß ein Ethernetanschluß bereits verfügbar ist, was im Einzelfall weitere Investitionen erforderlich machen kann. Dies gilt nicht zuletzt für IBM-Anlagen.

Ein spezieller und dringender Wunsch einer großen Benutzergruppe (DECNET) besteht darin, nicht auf TCP/IP umzusteigen, sondern die Kommunikation zum Mainframe im Rechenzentrum weiterhin über DECNET abzuwickeln und dort eine - mit dem Mainframe kanalgekoppelte - DECNET-SNA-Gatewaystation zu installieren. Diese Betriebsart erfordert einen höheren Hardware- und Softwareaufwand, erleichtert aber die Akzeptanz des Backbone-Netzes für die große Gruppe der DECNET-Benutzer und kann in gewisser Weise zur Ausfallsicherheit beitragen, da diese Kommunikationsform auch über konventionelle Leitungen möglich ist.

Ihre Nachteile bestehen darin, daß sie eine - wenngleich wichtige - Benutzerwelt bevorzugt, die Kopplung dieser Welt mit nur einem Mainframe ermöglicht und nach einem späteren Umstieg zu ISO/OSI-Protokollen kaum sinnvoll weiterbetrieben werden kann.

Anstelle der mit dem Mainframekanal gekoppelten und zusätzlich zu beschaffenden Station könnte auch eine der bereits existierenden Anlagen zu einer Gatewaystation aufgerüstet und umgewidmet werden, doch würde dies zu einer doppelten Netzbelastung und zu einer Leistungsminderung führen (abgesehen davon, daß eine freie Anlage nur schwer zu finden sein dürfte).

3.4 Landes- bzw. bundesweite Hochgeschwindigkeitsnetze für Universitäten/Hochschulen und Forschungseinrichtungen

Der nächste Schritt nach der Beschaffung von großen Mainframes an Universitäten/Hochschulen bzw. bei Großforschungseinrichtungen sowie nach der Einrichtung von Backbone-Netzen an diesen Institutionen ist eine leistungsfähige Vernetzung auf Länderebene bzw. auf Bundesebene und letzlich auch darüber hinaus (z.B. zur Kommunikation zwischen den Hochenergiephysikinstituten und CERN). Der Bedarf für solche leistungsfähigen Verbindungen muß in noch stärkerem Maße als bei Backbone-Netzen innerhalb eines einzelnen Stadtgebiets durch konkrete - heute schon erkennbare - Anwendungen untermauert werden, da nur so eine Aussicht auf sinnvolle Verhandlungen mit der Deutschen Bundespost besteht. Zur Bedarfsmotivation tragen neben den genannten Gruppen der Hochenergiephysik (und ähnlichen weiteren Gruppierungen) vor allem die Supercomputer-installationen bei, die zumindest landesweit - besser bundesweit - in einfacher und leistungsfähiger Weise zugänglich sein müssen, um eine wirtschaftliche Betriebsweise zu ermöglichen.

Als Medium für eine Hochgeschwindigkeitsvernetzung bietet sich 140 Mb/s-Verbindungen der Deutschen Bundespost an, aber eventuell auch Strecken mit niedrigeren Bitraten (z.B. klassische HfD- Strecken für 34 Mbit/s, 10 Mbit/s, 2 Mbit/s oder auch Satellitenverbindungen).

Die Bedarfsschätzung muß zunächst für einzelne Bundesländer (bzw. für kleine Gruppen von Bundesländern, die bereits im Rahmen entsprechender Projekte wie BELWUE ([CL88]) zusammenarbeiten; dies betrifft die Hochschulen Kaiserslautern, Darmstadt, Karlsruhe, Stuttgart) gesondert ermittelt werden. Die übergeordnete Koordination ist dann Aufgabe des DFN-Vereins. Nach zum Teil sehr schwierigen Verhandlungen - was aufgrund der unterschiedlichen Zeitvorstellungen der Nutzer bis zur geplanten Inbetriebnahme bzw. aufgrund der unterschiedlichen Finanzkraft der Bundesländer unausweichlich war - gelang es, eine Topologie aufzustellen, die einen Aufpunkt pro Bundesland (bzw. zwei für die größeren Länder wie Nordrhein-Westfalen, Baden-Württemberg oder Bayern) vorsieht; dieser bundesweite Backbone basiert auf den obengenannten 140 Mbit/s-Verbindungen der Deutschen Bundespost. Die Lage der Aufpunkte orientiert sich im wesentlichen an den Standorten der Landesvektorrechner. Es wird angestrebt, daß die Kosten für die Backbone-Nutzung überregional getragen werden und daß die einzelnen Bundesländer die Kosten für den Zugang zu ihrem jeweiligen Aufpunkt übernehmen; für diesen Zugang sollte eine 10 Mbit/s-Verbindung zumindest für einen überschaubaren Zeitraum ausreichend sein. Um gleiche Bedingungen für alle zu schaffen, strebt der DFN-Verein den Abschluß einer Rahmenvereinbarung mit der Deutschen Bundespost an, welcher nicht nur das bundesweite 140 Mbit/s-Netz, sondern auch die regionalen Vernetzungen in einheitlicher Weise regelt. Diese Vorgehensweise schafft für alle Bundesländer gleichartige Möglichkeiten, zwingt sie aber nicht zu einer sofortigen Finanzierung für alle Hochschulen, was z.B. für die 14 Hochschulen in Nordrhein-Westfalen weder sinnvoll noch möglich wäre. Die Mittelbereitstellung kann bei Bedarf (etwa bei Neubeschaffung von Rechnern mit dem Wunsch zu einem leistungsstärkeren Zugang zu einem Landesvektorrechner) erfolgen.

4. Zusammenfassung

Die Entwicklung von Hochgeschwindigkeitsnetzen ist ein Innovationsschritt, der ebenso schwierig ist und vermutlich ebenso viel Zeit erfordern wird, wie die Verbreitung von konventionellen lokalen Netzen; bei letzteren verging ca. ein Jahrzehnt von der Schaffung der technologischen Möglichkeit bis zur Akzeptanz durch eine breite Benutzerschaft, wobei diese Akzeptanz sich erst durch zunehmende Erfahrung und von Pilotinstallationen und durch einen signifikanten Preisverfall verbesserte.

Im vorliegenden Manuskript wurde gezeigt, welche Anforderungen Hochgeschwindigkeitsnetze an den Designer stellen, welche der bisherigen Erfahrungen übernommen bzw. in sinnvoller Weise uminterpretiert werden können und welche nicht. Die für einen breiten Einsatz - nicht zuletzt wegen der entsprechenden Standardisierungsbestrebungen - hauptsächlich in Frage kommenden Konzepte FDDI und DQDB wurden etwas detaillierter für einige ihrer Hauptcharakteristika diskutiert. Am Beispiel einer aktuell laufenden Planung und Beschaffung für eine große technische Hochschule wurden die Auswahlkriterien und die verbleibenden Probleme erläutert. Abschließend wurde kurz auf den Stand der Überlegungen zur Schaffung eines bundesweiten Hochleistungsnetzes zur Kopplung von Universitäten/Hochschulen und Großforschungseinrichtungen eingegangen.

Literatur

[Bo88]   Boston, T.: FDDI-II; A High Speed Integrated Service LAN.
          EFOC/LAN 88, S. 312-315.

[BZ88]   Burr, B.E., Zuqiu, L.: An Overview of FDDI.
          EFOC/LAN 88, S. 287-293.

[Ch87]   Christensen, G.S.: DATApipe - A High-Speed LAN.
          EFOC/LAN 87, S. 199-202.

[CL88]   Christ, P., Lortz, B.: The Baden-Württemberg Research Network;
          Interconnecting HSLANs by 140 Mbps Links.
          In: [DS89], Seite 10.01-10.07.

[Co88]   McCool, F.F.: An Integrated Implementation for FDDI Implementation.
          EFOC/LAN 88, S. 306-311.

[DS89]   Danthine, A., Spaniol, O.: High Speed Local Area Networks II (Proceedings of
          Second Intern. IFIP TC 6 Workshop, Lüttich, April 1988); North Holland 1989.

[vM88]   van Mierop, D.: System Finex; A First Experience with FDDI Technology.
          EFOC/LAN 88, S. 301-305.

[Mo88]   Molnauer, J.F.: Standards for Metropolitan Area Networks.
          IEEE Communications Magazine, 26, 1988, S. 15-19.

[MSW88]   Martini, P., Spaniol, O., Welzel, Th.: File Transfer in High Speed Token Ring
          Networks: Performance Evaluation by Approximate Analysis and Simulation.
          IEEE Journal on Selected Areas in Communication, 6, 1988, S. 987 - 996.

[NH86]   Newman, R.M, Hullet, J.L.: Distributed Queueing; A Fast and Efficient Packet
          Access Protocol. Proceedings ICCC 1986, North Holland, S. 294 - 299.

[NBH88]   Newman, R.M., Budrikis, Z.L., Hullett, J.L.: The QPSX Man.
          IEEE Communications Magazine, 26, 1988, S. 20-28.

[Ro86]   Ross, F.E.: FDDI - A Tutorial.
          IEEE Communications Magazine, 24, 1986, S. 10-17.

[SD88]   Spaniol, O., Danthine, A. (Hrsg.): High Speed Local Area Networks (Proceedings
          of First IFIP TC 6 International Workshop on High Speed Local Area Networks,
          Aachen, Februar 1987), North Holland 1988.

Band 162: H. Stoyan (Hrsg.), Begründungsverwaltung. Proceedings, 1986. VII, 153 Seiten. 1988.

Band 163: H. Müller, Realistische Computergraphik. VII, 146 Seiten. 1988.

Band 164: M. Eulenstein, Generierung portabler Compiler. X, 235 Seiten. 1988.

Band 165: H.-U. Heiß, Überlast in Rechensystemen. IX, 176 Seiten. 1988.

Band 166: K. Hörmann, Kollisionsfreie Bahnen für Industrieroboter. XII, 157 Seiten. 1988.

Band 167: R. Lauber (Hrsg.), Prozeßrechensysteme '88. Stuttgart, März 1988. Proceedings. XIV, 799 Seiten. 1988.

Band 168: U. Kastens, F. J. Rammig (Hrsg.), Architektur und Betrieb von Rechensystemen. 10. GI/ITG-Fachtagung, Paderborn, März 1988. Proceedings. IX, 405 Seiten. 1988.

Band 169: G. Heyer, J. Krems, G. Görz (Hrsg.), Wissensarten und ihre Darstellung. VIII, 292 Seiten. 1988.

Band 170: A. Jaeschke, B. Page (Hrsg.), Informatikanwendungen im Umweltbereich. 2. Symposium, Karlsruhe, 1987. Proceedings. X, 201 Seiten. 1988.

Band 171: H. Lutterbach (Hrsg.), Non-Standard Datenbanken für Anwendungen der Graphischen Datenverarbeitung. GI-Fachgespräch, Dortmund, März 1988, Proceedings. VII, 183 Seiten. 1988.

Band 172: G. Rahmstorf (Hrsg.), Wissensrepräsentation in Expertensystemen. Workshop, Herrenberg, März 1987. Proceedings. VII, 189 Seiten. 1988.

Band 173: M. H. Schulz, Testmustergenerierung und Fehlersimulation in digitalen Schaltungen mit hoher Komplexität. IX, 165 Seiten. 1988.

Band 174: A. Endrös, Rechtsprechung und Computer in den neunziger Jahren. XIX, 129 Seiten. 1988.

Band 175: J. Hülsemann, Funktioneller Test der Auflösung von Zugriffskonflikten in Mehrrechnersystemen. X, 179 Seiten. 1988.

Band 176: H. Trost (Hrsg.), 4. Österreichische Artificial-Intelligence-Tagung. Wien, August 1988. Proceedings. VIII, 207 Seiten. 1988.

Band 177: L. Voelkel, J. Pliquett, Signaturanalyse. 223 Seiten. 1989.

Band 178: H. Göttler, Graphgrammatiken in der Softwaretechnik. VIII, 244 Seiten. 1988.

Band 179: W. Ameling (Hrsg.), Simulationstechnik. 5. Symposium. Aachen, September 1988. Proceedings. XIV, 538 Seiten. 1988.

Band 180: H. Bunke, O. Kübler, P. Stucki (Hrsg.), Mustererkennung 1988. 10. DAGM-Symposium, Zürich, September 1988. Proceedings. XV, 361 Seiten. 1988.

Band 181: W. Hoeppner (Hrsg.), Künstliche Intelligenz. GWAI-88, 12. Jahrestagung. Eringerfeld, September 1988. Proceedings. XII, 333 Seiten. 1988.

Band 182: W. Barth (Hrsg.), Visualisierungstechniken und Algorithmen. Fachgespräch, Wien, September 1988. Proceedings. VIII, 247 Seiten. 1988.

Band 183: A. Clauer, W. Purgathofer (Hrsg.), AUSTROGRAPHICS '88. Fachtagung, Wien, September 1988. Proceedings. VIII, 267 Seiten. 1988.

Band 184: B. Gollan, W. Paul, A. Schmitt (Hrsg.), Innovative Informations-Infrastrukturen. I. I. I. – Forum, Saarbrücken, Oktober 1988. Proceedings. VIII, 291 Seiten. 1988.

Band 185: B. Mitschang, Ein Molekül-Atom-Datenmodell für Non-Standard-Anwendungen. XI, 230 Seiten. 1988.

Band 186: E. Rahm, Synchronisation in Mehrrechner-Datenbanksystemen. IX, 272 Seiten. 1988.

Band 187: R. Valk (Hrsg.), GI – 18. Jahrestagung I. Vernetzte und komplexe Informatik-Systeme. Hamburg, Oktober 1988. Proceedings. XVI, 776 Seiten.

Band 188: R. Valk (Hrsg.), GI – 18. Jahrestagung II. Vernetzte und komplexe Informatik-Systeme. Hamburg, Oktober 1988. Proceedings. XVI, 704 Seiten.

Band 189: B. Wolfinger (Hrsg.), Vernetzte und komplexe Informatik-Systeme. Industrieprogramm zur 18. Jahrestagung der GI, Hamburg, Oktober 1988. Proceedings. X, 229 Seiten. 1988.

Band 190: D. Maurer, Relevanzanalyse. VIII, 239 Seiten. 1988.

Band 191: P. Levi, Planen für autonome Montageroboter. XIII, 259 Seiten. 1988.

Band 192: K. Kansy, P. Wißkirchen (Hrsg.), Graphik im Bürobereich. Proceedings, 1988. VIII, 187 Seiten. 1988.

Band 193: W. Gotthard, Datenbanksysteme für Software-Produktionsumgebungen. X, 193 Seiten. 1988.

Band 194: C. Lewerentz, Interaktives Entwerfen großer Programmsysteme. VII, 179 Seiten. 1988.

Band 195: I. S. Bátori, U. Hahn, M. Pinkal, W. Wahlster (Hrsg.), Computerlinguistik und ihre theoretischen Grundlagen. Proceedings. IX, 218 Seiten. 1988.

Band 197: M. Leszak, H. Eggert, Petri-Netz-Methoden und -Werkzeuge. XII, 254 Seiten. 1989.

Band 198: U. Reimer, FRM: Ein Frame-Repräsentationsmodell und seine formale Semantik. VIII, 161 Seiten. 1988.

Band 199: C. Beckstein, Zur Logik der Logik-Programmierung. IX, 246 Seiten. 1988.

Band 200: A. Reinefeld, Spielbaum-Suchverfahren. IX, 191 Seiten. 1989.

Band 201: A. M. Kotz, Triggermechanismen in Datenbanksystemen. VIII, 187 Seiten. 1989.

Band 202: Th. Christaller (Hrsg.), Künstliche Intelligenz. 5. Frühjahrsschule, KIFS-87, Günne, März/April 1987. Proceedings. VII, 403 Seiten. 1989.

Band 203: K. v. Luck (Hrsg.), Künstliche Intelligenz. 7. Frühjahrsschule, KIFS-89, Günne, März 1989. Proceedings. VII, 302 Seiten. 1989.

Band 204: T. Härder (Hrsg.), Datenbanksysteme in Büro, Technik und Wissenschaft. GI/SI-Fachtagung, Zürich, März 1989. Proceedings. XII, 427 Seiten. 1989.

Band 205: P. J. Kühn (Hrsg.), Kommunikation in verteilten Systemen. ITG/GI-Fachtagung, Stuttgart, Februar 1989. Proceedings. XII, 907 Seiten. 1989.

Band 206: P. Horster, H. Isselhorst, Approximative Public-Key-Kryptosysteme. VII, 174 Seiten. 1989.

Band 207: J. Knop (Hrsg.), Organisation der Datenverarbeitung an der Schwelle der 90er Jahre. 8. GI-Fachgespräch, Düsseldorf, März 1989. Proceedings. IX, 276 Seiten. 1989.

Band 208: J. Retti, K. Leidlmair (Hrsg.), 5. Österreichische Artificial-Intelligence-Tagung, Igls/Tirol, März 1989. Proceedings. XI, 452 Seiten. 1989.

Band 209: U. W. Lipeck, Dynamische Integrität von Datenbanken. VIII, 140 Seiten. 1989.

Band 210: K. Drosten, Termersetzungssysteme. IX, 152 Seiten. 1989.